當代新儒學叢書

郭齊勇 高柏園
主編

楊澤波新儒學論文精選集

楊澤波 著

臺灣 學生書局 印行

當代新儒學叢書序

　　現當代新儒學思潮是從中國文化自身的大傳統中生長出來的、面對強勢的西方文化的挑戰應運而生的、20 世紀中國最具有根源性的思想文化的流派，是在現代中國反思與批判片面的現代性（包括全盤西化或俄化）的思想流派，也是在現代中國積極吸納西學、與西學對話，又重建傳統並與傳統對話的最有建設性與前瞻性的思想流派。這一思潮是非官方、非主流的，其代表人物都是在野的公共知識分子，故深具批判性與反思性，又是專家、學者兼教師，在哲學、史學與教育界等領域有著卓爾不群的建樹。這一思潮發揚中國傳統的人文精神，既有終極性的信念信仰，又不與自然或科學相對立，堅持社會文化理想與具體理性，揚棄工具理性，開啟了 21 世紀中國重釋、重建傳統與批判現代性弊症的文化走向，又延續至今，在中國思想文化界繼續發揮著積極健康的作用。在西化思潮席捲全球、包舉宇內的時代，國人把儒學棄之如敝屣，洋人視儒學為博物館、圖書館，當此情勢下，有現當代新儒家興焉。這一思潮的代表人物正視儒學為活的生命，真正能繼承、解讀、弘揚儒學的真精神，創造性地轉化包括儒家、道家、佛教等思想資源在內的傳統文化，把中華文明的精華貢獻給全人類，積極參與世界與中國現代文明的建構，其功甚偉！所以，這一學派雖然很小，影響力有限，在臺灣也是寂寞的，但因思想深刻，不隨波逐流，值得人們珍視。

　　現當代新儒學思潮形成於 1915-1927 年發生的東西文化問題論戰與 1923 至 1924 年發生的「科學與人生觀」論戰期間。最早的代表人物是梁漱溟、張君勱、熊十力、馬一浮等。以上也可以視為本思潮發展的第一階段。以後的三個階段，時空轉移，頗有意思。第二階段發生在抗戰時期與勝利之後的中國大陸，第三階段發生在 1950 至 1970 年代的臺灣與香港地區，第四

階段發生在 1970 至 1990 年代的海外（主要是美國），改革開放後又由一些華人學者帶回中國大陸。第一階段可以簡稱為五四以後的新儒學（家），第二階段可以簡稱為抗戰時期的新儒學（家），第三階段可以簡稱為港臺新儒學（家），第四階段可以簡稱為海外新儒學（家），改革開放後返輸中國大陸。其代表人物包括三代四群十六人：第一代第一群：梁漱溟、熊十力、馬一浮、張君勱；第一代第二群：馮友蘭、賀麟、錢穆、方東美；第二代第三群：唐君毅、牟宗三、徐復觀；第三代第四群：余英時、杜維明、劉述先、成中英、蔡仁厚。此外，現代新儒家陣營中，還應包括如下人物：陳榮捷、陳大齊、謝幼偉、張其昀、胡秋原等。

　　隨著對現當代新儒學思潮與人物研究的開展，兩岸三地湧現出一批專家學者及其研究成果。

　　2015 年，友人、學者高柏園教授與我商量在臺灣學生書局出版當代新儒學叢書事，他提出了本叢書的構想、計畫及兩岸三地的作者人選。當時柏園兄擔任校長職，公務繁忙，諸事請學生書局主編陳蕙文女史籌畫。陳蕙文主編很有眼光，又很幹練，很快寫出本叢書出版與編輯計畫書，全面闡述了出版緣由及具體方案，祈望本叢書的出版，能更進一步闡明現當代新儒家學說，以利儒家思想之傳播，為民族復興盡綿薄之力。

　　本叢書名為：當代新儒學叢書。叢書主編是高柏園教授與在下。擬收輯臺灣、大陸、香港、海外學者共 30 位。每本字數：25-30 萬字。叢書各冊為論文集形式，各篇論文多寡長短不限，也不論其是否曾經發表出版。每冊書後附作者簡介，與該作者新儒學研究論著目錄。

　　本叢書各冊擬於 2020 年及以後陸續出版，衷心感謝各位作者及學生書局各位同仁的辛勤付出，懇望得到學術界、讀書界的朋友們的指教！

　　是為序。

郭齊勇
2019 年夏天於山東嘉祥

當代新儒學叢書序

　　子曰：必也正名乎！今逢《當代新儒學叢書》開始陸續出版之際，正可對「當代新儒學」一名之意義做一說明，並指出其中可能的發展與價值之所在。

　　儒學可大分為三期，其一為孔孟荀為主軸的先秦儒學，其核心關懷是周文疲弊的問題。其二為宋明新儒學，牟宗三先生認為其新有二義，其一是宋明理學之伊川朱子學，此為歧出轉向之新，其二是伊川朱子學之外者，其乃調適上遂之新。宋明儒學的核心關懷是回應佛老在文化與學術上之挑戰，並積極建構儒學自身的學問系統。今日所言之當代新儒學乃是屬於中國哲學史上第三期儒學，其代表性人物有熊十力、梁漱溟、張君勱、唐君毅、牟宗三、徐復觀等人，其核心關懷乃是中國及其文化，在面對西方文化入侵與挑戰之時，如何一方面靈根自植，真實護持中國文化之價值，另一方面遍地開花，對文化、民主、科學等問題，予以全面性、整體性的批判、回應與建構。其實，這樣的關懷並非當代新儒家的專利，也是當代中國人的共同關懷，而當代新儒家之為當代新儒家，乃是對此問題有其特殊的角度與立場，此即是當代新儒學的特質所在，也可以說是當代新儒學的理論性與系統性所在。

　　儒釋道三教是中國文化的主要內容，而三教之為三教在其有各自的教相，也就有其特殊性與系統性，缺少系統性就無法成為一套特殊的立場與教相。當代新儒家的教相或系統性有三個重點：其一是道德的理想主義，理想主義可以有不同型態，而當代新儒家乃是以道德為首出的理想主義。道德的理想主義不但不排除任何客觀知識，反而是要吸收、消化客觀知識，以幫助其道德理想之實現，因此當然不是反智論。同時，道與德乃是對所有人開放

的存在，因此也沒有人有絕對的優位性去宰制他人，反而是尊重每個人對道德的體會與價值的實現，當代新儒家在此排除了良知的傲慢與文化的自大，而是重視對話、溝通與和諧。以道德的理想主義為基礎，當代新儒家特別強調生命實踐之學的重要與必要。道德的理想主義不只是一種理念，更是一種實踐的方向與內容，而此方向與內容也就落在日常生活中加以實現，也就是一種生命的學問，一種生命實踐之學。如佛經所謂「說食不飽」，生命之學不只是知道聖賢之道，而更要成為聖賢，具體真實地善化、實現、圓滿我們的生命。因為生命之學的推動，道德的理想主義才在具體的實踐中彰顯天道性命之永恆與普遍。更進一步，則無論是道德的理想主義或是生命實踐之學，都是在仁心無限的基礎上展開。仁者親親仁民愛物，其心一方面自覺、自在、自由，一方面則以一切存在為其所關懷、參與、與轉化的對象與內容，此即所謂自由無限心。此自由無限心之圓滿境界，即是天人物我合一之學，此義分四層，天是指超越界，說明儒家並非只是侷限在人間世，而保有一定的超越性。此超越性也呈現為一種無限性與絕對性，滿足儒家的宗教性。地則說明人與存在之關係，所謂「萬物皆備於我」、「大人者與天地萬物為一體」，接著強調人與自然、人與環境的本一與合一。本一就存在說，合一就價值說，其本一也。如果只是偏指自然環境，則人便是特指人文社會的存在，也就是文化的內容。孔子盛讚周文之郁郁乎文哉，其實也正是強調人文化成的價值與重要。人固然是活在自然環境之中，然而人也同時活在人文世界、意義世界之中，人是以其傳統文化為其前理解，進而與世界進行溝通與互動。而當代新儒家之重視道德，其實也就是重視文化，重視我們生命不可或缺也無可逃的前理解。這樣的態度並不是一種封閉的命定主義，而是指出歷史文化的必然影響，當我們如是說時，其實也說明我們對歷史文化已有充分的自覺與反省，這也就成為我們由繼承而創造，日新又新的動力與基礎所在。道德是自覺，而理想主義就表現為動力與目標，知行一也。知行無他，即是我之知、我之行，也就是人的主體性與主體自覺之問題。主體並非憑空而至，它乃是在歷史文化與生活世界中，逐步成長的存在。它具有歷程性、開放性與超越性，它是在我們的道德實踐的過程中，逐步形成的價值內

容的創造者與參與者，它具價值義與實踐義。所有的道德工夫修養，皆是依心而發，也就是主體性的自我實現的自覺表現。

　　孟子讚孔子為聖之時者，今由天地人我合一之學觀之，則當代新儒家除了繼承並發揚傳統文化之價值之外，尤其重視時代的感受與回應。21 世紀的人類文明與宗教問題，這是天；人與環境、自然之關係，這是地；人與社會、家庭之關係，這是人；人與自己的心靈、身心之關係，這是我。我想，面對 21 世紀當代新儒家並未缺席，反而更積極地參與世界的改造與進化。以中華文化、孔孟思想、宋明理學、當代新儒家為前理解，以獨特的思想提供給人類社會，這是我們的責任與義務，也是我們的價值與喜悅。

　　《當代新儒學叢書》得以出版，要感謝學生書局陳仕華教授的倡議，郭齊勇教授的支持，學生書局陳蕙文小姐與其團隊的努力，以及所有學者的共襄盛舉。叢書的出版一方面是總結成果之豐碩，更重要的是它將成為我們了解儒學之前理解，從而將迎來更令人讚歎的學術文化迴響，人能宏道，非道宏人。且讓我們以豪傑之士自許，雖無文王，而儒學猶興。

高柏園

序於淡江大學中文系

2019 年 8 月 1 日

楊澤波新儒學論文精選集

目　次

我寫《貢獻與終結》的心路歷程[1]

如果作一個調查，問大陸或臺灣、香港的學者，在他們心目中當前儒學研究什麼題目最困難，牟宗三研究無論如何都應該排在其中，甚至不需要在後面補上「之一」二字。牟宗三儒學思想研究之所以如此困難，主要有這樣一些原因。

首先是材料難以駕馭。牟宗三學術生涯很長，從大學年代寫作《從周易方面研究中國之元學與道德哲學》算起，直到去逝，長達六十餘年。2003年，臺灣聯合報系文化基金會、聯經出版事業公司共同出版了《牟宗三先生全集》，凡三十三卷，數量浩大。這為研究帶來了很大的難度，因為從事研究的人幾乎很難窮盡這些資料。常見一些學者只是以隨手找到的材料（甚至是二手材料）為依據，來撰寫研究牟宗三的文章。牟宗三思想是一個整體，某些材料並不具有太強的代表性。即使有一定的代表性，其在整個思想體系中的地位也需要探討。以這樣的材料為基礎，其成果的可信性自然要大打折扣了。

我自己也遇到過同樣的問題。《貢獻與終結》的寫作始自三系論，動手不久就遇到了材料處理方面的困難。三系論涉及《心體與性體》與《從陸象山到劉蕺山》共四卷，約 160 萬字，這還不算《中國哲學十九講》等著作。開始我只是做一些卡片和摘錄，但卡片數量有限，查閱不便，寫了後面忘了前面，深感駕馭不住，弄得焦頭爛額，不知如何是好。一次重新翻檢錢穆的《朱子新學案》，突然產生了一個念頭：為什麼不編一個學案呢？於是放下

---

[1]　本文原為五卷本《貢獻與終結——牟宗三儒學思想研究》（上海：上海人民出版社 2014 年，簡稱《貢獻與終結》）總序的第五、六小節。文中詳細介紹了我撰寫此書的心路歷程，後闢出作為單文發表。發表時個別地方做了修改。

手中的工作，重新從編學案開始，以此作為研究的基礎性工作。事後證明，這樣做完全必要。有了學案，我的寫作就可以對材料進行較為系統的安排，不至於丟前忘後。編寫學案是一件十分費時費工的事，既要選擇、錄入，又要疏解、編排、校對。不過這個過程也有好處，不僅可以使材料變得系統不再零亂，便於引用，而且錄入、疏解、編排、校對的過程迫使自己對這些材料至少要多讀七到八遍乃到上十遍，從而有機會加深理解，校正自己詮釋中的一些錯誤和偏謬。後來我把這個做法運用到其他各卷之中，取得了良好的效果。我非常慶幸當初下決心編學案的想法。如果沒有這一步工作，我的牟宗三儒學思想研究是不可能順利完成的。

其次是思想難以消化。牟宗三的書難讀，在學界是有名的。[2] 這個「難」首先表現為文字表述艱深。牟宗三經常用一些長句子，一句話幾十字沒有標點，很是繞口。還喜歡杜撰新詞，動不動造出一個新的概念，什麼「綜和的盡理之精神」、「分析的盡理之精神」，「即存有即活動」、「只存有不活動」，「實有形態」、「境界形態」等等。要清楚把握這些概念必須下很大功夫。[3] 不過，這些並不是大問題，只要熟悉了牟宗三的特殊表述方式，這一關還算好過。這個「難」更表現為內容涉獵廣泛。牟宗三思想涉及面很寬，從周易研究、政治理論、宋明儒學，一直到黑格爾、康德哲學，可以說這幾十年來中國哲學研究中最重要的方面幾乎都有所涉及。要在這眾

---

[2]　顏炳罡講過：「我曾與師友言，無十年之功，休妄議牟宗三之哲學思考。」顏炳罡：《整合與重鑄——當代大儒牟宗三先生思想研究》（臺北：臺灣學生書局，1995年），頁 29。羅義俊的態度更為嚴峻，在一篇 1997 年撰成的文章中這樣寫道：「牟先生的書，筆者並無所謂『同情的理解』的預設，但讀了十年，至今猶在瞭解之中而不敢言消化兩字，主旨原只在自我受用。」羅義俊：〈中國文化問題解困的劃時代理論〉，《生命存在與文化意識——當代新儒家史論》（上海：學林出版社，2009年），頁 216。

[3]　熊十力對牟宗三文字之晦澀亦有批評，指其有「繳繞」、「七翻八翻」之病。牟宗三對此亦有辯解，強調「余等行文，自不善巧。然其所以礙眼者，固非只文字本身之技巧一事也。其中道理與思考方式亦有非不與於其中者所能習知也。」牟宗三：《信札集〈湖上一夕談〉》，轉引自楊祖漢 2005 年 9 月第七屆當代新儒學國際學術會議論文〈時代與學問——熊先生與牟先生的一次論辯〉。

多領域跟上牟宗三的思路，難度確實不小。為此沒有別的辦法，只能跟著他走。他講先秦諸子，你就要研究先秦諸子；他講宋明儒學，你就要研究宋明儒學；他講康德哲學，你就要研究康德哲學。對我而言，後一個方面更為困難，著力也更多。雖然以前在這方面下過一些功夫，但只是泛泛的研究，沒有針對性，很不深入。一旦要動真格的，沒有討巧的辦法，只能霸王硬上弓，硬著頭皮一點一點地做。尤其是遇到牟宗三對康德的一些特殊詮釋，必須首先儘量保證自己對康德有一個較為準確的理解，然後再返過頭來看牟宗三對康德的詮釋是不是正確，一個環節都不能省，一點懶都不能偷。

在這方面最典型的例子可能要算智的直覺了。智的直覺在康德學理系統中有其特殊含義，但牟宗三沒有嚴格順著康德的思路走，沒有從「本源性」，而主要從有無「曲屈性」、「封限性」的角度來理解這個概念。對此首先要有一個基本的瞭解。但如果僅到這一步還是不行，因為這還不足以反駁牟宗三關於「覺他」的思維方式即是康德所不認可的智的直覺這一重要觀點，還需要對「覺他」的思維方式進行具體的分析。牟宗三所說的「覺他」是指道德之心賦予外部對象以道德的價值和意義。這個思想是從熊十力那裡來的，是一個極為重要的課題。但賦予外部對象以道德的價值和意義如何是沒有「曲屈性」、「封限性」的？為此，我又把這個問題放在現相學[4]的背景下理解，終於有了一個重要收穫，發現牟宗三的「覺他」與「胡塞爾現相學意向性的直接性」有一定相通性。這裡所說「胡塞爾現相學意向性的直接性」特指意識指向一個對象是直接進行的，不需要借助時空範疇這些認識形式。這個發現對我有重要意義，幫助我破解了牟宗三儒學思想之謎。牟宗三強調「覺他」的思維方式是一種智的直覺，其核心不過是說，道德之心創生存有是直接進行的，不需要以時空範疇為中介。由於牟宗三以有無「曲屈性」、「封限性」來詮釋康德智的直覺這一概念，而「覺他」是直接進行的，無需範疇、無需時空、沒有用相、沒有「曲屈性」、「封限性」，所以

---

[4] 關於「相」與「象」字的區別，以及本書在 phenomenology 的意義上只說「現相」，不說「現象」的理由，請參見拙文〈智的直覺抑或意向性的直接性〉，《復旦學報》2013 年第 6 期。

牟宗三才把這種思維方式認定為康德所不承認人類可以具有的智的直覺，並進而斷定由道德之心創生的那個存有對象屬於物自身。這裡的理論環節眾多，要準確理解牟宗三的思想，這些環節都必須照顧到，缺了哪一環都不行。牟宗三思想難以消化絕非戲言。

再次是批評難以立論。牟宗三儒學思想有一個重要特點，就是站得高，氣魄大，經常能夠提出一些根本性的觀點，顛覆傳統觀念。要批評牟宗三不能在枝節末節上做文章，必須從根本處著眼，否則即便你的批評是正確的，沒有過錯，但對牟宗三研究並沒有實質的意義。三系論最能說明問題。牟宗三打破傳統理學與心學的兩分格局，立五峰、蕺山為獨立的一系，從而形成與象山、陽明，伊川、朱子鼎立為三的局面，便是一個帶有根本性的觀點。如果對儒學發展沒有自己的看法，很容易陷在其中，無法得出自己的觀點。即使有自己的觀點，其觀點也可能只是邊緣性的，不太可能具有根本性。為此我要求自己在研究過程中，盡可能從大局著眼，在「大」字上做文章，爭取從全局上解決問題。我對三系論將朱子定為旁出的評論，堅持的就是這個原則。根據我自己對儒家思想發展歷史的理解，自孔子創立儒學之始，所遵循的就是仁且智的思維方式。這一思維方式後來分別為孟子和荀子所繼承。孟子繼承了仁的思想，發展為性善論。荀子繼承了智的思想，發展為以性惡論為基礎的認知體系。後來，這兩個方面又分別由象山、陽明和伊川、朱子所發展。儘管這兩個分支相互爭論十分激烈，但嚴格講來，均源於孔子思想，不宜分為正宗與旁出。

圓善論更是如此。牟宗三寫作《圓善論》旨在解決康德未能真正解決的圓善難題。對康德有一定瞭解的人都知道，與康德圓善相關的幸福是物質意義的，牟宗三通過「詭譎的即」和「縱貫縱講」所能得到的幸福無論如何都只停留在精神層面，那麼牟宗三為什麼要宣稱他已經解決了康德的圓善難題呢？為了找到這裡的原因，我不得不先分析康德是怎麼說的，再看牟宗三是怎麼理解康德這一思想的。但這樣做還是解決不了問題，只好回過身來重新檢討牟宗三對康德物自身概念的詮釋，終於發現問題仍然出在牟宗三對物自身概念的理解上。在牟宗三看來，康德圓善的幸福是屬於物自身的，但康德

沒有辦法真正保障這種屬於物自身的幸福。儒家就不同了，儒家的無限智心真實無虛，可以產生幸福，而這種幸福是通過智的直覺實現的，所以屬於「物自身層之自然」。既然儒家通過自己的方式可以實現物自身意義的幸福，那麼當然就可以說保障了康德所未能真正保障的這種幸福，解決了康德的圓善難題。這裡明顯有一個概念的滑轉，看出這種滑轉並不難，但要清晰道出滑轉的過程，則不是一件容易的事。我常說，自牟宗三以智的直覺重新解說儒家存有論以來，其思想實在是太曲折、太離奇了，由智的直覺開始到物自身，由物自身到圓善問題，再由圓善問題到以「無相原則」為基礎解決真美善的合一問題，「黃河九曲十八彎」，最後不知彎到哪裡去了。[5]如果不能站在總體的高度，對牟宗三儒學思想有一個通盤的瞭解，像存有、圓善、合一這樣一些問題，是很難說清楚的。

最後是壓力難以承受。批評牟宗三必須冒很大的風險。[6]中國文化歷來重視師門，這本是一個很好的傳統。好的老師可以讓弟子不受或少受各種因素的干擾踏入學問的門檻，直接接續上老師的思想，進而形成自己的特點和風格。這就是師門的作用。尊重師門是為學必有之義，輕忽不得。大陸近幾十年來除極個別學者之外，老師很難形成自己獨立的思想系統，很難在學問意義上談論師門（當然這主要是時代之過，而非個人之錯）。慶幸的是，這種傳統在臺灣和香港得到了一定的保留。牟宗三、唐君毅的弟子都對自己的

---

[5] 這只是形象的說法，極而言之而已，意在強調牟宗三思想曲折性之嚴重。黃河終歸要流入大海，只要認真研究，牟宗三儒學思想也是可以把握的。敬請讀者不要引生不必要的聯想。

[6] 在大陸特定的背景下，較長一段時間以來，對牟宗三以及新儒家的批評沒有辦法完全抹去政治的陰影，同時也要受到學術門派之間的糾纏。隨著時間的發展，政治因素的影響已經比較淡了，但學術門派之間的糾纏仍有影響。在這種情況下，批評牟宗三是一件風險極大的事情。龔鵬程關於學界對新儒家批評的一種描繪很具有諷刺性，可以移到牟宗三研究上來：「實際上因理論之不同而反對新儒家者少，因為真正懂得的人不多；可是並不真懂並不能真在理論上辯難者少，而在態度上懷疑或反對新儒家的卻很多。」龔鵬程：〈我看新儒家面對的處境與批評〉，轉引自羅義俊：《生命存在與文化意識──當代新儒家史論》，頁215。希望在維護牟宗三思想的學者眼中，自己不要成為這種被諷刺的對象。

老師尊崇有加，自覺維護師門。這種情況在大陸學者看來實在是羨慕不已的。但話說回來，師門不能沒有，也不能太過。沒有師門等於沒有學派，這自然不行。師門太過，不允許他人批評，無法將研究推向前進，這同樣不行。客觀地講，在學術界牟門的力量很強。在這種情況下，要從事牟宗三儒學思想研究，對牟宗三提出質疑，就不得不把自己「裸身」暴露在眾多批評的火力之下，承受很大的壓力。

在三系論研究完成之後，我將其中最後一章作為會議論文，提交 2005 年 9 月在武漢大學召開的第七屆新儒學國際學術討論會。[7]論文在分組會上宣讀後，與會代表特別是牟門弟子迅即反彈，不僅提出了很多尖銳的理論問題，更有代表批評說，「按照你的說法，那就等於說我們尊敬的牟先生還不如你高明了」，等等，激起軒然大波。雖然我對此早有心理準備，但反彈如此激烈，還是大大超出了預料。我後來曾不止一次說過，面對此番狂轟濫炸，當時確有身單力薄、孤立無援之感。2008 年，我收到了一封來自香港自稱為「牟先生門人」、「『牟學』傳承者」的來信。信中寫道：「近十年來你在國內撰寫批評牟先生的文章相當多，既繁冗而全面，你可謂是現今大陸哲學界『批牟』的專家。但很令人可難的是，你處心積慮『批牟』、『貶牟』，動機和用心已表露無遺了，明眼人一看便知。我真為了你這個『批牟』、『貶牟』的學者感到難過，因為你舉例的種種理據都很難成立，有些更是『貽笑方家』，我真懷疑（你）的學養和造詣竟如此差劣！寫出這些令人咋舌的所謂『議文』來。可以說，你是枉費心機的、徒然的。有識之士會唾棄你這種狂妄的做法。」並說他將在大陸發表一系列的文章來反駁我，「屆時國內有睿智之士會有認同的。那時你也許會無地自容了」。[8]

這種事還有不少。圓善論研究基本完成後，我將其中的一個部分改成單

7　該文後來發表於《中國哲學史》2006 年第 2 期。

8　該信只留了名字而沒有留地址，只能從郵戳看發自香港，無法與其聯繫。我按照信上的名字努力查找其在大陸上發表的反駁我的文章，以反思我究竟在什麼地方出了錯，引起對方如此不滿，但並沒有找到，最後只好作罷。

文，以〈從德福關係看儒學的人文特質〉為名，投給一家學術刊物。[9]該刊實行嚴格的匿名評審制度。不久回饋回來四份評審意見，其中三份態度都很客觀，既予以了積極的肯定，又指出了一些問題，對我很有啟發。但也有一份意見對該文予以了全盤的否定，批評我「將牟宗三的幸福僅僅歸結為『道德的幸福』，已成嚴重的誤解和歪曲！」「如果儒家果真像作者所描述的那樣只重視追求所謂的『道德幸福』，那就未免太過於偽善了！」「就目前作者所具有的理解力和理論水準來看，確實是難於讀懂《圓善論》這部作品的。……問題在於，使人無法理解的是，既然讀不懂《圓善論》，卻要去批判牟宗三的圓善思想，並且能寫出這樣的批判文章。不知作者是何心態？」「這也算是學術研究嗎？」態度之堅決，語言之激烈，實屬罕見，令人震驚。我在回復中感歎，這種在「文化大革命」中才有的作派，「卻出現在頂級學術刊物的外審意見中，令人大有『故地重遊，如見舊人』的感覺，怎能不遺憾不已」[10]。

　　上面羅列這些情況，無非是想說明，要客觀從事牟宗三研究，特別是希望表達一些不同的理解，實在不是一件容易的事情。面對這種情況，我只有一個對策：咬牙硬挺。好在這些年下來，還是挺了過來，沒有被壓爬下，也不可能被壓爬下。

　　大陸學界系統性的牟宗三研究，是從國家哲學社會科學「七五」（1986年）和「八五」（1992 年）規劃設立「現代新儒學思潮研究」課題正式開始的。課題組在方克立、李錦全的帶領下，集中了當時大陸各大院校和科研單位中的精兵強將，聲勢浩大。課題組內分設牟宗三專題，很快形成了一批成果。羅義俊的《評新儒家》，顏炳罡的《整合與重鑄》、《牟宗三學術思想評傳》，鄭家棟的《現代新儒家概述》、《牟宗三》均是在此前後問世的，影響很大，同時也反過來促進了臺灣和香港現代新儒家研究工作的展

---

[9]　該文後來刊載於《中國社會科學》2010 年第 4 期。

[10]　參見拙文〈我們應該如何研究《圓善論》──對一種批評的回應〉，《現代哲學》2011 年第 2 期。

開。[11]由於經歷特殊，我未能直接參與到現代新儒家課題組之中，但因緣巧合，後來還是走上了這條道路。在課題組成立同一年，我有幸趕上「末班車」到復旦大學讀研究生，開始接觸臺灣香港現代新儒學的著作。其中，錢穆、唐君毅、徐復觀、方東美等人對我都有影響，但影響最大的還是牟宗三。我不只一次講過，牟宗三對我影響很大，我非常感謝他，深感上天待我不薄，在自己人生關鍵轉折時期接觸到了他的著作。是他的著作將我帶入了儒學之門，體悟了儒學的精妙，感受了儒學的龐大，認同了儒學的價值。牟宗三學理的宏大氣度，精闢入微，深深吸引著我。尤其是他從熊十力那裡傳承的學術精神，讓我懂得了呈現，懂得了心學，懂得了儒學，進而懂得了道德理想主義的重要意義。那種救人於水火，解人於倒懸的切身之感，是其他著作很難給我的。由於這個原因，我一直自詡為牟宗三的私淑弟子，將繼承「十力學派」之衣缽作為自己的學術立場，將弘揚道德理想主義作為自己的歷史責任。

　　儘管我始終秉持這樣的學術立場，但隨著研究的層層展開，考慮問題的側重點也有一些小的變化。研究伊始，因為對牟門弟子中的一些學者一方面只是依樣畫葫蘆式地詮釋，另一方面又維護師門太過，不准許他人批評的態度有所不滿，思想偏重於尋找牟宗三儒學思想中的缺失，並試著用自己的方法加以解決。這個狀態大約持續了十多年，是我研究牟宗三儒學思想的主要階段。我不敢保證這一階段的研究不存在瑕疵，但相信大的方向沒有錯誤，這個路子必須堅持走下去。近些年來，在廣泛接觸了學界關於牟宗三研究的材料，特別是一些最新成果後，思想重點又發生了微妙的轉移。我注意到，這其中當然不乏優秀成果，值得學習和讚許，但問題也不少。一些成果不僅未能準確把握牟宗三儒學思想的基本精神，甚至存在著諸多曲解。依我個人

---

[11] 大陸設立「現代新儒學思潮研究」課題十年之後，方克立對相關情況有一個總結，指出：「經過十年的努力，現代新儒學這一重要學術思想流派，在中國大陸已經不再是無人問津的『絕學』，而是已被學術界普遍瞭解，它在中國現代思想史上應有的地位已經得到確認，對它已經有了一定的研究基礎。」方克立：《現代新儒學與中國現代化》（天津：天津人民出版社，1997年），頁254。

的判斷，以這種方式研究牟宗三是無法繼承其思想，光大其學說的。對此我又擔心起來，不得不為牟宗三進行辯護，以至於認為對廣大讀者來說，當前最迫切的任務可能不是批評牟宗三，超越牟宗三，而是理解牟宗三，繼承牟宗三。世界上的事情都是複雜的，這種情況也表現在我的牟宗三研究之中。希望讀者不要因為這種看似矛盾的現象誤以為我左右搖擺，對我的學術立場產生懷疑。

　　在對牟宗三儒學思想進行分疏的過程中，我將其劃分為兩個方面，一是拓展心學義理，二是推進道德存有。我對牟宗三儒學思想的評論，即是沿著這兩個方面展開的。[12]首先是拓展心學義理。在長期學習和研究儒學思想的過程中，我找到了自己的研究方法，這就是所謂的三分方法。在《貢獻與終結》中，我對這種方法有進一步的推進，擴展為「多重三分方法」，而將之前的方法稱為「單一三分方法」。在第一卷坎陷論中，我利用「多重三分方法」對坎陷論加以詮釋。在我看來，牟宗三論坎陷首先講一個「讓開一步」和「下降凝聚」，這是因為中國文化傳統的重心在道德，道德高於認知，在新的歷史條件下，要發展科學民主，當然就要讓出身段，發展較道德低一層的東西。但認知的發展又不能成為無頭蒼蠅，必須保證有一個正確方向，而這個方向只能依靠道德層面來提供，所以論坎陷還必須講一個「攝智歸仁」。從這個角度出發，理解坎陷論不僅不再是一件特別困難的事，而且可以清晰看出其中的重要意義。第二卷三系論則主要利用「單一三分方法」對三系論提出系統性的批評。這種批評主要在兩個方面進行。其一，不同意將五峰、蕺山獨立為一系。牟宗三將五峰、蕺山獨立為一系，核心理由是他們既重心，又重性，而性之客觀性可以杜絕心學之流弊。但根據我的理解，性體以及天道並不是客觀性的代表，不能將克服心學流弊的希望寄託在性體和天道上。既然如此，將五峰、蕺山獨立為一系，便沒有太強的理論意義了。

12　這種意識並不是一開始就有。《貢獻與終結》的寫作最先從三系論開始，然後是存有論、圓善論、合一論，最後是坎陷論。最初的想法還比較模糊，只是在五卷本全部完成後，反復修繕文稿特別是補寫總序時，才有了這方面的明確意識，並將其體現到修改過程之中，作為一個主軸貫穿全書的。

其二，不贊成將伊川、朱子判定為旁出。我堅持認為，孔子完整的心性學說是三分的，既有仁性又有智性，沿著仁性發展出了後來的孟子和象山、陽明，沿著智性發展出了後來的荀子和朱子。在這個過程中，不能也不應該區分正宗和旁出。將伊川、朱子判定為「別子為宗」，不僅沒有必要，而且很失當。合理的做法是堅持孔子的三分思想結構，以仁性統攝心學，以智性統攝理學，以最終形成一個車有兩輪，鳥有兩翼的完滿格局。

其次是推進道德存有。從《智的直覺與中國哲學》和《現象與物自身》開始，牟宗三開始從智的直覺入手，對儒學的存有論系統進行新的解說，後來又將這個問題推進到圓善論和合一論之中。在第三卷存有論中，我用了很大氣力證明，牟宗三所說的智的直覺與康德意義的智的直覺並不是一回事。康德的智的直覺主要是一種「本源性」的直覺，即不需要對象刺激本身就可以給出質料的那種直覺。牟宗三則把智的直覺理解為沒有「曲屈性」和「封限性」的直覺。牟宗三所說的智的直覺，其實只是一種意識指向的直接性，在存有論的意義上，與「胡塞爾現相學意向性的直接性」較為接近。牟宗三反復強調道德之心可以創生物自身存有，並將兩層存有規定為現相的存有和物自身的存有的說法，有很大的弊端。牟宗三此說的根本意思無非是說道德之心可以創生「善相」，而兩層存有也不過是現相的存有和「善相」的存有罷了。第四卷圓善論則是借用存有論研究的成果，對牟宗三以存有論來解決圓善的思路提出商榷。在我看來，道德幸福並不是存有論賦予出來的，而是道德之心的要求得到滿足的結果。即便不在這個問題上過多計較，由道德之心創生存有過程中「物隨心轉」而成的幸福，也只是精神幸福，不是物質幸福，不能以此宣稱康德的圓善問題得到了「圓滿而真實的解決」。牟宗三關於《圓善論》的自我評價必須予以新的評估。在第五卷合一論中，我進而以前兩步為基礎，分析牟宗三以「無相」作為「相即式合一」這一理論中隱含的問題，指出牟宗三這種做法看似高深莫測，實際上是以「道德而無道德之相」和「審美而無審美之相」來證明「審美而美無美相」。將「相即式合一」建立在這種「無相」的基礎上，以實現真善美之綜合，其目的能否達到，讀者完全有理由持懷疑態度。

　　在從事這項研究的整個過程中，我始終堅持將牟宗三定位為一個哲學家，而不是神，相信他的學理中一定有缺陷，應該允許討論和批評，關鍵在於我們能不能準確找出並在多大程度上解決這些問題。哲學貴在獨立思想，這種獨立思想在很大程度上表現為一種不畏權威的批判精神，而這種精神也與「當仁不讓於師」，「吾愛吾師，吾更愛真理」的精神正相吻合。不能獨立思想，不敢批評前人，只是隨人腳跟，人云亦云，不僅意味著放棄自己最寶貴的思想權利，也等於牢牢扼住了哲學的喉嚨，使其不能前行半步。縱觀哲學史，有一個非常有意思的現象：批評往往是尊重的表現，不批評才是真正的不尊重。當年叔本華瞧不起黑格爾和謝林，但根本不屑於對其提出批評，反而是對他非常尊重的康德發起詰難，執意剝奪其「鑄成大錯而不受責難」的「特權」[13]，即是典型的例子。我批評牟宗三恰恰是出於對他的敬重，否則完全可以不花費如此氣力研究他，將其放在一邊不去搭理就是了。在這方面我一直有一個近似奇怪的念頭：對於牟宗三思想研究而言，大陸學者可能更有優勢。這不僅是因為大陸學者離得比較遠，較少情感牽累，承受學界的壓迫感比較小，容易看得清楚一些，便於表達自己的觀點[14]，更因為

---

[13] 叔本華：《作為意志和表象的世界》，石沖白譯，楊一之校（北京：商務印書館，1982 年），頁 268。

[14] 謝大寧的親身經歷很能說明問題。1996 年，牟宗三謝世不久，謝大寧就出版了研究牟宗三圓教思想的著作。他的言語非常謹慎，於「序言」中這樣表白：「本書的嘗試固然是有些大膽，它直接挑戰了牟先生窮其畢生精力所建構的最基本論題，不過筆者的意圖完全不是想證明牟先生的努力終將歸於失敗，恰恰相反，本書事實上只是在嘗試以另一方式來證明牟先生的說法確有其真知灼見，只是它必須有更開放的表述而已。」在「結語」中，他再次指明：「筆者當然瞭解如此做法的危險，因為可預見的，此一做法即會遭遇到多方的夾擊。」尤其是「就筆者許多同門師友言，恐怕更會無法接受我對牟先生某種程度的『背離』。」謝大寧：《儒家圓教的再詮釋──從「道德的形上學」到「溝通倫理學的存有論轉化」》（臺北：臺灣學生書局，1996 年），頁 IV、328。袁保新早期研究老子，在對牟宗三關於老子的論述有了自己的一些不同看法後，同樣面臨著很大的壓力。他後來回憶說：「在牟先生嚴謹龐大的論述架構下，想要有所資借又能別出新義，幾乎是不可能的事。」「主要考量，就是一經明說，我採用海德格存有學進路詮釋老子的做法，就會直接衝犯到當代新儒家『中國

這一代的大陸學者有自己的特點，比較適合類似牟宗三研究這樣的項目。據我觀察，與自己相仿的這一代大陸學者普遍有三個明顯的特點：一是能吃苦，二是不盲從，三是比較注意獨立思想。能吃苦是因為生活坎坷，社會提供的機會比正常狀態要少得多。如果不能吃苦，不能吃別人吃不了的苦，堅持看似不必要的堅持，早就被淘汰了，根本輪不到今天。不盲從是因為從那個荒唐的年代走過來，經受了太多的挫折，從中學到了很多常人不易學到的東西。其中最有價值的是深刻懂得了，尊敬和崇拜必須建立在充分理性反思的基礎之上。沒有充分理性反思的尊敬和崇拜，不僅是政治操作的大敵，也是學術研究的大忌。比較注意獨立思想是因為經歷特殊，吃了很多的虧，體悟到了獨立思想的價值和意義，一般不願意跟著別人走，漸漸養成了時刻提醒自己注意獨立思考，勇於發現問題，解決問題的習慣。我也是這樣一步一步過來的。我常對人講，牟宗三研究實在是太難了，不僅問題很難發現，即便發現了也很難解決，困難程度幾乎超出了自己可以承受的極限，以致幾度瀕臨崩潰。但我始終有這樣一個信念：上天在造出一個難題的同時，順手也將解決方案藏在了這個難題的背後，就看你能不能經受各種考驗把它找出來。十分慶幸，長年從軍的經歷幫了很大的忙。那段特殊的經歷使我養成了不怕困難的習慣，不斷鼓舞自己堅持、堅持、再堅持，相信自己有這個能力，通過不懈的努力，可以發現和解決前人存在的問題，不管這些問題有多大，有多難。如果沒有那段特殊的經歷，面對如此巨大的困難和壓力，恐怕早就堅持不下來，隨便找個冠冕堂皇的理由，半途放手，悠然自得做其他事

哲學的特質在主體性』的基本命題。我的個性沒有這麼叛逆，再加上年輕本來自信就不足，我只能『猶抱琵琶半遮面』地朝已逐漸明朗的方向前進。」袁保新：《從海德格、老子、孟子到當代新儒家》（臺北：臺灣學生書局，2008 年），頁 10、12。相比而言，同在臺灣和香港工作的吳汝鈞因為不是入門弟子，情況就好多了。吳汝鈞認為，他「雖然與一些當代新儒家的人物有密切的關係，但並不自視為這個學派中的人物，也沒有所需的學問功力，因而在論述上可以自由一些，有較大的言說空間。在展示自己的看法或觀點方面，力求客觀、理性、對事（學問、理論）不對人。」吳汝鈞：《當代新儒學的深層反思與對話詮釋》（臺北：臺灣學生書局，2009 年），自序，頁 1。

去了。

　　我在《牟宗三三系論論衡》出版時曾經講過，我非常尊重牟宗三，但對其儒學思想又有一些不同看法，希望抱著對學術負責的態度，秉承學術乃天下公器的古訓，將自己這些看法整理出來，「讓讀者和歷史去評判」[15]。現在整個研究工作已經完成，涉及的領域更為廣泛，討論的問題更為曲折，有些結論也更為尖銳，引起的反彈想必一定會更為強烈。為此我早已做好了思想準備，還是那個態度：全力做好自己要做的事情，盡可能少留甚至不留遺憾，其餘的交給歷史去評說吧。

（發表於《思想與文化》2016 年）

---

[15]　《貢獻與終結》第二卷三系論卷上「三系論論衡」完成後，為了徵求學界的意見，曾以《牟宗三三系論論衡》（上海：復旦大學出版社，2006 年）為名先行單獨出版。在該書前言中，我比較具體地表明了我對牟宗三研究的態度。參見該書前言第 7 頁。

三分方法視域下的坎陷概念[1]

　　自牟宗三提出坎陷概念以來，學界的爭論就沒有停止過。人們普遍反映這個概念不易理解，批評質疑者多，肯定認同者少。此前我曾撰寫過文章，將坎陷的內涵概括為三個基本要素，即「讓開一步」、「下降凝聚」、「攝智歸仁」，在一定程度上減少了這方面的困難。[2]但問題遠沒有結束，因為至此我們還是很難明白開出科學和民主為什麼必須走坎陷而不是其他的道路。本文將進一步以我多年來一直堅持的三分方法為基礎，對坎陷概念進行詮釋，希望能夠對解決這個問題有所助益。

一、先驗主義：坎陷的哲學基礎

　　為了做好這一步工作，我們首先需要探討這樣一個問題：牟宗三坎陷概念的哲學基礎是什麼？在這方面，《道德理想主義》中關於認識論立足之處的一段論述值得關注：

　　　　所以，為說明經驗知識之可能，必須找出他的「先驗根據」來。經驗主義者只知向外向前看，所以他們的反省尚不夠。能向「先驗根據」方面想，才真接觸到「反省」這個字的意義。「經驗」是向外的一個矢頭，而找出[3]它的先驗根據，則矢頭反而向裡向後，這才真是接觸

1　本文曾在「臺灣大學儒學研討會」（第 43 次會議）上宣讀，經會議組織方同意後單獨發表，特向臺大人文社會高等研究院表達謝意。

2　詳見拙文〈坎陷概念的三個基本要素〉，《華東師範大學學報》2011 年第 5 期。

3　全集本脫此「出」字，據單行本補。——引者注

到認識論這一詞之意義，因而開闢了科學知識外的一個領域，這就是哲學的立足處。[4]

經驗知識之所以成為可能，必須有其先驗根據。要形成經驗知識，必須向這個先驗根據方面想，而不能只向經驗方面想。向先驗根據方面想，才能明瞭反省的意義，才能真正接觸到認識論的根本意義。這就是說，要成就知識，有兩種不同的方法。一是先驗主義的方法，它要求在說明經驗知識之前，必須找出它的先驗根據。一是經驗主義的方法，它只是向外尋找經驗的來源。牟宗三此前已經完成了《認識心之批判》的寫作，對康德認識論有過系統的研究。雖然這部著作存在著一些缺陷，如不承認知性有存有的攝指意義，但對康德先驗認識論的基本原則已有較好的把握。上述一段可以看做對康德相關思想的具體說明。這一思想的核心即是：要成就知識，必須向內反省，找到自己的先驗根據，這才是認識論乃至整個哲學的立足之處。

這種先驗的根據，牟宗三有時又稱為「大本原」：

哲學家就科學的學統，繼承哲學的學統，作反顯的理智活動，來開闢科學知識（表象世界的知識）以外的領域。道德宗教的聖賢人格，則從道德實踐上開闢科學知識以外的道德宗教之境界。哲學家所反顯的是由理智活動而開出，而其真實意義即是道德宗教之聖賢人格所證實的意義（境界）。這是智（哲學家所負擔的）與仁（聖賢人格所擔負的）由向外的經驗知識反回來所共建立的大本原。以前孔、孟立教以及理學家所講的見體立極，亦就是說的這個本原。達到這個本原境界的唯一關鍵，就是反回來。……由這樣而開出的科學知識以外的境界的唯心論者（理想主義者）正是古今中外學術大傳統的所在：人道由此立，理想價值由此出，學術文化由此開，一切現實的實踐都在這裡

---

[4] 牟宗三：《道德的理想主義》，《牟宗三先生全集》（臺北：臺灣聯合報系文化基金會、聯經出版事業公司，2003 年，以下引用此書不再注明版本），第 9 卷，頁 132。

得其方向，得其意義。繁興人間一切正面的光明的大用，有百利而無一害。[5]

牟宗三強調，哲學思維一定要有一個逆的過程，通過這種逆，反歸人生的「大本原」。這種「大本原」即是人生的先驗根據，由此確立唯心論的基礎。這是古今中外學術的基本傳統，以這個傳統為基礎，人道得以立，價值得以開，人間光明大用得其實，正所謂有百利而無一害。

那麼，這種由先驗根據所確立的唯心論在中國文化傳統中的具體表現是什麼呢？牟宗三認為，這就是儒家仁的學說：

> 絕對的善，是稱「怵惕惻隱之心」而發的。由此所見的理性是理想的，由此所見的理想是理性的。由此吾人極成理性主義的理想主義，或理想主義的理性主義。怵惕惻隱之心，同時是心，同時也就是理。此心理合一的心，就是儒家所說的「仁」。孟子即於此言性善，王陽明於此言良知。康德於此言「善意」。吾人如不說人性則已，如要說人性，必須從此心理合一的仁處言人的性，瞭解人的性。孟子就是剋就這個「性」而言善，康德亦就是剋就這個性而言絕對的善意。這是隨時可以指點的，也就隨時可以呈現的，決不是一個抽象的概念。[6]

儒家講善，皆由怵惕惻隱之心而立。怵惕惻隱之心不是抽象概念，同時是心，同時是理。而這個作為心理合一的心，就是儒家的仁，而這也就是儒家的道德理想主義。當然，牟宗三並沒有對仁進行具體的理論說明，只是沿用傳統的做法，在週邊進行描述，有其理論的局限。但在當時批判傳統文化佔據上風的大背景之下，能夠如此高揚仁，堅持道德理想主義，卻是十分難得，彌足珍貴的。

5　同上注，頁 135-136。

6　同上注，頁 24-25。

牟宗三進一步將仁上昇到實踐理性的高度。他說：

> 此怵惕惻隱之仁心何以又是理性的？此所謂理性，當然不指理論理
> 性，即邏輯理性而言。……吾人此處所謂理性是指道德實踐的理性
> 言：一方簡別理智主義而非理想主義邏輯理性，一方簡別只講生命衝
> 動不講實踐理性的直覺主義、浪漫的理想主義，而非理性的理想主
> 義。我們如果明白了此所說理性不是邏輯理性，又明白了與此理性相
> 反的非理性，則怵惕惻隱之心何以又是理性的，即可得而解。[7]

> 儒家學術主要在表現推動社會之普遍原則，已如上述。此普遍原則，
> 經過宋明儒者之講論，益形彰著。順此路而言，其本義即吾人上文所
> 說之由人性通神性所定之理性。此理性，儒家嚮往其為一普遍之理
> 性。其嚮往也，非憑空之抽象的嚮往，乃由實踐的證實而成之嚮往。
> 依此，其嚮往轉為超越之崇敬。此種理性的普遍性，不獨限於人類之
> 歷史，且大之而為宇宙之原理，依此而成為儒家之形上學。此具有普
> 遍性之原理，儒家名之曰「仁」。吾人現在亦可轉名之曰「絕對理
> 性」。[8]

牟宗三為自己提出了這樣一個問題：仁心何以是理性的？這兩段分別從不同
角度作了解釋。第一段區別了兩種不同的理性，即理論理性和實踐理性。說
仁心是理性當然不是指理論理性，而是指實踐理性。仁心與生命的自然衝動
不同，生命的自然衝動是非理性的，仁心不同於這種非理性的生命自然衝
動，所以仁心是理性的。這實際上是一種反證法。第二段則講人性與神性的
關係。在儒家傳統中，仁心即是人性，而人性是上通天道神性的。天道神性
是宇宙之原理，是普遍的理性。這種普遍的理性，不獨限於人類歷史，更可

7　同上注，頁 21-22。

8　同上注，頁 10-11。

成為宇宙的原理，成為儒家的形上學。仁心之人性上通天道神性，自然可以說也是理性的。由於仁心通神性，仁心這種理性又可以叫做「絕對理性」。

　　我做以上的引證，旨在說明這樣一個道理：先驗主義是牟宗三坎陷概念的哲學基礎。牟宗三認為，要成就知識，必須向內反省，找到自己的先驗根據，這是哲學的大本原。在人生中，也有大本原，這就是儒家的道德智慧，就是實踐理性，就是儒家的仁。握住了這個大本原，人道才得以立，價值才得以開，人間一切現實的實踐才能得到一個正確的方向，即所謂「見體立極」。這個大本原即是哲學的立足之處。有了這種先驗的根據，有了這種大本原，有了這個立足之處，坎陷才能具有基礎，才能成為可能。

二、牟宗三的一個重要猜測

　　有了先驗主義的基礎，在這個基礎上進行坎陷，就可以開出科學和民主了。為了說明這個道理，牟宗三做了很多工作，有不少說明，其中《道德的理想主義》中的一個表述特別重要：

> 人心的瞭解外物，第一級是要通過「感覺」的。接於耳而知聲，接於目而知色。此名曰「感性層」。感性層之接外物是「直覺的」，惟此直覺是感觸的直覺。名曰直覺，是說未經過邏輯數學思想的辯解過程的。
> 第二級是「知性層」。人心之表現為「知性」即表示其轉為「思想主體」。感性層次是表現「生理主體」，人心附著於生理主體而只成為感覺。「知性」是表示人心要從「生理主體」的束縛中解放出來，超拔出來，因而成為思想主體。人心必得轉為思想主體，才能說是理解外物，才能說是進入思想階段。思想，知性的理解活動，是以「邏輯數學的運用程序」來規定的。我們可以說凡遵守邏輯數學的運用程序的思想是知性層的思想。惟此思想活動始能成科學。……
> 第三級是「超知性層」，亦曰「智的直覺層」。此中所謂「智」不是

邏輯數學的，不是使用概念的；所謂「直覺」，不是感觸的，而是理智的。因此，它對於外物不是使用概念的理解，而是直覺的通觀。外物在此種「智的直覺」前亦不是以「一定的對象」之姿態出現，而是以往復循環、盈虛消長、曲折宛轉之虛的脈絡姿態出現，或以大化流行、恒自如如的姿態出現。所以此種「智的直覺」之通觀萬物之變與化，亦無一定的對象，它是一種虛靈不昧之心知而直接與萬物為神遇：隨感而應，隨化而逝，隨幾而轉，過而不留，因應無為，不為物先，不為物後，冥契獨化，而與造物者遊，天地與我並生，萬物與我為一。雖無一定之對象，而亦無微而不至，無幾而不應，無纖細而可漏。通一亦即通全，通全亦即致曲。此即冥應符契之神遇。邏輯數學在此全用不上，固定的對象在此亦全化而為虛脈。此種神遇，可名曰「觀照」。知性的活動可名曰「觀論」（theoretic）。觀論成科學，亦是科學的；觀照，既不能成科學，亦不是科學的。但是它卻有一種最能把握真實的神解。[9]

牟宗三認為，認知之心有三級。第一級為感覺層，也就是感性層。第二級為知性層，這是思想的主體，認識之心必須轉為思想主體，才能瞭解外物，成就科學。第三級為超知性層，又叫智的直覺層，它對於外物的瞭解並不通過概念，而是直覺。在這種直覺之下的外物並不以一定對象的姿態出現，而是以恒自如如的姿態出現。這種情況與知性活動完全不同，故特名之為「觀照」，而知性活動則為「觀論」。換言之，認識之心內部共有三個級別，在這三個級別中，感覺層最下，其次為知性層，超知性層最上。牟宗三此說寓意很深，對於理解坎陷概念大有幫助。

　　牟宗三在另一處甚至還談到知性一層是一種中間架構性的東西：

　　「知性」與「政道」這兩面的曲折即是向下方面的大開大合，我們須

9　同上注，頁110-112。

> 知：知性方面的邏輯、數學、科學與客觀實踐方面的國家、政治、法律（近代化的）雖不是最高境界中的事，它是中間架構性的東西，然而在人間實踐過程中實現價值上，實現道德理性上，這中間架構性的東西卻是不可少的。而中國文化生命在以往的發展卻正少了這中間一層。（最高一層為神智與神治，最低一層為感覺，為動物的無治。）[10]

知性與政道緊密相聯。知性是從認知的角度講，政道是從政治的角度講。但這兩者都屬於「中間架構性的東西」。這「中間架構性的東西」很重要，是不可少的，但可惜的是，中國文化生命的發展恰恰缺少這一層。如何保證這中間一層的發展，就成了開出科學和民主的關鍵一環。

　　以上是就認知之心講的，那麼就人而言，是否也有類似的架構呢？前面講過，牟宗三非常重視認知系統中的大本原，這裡進一步強調的是，這一大本原在牟宗三看來也可以分為不同的方面。在《歷史哲學》中，牟宗三這樣寫道：

> 一哲學系統之完成，須將人性全部領域內各種「先驗原理」予以系統的陳述。自純哲學言，人性中，心之活動，首先表現為「理解形態」。依此，乃有理解之先驗之顯露。在此，邏輯、數學俱依先驗主義，而有超越之安立。而科學知識亦得以說明。其次，則表現為「實踐形態」。依此，乃有實踐之先驗原理之顯露。在此，「內在道德性」之骨幹一立，則道德形上學、美的欣趣，乃至綜和形態之宗教意識，俱得其真實無妄，圓滿無缺之證成。在理解形態中，吾人建立「知性主體」（即思想主體）。在實踐形態中，吾人建立「道德主體」。此兩主體乃一心之二形，而由道德形上的心如何轉而為「認識的心」（知識主體），則是心自身內在貫通之樞紐。[11]

10　牟宗三：《歷史哲學》，《牟宗三先生全集》，第 9 卷，頁 220。
11　同上注，自序，頁 20-21。

作為先驗根據的大本原，其形式有二：一是在理解形態中，有其先驗主義的根據。只有這個先驗主義的根據得到「超越之安立」，科學知識才能得到合理的說明。這一層上面已有說明。二是在實踐形態中，亦有其先驗原理之顯露。只有這個先驗原理得以顯露，人的實際生活才能不走偏方向。理解形態為一知性主體，實踐形態為一道德主體。這是兩種不同的主體，或者說是主體的兩種不同形態，用牟宗三的話說就是「此兩個主體乃一心之二形」。問題的關鍵是「由道德形上的心如何轉而為『認知的心』（知識主體）」？這一層含義與上面明顯不同，上面講的是認知之心的結構，這裡講的則是人的結構。牟宗三在這裡有一個明確的區分，道德之心在上，認知之心在下，由此構成人的不同層面，而坎陷就牽涉到這種上下層面的關係。

十分明顯，牟宗三這些論述實際上已經涉及層面劃分的問題。這種層面劃分可從兩種角度來看：其一是思維結構的角度。從這個角度看，人的認知之心既有智的直覺，又有邏輯分析。智的直覺屬於超知性層，邏輯分析屬於知性層。其二是人的生命結構的角度。從這個角度看，就一個完整的個人而言，既有道德，又有認知。道德層面負責完善德性，成就道德，認知層面負責對外部世界和自我的認識，成就知識。在中國歷史上，在儒家傳統中，這兩個不同層面有一個共同特點，都是前者發達，後者不發達。具體而言，就是智的直覺發達，邏輯分析不發達，道德發達，認知不發達。這一特點決定中國文化有自己之長，亦有自己之短。其所長即是重視智的直覺，重視道德，其所短即是不重視邏輯，不重視認知。由於近代西方文明中的科學和民主始終與邏輯和認知聯繫在一起，所以在新的歷史條件下，儒學要開出科學和民主，就必須大力發展邏輯和認知。而要完成這種發展，需要做的一項重要工作，就是讓超知性層與道德層「讓開一步」、「下降凝聚」，不再發展超知性層和道德層面，而是發展其下的邏輯層面和認知層面。這些論述儘管還缺乏系統性，夾雜在其他論述中間，不易被人發現和重視，但在我看來，卻實在是一個天才的猜測，思想價值極其巨大。下面我將證明，坎陷論最深厚的思想基礎其實就隱藏在這一天才猜測的後面。

三、三分方法視域下的坎陷概念

　　平心而論，當我初次讀到牟宗三上面這些論述的時候，就已經感覺到這是一個非常值得發掘的思想，十分興奮。不過，當我反復閱讀這些論述，仔細揣摩當中的含義之後，又不得不承認，牟宗三所做的工作似乎還較為粗糙，不夠到位。他既沒有對此有一個系統的說明和論證，更沒有自覺將其上昇為一種思想方法。但這並不礙事，我們可以沿著這個方向向前走，將蘊含其間的道理說明白，講清楚。我相信，一旦這項工作做好了，完全可以為牟宗三的天才猜測提供一種有說服力的證明，坎陷概念的內涵也就不難把握了。

　　這些年來，我在從事儒學研究的過程中發現了一種新的方法，我把它叫做「三分方法」或「三分法」。這種方法的發現源自對於孔子思想的研究。我注意到，從孔子創立儒學開始，儒家心性之學實際上即包含著三個不同的部分。其一為欲性，它涉及利欲問題，是負責人物質生存的一個部分。其二為仁性，它涉及孔子仁的思想，而根據我的分析，孔子的仁其實是一種社會生活和智性思維在內心結晶而成的心理境況和境界，簡稱「倫理心境」。其三為智性，它涉及學習和認知，是在人之為人的過程中，通過學習和認知而成就道德的一種性向。仁性與智性在傳統上都叫理性，我堅持將其分開，打破傳統感性理性的兩分格局以及由此人們習以為常的兩分方法，意在說明這樣一個道理：道德的根據可以具體劃分，既有仁性，又有智性；與此相應，倫理形式也並非只有一種，而是有兩種，既有仁性倫理，又有智性倫理。仁性倫理是以仁性為根據的倫理，智性倫理則是以智性為根據的倫理。這兩種倫理有著截然不同的特點：仁性倫理重在智的直覺，智性倫理重在邏輯推證；仁性倫理重在反歸本心，智性倫理重在窮究其理；仁性倫理無需通過語言即可進行，智性倫理必須借助語言的中介；仁性倫理簡約易行，智性倫理較為支離。

　　直到研究牟宗三的坎陷論之前，我講三分方法一般都局限在道德領域，但實際上三分方法的適用範圍要廣闊得多。人除了道德之外，還有認知，還

有審美。道德結構內部有三個不同部分，認知結構和審美結構同樣包括三個不同部分，三分方法對認知結構和審美結構同樣適用。更為重要的是，審美結構、認知結構、道德結構並不是相互隔絕的，有著緊密的內在聯繫，共同組成人的「生命層級構成」[12]。此處的生命層級構成與上面談到的道德結構並不相同。道德結構是將涉及道德的因素橫向劃分為欲性、仁性、智性三個部分，生命層級構成則是將人的生命縱向劃分為體欲、認知、道德三個層面。從下往上說，生命層級構成的第一個層面為體欲，它負責人對物質欲望的追求，與審美問題密切相關。生命層級構成的第二個層面為認知，它負責人對於世界和自身的認識，大致相當於西方哲學中的理論理性。生命層級構成的第三個層面為道德，它負責人的道德生活，保證人的健康發展，大致相當於西方哲學中的道德理性。不僅如此，如果將視野進一步擴大，生命層級構成三個層面的情況也適用於社會。社會總歸是人的社會，任何一個社會，同生命層級構成一樣，自下至上同樣包含體欲、認知、道德三個不同層面。所謂體欲即是一個社會中關於物質欲望的部分，也就是人的吃、穿、用、住的問題，沒有這一部分，社會就沒有辦法生存和發展。所謂認知即是社會中關於知識的部分，這個部分的主要任務是認知自然，認知社會，並以此為基礎，制定各種制度，使社會得到治理。所謂道德即是一個社會中關於道德的部分，其使命是保證社會有一個良好的道德基礎，在道德的軌道上健康地發展。這種情況可以叫做「社會層級構成」。承認生命層級構成和社會層級構成均包含三個不同層面，相信並沒有太大的困難。有趣的是，無論是生命層級構成，還是社會層級構成，其內部的結構關係也一致。生命層級構成的三個層面從下往上是體欲、認知、道德，社會層級構成的三個層面從下往上同

---

[12] 「構成」與「結構」在漢語中不是同義詞，但意義相近。我之所以在這裡使用「構成」的說法，並特別在前面加上「層級」二字，稱為「生命層級構成」，主要是想凸顯這樣一個思想：生命構成是一種縱向的層級關係（這與社會層級構成相一致）。而道德結構以及認知結構和審美結構則是一種橫向關係。生命層級構成、社會層級構成同道德結構、認知結構、審美結構有縱向和橫向之別，性質完全不同，是針對不同問題而說的。

樣是體欲、認知、道德。我把這種範圍不同，其內在結構關係卻完全一致的情況稱為「異層同構現象」。生命層級構成和社會層級構成的這種「異層同構現象」說明，同自然界一樣，人類社會內部也有結構關係，無論是個人生命還是社會結構都包含體欲、認知、道德三個層面，這三個層面的上下順序完全一致，有序可循，絲毫不亂。這樣一來，我關於三分方法的研究就有了一個重要的推進。在此之前，我提出的三分方法僅限於道德結構，是單一的，現在不僅將其擴展到認知結構和審美結構，而且還推進到生命和社會範圍，以此來分析生命層級構成和社會層級構成。這種適用範圍擴大的三分方法我稱為「多重三分方法」（與此相比，此前的方法可以叫做「單一三分方法」）。多重三分方法有兩個維度。首先，它將審美結構、認知結構、道德結構從橫向區分為三個部分，比如道德結構中的欲性、仁性、智性；其次，它將生命層級構成和社會層級構成從縱向自下至上劃分為體欲、認知、道德三個層面。[13]

　　將三分方法推進到更廣泛的領域，絕不是簡單的文字遊戲，蘊含著多方面的理論意義。與本文直接相關，便是可以幫助我們加深對牟宗三坎陷概念的理解。比如，上面講過，按照我對坎陷概念內涵的分析，這一概念包含著三個基本的要素，即「讓開一步」、「下降凝聚」、「攝智歸仁」。為什麼坎陷發展科學民主必須首先「讓開一步」呢？這是因為，按照多重三分方法，生命層級構成和社會層級構成自下至上都由體欲、認知、道德三個不同層面構成。我們的傳統有一個重要特點，就是重視道德，不重視認知。西方文化自啟蒙運動之後，張揚理性主義，生命層級構成和社會層級構成中認知一層有了很好的發展，發展出了科學民主。我們要補上這一課，當然就不能再一味發展原本的長項，而必須從我們的長項中退出身來，以便有機會，有精力發展我們所不擅長的東西。牟宗三論坎陷首先要講一個「讓開一步」，強調必須從道德層面讓開身來，道理即在這裡。

13　這只是述其大概，表達我這方面的一些設想。關於多重三分方法的正式建構和嚴格證明，將是今後很長一段時間的重要任務。

　　又如，坎陷另一個要素是「下降凝聚」。這是解決「讓開一步」之後向什麼方向發展的問題。牟宗三說，要開出科學民主，不能向上發展，而必須向下發展，來一個向下的大開大合。為什麼發展科學民主必須向下走，不能向上走？牟宗三對此曾有很多說明，也曾以實踐主體高於認知主體，實踐理性高於理論理性來加以解說。這種說法當然有其道理，但如果有了多重三分方法，這個道理可能會說得更加清楚一些。按照這種方法，生命層級構成和社會層級構成從下往上都包含體欲、認知、道德三個層面。在中國文化中，道德有很好的發展，唯獨認知發展不力，而科學民主均離不開認知這個層面。依據多重三分方法，道德在上，認知在下，道德高於認知。實踐主體高於認知主體，道德理性高於理論理性，皆因於此。所以，在新的歷史條件下要發展科學民主，必須向下走，不能向上走。牟宗三論坎陷不僅講「讓開一步」，而且指明一個向下的方向，強調必須「下降凝聚」，而不是向上發展，道理即在這裡。

　　再如，坎陷還有一個重要內容，叫做「攝智歸仁」。既然「讓開一步」、「下降凝聚」發展出了科學民主，為什麼還要講「攝智歸仁」呢？這是因為，根據多重三分方法，生命層級構成和社會層級構成中的道德一層居於最高位置，對其下各個層面負有指導之責，而其下各個層面的發展也都要在它的指導下才能正常展開。在一些特殊情況下，如果其下各個層面較為薄弱，可以也有必要有一個大的發展，但這種發展不能完全離開最高層面的指導。沒有道德的指導，任由體欲和認知層面無拘無束，天馬行空，只能將人類引向毀滅之途。科學民主屬於認知層面，要發展它們，而又不走偏方向，根本性的辦法，就是要在它們之上保持一種指導的力量。這種指導的力量，就是道德的層面。牟宗三論坎陷除了講「讓開一步」和「下降凝聚」，一定要補上「攝智歸仁」這一條，強調無論是科學還是民主，都不能脫離道德的指導，道理即在這裡。

　　總之，自從牟宗三提出坎陷概念以來，學界大致可分為批評和認可兩派，其中批評質疑者多，肯定認同者少，而在認同者中，一般也只是以康德實踐理性與理論理性的關係來加以說明。我與這兩派均有所不同。首先，我

對坎陷論持高度認可的態度，認為這一理論蘊含著很強的理論意義，沿著這個方面發展，可以解決很多重大理論問題。另外，我也不同於一般的認可派，不再簡單以康德的學說而是以我自己多年一直堅持的三分方法對這一概念進行詮釋，並相信借助這種新的方法坎陷概念可以得到較好的說明。當然我的這種詮釋能否達到目的，為學界所接受，還有待進一步觀察並不斷做出新的努力。

（發表於《復旦學報》2012 年第 3 期）

坎陷如何開出科學？

——從三分方法的視角看牟宗三的 「坎陷開出科學論」

　　通過坎陷開出科學（簡稱為「坎陷開出科學論」），是牟宗三非常重要的思想，也是現代新儒學研究中的重要題目。學者對此有各種不同的理解，爭論頗多。近年來，我在這個方面做了一些功課，將坎陷概念分疏為「讓開一步」、「下降凝聚」、「攝智歸仁」三個義項，並借助自己多年來一直堅持的三分方法對其進行系統的詮釋。我在研究孔子思想的時候注意到，與西方感性和理性兩分的格局不同，孔子思想包含欲性、仁性、智性三個部分，這三個部分是一種橫向關係，共同決定人如何成德。我將其叫做「道德結構」，而相應的方法即為三分方法。這種三分的情況同樣適用於認知結構和審美結構。後來我又發現，道德結構、認知結構、審美結構屬於一種縱向關係，共同形成人的生命整體，我稱之為「生命層級構成」。而社會內部同樣是這樣一種關係，我稱之為「社會層級構成」。為了便於區分，我將之前的方法叫做「單一三分方法」，而將擴大了範圍的這種方法叫做「多重三分方法」。[1]在三分方法的視野下，牟宗三「坎陷開出科學論」可以得到較好的理解。下面就對這個問題做一些分析。

---

[1]　參見拙文〈坎陷概念的三個基本要素〉，《華東師範大學學報》2011 年第 5 期；〈三分方法視野下的坎陷概念〉，《復旦學報》2012 年第 2 期。

一、從社會層級構成中「讓開一步」、「下降凝聚」

中國社會的發展重心在道德，不在認知，不利於科學的發展，這是牟宗三講坎陷的出發點。在《歷史哲學》中，牟宗三明確表示，中國文化的一個重要特點就是「自『仁』發，不自『智』發」[2]。這裡的「仁」指道德，「智」又叫知或知性，指科學和認知。這種特點自然有其所長，使中國社會的道德有了長足的發展，但也有負面作用，不利於科學精神的培養。「中國的文化精神就是因為『知性』不能從實用狀態、感觸狀態中解放出來，所以邏輯、數學、科學才不能出現。譬如從中國文化生命中湧現出來的最古的文化模型是『正德、利用、厚生』，這是一個道德政治的觀念模型，是一個『仁的系統』。仁是一個籠罩系統。在利用厚生中，未嘗沒有對於外物的粗淺認識。但是這種認識，因為停在實用狀態中，感觸狀態中，所以『智的系統』始終隱伏於『仁』中而未彰著其自身，未轉出『知性形態』，獨立發展其自己，使其自身有獨立之成果（邏輯、數學、科學即是其獨立之成果）。」[3]這就是說，由於中國社會的發展重點始終在道德，智的系統被仁的系統所掩蓋，不能從實用狀態、感觸狀態中解放出來，得不到獨立的發展，無法形成一個完整的認知系統，邏輯、數學、科學無法出現。

原因找到了，要發展科學，彌補不足，就必須從根本上動手術。「一個文化生命裡，如果轉不出智之知性形態，則邏輯、數學、科學無由出現，分解的盡理之精神無由出現，而除德性之學之道統外，各種學問之獨立的多頭的發展無由可能，而學統亦無由成。此中國之所以只有道統而無學統也。是以中國文化生命，在其發展中，只彰著了本源一形態。在其向上一機中，徹底透露了天人貫通之道。在本源上大開大合，一了百了。人生透至此境，亦實可以一了百了。而即在此一了百了上，此大開大合所成之本源形態停住了，因而亦封閉了。然而人不是神，不能一了百了。人間是需要有發展的。

2　牟宗三：《歷史哲學》，《牟宗三先生全集》，第9卷，頁76。
3　牟宗三：《道德的理想主義》，《牟宗三先生全集》，第9卷，頁126。

它封閉住了，它下面未再撐開，因而貧乏而不充實。」[4]中國文化生命之所長在於道德，能夠由此彰顯向上一機，貫通天人之道，在這方面有一個大開大合。這極有意義和價值，牟宗三甚至用「一了百了」的說法來表達其重要性。但僅有這一層遠遠不夠，還必須向下撐開，來一個向下的大開大合，以開出知性形態。只有知性形態發展了，科學才能夠發展。

　　牟宗三在這裡講的「下面未再撐開」是一個重要的思想，意在說明，要開出科學必須向下發展，而不是向上發展。為什麼開出科學必須向下走，而不是向上走？從三分方法的角度出發，這個問題就可以看得比較明白了。如上所說，社會層級構成是一個縱向的關係，由下往上分別有體欲、認知、道德三個層面。由於背景不同，各個社會在發展過程中的具體情況有所差異。西方比較重視認知層面，所以他們的科學發展得比較充分。中國的重點在道德，這一層發展得比較好，但也影響了其下認知層面的發展，科學始終起不來。在新的歷史條件下，要發展科學，補上這一課，當然首先必須從道德層面退出身來。這種退出身來，就叫「讓開一步」。由於道德在上，認知在下，從道德層退出身來，發展認知層，只能往下走，不能向上走，這就叫「下降凝聚」。將「讓開一步」和「下降凝聚」合起來，即為坎陷。牟宗三所說通過坎陷開出科學，最重要的意義就在於此。

二、從生命層級結構中「讓開一步」、「下降凝聚」

　　牟宗三講坎陷開出科學，有時還偏就個人生命而言。比如，在寫作〈致知疑難〉時，牟宗三區分了兩個不同的宇宙，一是行為宇宙，一是知識宇宙。行為宇宙特指人的道德行為，知識宇宙特指人的認知行為。行為宇宙儘管非常重要，但無法涵蓋知識宇宙。要發展知識宇宙，必須在行為宇宙之中找到一個「通孔」，否則知識宇宙便會窒息而死。「良知既只是一個天心靈明，所以到致良知時，知識便必須含其中。知識是良知之貫徹中逼出來的。

---

[4]　牟宗三：《歷史哲學》，《牟宗三先生全集》，第9卷，頁207。

否則，無通氣處，便要窒死。」[5]在牟宗三看來，良知屬於行為宇宙。行為宇宙表面看與知識宇宙沒有關係，但如果只有行為宇宙，也並非全面。而行為宇宙客觀上也總是要與知識宇宙打通，因為人們在具體的致良知過程中，已經將知識含於其中了。「知識是在致良知的過程中逼出來的」，這句話特別值得品味。這個「逼出來」，就是為知識尋一個通氣處，有了這個通氣處，便有了一個回環，「一有回環，便成知識」。

《歷史哲學》再次提到這個問題：「神智之瞭解萬物是不經過邏輯、數學的，因而邏輯、數學出不來；神智之瞭解萬物是不與外物為對、為二的，而是攝物歸心，因而科學知識出不來。這如西方哲學所說，神心之瞭解萬物是不經過邏輯、數學的，因而上帝亦無所謂科學。」[6]中國之所以沒有發展出科學，從「全幅人性」的角度看，是因為缺少知性這一環。這一不足對發展科學有重要的影響。在這種情況下，人的精力都集中到道德方面去了，沒有心思去想智的問題。牟宗三將對於道德的體悟稱為「神智」。「神智」瞭解萬物不需要經過邏輯、數學，所以無法成就科學。只有從「神智」中退出來，發展知性，才能成就科學，使科學得到好的發展。

在《心體與性體》中，牟宗三又從「存在之理」和「形構之理」的關係來談論這個問題。此時他提出，朱子格物致知的對象是事物之所以然，是「存在之理」，儘管其學說非常系統，但因為不是「形構之理」，所以無法成就具體的科學知識，而朱子本人也不可能成為自然科學家。「形構之理」關心的是事物具體的特徵、相貌、構成，「存在之理」則關心事物存在之存在性。因為古人總是將存在與道德聯繫在一起，所以「存在之理」一定帶有道德性，並不是純粹的客觀存在，「形構之理」則可以完全是認知性的。朱子重視的是後者，不是前者。但需要注意，重視「存在之理」，也可以順便帶到「形構之理」。因為在認識存在之理的過程中，為了更好地達到目的，對事物具體的「形構之理」也必須有所瞭解，「是以在『即物窮理』中必須

5　牟宗三：《從陸象山到劉蕺山》，《牟宗三先生全集》，第8卷，頁212。
6　牟宗三：《歷史哲學》，《牟宗三先生全集》，第9卷，頁219。

能窮這些特殊情境的形構之理（曲折之相），然後吾人依存在之理去行始可有一指標可資遵循」[7]。由此可見，雖然朱子講格物窮理目的不在事物之具體知識，但只要講窮理講格物，也會帶出事物之具體知識，朱子重格物致知，對於成就「形構之理」亦有助益。

牟宗三上面這些論述，從三分方法的角度看，顯然講的是生命層級構成問題。按照前面的分析，生命層級構成從下到上也有三個不同層面，分別是體欲、認知、道德。由於特殊的文化背景，中國人主要關心的是個人的道德問題，不特別關注認知。即使談到認知，關注的也是「存在之理」，而非「形構之理」，終於形成道德發達，認知不發達的局面，對科學的發展不利。要補上這一課，將科學真正發展起來，除了在社會層級構成方面動腦筋之外，也必須在生命層級構成方面想辦法，對生命層級構成的現狀進行一個大的調整，打破人們只關注道德，不關注認知的習慣，從道德層面讓開身來，來一個「讓開一步」。因為在生命層級構成中同樣是道德在上，認知在下，從道德層面退出身來開出科學必須向下發展，這就叫「下降凝聚」。「讓開一步」、「下降凝聚」以開出科學，不僅指社會層級構成，同樣指生命層級構成，這一點並不難理解。

三、道德結構與開出科學的曲折關聯

牟宗三論坎陷開出科學，不僅包括社會層級構成和生命層級構成的內容，而且經常和道德結構纏繞在一起。這個內容較上面兩節要復雜曲折得多。比如，在牟宗三看來，儒家思想是一種仁智合一的形態，以智為隸屬，以仁為籠罩，特別強調「聖賢人格中的直覺」。這種情況並不為錯，智應該是隸屬的，仁應該是籠罩的，直覺亦不可或缺。但是這種情況也影響了智的形態，使其得不到好的發展。牟宗三在這裡強調，智的形態得不到好的發

---

[7]　牟宗三：《心體與性體》，第一冊，《牟宗三先生全集》第 5 卷，頁 115。

展，是因為「智沒有從直覺形態轉而為『知性形態』」[8]，始終為直覺形態所掩蓋。這就是說，因為儒家的思維方式偏向於聖賢人格的直覺形態，使智的形態沒有充分發展起來，影響了邏輯、數學的發展。要使邏輯、數學發展起來，開出科學，必須從這種聖賢人格的直覺形態脫離出來。

牟宗三有時又把這種直覺稱為「超知性」，以與知性相對。「他們對於知性領域內的事，順俗而承認之，不抹殺，亦不顛倒，但亦不曾注意其詳細的經歷以及其確定的成果。因為他們的用心是在道德政治，倫常教化，不在純粹的知識。故對於知識以及成知識的『知性』從未予以注意。（只有荀子稍不同。但荀子這一面在以往儒家的心思中亦不予以注意而凸出之。）他們之透至『超知性境』，亦不順『從知性到超知性』這一路走。……儒家從未單獨考察此智以及其所超過之『知性之智』。因其所注意的惟在顯仁心，而仁心即為道德之天心，而非認識的心。」[9]儒家不反對知性，但也不甚用力於此，而是將精力集中在對於仁的把握之上。這種對於仁的把握，不屬於知性，可以叫做「超知性」或「超知性形態」。這種「超知性」或「超知性形態」當然有其意義，只有這樣才能使本心呈露，使本心顯其靈光，使道德成為可能，但它也影響了「知性之智」的發展。儒家沒有能夠發展出一個完整的認知之心，這是一個重要原因。

這種致思路線在《現象與物自身》中表現得更為明顯。在這部著作中，牟宗三特別重視智的直覺和物自身的問題。在他看來，物自身不是別的，只是與智的直覺相對的那個對象。康德不承認人可以有智的直覺，所以人只能達到現相，不能達到物自身。中國哲學自始就承認人可以有這種能力，所以人完全可以達到物自身，達到對象之如相、自在相。但這樣一來，也出現了一個問題，科學知識還有無必要？牟宗三之所以提出這個問題，是因為在他看來，依據西方傳統，上帝有智的直覺，可以直達對象之自身，那麼科學知識也就沒有必要了。依據中國傳統，則必須有科學知識。這是因為，首先，

---

[8]　牟宗三：《道德的理想主義》，《牟宗三先生全集》，第9卷，頁201。

[9]　牟宗三：《歷史哲學》，《牟宗三先生全集》，第9卷，頁203。

從外部看，人有兩個側面，既是聖，又是人。如果只是聖，則沒有必要有科學知識，但因為同時又是人，所以又必須有科學知識。其次，從內部看，知體明覺雖然重要，但不能只是停留於自身，還必須否定自己，以窮究事物的曲折之相。這種否定自己，牟宗三就叫做「自我否定」，而這種自我否定，也就是「坎陷」。開出科學，成就知識，必須走自我否定、自我坎陷的道路。牟宗三進而從執與無執的角度談論這個問題：「知體明覺之自覺地自我坎陷即是其自覺地從無執轉為執。自我坎陷就是執。坎陷者下落而陷於執也。不這樣地坎陷，則永無執，亦不能成為知性（認知的主體）。它自覺地要坎陷其自己即是自覺地要這一執。這不是無始無明的執，而是自覺地要執，所以也就是『難得糊塗』的執，因而也就是明的執，是『莫逆於心相視而笑』的執。」[10]自我坎陷是由知體明覺自覺地由無執轉為執。知體明覺是無執，知性是執，兩者性質完全不同，但各有意義，不可相互替代。知體明覺要轉成知性，必須要否定自己，「下落而陷於執」，非如此不可能成為執。特別有意思的是，這種「下落而陷於執」不是無始無明的，而是自覺自願的，恰如平日人們所說的「難得糊塗」，「莫逆於心而相視而笑」。知體明覺要由無執變成執，必須要「停住而自持其自己」。這裡所說的「停住」就是從神感神應中而顯停滯之相。知體明覺是神感神應，神感神應原本沒有任何相，知無知相，意無意相，物無物相。但有了「停住」這個環節，便可以將自身轉成「認知主體」。這種轉變的意義重大，可以使知體明覺之真我，轉成一個邏輯的我、形式的我、架構的我，將無相的真我，變成「有我相」的我，真正構成「思的有」、「思維主體」、「思維我」。

　　《中國哲學十九講》同樣講到了這個問題。該書有一講標題為「二諦與三性：如何安排科學知識？」在這一講中，牟宗三以佛教學理為背景對這個問題進行了詳盡的分析。牟宗三於此提出了這樣一個話題：借助佛教學理，我們應該如何安排知識？這裡涉及一個重要概念，這就是執著。在佛教學理中，執著是一個負面的概念，是要去除的東西。但科學知識其實也是一種執

10　牟宗三：《現象與物自身》，《牟宗三先生全集》，第 21 卷，頁 127。

著，由執著而成，用佛教的話說即為遍計執。對於這種說法有人可能不同意。其實這一點並不難懂。如康德講知識如何可能時必須依靠時空範疇，這些時空範疇用佛教的話說，就是一種執著。既然科學知識也屬於一種執著，一種邏輯意義的執著，那麼這種執著中就不是一點真理性都沒有，一點意義都沒有。康德講的認識是一種執，我們能說這種執沒有一點意義，沒有一點諦性嗎？顯然不能。於是，牟宗三提出了一個嚴肅的問題：在佛教學理中如何安排真諦與俗諦？牟宗三借用佛教「方便」的說法來解答這個問題。比如，佛教徒生病之後也要找西醫，西醫不能說屬於真諦，但它確實能治病，有價值，這就說明它並不全是虛妄。佛教徒生病找西醫，就說明西醫有存在的理由，這種存在的理由雖然只是一種「方便」，但也應該保存。科學知識即是如此。在佛教系統中科學知識不能說屬於真諦，但同樣有其價值，有其存在的理由，既然如此，便可以作為一種「方便」保存下來，給予一定的位置。由此牟宗三再一次提到了坎陷：「佛菩薩發動大悲心而需要有諦性的執著，就要從法身處落下來，作一『自我坎陷』（self-negation），以順俗同眾，如此才能救渡眾生。舉例來說，作聖人不同於作總統，聖人若要作總統，也必須離開聖人的身分而遵守作總統辦政事的軌則法度，這就是聖人的『自我坎陷』。同樣地，佛為渡眾生而需要科學知識，於是自我坎陷以成就科學知識，並保障科學知識的必然性，這種保障方式就是辯證的，而不是邏輯的。因此其必然性是辯證的必然性，而以大悲心作為其超越的根據（transcendetal ground）。」[11]佛菩薩必須否定自己，從法身處落下來，來一個自我坎陷，才能救度眾生。這就好比聖人如果做了總統，也必須離開聖人的身分，一步步按照總統的規則行事。這種離開聖人的身分，按總統的規則行事，就是自我坎陷。由此可知，佛要救度眾生，聖人要當好總統，都不能僅以自身行事，而必須退一步，否定自己。如來藏自性清淨心之所以能產生生死流轉法，並不是直接的，而是間接的，此間有一個曲折，是一個辯證的過程。這種曲折就是退後一步。牟宗三這裡講菩薩「留惑潤生」就是要說

---

[11] 牟宗三：《中國哲學十九講》，《牟宗三先生全集》，第29卷，頁279。

明這個道理。菩薩原本不再煩惱，但他要有意識地留一個惑，這樣才能與眾生聯繫在一起，才能潤澤眾生。正是在這種退一步，否定自己的過程中，科學知識成為了必要，顯現出它的必然性，也正是在這一過程中，科學知識得到了安排。

上面這些論述側重雖有區別，但有一個共同點，這就是直覺問題。按照牟宗三的理解，這裡的直覺不是康德所說的感性直覺，而是其所說的智的直覺。儒學重視對於仁的體認，它不屬於知性形態，而屬於超知性形態，這種思維方式即是智的直覺。因為儒家特別重視這種超知性形態，致使知性形態未能得到好的發展，不利於產生科學。要產生科學，必須從這種直覺形態脫離開來，發展一種完整的知性形態。從表面上看，這裡的意思與上兩節沒有大的區別，其實不然。上兩節主要是講社會層級構成和生命層級構成問題，旨在強調中國社會發展將精力全都用於道德層面了，影響了其下認知層面的發展，無法產生科學。這一節則進了一步，深入到道德內部，指出道德思維有兩種不同方式，既有對於仁的體悟，這叫做「超知性形態」，又有對於道德範圍內一般事理的認識，這叫做「知性形態」。這個講法蘊含著很深的道理。在多重三分方法的系統中，道德結構是關於道德的，屬於道德層面，與認知不在同一個層面上，但它與認知層面也有一定的關聯。如果道德結構中的智性較為發達，會促進社會層級構成和生命層級構成中認知層面的發展，反之如果社會層級構成和生命層級構成中認知層面較為發達，也會促進道德結構中智性的發展。因此，要發展科學，不能只就社會問題和生命問題來談，也應該關注道德的內在結構，注意培養道德結構中的智性。從這個角度就不難理解了，為什麼牟宗三講坎陷開出科學，不僅涉及社會層級構成和生命層級構成，同時也非常重視直覺，重視道德結構問題。

但這裡有一個問題需要加以說明：在道德結構問題上，我的理解與牟宗三有所不同。如何安排道德結構三個部分的關係，是非常複雜的問題。我一度曾將其按照上下關係來排列，仁性在上，智性在下。但這種做法面臨著一個困難，這就是無法合理說明二者的關係，致使很長一段時間以來，在仁性在上還是智性在上的問題上猶豫再三，反復多變。直到將這個問題用於坎陷

論的研究，方才明白，道德結構的三個部分不應理解為縱向關係，而應理解為橫向關係。在這種橫向關係中，分別有兩極，這就是欲性和智性，在兩極之間有一個中介，這就是仁性。認知結構和審美結構也應如是觀。這與社會層級構成和生命層級構成道德在上，認知在下不是同一個問題。過去我之所以長期困惑於此，主要是沒有把這種關係看透徹想明白。在這個復雜的關係系統當中，各個因素都不能孤立存在，都會相互發生影響，因此發展科學也必須考慮道德結構的因素，在這方面做文章。不過，按照我現在的理解，道德結構並不是一種縱向關係，而是一種橫向關係，因此要開出科學，只要直接談發展智性就可以了，其間沒有一個「向下」和「向上」的問題。

四、「攝智歸仁」：坎陷開出科學的一項基本原則

以上是借助三分方法，對牟宗三坎陷開出科學論的分疏。最後，還有一個要點必須提及，這就是牟宗三關於學統不能離開道統的思想。在牟宗三儒學思想體系中，認知固然重要，但不能離開道德的指導，這是一項基本原則。為此牟宗三曾這樣寫道：「在此一想，即是轉化之機。這個關鍵是什麼呢？即，仍屬於認識心的『智的直覺主體』，即只是智的虛靈不昧之心，尚不是最後的。你在此，必須再轉進一層，來認識孟子的由惻隱之心以見仁，由善惡之心以見義，由辭讓之心以見禮，由是非之心以見智：總之，由心以見仁義禮智之性。這一層是道德實踐的心，不只是智的直覺之認識的心，而智的直覺亦含於其中。這就是攝智歸仁，仁以養智。敬與義俱由此出，人文化成俱由此立，智的直覺之妙觀察而不失之賊亦由此定。一切理想與實踐俱依此而完成。智的直覺之觀物變之幾勢，離開此道德的實踐的心，即為賊，潤於此道德的實踐的心，即成德：繁興大用，德業無疆。如是，孔、孟之教以及宋明儒者所繼承而日夜講習不輟者，其關係人群之成毀亦大矣。你們應該洞開你們的心胸來接受此真理。」[12]在這裡，牟宗三提出，認識心自然很

---

[12]　牟宗三：《道德的理想主義》，《牟宗三先生全集》，第9卷，頁116-117。

重要，沒有它不可能形成對外物的認識。但認識心並不是最後的，還必須得到道德心的指導。「智的直覺之觀物變之幾勢，離開此道德的實踐的心，即為賊」，即是此意。根據上面的梳理，這裡講的實際上是社會層級構成和生命層級構成中的道德與認知的關係問題。在中國文化傳統中，認知一層發展不力，需要通過坎陷的方法轉而開出。但是僅有認知一層遠遠不行，因為認知一層一旦缺少道德的指導，一定會失去方向，為流弊所困。正確的做法應當是「攝智歸仁」。「攝智歸仁」是一個價值度很高的提法，它告訴我們，在道德與認知的關係上，認知必須在道德的指導下展開，否則很難講不走到邪路上去。

在《政道與治道》中，牟宗三又指出：「但若只停在這一層上，而不承認其與道德理性有關係，或以為只要有觀解理性即可處理一切，而不承認有超觀解理性的道德理性之特殊義用，則是錯誤的。科學家內在於科學本身，可以不管其與道德理性方面的關係，但若從人性活動的全部[13]或文化理想方面說，則不能不瞭解其貫通。若是外在於科學而作反省時，卻又這樣截斷，則便是科學一層論之蔽。」[14]科學屬於觀解理性（理論理性），其本身是必要的，這不可否認。但如果以為觀解理性可以處理一切，可以解決一切，那就大錯特錯了。觀解理性一定要接受道德理性的指導，否則一定會丟失前進的方向。很多人不明白這個道理，盲目推崇科學，結果構成「科學一層論之蔽」，教訓極深。

在《中國哲學十九講》中，牟宗三再次重申了上述看法，並對西方的科學主義予以了尖銳的批評：「科學知識在中國傳統的學問中是如此，但依西方基督教傳統卻不能如此。在基督教的傳統中，科學知識是『有者不能無，無者不能有』。『有者不能無』之『有者』指人類而言，科學是人類的成就，雖然至近代才發展出來，但一旦有即成定有，不能再將之取消。『無者不能有』之『無者』指上帝，上帝一眼就看明白了，他不需要科學知識，也

---

[13] 全集本此字誤為「身」，據單行本改。──引者注
[14] 牟宗三：《政道與治道》，《牟宗三先生全集》，第 10 卷，頁 64。

不使用範疇。依康德，上帝所有的是智的直覺，而此智的直覺不能成就科學知識。」「中國傳統儒、釋、道三教的重點不在科學知識，因此沒有發展出西方近代的科學，但是在現代我們需要科學知識，就仍可以吸收學習，因此是『無而能有』。有了之後，從成聖成佛的修養工夫而言，仍可以將科學取消化去，因此又是『有而能無』。西方的傳統不能取消科學知識，即不能進退轉動、來去自如，因此有泛科學主義、泛科技主義，而將人類帶向毀滅的途徑，這正是現代文明的趨勢。」[15]在中國文化傳統中科學知識是「有而能無，無而能有」，在西方文化中，卻是另一番情景，是「有者不能無，無者不能有」。所謂「無者不能有」是說上帝不能成就知識，因為上帝完全是智的直覺，不使用範疇，因而不需要科學知識。所謂「有者不能無」是說，在西方文化傳統中，科學知識居於很高的位置，很難想像人們會把它化除，所以才產生了泛科學主義，泛科技主義。牟宗三以此嚴屬批評了西方的科學主義思潮，認為這是近代以來西方文化的一大癥結、一大病灶，沿著這個方向發展，一定會將人類帶向毀滅之途。

　　牟宗三上述思想極為深刻。檢查西方近代科學發展的歷史不難看到，儘管科學知識為社會發展帶來了極大的進步，為人們的生活帶來了很大的方便，有其正面意義，這一點有目共睹。但不可否認的是，他們在處理科學和道德的關係方面也有諸多的不足，其中一個重要表現就是未能把科學牢牢置於道德的籠罩之下，科學成了脫韁的野馬，沒有邊際，沒有約束，為人類發展帶來了巨大的災難。這種歷史教訓告訴我們，科學必須在道德的指導下才能得到健康的發展，而這也就是牟宗三所說的「攝智歸仁」，學統不能離開道統。從三分方法的角度看，「攝智歸仁」，學統不能離開道統，最根本的含義是，就社會層級構成和生命層級構成（此處暫時不談道德結構，因為道德結構與科學雖然也有關係，但較為間接）而言，道德一層居於最高位置，認知一層在其之下。這種結構保證了認知一層一定要有道德的指導，依靠道德為其把定方向，防止認知成為無頭蒼蠅，在為人類造福的同時，也帶來極

---

[15] 牟宗三：《中國哲學十九講》，《牟宗三先生全集》，第 29 卷，頁 280。

大的負面作用。牟宗三講坎陷，在這個環節上是把握得很緊的，從中所體現的道德理想主義的堅定立場，著實令人欽佩。

五、對「良知坎陷」說法的一個修正

上面從社會層級構成、生命層級構成的角度談了坎陷開出科學何以必須「讓開一步」、「下降凝聚」，分析了道德結構與開出科學的複雜關聯，同時又強調了開出科學必須「攝智歸仁」，將科學納入道德的指導之下。通過這種分析，我們不僅對於坎陷論的理解大大邁進了一步，而且有了一個額外收穫，這就是發現了「良知坎陷」並不是一個十分準確的提法，需要加以修正。

其所以提出這個問題，是因為根據多重三分方法，將坎陷的主詞規定為良知有待斟酌。如上所說，坎陷開出科學主要是相對於社會層級構成和生命層級構成而說的。就此而言，坎陷開出科學的主詞應該是道德。但牟宗三「良知坎陷」這一說法的主詞則是良知。這種說法嚴格追究起來並不準確。根據上面的分疏，從多重三分方法的角度看，良知屬於仁性，當納入道德結構的範圍，而不宜直接針對社會層級構成和生命層級構成而言。換言之，對社會層級構成和生命層級構成來說，其主詞只能是道德，而不能是良知。「良知坎陷」的說法有小馬拉大車之虞，無力肩負起開出科學的重擔。較為合理的做法，是從多重三分方法的視角分清社會層級構成、生命層級構成、道德結構三者的不同。一旦有了這種區分，我們就可以明瞭，應該講「道德坎陷」開出科學，而不宜講「良知坎陷」開出科學。我相信，如果理順了這層關係，做出了這種澄清，圍繞坎陷如何開出科學滋生的重重困難又會減少一個。因此，這一步的修正雖然只是語詞性的，但也有其意義，並非可有可無。

（發表於《陝西師範大學學報》2012 年第 2 期）

坎陷如何開出民主？
──從三分方法的視角看牟宗三的
「坎陷開出民主論」

自牟宗三提出坎陷開出民主的思想（簡稱為「坎陷開出民主論」）之後，相關的爭論就沒有停止過，各種理解不斷，始終未能形成一個普遍認可的意見。[1]本文借助筆者多年來一直堅持的三分方法對此進行詮釋，希望能夠對解決這個問題有所幫助。

一、開出民主必須從道德層退出身來

牟宗三論坎陷開出民主是以對中西兩種不同政治傳統的分析為基礎的。在這個過程中，他一方面對儒家政治傳統進行了精闢的概括，認為儒家政治是一個「仁者德治」的傳統，對其所長有充分的肯定，另一方面又指明儒家政治亦有其短，已不能適應社會發展的需要，要趕上時代的步伐，必須吸取西方民主政治之所長，開出民主。牟宗三特別強調，要達到這個目的，不能再順著儒家傳統原有的方向一直往前走，必須另想他法，來一個根本性的轉變。在《政道與治道》中牟宗三指出：「我們需要解答[2]以下的問題，即：

1　學界對牟宗三「坎陷開出民主論」的看法眾多，情況較為複雜，我在〈坎陷開出民主不同理解九種〉（《天府論壇》2014 年第 1 期）一文中予以了詳述。該文是本文的姊妹篇，敬請參閱。

2　全集本「解答」二字遺缺，據單行本補。──引者注

如何從運用表現轉出架構表現。運用表現自德性發，是屬於內聖的事。講內聖必通著外王，外王是內聖通出去。但以前的人講外王是由內聖直接推衍出來。」[3]要開出民主，必須從理性的「運用表現」轉出「架構表現」，這種轉出不能理解為一種直接關係，像過去講內聖外王那樣，似乎外王是由內聖直接通出去的。民主有其自身特有的結構，這種結構不包含在內聖之中，由內聖不可能直接推出民主。

因為中西政治特點不同，我們沒有民主的傳統，所以開出民主只能是「曲通」，而不能是「直通」：「顯然，從內聖之運用表現中直接推不出科學來，亦直接推不出民主政治來。外王是由內聖通出去，這不錯。但通有直通與曲通。直通是以前的講法，曲通是我們現在關聯著科學與民主政治的講法。我們以為曲通始能盡外王之極致。如只是直通，則只成外王之退縮。如是，從內聖到外王，在曲通之下，其中有一種轉折上的突變，而不是直接推理。這即表示：從理性之運用表現直接推不出架構表現來。然則從運用表現轉架構表現亦必不是直轉，而是曲轉。這曲轉即表現一種轉折上的突變。」[4]內聖屬於理性之「運用表現」，外王屬於理性之「架構表現」，前者不能直接推出後者。要開出民主，實現「架構表現」，必須轉個彎。這種「轉」不能是「直轉」、「直通」，必須是「曲轉」、「曲通」。只有這樣來一個轉折上的突變，才能完成開出民主的任務。

牟宗三進而指出，開出民主必須有一個「逆」的過程：「這『逆』的意義之形成是這樣的，即：德性，在其直接的道德意義中，在其作用表現中，雖不含有架構表現中的科學與民主，但道德理性，依其本性而言之，卻不能不要求代表知識的科學與表現正義公道的民主政治。而內在於科學與民主而言，成就這兩者的『理性之架構表現』其本性卻又與德性之道德意義與作用表現相違反，即觀解理性與實踐理性相違反。即在此違反上遂顯出一個『逆』的意義。它要求一個與其本性相違反的東西。」[5]牟宗三將坎陷開出

---

[3]　牟宗三：《政道與治道》，《牟宗三先生全集》，第 10 卷，頁 61。

[4]　同上注，頁 61-62。

[5]　同上注，頁 63。

民主稱為「逆」的過程。在他看來，道德理性固然重要，但道德理性不能直接發展出民主。為此必須要「逆」一下，要求一個與本性相反的東西。這種「逆」其實就是不再發展自己，而是讓自己讓開身來，發展與自身性質不同的內容。經過這種「逆」，身段讓開來，主觀才能變為客觀，德性才能開出民主。如果我們的德性只停在自身，那永遠也不能達成客觀的實現，開出民主。

　　將上述思想集中起來，就叫「讓開一步」：

> 儒家「仁者德治」的政治理想不是不對，而是不夠。光從治者個人身上想，不能實現此理想。要實現此理想，根絕循環的革命與造反，必須從「治者個人」身上讓開一步，繞一個圈，再自覺地來一次「理性之外延的表現」，由此開出「政治之所以為政治者」，即政治之「自性」，就政治的自性言，政治要成其自己，不能單從「治者個人」一面作一條鞭地想，而須從治者與被治者兩面作雙邊地對待地想，使雙方都有責任。依此，政治的自性必然地要落在「對待領域」中，必須地要建立在雙方都有責任上，而不能只落在一面的無對中，只建立在仁者的無限擔負上。這一步轉進是「理性之內容的表現」所不能盡的。只從治者個人一面想，要求其為仁者，那是政治被吞沒於道德，結果是政治不得解放，道德不得解放。[6]

牟宗三在這裡強調，儒家政治的特點是「仁者德治」，這種政治理想不是不對，只是不夠。在政治上，將希望都寄託在治者個人之道德方面，只就此「作一條鞭地想」是不行的。正確的做法是在治者個人之外另想辦法，開出一個「對待領域」。在這個領域中，治者與被治者雙方都有責任，而不能只落在治者一面的無對之中。要實現這個理想，必須從個人之道德方面「讓開一步」，繞上一個圈子，自覺來一個理性之外延的表現。否則政治必然被道

6　同上注，頁 155。

德吞沒，政治與道德兩頭均不得解放。

　　開出民主為什麼要「讓開一步」呢？借助三分方法可以得到較好的說明。這些年來，我在從事儒家心性之學研究的過程中注意到，從孔子創立儒學開始，儒家心性之學，從橫向上劃分，包含欲性、仁性、智性三個不同的部分。欲性講的是利欲問題，仁性講的是孔子仁的思想，智性講的是學習和認知問題。這種情況與西方道德哲學一般分為感性與理性的情況有很大的不同。為了凸顯其重要性，我把這種新的方法稱為「三分方法」。隨著研究的不斷深入，我又發現，三分方法同樣適用於生命和社會的結構，我將其分別稱為「生命層級構成」和「社會層級構成」，而這兩個方面都是一種縱向的關係。這就是說，無論是生命層級構成，還是社會層級構成，自下而上都包括著體欲、認知、道德三個層面。這三個層面井然有序，不可錯亂，更不可顛倒。這種擴大範圍的三分方法即為「多重三分方法」，之前的三分方法可以叫做「單一三分方法」。多重三分方法的發現對於研究坎陷論大有助益，它可以幫助我們理解為什麼牟宗三論坎陷開出民主一定先講一個「讓開一步」。如上所說，儒家政治傳統的根本特點是特別關注道德，重視「仁者德治」。這種做法從多重三分方法的角度看，就是將注意力都集中在最高的道德層面上了。雖然政治不能完全脫離道德，但光有道德是不夠的，除此之外還有認知。只有依靠認知，讓認知一層得到大的發展，才能制定有效的律法和制度，將政治形態客觀化。因此，要在我們政治傳統的基礎上開出民主，首先需要做的，就是不能再一條鞭地往道德處想，而是必須從道德一層退出身來。

　　對於牟宗三坎陷論包含的這種「讓開一步」的內容，學者多不能準確把握，以為牟宗三講坎陷是主張在儒家政治傳統基礎上直接開出民主。這些學者的精力大多集中在儒家思想與現代民主制度的矛盾方面，強調以儒家思想為基礎不可能開出現代民主制度來。這種意見表面看非常尖銳，似乎點到了問題的要害，實則缺乏對牟宗三坎陷論的基本理解。如上所說，牟宗三講坎陷有一個基本的含義，就是發展民主必須「讓開一步」，而「讓開一步」就是首先來一個自我否定，不能直接地開，只能間接地開，不是直通，而是曲

通。牟宗三從來不認為在儒家政治傳統基礎之上可以直接開出民主。在他看
來，中西文化是兩種不同的文化，中國文化屬於「綜和的盡理之精神」、
「理性之運用表現」、「理性之內容表現」、「社會世界實體性律則」，西
方文化屬於「分解的盡理之精神」、「理性之架構的表現」、「理性之外延
的表現」、「政治世界規約性律則」。他之所以列出這些不同概念，就是要
說明，中西文化的不同是全方位的，政治方面尤然。與西方相比，中國文化
在政治方面最為重要的特點就是重德，強調「仁者德治」。儒家「仁者德
治」的政治格局在歷史上發揮了重要的作用，但也不可避免地有其缺陷，其
中影響最大的，就是使中國文化沒有產生出西方那樣的民主思想。儒學第三
期發展的一項重要任務，即是克服這種缺陷，開出民主。要達此目的，當然
就不能再一味不加分辨地照搬傳統，而必須對傳統加以改造，設法從自己重
德的傳統中暫時抽出身來，退讓一步，發展我們所不擅長的東西。這種暫時
抽出身來，就是「讓開一步」。一旦我們明白了這層關係，牟宗三論坎陷開
出民主何以必須首先講「讓開一步」，退出身來，就不難理解了。

二、開出民主需要向下發展認知一層

　　牟宗三論坎陷開出民主，除主張從道德層退出身來之外，對退出身來之
後的發展方向也有具體的規定。他明確指出，道德主體是人成德的根據，當
然不可缺少，但光有道德主體並不夠，還必須有認知主體。而要發展認知主
體，必須向下講。「然而上昇，不能不下降。仁且智的精神主體不只要上昇
而為道德的，其由破裂而顯之『自然』不只是為道德主體所要克服而轉化之
自然，而且亦要成為理解所對之自然，而仁且智的精神主體亦須從其上昇而
為道德的主體下降凝聚而為一『知性主體』，即思想主體。」[7]此處「下降
凝聚」的說法值得高度重視，它說明，在牟宗三看來，要發展民主，必須從
道德主體下降。只有經過這種下降，知性主體才能不被吞沒於道德意志，國

7　牟宗三：《歷史哲學》，《牟宗三先生全集》，第9卷，頁136。

家政治一面之主體自由才能成為可能。在另一處，牟宗三又指出，這種「下降凝聚」其實就是來一個「向下」的「大開大合」：「中國的文化生命，在其發展中，只在向上方面撐開了，即：只在向上方面大開大合而彰著了本源一形態，而未在向下方面撐開，即未在下方再轉出一個大開大合而彰著出屬於末的『知性形態』與國家、政治、法律方面的『客觀實踐形態』。」[8]我們傳統的優點是有一個「向上」的「大開大合」，缺點是未能完成一個「向下」的「大開大合」。但是光有「向上」沒有「向下」，「對列之局」是出不來的，而「對列之局」出不來，民主也就無法實現。因此，要開出民主，補上這一課，必須「下降凝聚」，來一個「向下」的「大開大合」。

牟宗三有時又將這種情況說成是一種「解放」：

> 人，不但因宗教而為一精神的存在，有一絕對的價值，有一超越的平等，且須為一實際的存在，有一實際權利上的平等。（因他有一現實生命故，他需要有合理的生存。）此即由解放人為一精神的存在，再解放人為一「權利主體」的存在（每一個人皆是一種權利的主體），為一政治的存在（公民）。那「超越的平等」之光投射到現實的階級上，立刻照出現實人間的不公道，無正義。所以依照上帝的意旨來爭取權利上的平等，那是人間最有理想意義與價值意義的客觀事業。此就是自然法與人權運動的貢獻。[9]

就一個人而言，不僅需要有道德宗教的層面，有一超越的平等，同時也需要有一實際權利的平等，要求成為一種權利的主體。由宗教層面向實際權利的發展，再由實際權利向權利主體的發展，都是一種「解放」。經過這兩次「解放」，近代意義的政治格局才能出現。

向下發展，求得解放以開出民主，這是牟宗三坎陷論的基本內核。牟宗

---

[8]　同上注，頁 207。

[9]　牟宗三：《政道與治道》，《牟宗三先生全集》，第 10 卷，頁 166-167。

三對於中國歷史發展的觀察，即是從這個角度進入的。《歷史哲學》充分體現了牟宗三的這一思路。比如，在該書中，牟宗三曾以這一思路來詮釋漢代政治的發展。在他看來，中國歷史自二帝三王之後，周代是一個重要時期。周公制禮，同姓不婚，傳子不傳弟，大宗不遷，小宗可遷，王室並未成為一個私屬集團，天子接近於垂拱而治。這些都體現了一種「客觀與公」的精神，亦可稱為「原始之整全」。春秋戰國是一破裂時期，將先前的「客觀與公」、「原始之整全」徹底打翻，但因為時間短暫，尚未達到構造之時代。其後的兩漢時期則可以視為一個構造的時代，其重要代表便是光武。光武重尚書，輕三公，總攬百務，而尚書為其樞機。重尚書權，輕三公權任，即所以集權於天子。這種做法雖說是君主世襲之專制政體的必然發展，但亦表現為對於「原始整全」之否定。更為重要的是，在此否定中，三公、尚書、九卿、外戚、宦官、宗室、功臣、天子，皆在此表現中而有獨特之地位，形成了一種「對列之局」。這樣便形成了一種「對於『原始整全』之否定，儼若為墮落，實非墮落也。乃一不自覺之坎陷，或凝斂。不如此，則進一步較高級之精神表現不可能。」[10]這種情況實際就是一種坎陷，一種對於「原始整全」的自我否定。雖然光武的做法只能算是一種不自覺的坎陷，但它所體現的意義卻不可輕視。牟宗三對於漢代政治的這種分析代表了他對歷史的一種解讀。這種解讀是否符合史實，可由史學家去判定，但從中可以清楚看到牟宗三希望通過向下發展，向下「墮落」，形成「對列之局」，開出民主的用心。

　　開出民主不能向上發展，而必須向下發展，「下降凝聚」，蘊含著十分深刻的道理，直接牽涉到中西政治層面之比較的問題。與一般西化派的看法完全不同，牟宗三反復強調，儘管我們沒有民主的傳統，但我們的政治層面並不低於西方：

　　　中國文化於理性之架構表現方面不行，所以亦沒有這方面的成就。今

10　牟宗三：《歷史哲學》，《牟宗三先生全集》，第 9 卷，頁 368。

> 天的問題即在這裡。而架構表現之成就，概括言之，不外兩項：一是
> 科學，一是民主政治。數十年來的中國知識分子都在鬧這問題。中國
> 為什麼不能出現科學與民主政治呢？我們的答覆是理性之架構表現不
> 夠。中國文化只有理性之運用表現。我們上段已說，若論境界，運用
> 表現高於架構表現。所以中國不出現科學與民主，不能近代化，乃是
> 超過的不能，不是不及的不能。[11]

中國文化屬於「理性之運用表現」，不像西方文化那樣屬於「理性之架構表
現」，的確有自己不足，需要改進。但中國文化的境界並不低於西方，而是
高於西方。儒家政治沒有開出民主，不是不及，只是不為，是「超過的不
能」，不是「不及的不能」。牟宗三甚至借用《墨經》中的說法，將中西文
化分判為盈離二教，認為中國文化為「圓盈的形態」，是一種「盈教」，
「以與西方的『隔離的形態』，名耶教為『離教』，相區別」[12]。

　　這種情況同樣可以通過三分方法得到合理的解說。如上所說，生命層級
構成和社會層級構成自下而上包括體欲、認知、道德三個層面。值得關注的
是，在這些不同領域，中國文化的特點都是最上一層發達，其下的層面不夠
發達，即道德發達，認知和體欲不夠發達。從這個意義上可以說，中國文化
實在是一種多重高企的文化。這裡所說的「多重高企」可分兩層意思來看。
首先是「多重」，即它不僅包括生命層級構成，也包括社會層級構成；其次
是「高企」，即重視最高層面的道德，而不重視之下的認知和體欲。這種
「多重高企」，決定中國文化的品味十分高超。中國文化的這種特點保證了
它在多個領域始終有一種向上提昇的力量，不至於向下墮落，但也影響了較
低層面的內容的發展。生命層級構成和社會層級構成中比道德低一層的認知
發展都不夠有力，即是明顯的例子。在新的歷史條件下，要補上這一課，當
然不能再著力發展道德一層，而必須大力加強認知一層的發展。由於認知的

---

[11]　牟宗三：《政道與治道》，《牟宗三先生全集》，第 10 卷，頁 57。
[12]　牟宗三：《歷史哲學》，《牟宗三先生全集》，第 9 卷，頁 194。

層面低於道德的層面，所以開出民主必須向下發展，「下降凝聚」，來一個
向下的「大開大合」。牟宗三論坎陷開出民主反復強調「下降凝聚」，向下
發展，道理即在於此。

三、坎陷仍須保持儒家政治傳統的特色

通過「讓開一步」、「下降凝聚」，從道德層面退出身來，向下發展，
就可以開出民主了。但這並不是坎陷論的全部，除此之外牟宗三還特別強
調，在坎陷的過程中必須堅持仁的指引。大約在 20 世紀三、四十年代，牟
宗三在天津時羅隆基告訴他，西方近代政治的最大貢獻，就是把政治與道德
分開。這對牟宗三產生了很大的影響。他認為，在西方政治思想史上，所謂
與道德分開，就是與神權政治下那些與政治牽連在一起的道德宗教之煙幕意
識分開。中國文化較為特殊，其道德比較純正，不像西方那樣與神權的宗教
教條混在一起。但即使如此，政治既然進入近代，當然也應該有獨立的意
義，暫時與道德分開，也是可以說的。但牟宗三同時又強調，這個問題也不
能過頭。如果將這個話題推廣開來，變為一個普泛的命題，就有問題了。這
是因為，民主政治不是從天上掉下來的，各種權利也不是白白得來的，其間
貫穿著一種道德的理想。以為講政治即不能講道德，一講道德便成泛道德主
義，是完全不對的。將政治與道德完全捆在一起自然不行，有可能形成極
權。但如果只講政治，不講道德也不對，那就成了「泛政治主義」[13]。

依據這一標準，牟宗三對西方政治思想進行了評點：「現在文藝復興時
的人文主義雖表示人性的覺醒、個性自覺的覺醒，然其所謂人性仍只是對自
神本落下來而說，而落下來自其自身而觀之，又只是一個渾淪的泛說，而個
性自我亦只是一個渾淪的整全，因此亦只偏於就才、情、氣而說，或至少亦
與才、情、氣夾雜在一起，而未真點出一個『道德的心性』以為真我，以為
真性，由之以建立個性之本。這關鍵總在未打開主體之門，即未經過一反省

13　牟宗三：《政道與治道》，《牟宗三先生全集》，第 10 卷，頁 67。

的破裂與超越的分解的。此步作不到，則一方與神與宗教為對立，一方本源不清而提不住，而由渾淪整全的個性自我所開出來的近代精神，逐步步趨於現實，向下向外而發展。近代的一切成就與精采由此出，而一切流弊與夫今日之大難亦由此出。」[14]西方近代以來，大講人性的覺醒，但這種覺醒多是偏就才、情、氣而說，未能真正點出一個道德的真我。「近代的一切成就與精采由此出，而一切流弊與夫今日之大難亦由此出」，這一判斷十分重要。它說明，如果沒有一個道德真我的提撕，儘管可以發展民主，但也可以流向種種弊端。西方近代以來的種種現實已經足以說明這一點了。

由此可見，一方面是下降，一方面是提撕，二者缺一不可：

> 所以內聖必函外王，外王就須正德以開幸福。從王道方面講，正德必函厚生。正因為德是指道德的真實心、仁義心言，故一夫不獲其所，不遂其生，便不是仁義心所能忍。從個人道德實踐的立場上說，律己要嚴；從政治王道的立場上說，對人要寬，要恕。正德求諸己，利用厚生歸諸人，而亦必教之以德性的覺醒，此正所以尊人尊生也。尊生不是尊其生物的生，而是尊其德性人格的生，尊其有成為德性人格的可能的生。若只注意其生物的生，則是犬馬視之，非所以尊人也。故厚生必以正德為本。此是儒家言德治之大端。[15]

坎陷的一個重要內容是向下發展，但僅有這一面遠遠不行。從王道方面講，一是正德，二是厚生。正德可以理解為內聖，厚生可以理解為外王，二者不可偏廢。一來正德必含有厚生，由正德可以導出厚生，二來厚生又必須以正德為本，這才是儒家言德治之要旨。

正是在這個意義上，牟宗三再三強調道德理想的重要性。「理想不只是一個『未來的未實現』，此種道理，一經說破，人人皆可以明白。它所以這

---

14 牟宗三：《道德的理想主義》，《牟宗三先生全集》，第9卷，頁219。
15 牟宗三：《政道與治道》，《牟宗三先生全集》，第10卷，頁31-32。

樣顯明，是人人心中皆有個合理不合理的判斷，而這種判斷卻正是根於『道德的心』的。依此，『道德的心』是普遍地存在著的。而且是隨時可以指點出的。這就是我們一切言論行動以及判斷一切言論行動的起點與標準。」[16]這就是說，理想並不是一個尚未實現的未來，而是一種價值的意義，這個價值的意義即根源於「道德的心」。無論是一個人還是一個社會，總有價值的意義，以此來判定事物合理與否。如果沒有「道德的心」來指導，來調護生命，丟失了價值之源，僅僅憑藉憲法來保證思想、言論、結社等自由，將治理國家的重擔全都置放在理論理性之上，社會一定走向墮落與物化。只有將自由與道德結合好，才能建構健全合理的政治形式。

　　以三分方法來分析牟宗三的上述主張，其創立坎陷論的用意就可以看得比較清楚了。按照三分方法，生命層級構成和社會層級構成都由體欲、認知、道德三個層面構成。需要注意的是，這三個層面的作用並不一樣。體欲一層負責人的物質生存，只有這一層得到了保障，一個人、一種社會才能生存和發展。認知一層從政治意義上講，主要負責制定社會制度並保證這些制度的落實，只有這樣一個社會才能治理好。道德一層責任重大，既保障體欲一層不走向極端，流向惡，又為制度的制定提供一個理想的方向，使體欲與認知達到平衡。一個人如果只有體欲和認知，沒有道德，那麼他或者只知吃喝拉撒，與禽獸無異，或者憑藉其聰明走向人心的狡詐，危害社會。一個社會如果只有體欲和認知，沒有道德，那麼它或者走向絕對物化，墮落不起，或者偏信理論理性，使社會失去正確的方向。一個人也好，一個社會也好，都必須有道德一層，才能使其走向健康的方向，得到好的發展。近代西方將道德與政治剝離開來的趨勢傳入中國之後，不少學者，其中主要是自由主義者，紛紛效仿，主張學習西方，徹底拋棄儒家將政治與道德捆綁在一起的做法，見到有人堅持這一傳統，就譏之為保守落後，不識時務。這些學者的觀點從表面看確實很時髦，很先進，但他們在兩個方面有著明顯的缺失。其一，他們不知道，西方近代政治的這種走向本身已經暴露了問題，不少學者

---

[16] 牟宗三：《道德的理想主義》，《牟宗三先生全集》，第 9 卷，頁 17。

已經開始反省個中的教訓。其二，他們對中國政治傳統缺乏深入的理解，只是簡單延續五四意識，將中國政治批評為王權主義，不瞭解儒家政治傳統的內在價值。與這些理論相比，坎陷論就明顯高出一籌了。牟宗三提出坎陷開出民主的思想同時在兩個方面做出了積極的努力：一方面不排斥西方政治發展的合理因素，強調再不能將政治的希望完全寄託於道德方面，只講聖君賢相，「仁者德治」了，另一方面又清醒看到，如果將道德一層完全拋開，全靠理論理性，必然使政治走向墮落和物化，最終不可收拾，由此強調在政治中一定要保留道德的因素，儘管這種保留與從前一條鞭式的「以德治天下」不可同日而語。「坎陷開出民主論」邏輯上本身就包含著政治不能完全脫離道德指導這一層意思，這可能是牟宗三論坎陷開出民主最值得玩味，最有價值的地方。然而，自牟宗三提出坎陷論以來，人們往往將注意力集中在如何理解坎陷這一概念，坎陷是否必要，有否可能等細節上，較少注意牟宗三創立坎陷這一說法本身還包含著政治不能完全離開道德的深刻用意。這不能不說是一個不小的遺憾。我借助三分方法對牟宗三坎陷開出民主的思想進行分析，一方面自然是希望能夠對其提出一個更為合理、更為清晰的說明，另一方面也是希望能夠由此真正體悟牟宗三的這個良苦用心，化解上述的遺憾。

四、對「坎陷開出民主論」的一個重要補充

儘管「坎陷開出民主論」蘊含著豐富的內容，但同樣也有不足，這主要表現為其對「下降凝聚」的解說不夠到位。牟宗三在講「下降凝聚」開出民主的時候，常常與科學問題一併處理。意思是說，中國文化的層面很高，過去只注重向上發展，沒有注意向下發展，所以未能開出科學和民主。要彌補這個缺失，就不能再一味向上發展，必須向下發展，即所謂「下降凝聚」。在牟宗三這些說法中隱含著這樣一個問題：科學和民主的性質完全是一樣的嗎？開出科學和民主的路徑完全是相同的嗎？應當承認，科學和民主確有相同的一面。科學屬於理論理性（牟宗三有時直接稱為「知性」），歷史上中國文化的重心始終在道德方面，影響了理論理性的發展，未能形成一個如西

方那樣的獨立的科學系統。現在要發展科學，一個可行的辦法，就是大力發展理論理性。民主的情況與此類似。民主涉及各種利益和權力的協調分配，涉及契約關係，涉及制度建設，要處理好這些問題，必須有理論理性。這一層不發達，民主是發展不起來的。但需要注意，民主與科學也有差異性。與科學相比，民主不僅與理論理性有關，還涉及其他方面的內容。牟宗三將科學與民主捆在一起，很容易給人一種印象，似乎只要充分發展理論理性，發展知性，就可以開出民主了。

　　從這個角度就不難看出坎陷論的不足了。李榮添敏銳地察覺到了這裡的問題，在〈從黑格爾歷史哲學看儒家之新路向〉一文中指出：「牟先生順著黑格爾講『辯證的綜合』，而點出了儒家要實現外王理想之曲折性，要委曲一下道德主體以成就出政治主體這個辯證方向乃是極為正確的。但問題這個『曲』是如何的曲法？當道德良知要暫時從主位讓開時，這個主位該讓給什麼事物才可以成就出政治人格呢？」[17]這個問題十分尖銳。坎陷按照牟宗三的話說就是要有一個「曲折」，但曲到哪一步才能開出民主呢？依據牟宗三的說法，這種「曲折」的一個重要意思，是由「綜和的盡理之精神」轉為「分解的盡理之精神」。這種說法當然有一定合理性，因為科學屬於「分解精神」，屬於「知性」，屬於理論理性，有了這種「分解精神」，有了這種「知性」，有了理論理性，科學就能夠得到好的發展了。「但是對於民主來說，分解精神在促進全民的政治覺醒上之作用就不是那麼直接了，特別是涉及到行動上的政治參與時，知識、思想的作用恐怕就不是主要的動力所在……」[18]李榮添的意見對我們是一個重要的提醒。它告訴我們，民主與科學並不完全相同，要開出科學一般講到「分解精神」，講到「知性」也就差不多了。但要開出民主，不能將希望只寄託在「分解精神」和「知性」上面。

---

[17] 李榮添：〈從黑格爾歷史哲學看儒家之新路向〉，劉述先等：《當代新儒學論文集‧外王篇》（臺北：文津出版社，1991 年），頁 233。

[18] 同上註，頁 234。

往深處看，這個問題與對人性的觀察有著密切的關聯。張灝著名的幽黯意識的說法即與此有關。在《幽黯意識與民主傳統》一書，張灝指出，近代西方之所以產生民主政治，與其基督教傳統所隱含的幽黯意識有很大的關聯。「所謂幽黯意識是發自對人性中或宇宙中與始俱來的種種黑暗勢力的正視和省悟：因為這些黑暗勢力根深蒂固，這個世界增生擴散有缺陷，才不能圓滿，而人的生命才有種種醜惡，種種的遺憾。」[19]幽黯意識有兩個基本的功能，第一，由於基督教不相信人在世間有體現至善的可能，很難產生類似儒家的聖王思想。第二，由於對人性不信任，基督教傳統有重視客觀法律制度的傾向。以此來反觀中國問題就比較清楚了，中國過去未能產生民主制度，恰恰是由於這種意識的不足。在儒家傳統中當然也有幽黯意識一類的內容，如在荀子的性惡論中便可以清晰地看到這種意識的身影，但相對而言，佔據主導地位的一直是性善論，幽黯意識並沒有成為主流。這種理論偏向造成儒家一種「樂觀的人性論」，從而形成與基督教的明顯差異。「基督教是作正面的透視與直接的彰顯，而儒家的主流，除了晚明一段時期外，大致而言是間接的。而這種表現的不同，也說明了二者之間另一個基本的歧異……基督教因為相信人之罪惡性是根深蒂固，因此不認為人有體現至善之可能；而儒家的幽黯意識，在這一點上始終沒有淹沒它基本的樂觀精神。不論成德的過程是多麼艱難，人仍在體現至善，變成完人之可能。」[20]由這個視角出發，張灝找到了「中國傳統為何開不出民主憲政的一部分癥結」，並對現代新儒家一些代表人物的相關思想提出了批評：「今日一些學者對『內聖外王』這一觀念所作的一些闡釋是很可商權的。他們認為：儒家傳統的『內聖之學』已經臻於完備，而傳統的癥結是在於外王之學的局限。由於這局限，內聖之學的精義無法暢發與彰顯。但是……內聖和外王也是兩個相互依存，無法分開的理念。因此，傳統儒家不能在政治思想上開出民主自由的觀念，我們不應只歸咎於儒家的外王思想。實際上，根據我在上面所作的分析，外

---

19 張灝：《幽黯意識與民主傳統》（臺北：聯經出版事業公司，1989年），頁4。

20 同上注，頁27-28。

王思想的局限是與內聖思想的偏頗有密切的關聯。」[21]換句話說，儒家篤信性善論，以此作為其內聖之學的基礎，但這種學理有其內在的缺陷，無法真正發展出民主的理念。至今不少人還是看不到這一點，還在那裡大講內聖外王之道，以此為基礎是根本無法建立民主制度的。

何信全近年來對儒學與民主的關係進行了系統的探討，撰有《儒學與現代民主》一書，其中一段談的同樣是這個道理：「西方近代自由主義思想家對政治生活中的人性，抱持悲觀態度，因此導出法治觀念，要透過法制的安排，來限制政治人（political man）為惡。然而儒家對政治生活中的人性，則抱持樂觀態度。此種樂觀態度，表現在由性善論推導出德治。德治一方面相信一般人民可以『導之以德』，猶如『草上之風必偃』；另一方面亦相信政治人物會『為政以德』、『子帥之正』。在這種政治生活中天理必勝人欲的樂觀預期之下，使得法治觀念毫無落腳之處。……對人性過於樂觀，使儒家政治哲學難以轉出人治的格局，這不能不說是性善論的一項負面效應。」[22]這段話是作者分析徐復觀思想時說的，但基本可以代表其對儒家政治思想的整體觀察。這種觀點認為，儒家堅持性善論固然有重要貢獻，但也有其負面作用。因為如果一種學理過於相信人性，對人性過於樂觀，很可能會忽視法治觀念，從而無法真正開出民主。這是儒家歷史上總是相信聖賢，而不能如西方那樣建立一套完善的民主政治的重要原因。

上面所說實際上是一個如何看待惡的問題。眾所周知，黑格爾非常重視惡在歷史發展中的作用，認為只有重視惡的力量，才能重視法權的觀念，而只有重視法權的觀念，才能有權利意識。中國政治傳統不是這樣。在歷史上，我們沒有像西方那樣重視惡的力量。儘管有荀子創立的性惡論，但這種理論一直沒有成為儒學的主流。因此，我們始終沒有一個完整的法權觀念。在儒學政治傳統中，我們實際實行的是皇帝一人所有制，所有權都掌握在皇帝手中，百姓沒有獨立的法權地位，始終沒有辦法發展個人獨立的法權意

---

21 同上注，頁 77。

22 何信全：《儒學與現代民主》（北京：中國社會科學出版社，2001 年），頁 124-125。

識。在這種大背景之下，性惡論最多只能充當道德學說中的附屬品，而不能成為權利意識的支撐。這就告訴我們，個體必須在經濟上取得獨立的地位，才能成為政治上的權利主體；只有在政治上成為權利主體，才能形成「對列之局」；只有形成「對列之局」，才能完成開出民主的使命：所有這一切的前提是必須取得經濟上的獨立地位，承認惡的歷史作用。這種意識我們過去非常淡薄，在這種淡薄的意識之下，「對列之局」不可能出現。如上所說，牟宗三在闡述坎陷「下降凝聚」發展民主的時候也曾講到權利觀念的重要，談到「對列之局」的重要性，認為沒有形成「對列之局」是中國政治的一個缺憾，但由於他只把「下降凝聚」落實在權利意識一層，沒有充分重視惡的問題，其理論很難落到實處，從而真正解決坎陷開出民主的問題。

　　重視惡的力量，依據三分方法，實際就是要重視體欲一層。體欲在生命層級構成和社會層級構成中居於最低的位置，似乎不是那麼重要，其實不然。體欲一層關係到人的生存，沒有它，人就沒有辦法存活，整個社會就沒有辦法發展。在生存過程中，人必須具有基本的生產和生活用品，而生產和生活用品涉及所有權問題。這種所有權又叫法權。有了法權，人們才能有權利意識，才能成為一個真正的政治主體，或政治的存在者。但在歷史上，我們往往不重視這個問題，沒有看到惡的巨大的歷史作用。這個問題與儒家重視義利之辨不無關係。雖然儒家並不絕對排斥利欲的作用，但總的傾向是重義輕利，而且這種重義輕利主要從道德與利欲的關係入手，很少從政治的角度進入，深入討論利欲與權利的關係問題。中國是一個倫理社會，人生活在相應的倫理圈子當中，是一個倫理的存在，不具有獨立的政治地位，無法成為獨立的政治存在。要取得獨立的政治地位，必須首先保證人有獨立的經濟地位。沒有獨立經濟地位的人不可能成為獨立的政治存在。由此可以明白，牟宗三為完成開出科學和民主的任務，付出了極大努力，但可能是因為這兩個任務離得太近了，沒有對它們進行具體的分疏，似乎這兩個任務的目標一致，解決的途徑也一樣。但如上所述，開出民主與開出科學的情況並不完全相同。開出民主不僅要像開出科學一樣向下發展認知一層，更要發展體欲一層。只有重視了體欲，才能正視惡的力量，人才能形成清晰的權利意識，才

能成為獨立的政治存在，才能上昇為政治的主體，也才能開出「對列之局」。牟宗三講坎陷儘管也看到了權利問題的重要，但未能更深入一步，注意到惡在歷史發展中的作用，未能將對這個問題的解說進行到底。要彌補這個遺憾，一個有效的辦法就是充分看到並承認人性中惡的一面，而要看到這一面，從三分方法的角度來說，就是必須承認生命層級構成和社會層級構成中體欲一層的地位和作用。而這也就是我對牟宗三「坎陷開出民主論」所做一個重要補充。

（發表於《社會科學戰線》2013 年第 2 期）

民主視野下的梁漱溟和牟宗三

　　近代以來，在如何看待民主問題上，學界大致有兩種不同的態度：激進主義者拜倒在西方文化的石榴裙下，不相信自己的文化，認為只有把原有的東西統統扔掉，一切向西方學習，中國才有希望；保守主義者則對中國文化有強烈的認同感，特別強調中國文化有自己的特殊性，有著很高的內在價值，這些是西方有所欠缺，需要向我們學習的。梁漱溟和牟宗三雖然均屬於保守主義陣營，但其具體看法又有區別。將這二人的相關思想進行一個比較，在今天顯得尤為重要。

一

　　當上個世紀一些人主張全盤西化的同時，梁漱溟不畏壓力，旗幟鮮明地站出來反對，堅持認為中國文化的特點不適合推行民主制度。梁漱溟提出這種主張主要基於這樣一些理由：

　　其一，中國人在生活上奉行安分不爭的態度，政治上崇尚消極無為，缺乏西洋人主動積極爭取的精神。西方政治制度建立在大家各自愛護其自由，爭取其權利，關心其切身利害的基礎之上。在這種態度之下，法律不過是社會政治制度的表象而已。與此不同，中國人習慣於對政治不聞不問，對個人權利絕不要求，這種不爭的態度與西洋民主制度格格不入。中國的問題不是爭權奪利而是太不爭權奪利，完全沒有權利意識。中西文化在這方面的態度極其不合，決定中國不能發展民主。

　　其二，中國人崇尚謙德，尊敬他人，佩服他人，缺乏西洋人的競爭精神。西洋人好動，選舉時政治家到處演講，發表文章，不斷表現自己。這是

他們的可愛之處。中國人則喜靜，推崇謙德。如中國推行選舉，眾人必有尊敬之心，佩服之心，而相率敬請於其人之門而願受教益。被選舉人則避謝不敢當，辭之不可，或且逃之。這種猶抑歉然若不足的崇尚謙謙君子的精神怎麼可能發展出西方的選舉之制呢？怎麼可能發展出西洋的民主制度呢？

其三，中國人性善論發達，信任人，對人真誠無二，尊尚賢智，西洋人則以性惡為依據，人與人之間不存在信任。歐洲人的政治制度以性惡論為基礎，人與人之間時時提防，所以政治上採取三權分立，主張制約與平衡，相互監督，推崇「有對精神」。在這種精神影響下，西洋人能夠在政治上運轉靈活，推陳出新，又能在個人權利上有所保障。中國講求至誠無二之心，首先是信，彼此相互信任，相互尊重；其次是禮，崇敬對方，信託對方，有極高期望於對方人。這種情況在西方人那裡是沒有的，他們的精神要粗些，彼此之間不信任，而中國人講求禮，唯敬無二，崇尚「無對精神」。

其四，中國的態度不在欲望的滿足，而在積極追求人生之理（亦是人生的價值意義），西洋民主政治是欲望本位的政治，在於保障人權，擁護個人的欲望。西洋人將人生放在欲望上，生活就是欲望的滿足。西洋人受基督教的影響，強調罪的觀念，人生即是一個贖罪的過程。出於對中世紀追求未來天國的反對而要求現世幸福，近代以來來了一個政教分離，從而發展出民主政治來。中國的人生價值在於理，從不輕易拋棄人生向上的追求，認為人生與人生道理不能分家，中國的政教是不能分離的。[1]

正確看待中國社會的性質，對其有一個準確的感覺和描述，是一門高深的學問，極見悟性與學力。梁漱溟根據自己的體認和觀察，認識到中國是一個倫理社會，與西方的階級社會完全不同。這個倫理社會有非常獨特的精神特質，並不適合西方民主制度的發展。如果不充分尊重中國社會的特質，盲目推行民主，一定會造成極大的不適應，政治永無清明之希望，中國也永無前途之可言。梁漱溟的這些論述在當時多被視為食古不化，成為被譏諷的對

---

[1] 參見梁漱溟〈我們政治上的第一個不通的路〉，《梁漱溟全集》，第五卷（濟南：山東人民出版社，2005 年 5 月），頁 133-173。

象，但今天重溫起來，卻給人振聾發聵之感。不妨設想一下，如果在數十年前，中國真的大規模廣泛推行西方的民主制度的話，會是一個什麼樣子？一定是天下大亂，永無寧日。從這個意義上說，歷史無疑已經證明了梁漱溟的正確，證明他是一個勝出者，堪稱 20 世紀中國政治的先知。當然梁漱溟的看法也有可以再推進之處。他對社會的觀察多偏重於文化和精神方面，缺少歷史的觀點，沒有能夠看到民主其實是一種基於經濟和文化而形成的獨特的生活方式。經濟和文化可以改變，民主也可以改變。雖然經濟和文化的改變不能一蹴而就，民主的引進和開出，是一件極為艱苦工作，需要一個極其漫長的過程，但隨著社會的發展，人們在經濟上有了獨立的地位、獨立的人權之後，一定會提出自己的要求，維護自己的權益。在民主思想已成為政治常識的情況下更是如此。近代以來，中國社會在經濟制度和政治制度方面都已經發生了翻天覆地的變化，已不再是先前那個典型的倫理社會，不可能再固守著自己先前的傳統一成不變了。

二

牟宗三與梁漱溟的致思方向有同也有異。一方面，牟宗三對中國政治傳統同樣有深入的分析，認為中國傳統政治走的是道德一途，核心是「仁者德治」。中國傳統政治這一特點，自然有其所長，即使將來中國政治進行改革，有了新的變化，也一定不能丟掉自己傳統中好的東西。在這一點上，牟宗三與梁漱溟的立場非常接近。另一方面，牟宗三與梁漱溟又有所不同。梁漱溟認為，中國傳統政治有自己的特點，在這個基礎上沒有辦法發展民主。牟宗三則認為，中國傳統政治將希望完全寄託在聖君賢相上，未能開出「對列之局」，一旦矛盾無法化解，最後只能想革命的辦法。革命雖能解決一時的問題，但革命成功之後，好上一陣，隨著新皇上的能力下降，達不到聖君賢相的程度，又會重新引發民眾的不滿，招致新的革命。中國數千年的政治歷史，就是這樣一治一亂，不斷循環。要從根本上解決這些問題，一個有效的辦法就是通過坎陷，開出民主，迎頭趕上。

　　根據我的分析，坎陷概念有三個最基本的含義，即「讓開一步」、「下降凝聚」、「攝智歸仁」。所謂「讓開一步」是說道德要來一個自我否定，暫時退讓一下，不再發展自己，而是發展自己之外的內容。由於特殊的時代背景，我們的文化從一開始就偏重於道德，道德意識特別強烈。這是我們的強項和優勢。但這種強項和優勢的形成，不自覺之間也影響了其他方面的發展，其中最為重要的就是科學和民主。在儒學第三期的發展過程中，要開出科學和民主，當然就不能再刻意發展我們的強項和優勢，而必須讓這種強項和優勢暫時休息一下，讓開身來。坎陷開出科學和民主必須「讓開一步」最根本的意義即在於此。所謂「下降凝聚」是說開出科學和民主必須向下發展。在牟宗三看來，中國文化雖然科學民主沒有得到好的發展，但並不低於西方，其層面甚至遠在西方文化之上。牟宗三之所以有這種看法，是因為道德一定高於認知，這是一個基本原則。既然我們的強勢在道德，而道德又高於認知，要發展科學民主，當然就必須向下走，而不能再向上走。後來，牟宗三進一步借用康德思想和大乘起信論來闡發這一思想。在他看來，一心可以開二門，一是真如之門，二是現相之門。真如之門與道德相關，講的是智的直覺，現相之門與認知相聯，講的是邏輯推理。因為實踐理性高於理論理性，所以在「一心開二門」的思想格局中，真如之門在上，現相之門在下。要發展科學和民主，必須由真如之門向下走，來一個向下的大開大合。所謂「攝智歸仁」是說開出科學和民主整個過程不能離開道德的指導。牟宗三特別強調，通過坎陷開出科學和民主只是問題的一個方面，與此同時千萬不要忘記了，整個工作必須在道德的指導下展開，必須堅守道德理想主義不放。科學和民主屬於「智」的範疇，道德屬於「仁」的範疇。科學和民主不能離開道德的引導，必須納入道德的框架下進行，這就叫做「攝智歸仁」。「攝智歸仁」是坎陷論不可或缺的組成部分。[2]

　　坎陷論有著重要的理論意義。在牟宗三看來，中國文化近代以來之所以落在了西方後面，關鍵就在科學和民主之有與無：西方有科學和民主所以強

---

[2]　參見拙文〈坎陷概念的三個基本要素〉，《華東師範大學學報》2011 年第 5 期。

大，中國無科學和民主所以弱小。在新的情況下，面對西方文化的挑戰，我們必須想辦法開出科學和民主，補上這一課，這是我們面臨的最大的歷史課題。有意思的是，面對這一歷史重任，牟宗三沒有像當時其他學者那樣將主要精力放在尋找科學與民主在中國文化中的「種子」上面，似乎只要把這些種子發掘出來，加以培養，就可以長出科學與民主了。與此相反，他強調，科學和民主並不是我們所有的東西，我們要開出科學和民主，不能直通，而必須事先繞一個彎，走曲通的道路。這種曲通的道路就叫「坎陷」。要做到坎陷，必須「讓開一步」，從自己的長項上退出身來，必須「下降凝聚」，來一個向下的大開大合。不管牟宗三坎陷論有多少缺陷和不足，僅就其沒有把中國文化完全歸併於西方文化的體系之下，沒有把主要精神放在尋找中國文化中科學和民主「種子」之上，其貢獻就是不可小視的。

更為可貴的是，牟宗三強調，我們一方面要開出科學和民主，另一方面又必須保留我們自己的優長。坎陷必當向下發展，但這種向下發展不是無限度的，必須有一種向上的道德力量加以提升，因此必須「攝智歸仁」。「攝智歸仁」是非常了不起的思想。科學和民主當然有其價值，沒有科學和民主，現代化便不可能真正實現。但無論科學還是民主，都不是最高的東西。較科學和民主更重要的是道德。沒有道德的指導，科學既可能為人類造福，也完全可以為人類添害；沒有道德的指導，單純的民主可能走向「泛政治主義」，同樣會出問題。這裡特別重要的是民主問題。儒家將政治的希望過多寄託在道德方面確有自身的缺陷，但也有很強的合理性，不能因為要開出民主，就將儒家重德的思想傳統完全棄之不顧了。一段時間以來，一些人以為只有民主有價值，值得提倡，政治必須與道德分離開來。內聖外王老調「可以休矣」，內聖外王是「已陳芻狗」，成了最時髦的話語。牟宗三不是這樣，他建構坎陷論一方面自然是希望能夠以這種方式開出民主，跟上形勢的發展，另一方面又強調必須在這個過程中保持儒家政治傳統的優勢。外王自然要開，但內聖也不能丟。不丟掉內聖就是不丟掉儒家的政治傳統，不丟掉道德理想主義。這是「攝智歸仁」最值得關注的部分。也許只有從這個視角才能真正看清牟宗三創立坎陷論的歷史意義。

　　但是坎陷論也有其不足。牟宗三在建構坎陷論的過程中，只看到發展民主必須「讓開一步」、「下降凝聚」，由仁的系統，變為智的系統，沒有將精力更多地放在經濟的層面，從而給人一個錯誤印象，好像只要發展道德之下的認知層面，就足以完成開出民主的任務似的。很早就有學者對此提出過質疑。他們指出，儒家倫理基本上是一個以義務為中心的倫理系統，重義務而輕權利，重集體而輕個體，強調上下尊卑的等級及隸屬社會關係。這種精神與民主所假定的以個人為中心，以權利為基礎的倫理觀格格不入。如果要真正將民主植根於中國文化之上，必須有一個徹底的觀念更新的過程。「因此，在這方面的工作方向是清楚不過的，就是積極發展一套可以取代忽略個人權利與自由的儒家倫理的倫理典範來。而這套倫理典範的其中的一個核心的組成部分，必須是一套吸納了儒家以仁為中心的哲學的權利與自由理論。任何缺乏這個成分的倫理觀，似乎也會將民主的文化接枝工程，一再成為無意義的口頭禪而已！」[3]

　　更為重要的是，牟宗三雖然對民主制度的負面因素也有批評，甚至有民主「卑之無甚高論」[4]的說法，認為我們歷史上沒有這些東西是「超過的不能，不是不及的不能」[5]。但到了晚年，他的思想重點似乎有所轉移，不再強調民主政治的負面因素，而是對民主制度抱著積極的讚揚。在〈中國文化大動脈的現實關心問題〉的講演中，牟宗三將人類政治歷史的發展概括為三個階段：「初是貴族政治，再是君主專制，終是民主政治。只有這三個形態，再沒有其他別的了。就政治形態來說，民主政治是最後的（final）形態。」「假定在人類集體生活中還需要政治，這種憲政民主式的政治形態便

---

[3]　葉保強：〈當代新儒家與民主觀念的建構〉，劉述先等：《當代新儒學論文集‧外王篇》（臺北：文津出版社，1991 年），頁 89-90。李榮添亦有類似的看法，見上書，頁 233-234。後來顏炳罡也提出了同樣的問題，指出：「我們也注意到牟先生對中國政治的探討有其長處，亦有其不足。他對中國未出現民主政治的分析是政治的和文化的，然而一十分重要的分析——經濟的分析為他有意避開了。」顏炳罡：《整合與重鑄——當代大儒牟宗三先生思想研究》（臺北：臺灣學生書局，1995 年），頁 233。

[4]　牟宗三：《政道與治道》，《牟宗三先生全集》，第 10 卷，新版序，頁〔31〕。

[5]　同上注，頁 57。

是最後的（final）形態了：如果說我們根本不需要政治，那自然另當別論。」[6]按照這種劃分，中國下一步若要有所發展，必須走民主的道路，因為民主制度是人類政治的「最後形態」。這種說法頗有點福山歷史終結論的味道。

三

將梁漱溟和牟宗三相關的思想放在一起比較，以我個人的標準來衡量，牟宗三的立場似乎不如梁漱溟高遠，態度也不如梁漱溟堅決。

儘管坎陷論始終包含「攝智歸仁」的內容，由此邏輯地可以引出我們的理想應是建立一種既不同中國傳統政治，又與西方現行民主制度有異的更為合理的制度這樣的結論，但至少牟宗三晚年並沒有將思想的重點放在這裡。牟宗三建構坎陷論的時候，反復重申坎陷開出民主必須借鑒中國傳統政治的優點，泛道德主義不正確，泛政治主義同樣不可取，但細細分析其相關論述又不難發現，他對西方的民主制度似乎缺乏深刻的反思。在其後期的一些文字中，這一缺陷得到進一步的擴大。我之所以特別關注這個問題，是因為如果把我們的任務只規定為開出民主，認定民主制度是人類政治文明的「最後形態」，那麼「攝智歸仁」的內容如何體現呢？如果「攝智歸仁」的內容無法體現，那麼這種新開出的民主與西方現行的民主又有什麼不同的呢？如果新開出的民主與西方現行的民主沒有區別，那麼如何談得上繼承儒家道德理想主義的傳統呢？這些問題不解決，將民主視為人類政治文明的「最後形態」，不僅降低了儒學的高度，而且在一定程度上從「外王三書」坎陷開出民主一定要「攝智歸仁」的立場游離了出來。這一現象應該引起我們的足夠重視，也是我對坎陷論最不滿意的地方，認為是其最不應該有的一個短板。

當然，我們看問題需要有歷史的眼光，不能苛責於前人。牟宗三有其特

6　牟宗三：《時代與感覺》，《牟宗三先生全集》，第 23 卷，頁 408。

定的時代背景。從其後期的許多講演可以看得非常清楚，他當時的精力主要集中在臺灣與大陸政治局勢的對比方面。比如在〈文化建設的道路──現時代文化建設的意義〉的講演中，他這樣說道：「有段時期我們考慮到以往二千年沒有現代化的問題，現代才有，這二者的分別究竟何在呢？我曾以兩個字來表示。就社會、政治、經濟等等各部分的工作而言，若採取對列 co-ordination 的原則就是現代化，若採取隸屬 sub-ordination 的原則就是非現代化。近代的精神是 co-ordination，非近代的精神是 sub-ordination，差別就在於此。co-ordination 是理性的，sub-ordination 是非理性的。」[7]「大陸上共產黨統治之下沒有私，也沒有公，沒有個人的生活、沒有教養，一切都套在人民公社中……正好是 sub-ordination，而不是 co-ordination。」[8]正是在這種強烈的對比中，牟宗三對臺灣民主建設寄予了很高的希望。在〈中國文化大動脈中的現實關心問題〉的講演中又說：「中華民國這個政治形態，在孫中山先生的理想中，就是一個 consitutional democracy，即是一個應以憲法為基礎的民主政治。這就叫做『民主建國』。辛亥革命的政治意義即在此。孫中山先生的政治理想，對以往中國二千多年的君主專制來說，是一種劃時代的突破性『進步』。」[9]「這個問題的唯一解決之道，就是『民主建國』，就是依 consitutional democracy 的方式來建設國家。這是我們現時代中國人自己的事情，不能夢想幾千年前的堯、舜，也不能交托給未來不可知的『大聖人』。」[10]這些材料充分說明，對大陸政治局勢的不滿，很自然地使牟宗三將希望寄託在臺灣的民主制度方面。這種情況雖然可以理解，但從另一個方面看，也影響了他對民主政治本身的深入觀察乃至理性批判，或多或少淡忘了他早年反復強調的坎陷必須「攝智歸仁」的主張。在近些年來臺灣政治的發展過程中，儒學很少能夠發揮實際的作用，這或許是一個內在的

---

[7]　同上注，頁 390。

[8]　同上注，頁 391。

[9]　同上注，頁 408。

[10]　同上注，頁 412。

原因。[11]

　　當然，現在情況已經發生了根本性的變化。我們今天重新研究坎陷論，不應再將思想的重點放在這裡，而應當特別注意對西方民主政治加以反省，將隱含在坎陷論中「攝智歸仁」的重要內容凸顯出來，讓人們充分認識其意義，發揮其作用。由此說來，在新的歷史條件下，我們講坎陷必須同時在三條戰線上作戰。第一，必須堅持「讓開一步」，不再固守「仁者德治」的政治模式，從道德層面退出身來，對過去的傳統進行一個大的變革。第二，必須「下降凝聚」，不僅大力發展認知的層面，重視制度建設，不再將政治的希望完全寄託在道德上，而且進一步擴大視野，大力重視經濟問題，重視惡在歷史發展中的作用。第三，必須堅持在「讓開一步」、「下降凝聚」的同時，努力「攝智歸仁」。這一點在當前情況下尤為重要。只有這樣我們才能保持中國政治傳統之所長，才能保持儒家的道德傳統，打破西方近代以來將道德與政治分離的做法，將民主置於道德的制約之下，而不是像一些短視者那樣，一味向西方看齊，唯西方馬首是瞻，最終形成一種既不同於傳統中的中國政治，又與現行的西方民主政治有原則差異的獨特政治模式。儘管這種獨特的模式我們現在還沒有完全找到，但這種努力一定不能放棄，這個方向始終要堅持。這是經過詮釋後的坎陷論告訴我們最重要的道理。這樣的視野才是全面的，足夠的，才能達到預期目的。果真如此，中華文明復興一定大有希望，那將是國家之幸，民族之幸，文化之幸。

　　理論界近些年的一些新進展，帶給我們些許新的希望。隨著中國國力的日漸強盛，重新認識中國政治傳統的特點，反省上世紀以來盲目追求西方民主做法的失當，已成為不少學者的共同努力方向。這方面蔣慶無疑走在了前列。蔣慶一段時間以來對學界過分強調心性儒學的傾向十分敏感，持有批評態度，認為這種做法沒有抓住儒學的本質。在他看來，從根本上說儒學是一

---

[11] 這個看法是我於 2010 年 10 月在「東亞經典與文化學術研討會」上聽到的。黃俊傑在發言時指出，臺灣近些年來民主有了很大的發展，但在這個過程中，儒學並沒有發揮多少實際的作用。這個說法讓我有些吃驚，即刻想到大陸今後的發展怎樣才能有效避免這種局面的問題，意識到這可能是一個重大的時代課題。

種政治之學，從而大力提倡政治儒學，引起很大的反響。在研究過程中，蔣慶花了很大氣力分析儒家政治傳統的合理因素。他認為，中國傳統政治是一種王道政治，有著自身正當性，分別表現在「天」、「地」、「人」三個方面。「天」代表超越神聖的正當性，「地」代表歷史文化的正當性，「人」代表人心民意的正當性。在新的歷史條件下，這些正當性不能棄之不顧，必須保留下來，繼續發揮作用。為此他設計了三院制的方案，以通儒院代表超越神聖的正當性，庶民院代表人心民意的正當性，國體院代表歷史延續的正當性。[12]白彤東的進路略有不同。白彤東在美國留學時間較長，系統研究過西方政治理論，對西方民主制度的缺失有一定的體會。他認為，羅爾斯《政治自由主義》中所列舉的民主社會的五個事實尚不全面，還需要補充第六個（組）事實。這一組事實主要包括三項內容：第一，人類有滑向私利的傾向，而一人一票鼓勵了這個傾向的發展。第二，公民中總有人對政治事務採取冷漠的態度，不願意參加投票。第三，絕大多數現代社會都太大了，不論政府付出多少努力，多數公民都很難充分瞭解相關政治事務和政治人員的內情。這就意味著，羅爾斯所理解的自由民主制度，或審慎思考與討論的民主制度，要求絕大多數的公民都以平等的、一人一票的方式參與政治，在現實上是不可能的。為了彌補這一不足，白彤東在儒家智慧中尋找資源，「試圖抵制當代民主社會裡過度民粹化的傾向，並在民主制與精英制之間找到一條中庸之道」[13]。貝淡寧則從一個西方人的視角，對這個問題進行了新的探索。貝淡寧早年研究倫理學，贊同社群主義，對西方的自由主義有所批評。這一立場直接影響到他對在東亞國家建立民主制度的看法。他認為，「要想在東亞塑造民主，就不能依賴那種抽象而且非歷史（unhistorical）的普遍主義，西方的自由民主主義者就經常在這個問題上栽跟頭。相反，東亞的民主只能從內部建成，經由東亞人民自身在日常道德與政治爭論中使用的特定事

12　蔣慶：《生命信仰與王道政治：儒家文化的現代價值》（貴陽：貴州人民出版社，2004 年），頁 156-170。

13　白彤東：《舊邦新命——古今中西參照下的古典儒家政治哲學》（北京：北京大學出版社，2009 年），頁 65。

例與論爭策略加以實現。」[14]當然，這並不意味著完全排斥民主，理想的情況是找到一個既保留東亞政治傳統，又吸取民主制度合理因素的辦法。經過不斷探索，他找到了一個折衷的辦法：這就是一個新的兩院制，即包括一個通過民主選出來的下議院，以及一個由競爭性考試為基礎選出來的代表所組成的上議院。在嘗試了多種方案之後，他最終聽從妻子宋冰的建議，「將這種上議院稱為『賢士院』」[15]，並對其進行了頗為詳細的規定。蔣慶、白彤東、貝淡寧從各個不同方向所做的研究令人欣喜。不管這些具體結論是否過於理想化，有多少不夠完善和有待討論的地方，但至少有一點是看得非常清楚的：當今之世，再像五四之後那樣，指望全盤引進西方民主模式以解決中國自己問題的做法，已是明日黃花，沒有了任何價值。經過一個世紀的痛苦消化，人們不應再以那種陳舊的方式思考問題了，這一頁已經徹底翻過去了。時隔半個世紀之後，我們今天重新探討這個問題，其意義正在這裡。如果牟宗三九泉有知，看到後人能夠這樣理解他的坎陷論，這樣重視後來連他自己也或多或少有所放鬆、至少沒有強力堅持的開出民主必須「攝智歸仁」的思想，相信一定會由衷認同的。

（發表於《與孔子對話》，2016 年）

---

[14]　貝淡寧：《東方遭遇西方》（上海：三聯書店，2011 年），頁 12。
[15]　同上注，頁 164。

內聖外王真成了「已陳芻狗」嗎？[1]

——對一個學術公案的遲到解讀

　　2002 年，余英時的新著《朱熹的歷史世界——宋代士大夫政治文化的研究》正式出版。該書原是為德富文教基金會的標點本《朱子文集》寫的介紹性質的序文，幾經反復，竟成了一部七十餘萬字的皇皇巨著，出版後迅即引起學界的強烈反響。劉述先、楊儒賓分別撰寫書評予以批評，余英時隨即作了回應，後來劉述先又撰文續申其見，余英時再次進行澄清，反復再三，聚集為學界關注的一大熱點。按余英時的說法，此已成一學術「公案」[2]。全面評價這一公案既已不合時宜[3]，也非本人能力所及。近年來，我在對牟宗三坎陷論研究過程中，重新閱讀該書，對該書所涉及的內聖外王這一核心話題有了一些新的理解。本文即打算就此談一點想法，權作對這一公案的遲到解讀。

一

　　大凡有意義的理論著作，都有其明確的問題意識。《朱熹的歷史世界》的問題意識，在該書三聯版總序中有清晰的說明：「20 世紀以來，道學或

---

[1] 本文發表時編輯部改名為〈內聖外王之辨及其當代價值〉，現恢復原樣。

[2] 余英時：《朱熹的歷史世界》（北京：生活・讀書・新知三聯書店，2004 年），頁 926。

[3] 在答覆楊儒賓文章的末尾處，余英時明確宣佈：「答辯文字，即此而止」。余英時：《朱熹的歷史世界》，頁 911。

理學早已劃入哲學史研究的專業範圍。以源於西方的『哲學』為取捨標準，理學中關於形而上思維的部分自然特別受到現代哲學史家的青睞。近百年來的理學研究，無論採用西方何種哲學觀點，在這一方面的成績都是很顯著的。但理學的『哲學化』也必須付出很大的代價，即使它的形上思維與理學整體分了家，更和儒學大傳統脫了鉤。我在〈緒說〉中則企圖從整體的（holistic）觀點將理學放回它原有的歷史脈絡（context）中重新加以認識。這絕不是想以『歷史化』取代『哲學化』，而是提供另一參照系，使理學的研究逐漸取得一種動態的平衡。」[4]這一論述清楚說明，余英時寫作該書的動機應當溯源於其對儒學研究過分偏重於形上思維，忽略儒學整體視域這一傾向的不滿。

為了達到這一目的，余英時提出了一個有名的口號：「哥白尼回轉」。他這樣寫道：「『道統論大敘事』，特別是它的現代化身，把研究者的思維方式束縛得太緊了。好像條件反射一樣，只要提及理學家如二程、張載或陸九淵繼孟子『不傳之學』的問題，論者除性善養氣之外，其餘一切幾乎都『匪我思存』。這裡似乎也需要一個概念上的『哥白尼回轉』」。[5]這就是說，在余英時看來，受「道統論大敘事」特別是其「現代化身」的影響，研究者只要一談理學，就必然是性善養氣之類，再無其他。這是一種極不正常的情況，必須來一個「哥白尼回轉」，加以徹底的糾正。這一點從該書的整體結構上也可以看得出來。該書分為三個部分，上篇通論宋代政治文化的構造與形態，下篇專論朱熹時代理學士大夫集團與權力世界的複雜關係，而上篇之〈緒說〉則自成一格，可以視為一個獨立的部分，著重從政治文化的角度，系統檢討理學的起源、形成、演變及其性質。

劉述先、楊儒賓對「哥白尼回轉」的說法十分警覺，認為余英時這樣做是要棄內聖於不顧而「回轉」到外王，撰文批評其專注外王的做法，是將內聖「抽離」掉了，等於「摧毀了朱熹的價值世界」。余英時在回復文章中努

---

[4]　同上注，頁 3。
[5]　同上注，頁 127。

力予以澄清：

> 本書上篇〈緒說〉中提出了一個論點，即宋代理學雖以「內聖」之學
> （討論心、性、理、氣之類）顯其特色，但並沒有離開儒學的大傳
> 統，仍然以重建一個合理的人間秩序為其最主要的目的，即變「天下
> 無道」為「天下有道」。所以我建議在觀察角度上做一調整，這便是
> 所謂「回轉」。述先兄誤會了我的意思，以為我主張從「內聖」回轉
> 到「外王」。其實我在書中已明白說過，理學家之所以異於宋初以來
> 的傳統儒家，便在於他們特別強調：非先在「內聖」方面取得實實在
> 在的成就，「外王」是不可能實現的。這個強調是王安石所未有的，
> 雖然他已建立了內聖外王相輔以行的基本模式。所以我向述先兄解
> 釋：理學其實是一個「內聖外王的連續體」，我是要從「內聖」回轉
> 到這個連續體，並不是完全撇開「內聖」，只重「外王」。不但如
> 此，我論「內聖外王連續體」不可分，主要是著眼於理學作為一整體
> 和理學家作為一士大夫集體這個層次上。至於理學家作為個別人，則
> 有傾向於「內聖」的，也有傾向於「外王」的；在這兩大型之中，個
> 別傾向的程度也因人而異，無從一概而論。但由於理學家作為儒者必
> 須在理論上同時肯定「內聖」與「外王」兩大價值，不可能捨去其中
> 任何一個，於是在個人層面便出現了「內聖」與「外王」之間的緊
> 張。[6]

余英時於此強調，他的「回轉」不是從內聖「回轉」到外王，而是回轉到
「內聖外王連續體」。內聖外王是一個整體，或一個連續體。不能捨掉內聖
而談外王，不首先把內聖工夫做好，外王是不可能實現的，這是理學家之所
以有進於宋初傳統儒家之處，也是當時理學家作為一個整體所共具的觀念。
該書的寫作絕對不是只談外王不談內聖，或抽離內聖光談外王。

6　同上注，頁879。

　　儘管余英時在答辯中反復這樣強調，但從其著作和答辯的整體來看，他無疑還是更加重視外王一面。在答楊儒賓的文章中，他公開指出，如果將理學定性為專講心性之類的形而上的內聖之學，置人間秩序為「第二義」，也許可以滿足個人的某些終極關懷，但這樣一來，理學家便與釋老無從分辨了：

> 理學既在儒統之內，沒有任何理學家會公然說（但可能會私下想）：我的最終目的僅在於個人體證與講論形而上的「太極」或「天理」。「天下無道」則屬於形而下世界的事，且待我「證道」或「悟道」之後，完成了我個人的「終極關懷」，再相機行事。如果機緣成熟（「命」）我當然會盡力去建立人間秩序，但若機緣不至，我仍然只好退下來，繼續追求我個人的生命意義。這可以是一種正常的人生態度，但絕不符合儒家的立場。[7]

這裡說得很清楚，不能把理學單純定性為內聖之學，而把外王棄置一邊充當「第二義」，如果真是如此，那與釋老又有何異？只顧內聖之修養，不顧外王之治天下，作為個人的人生態度或許是可以的，但絕不是儒家的真正立場。

　　隨後，他又重新對自己的觀點作了具體解釋，指出他強調「內聖外王連續體」的概念，最核心的理由是：

> 人既無一刻不在「秩序」中生活，也就是無一刻不面對建立合理「秩序」的問題。而建立秩序的唯一憑藉，根據理學家的共同信仰，便是他們所發展出來的一套「內聖」之學。就社會為一整體而言，「內聖」之學絕不可能是終點，而必須在「外王」或「秩序」的領域中顯出「全體大用」。這是出於儒家本身的內在要求。即使作為個人的理學家，他身在秩序（無論大小高低）之中，負有使此「秩序」越來越合理的責任，因此也不可能止步於「內聖」。否則他便是在「內聖」

7　同上注，頁 880-881。

中流連光景，與耽禪悅無以異了。所以就我所見，如果不把理學推出
儒統之外，我們必須「回轉」，將視線從「內聖」移向「內聖外王連
續體」。「內聖」之學無論多重要，都不可能是理學的終點；它與
「外王」之學緊緊地連在一起，為建立合理的人間秩序而服務，而且
也只有在秩序中才能真正完成自己。[8]

儒家之所以不能棄外王於不顧，是因為其始終擔負著重建人間秩序的責任。
人間秩序的範圍有大有小，但這種責任絕對不可推卸。如果僅僅在內聖之中
流連忘返，那就是放棄了自己真正的社會責任。內聖之學無論多麼重要，也
絕對不是理學的終點，理學的終點一定是重建社會秩序，治國而平天下。為
此余英時還特意引用朱熹「新民必本於明德，而明德所以為新民」的說法，
將「內聖」、「外王」代進去，改為「外王必本於內聖，而內聖所以為外
王」[9]，以表達他的思想，並堅信「這才是儒家真血脈之所在」[10]。

　　通過上面的引證，余英時寫作該書的思想傾向已經看得十分清楚了：他
受其學術背景的影響，對學界開口閉口只談性善修養，將儒學窄化為心性之
學的做法分外擔憂，終於下定決心花費如此氣力寫作該書，以圖扭轉這種局
面，來一個「哥白尼回轉」，返歸「內聖外王連續體」，回到儒學的真血
脈、真精神上來。

二

　　應該看到，余英時的這種做法確有合理之處。不知從何時起，很長一段
時間以來，學界一直有一種看法：儒學即是心性之學。按照這種看法，儒學
的關注點聚集在道德問題上，熱衷於討論成就道德的根據，成就道德的方
法，成就道德的境界等等。與此相比，政治問題較少為人關注，熱冷相對，

---

[8]　同上注，頁 882-883。
[9]　同上注，頁 883。
[10]　同上注，頁 887。

適成極大的反差。作為著名史學家，余英時在研究宋代士大夫政治生活時發現情況遠非如此，遂引起極大的警覺。《朱熹的歷史世界》明確表達了他的這種心情。他說，在我們的通常理解中，理學家因專情於內聖之學的建立，對實際政治似乎抱著一種可即可離的態度。就宋代儒學史而言，南宋理學的興盛好像標誌著一種內向的發展趨勢，熙寧變法的挫折也許剛好為這一內向轉變提供了一個歷史的契機。儒家一向信奉反求諸己，一旦外王不能實現，主要還應歸咎於內聖尚未完成；與其臨淵羨魚，不如退而結網。所以南宋理學家基本上投身於學術和教育工作。「以上所說大致可以代表現代史學界的共識之一，因為這個看法確有許多事實作支持。我自己過去也相信這至少是一個可以接受的歷史解釋。……但是在研究了南宋理學家的政治活動之後，我卻不禁發生一個重大的疑問：如果上述的看法可信，我們又怎樣理解大批理學家在孝、光、寧三朝權力世界中異常活躍這一現象？」[11]余英時注意到，一方面是學界那種通常的理解，即理學家只關注內聖之學，對政治抱有一種可即可離，不冷不熱的態度，另一方面卻是孝、光、寧三朝大批理學家在政治領域的異常活躍。這顯然是一個矛盾。如果理學家果真如學界所想像的那樣，這種矛盾現象是無法解釋的。

　　經過深入的研究，余英時看到，大體上說，從淳熙（1174-1189）初年到朱熹逝世（1200），理學家作為一個士大夫集團，在政治上形成了一股舉足輕重的力量。他們的政治取向是不滿現狀，要求打破因循苟且的局面。他們雖無任何有形的組織，但彼此之間往往相互聲援，相互支持。「總結地說，南宋理學家之所以呈現出兩種互相矛盾的歷史形象，其終極根源在於『內聖』和『外王』之間存在著一種緊張關係。這裡我們必須把理學家的個人立場和群體立場加以區別。從個人方面說，理學家或偏於『內聖』取向，或偏於『外王』取向，這是無可避免的。但以群體而言，『內聖』和『外王』卻是不能不同時加以肯定的價值。」[12]為了說明這種情況，余英時將儒

---

[11]　同上注，頁401。

[12]　同上注，頁408。

學和理學進行了適當的區分。他認為，理學起於北宋，至南宋而大盛，其所發展的是儒學中關於內聖的部分。就儒學本身而言，理學鞭辟向裡，代表了一種內向的發展。但理學之所以後來獲得許多人的信奉，則因為它使人們相信，只有在內聖之學大明之後，外王之道才有充分實現的可能。因此，理學雖似內轉，卻仍與北宋以來的儒學大方向保持一致。「我們可以這樣說：在講求『內聖』之學時，他們是站在理學家的特殊立場，其精神是向內收斂的；但在推動『外王』事業時，他們又回到了一般儒家的立場，其精神則是向外發舒的。」[13]由此，余英時總結道：「我們可以推知理學在南宋政治文化中正式取代了北宋經學的地位。理學的直接目的雖在於成就個人的『內聖』，但『內聖』的最重要的集體功用仍然是為了實現『外王』的事業，即重建合理的政治、社會秩序。否則縱使人人都成就了道德，也不過是孟子所謂『獨善其身』而已。」[14]理學的直接目的雖在於個人之內聖，但終極目的仍然是重建合理的政治社會秩序，他們有高度的政治意識，以天下為己任。否定這一個現實，也就等於否定了整個儒學的傳統。在一定意義上可以說，余英時寫作該書的一個根本目的，就是告誡學界，必須檢討這一現實，從只重內聖不重外王的錯誤傾向中脫出身來。

　　無獨有偶，這種過分強調儒家心性之學的傾向，同樣也受到了蔣慶的批評。近些年來，蔣慶下了很大氣力著力於政治儒學的建構，他這樣做的一個重要緣起，同樣是不滿意學界將儒學窄化為心性之學。在他看來，在這個問題上，現代新儒學不自覺之間已經背離了原始儒家的精神。原始儒家思想包含兩個部分，一是心性儒學，二是政治儒學，這兩個部分在孔子那裡圓融地結合著。後來新儒家過分關注心性領域，有一種極端內在化的傾向，將一切外部事務的解決都放在內在的生命和心性之上。在這種傾向的影響下，新儒家不再關注外在事物的客觀實在性，不再關注文物典章制度在儒學中所具有的意義，只是用內在的生命與心性去涵蓋所有的外在事物，似乎只要解決了

13　同上注，頁 411。

14　同上注，頁 413-414。

內在的生命問題與心性問題，外在的社會政治問題就會自然而然地得到解決。這種情況造成了極大的負面影響，最直接的結果，就是無法開出新外王。蔣慶為此主張，放棄單純以心性之學研究儒家這條死路，大力發掘傳統儒學中政治之學的資源，創立一套能夠充分體現禮樂精神、王道主義的中國特色的政治，以適應時代的需要。[15]

　　從余英時的著作看，蔣慶的研究成果並不在其視野之內，但他們二人的思想傾向卻有驚人的相近之處。他們都是不滿意於學術界將儒學局限於心性之學，只談內聖忽略外王的極端做法。必須承認，從學理上說，這種觀點非常有意義。儒學中政治儒學與心性儒學，外王與內聖的關係，一直是一個大問題。孔子是看到周禮失傳，天下禮崩樂壞，百姓生靈塗炭，希望使天下太平，才創立儒學的。在這個過程中，他到處傳禮講禮，希望能夠恢復到理想的周代禮樂之制中去。孔子這種努力充分說明，儒學最初的始發點，完全在於社會的平治。孟子也是一樣。他作為孔子的私淑弟子，繼承孔子的精神，要求君王施仁政，行王道。《孟子》開篇就是一句「王何必曰利，亦有仁義而已矣」。過去常常以為這句話只是講個人如何成德，其實從整個語脈來看談的是如何治國問題，是勸導君王應當行仁政，切莫行霸道。孔子和孟子在復周禮和行仁政的過程中，發現必須首先解決其內在的理論基礎問題，否則再好的周禮和仁政，人們也不一定去行。於是，他們才提出仁的學說和性善的主張。從這個過程不難看到，儒學首先是政治之學，其次才是心性之學。心性之學是政治之學的理論基礎，政治之學是心性之學的最終目的。正如余英時所說：「儒家創建人孔子的最大關懷顯然集中在人間世界。這當然不是否認他在人世關懷的後面另有深厚的『性與天道』的思想背景。但他既不肯輕易談論，我們已無從知其詳了。他生在一個『禮壞樂崩』的時代，因此怎樣重建合理的人間世界的秩序構成了《論語》的主要內容。他雖然出身於貴族的下層，他的關懷卻早已擴大到所有的人，前引『修己以安百姓』便是明

---

[15] 蔣慶這方面的觀點主要體現在其《政治儒學——當代儒學的轉向、特質與發展》（北京：生活・讀書・新知三聯書店，2003 年）一書之中。該書由其關於政治儒學的若干論文合編而成。

證。他心目中的『禮』也已非復古代『禮不下庶人』的故物，因此在治理『民』的問題上才明確提出了『道之以德，齊之以禮』的主張。此所謂『德』當然是指『仁德』，後來孟子的『仁政』便是從這裡發展出來的。因此我們清楚地看到，通過『內聖外王』的重構秩序，是孔子最先為儒家創立的整體規劃。」[16]

　　受現代新儒家某種思想傾向的影響，較長一段時間以來學術界確實有一種過分看重心性之學的傾向，只談或多談心性，不談或少談政治。這種做法很容易給人造成一種誤解，好像儒學就是心性之學似的。這顯然與原始儒家的基本精神相違背。余英時的著作敏銳地覺察到了這裡的弊端，提醒人們關注儒學政治方面、外王方面，重新提出儒家「第一序」的原則問題，是極有意義的。他的這一用心在下面一段論述中顯露無遺：

　　我在兩篇答文中先後都強調一點：「內聖外王」為一連續體而歸宿於秩序重建。只要在語言上稍做分析，便可知在這一陳述中「外王」與「秩序重建」之間絕不能畫等號，因為後者明明包括了前者於其內。所以我的真正意思是說「內聖外王」是一個連續不斷的活動歷程，最後將導致合理的人間秩序的實現。用原始儒家的話表達之，即通過「內聖外王」而變「天下無道」為「天下有道」。我所謂「歸宿於秩序重建」大致相當於孔子「天下有道，丘不與易」的意思。我在原書中說「第一序的身分則非秩序重建莫屬」，也是此意。我始終認定儒家的最大關懷是人間秩序的整體，也就是「天下有道」。……
　　從個人的層面說，「內聖」的修養確是對於每一個「士」或「君子」的基本要求，所以孔子說：「德之不修，學之不講……是吾憂也。」「內聖」雖須從個人修養開始，並且也為個人提供了一個「安身立命」的精神領域，但卻不能即此而止，在個人層面上獲得完成。這是因為儒家的「內聖」基本上是一個公共性或群體性的觀念，必須從

16　余英時：《朱熹的歷史世界》，頁923。

「小我」一步步推廣，最後及於「大我」的全體。[17]

雖說心性之學是政治之學的學理基礎，政治之學是心性之學的理論目的，但如果只談心性之學，不談政治之學，把政治之學棄為第二義，那麼再好的心性之學也沒有意義。余英時的研究告訴我們，儒家首先是政治之學，其最終目的是人間秩序的重建，這才是它的「第一序」原則。這可能是《朱熹的歷史世界》這部著作給予我們的最大教益。

三

余英時的努力儘管有其意義，但也有矯枉過正之嫌，其中的關鍵仍在內聖與外王，心性儒學與政治儒學的關係。如上所說，寫作《朱熹的歷史世界》的一個重要目的，是反對人們在研究理學的過程中，只重內聖而淡漠外王。為此他廣為搜集，多方列舉，這些努力可以說已經達到了預期目的。但可能是因為視線過於集中在凸顯外王一面，或者還有其他原因，他對於內聖方面反倒重視不夠了。劉述先敏銳地察覺到了這裡的問題，不顧對方已有答文，窮追不捨，一定要問一個內聖外王孰主孰從的問題。

余英時在答覆這個問題的時候指出，雖然內聖外王是儒家的慣常用語，但各人對這個慣常用語特別是外王一詞的理解並不盡相同，「我讀述先兄兩篇文字，他筆下的『內聖』與『外王』好像是用上述的通行義。倘依此義，則『內聖』為『主』，『外王』為『從』是一個很自然的推論。不但如此，他重建現代中國哲學的工作集中在儒家『內聖』方面，大體上似乎也接受了當代新儒家『內聖開出外王』的主張。因此，內聖在他的思考與研究領域中實佔據著絕對中心的位置。他對於《朱熹的歷史世界》最持疑的一點，分析到最後，便是以為我有意或無意地貶損了『內聖』的重要性。」[18]劉述先的

---

[17]　同上注，頁918-920。

[18]　同上注，頁925-926。

質疑非常要緊,迫使余英時不得不認真重加思索。但他的回答仍然側重於對於「外王」概念的分疏上,強調他所謂外王一詞是扣緊內聖而說的:

> 我在〈當代〉的答文中指出,「外王」並不專指全面更新「治道」而言,如熙寧變法之類。由於儒家特重實踐,「內聖」和「外王化」可以在大大小小任何生活圈子中展開。……根據程頤「道未及物,猶無有也」的原則,我不能將「內聖」與「外王」截然分開,而寧可視二者為一連續體或實踐過程。其具體的成就便是各層次上秩序的重建。但「秩序重建」決不可等同於「外王」,而是「內聖外王」的統一實現。所以我在原書中特別用變「天下無道」為「天下有道」來界定「合理的人間秩序的重建」。現在我們既看到在儒家的整體規劃中,秩序重建可以由小及大,由近及遠,「天下有道」自然便不能看作是脫離現實的空想了。它好像是「遠在天邊」,然而卻也「近在眼前」。「內聖」在這一規劃中其實是佔據了樞紐的地位,不過不能脫離「外王」而變「天下無道」為「天下有道」而已。照我現在的理解,「內聖」與「外王」的關係既可以看作是「知行相須」,也可以認為是「體用一源」,這和述先兄所說的「主從」,還是相去不遠。但是「秩序重建」才是儒家整體規劃的歸宿處,我的見解仍然未變。[19]

照這一論述來看,余英時的思想重點最初是放在「秩序重建」之上,而「秩序重建」特指內聖外王的統一實現,因而與「外王」只是意義相近,並不是同義詞。在這樣一個規定之下,強調了秩序的重建,也就凸顯了由內聖而外王的實踐過程,並沒有完全捨棄內聖。內聖與外王屬於「知行相須」、「體用一源」的關係,這種關係與主從關係相去不遠,因此他並沒有棄內聖於不顧,有意貶損內聖的重要性。

　　余英時的這種回答在一定程度上澄清了雙方的一些誤解,但仍然留下了

19　同上注,頁 927-928。

一些問題，令人疑惑不解。首先是其對內聖的理解令人不能無疑。余英時寫作《朱熹的歷史世界》的過程中發現，當時的士大夫並不像當代新儒學那樣只是關心個人的道德修養問題，置天下太平於不顧，要求來一個「哥白尼回轉」，將理論研究的重點由內聖轉到「內聖外王連續體」。這種看法確實點到了當今儒學研究中的薄弱環節，但我們並不能因為這個重要發現而忽略了內聖對於外王或「內聖外王連續體」中的基礎作用。沒有這個基礎，所謂「內聖外王連續體」只能是空中樓閣，根本無法落實。恰恰在這一點上，余英時的研究存在著一定的弱點。通覽《朱熹的歷史世界》全書，其對於內聖的描述總給人一種不深不透的感覺。比如，余英時要求將研究視線回轉到「內聖外王連續體」，強調儒家內聖外王屬於「知行相須」、「體用一源」的關係，這似乎非常全面，但在其行文中，我們很難看到他對內聖之學的真切體會。相反，在回復劉述先的文章中，我們看到了這樣一段描述：

> 述先兄惋惜我不能認同於「理學家的終極關懷」，以致「拒絕入乎其內」，只能留在外面，「對塔說相輪」。這一點我實在抱歉之至。但有兩個理由使我不得不辜負他的期許。第一，我的史學訓練不允許我完全拋卻對於歷史客觀性的追求，……第二，我不是「拒絕入乎其內」，而是不得其門而入。如果真要做到程顥那樣「直入塔中，上尋相輪」，有兩項先決條件是必須滿足的：一是長期「修心養性」，徹底變化自己的「氣質」。……二是親睹「道體」，和那個「有物先天地」的精神實體發生直接的接觸，即使是驚鴻一瞥也行。宋、明的「道德性命」之學與西方的思辨哲學不同，它建立在這兩個絕對的預設之上。如果僅僅在語言層面上「變戲法」，又何以別於「對塔說相輪」？我既然不具備以上兩項條件，留在外面「對塔說相輪」便成為我的必須宿命。[20]

---

[20]　同上注，頁 876-877。

劉述先批評其不能認同於「理學家的終極關懷」，以致「拒絕入乎其內」。
余英時強調說，他並非是「拒絕入乎其內」而是「不得其門而入」。因為要
做到這一點，第一，必須經過長期的修心養性，徹底改變自己的氣質，第
二，必須親睹道體，與「有物先天地」的精神實體發生直接的接觸。他認
為，他不具備這兩個條件，所以只能留在外面「對塔說相輪」。我們知道，
上述兩個預設可以視為宋代儒學的一個前提，不對這些內容有所體會，很難
進入儒家內聖之學的精神世界。余英時在這裡雖然有幾分抱怨之意，但也可
以看到他對內聖之學的瞭解確實有欠深透，不夠到位。

　　更為重要的是，余英時著作還留下了另外一個問題，這就是儒家應否放
棄內聖外王的思想架構？內聖外王是儒家歷史上的一個重要傳統，在歷史的
各個不同階段各有偏重，但從總體上說，這個傳統始終沒有被放棄。余英時
寫作《朱熹的歷史世界》目的是探討宋代士大夫的政治生活世界，不管我們
對其結論有何看法，都在合理的範圍之內。但余英時不僅如此，還將視野進
一步擴展到現在，強調儒家內聖外王的架構已經不適合今天的情況了。他在
〈試說儒家的整體規劃——劉述先先生〈回應〉讀後〉一文中這樣寫道：

> 在我們的論辯中，我始終感到彼此的著重點根本不同。他為了維護信
> 仰，所以全力強調「內聖」，即使在接受了我的「內聖外王連續體」
> 之後，還是要進一步追問「內聖」與「外王」孰主孰從。但是我在本
> 書中所企圖澄清的是儒學（包括理學）的歷史性格。我說宋、明理學
> 中，「內聖外王」為一連續體而歸宿於秩序重建，不過是研究歷史的
> 一個論斷。無論此說是正是誤，其中並沒有我自己的信仰。「內聖外
> 王」是傳統儒學的一個基本預設，所以我借用它作為分析的範疇，以
> 說明宋代理學的性質。但在討論儒學價值的現代意義時，我早已放棄
> 了「內聖外王」的架構。[21]

---

[21]　同上注，頁914。

這裡講得明白，內聖外王是傳統儒學的一個基本預設，但在討論儒學價值的現代意義時，他已經放棄了這個基本的架構。

在另一處又說：

> 我自信十分理解宋、明理學家為什麼必須以「內聖外王」的連續體為基本預設，因為在當時歷史條件的重重限制下，這是他們關於秩序重建最順理成章的一種構想。但是正如《朱熹的歷史世界》所顯示，「內聖外王」一旦應用到全面政治革新的層次，便必然會落在「得君行道」的格局之中。全面失敗是無可避免的結局。在宋代一般士大夫的心目中，儒學作為一完整的思想系統是具有全面安排人間秩序的潛力的，這是「內聖外王」的構想在當時具有普遍號召力的基礎所在。但是我在前面已指出，儒學在現代的處境中已失去了這種全面安排秩序的資格，所以「內聖外王」真成了「已陳芻狗」，僅可供「發思古之幽情」，不再有現實的意義了。[22]

余英時認為，他很瞭解宋明儒學何以必須堅持「內聖外王連續體」的預設，但在現代的處境中，儒家已經失去了全面安排秩序的資格。因此，內聖外王成了「已陳芻狗」，僅有「發思古之幽情」的份，不再有現實的意義了。

「儒學在現代的處境中已失去了這種全面安排秩序的資格，所以內聖外王真成了『已陳芻狗』」，這樣的結論著實令人吃驚。儒家內聖外王的傳統源於孔子的政治思想。在禮崩樂壞的局面下，如何治理國家，平治天下，孔子面臨著兩種不同的路線，一是德與禮的路線，一是政與刑的路線。孔子堅持道德理想主義的方向，選擇了前者，放棄了後者。這樣便有了「道之以政，齊之以刑，民免而無恥；道之以德，齊之以禮，有恥且格」（《論語・為政》）的著名論斷。一百多年後，至孟子出，社會發生了更大的變化。儘管孔子政治思想的一些具體做法（如復周禮）已經無法具體實施，但孟子並

22　同上注，頁 917。

沒有放棄孔子的政治理想。他勸說梁惠齊宣等君王，區分義利，嚴辨王霸，就是堅持孔子這種德與禮的政治路線。後來，人們借用《莊子》中的說法，將這種政治路線概括為內聖外王。從此之後，儘管在歷史上很難確定哪一個時間段真正實現了這種理想，以致這一理想幾乎成了遠在天邊的地平線，可以真切的看到，卻永遠也達不到，但儒家並沒有因此放棄它，始終將這種理想作為自己努力的方向。近代以來，內聖外王的理想面臨著更為嚴峻的挑戰。隨著西方文化的入侵，我們見到了一種我們此前完全不瞭解的民主政治形式。民主政治之先進強大，傳統政治之落後孱弱，使一些學者自然產生努力學習西方，徹底放棄傳統的想法，其結果必然是丟棄內聖外王的思想傳統。這種思潮至今已經風靡了一個多世紀。余英時「『內聖外王』真成了『已陳芻狗』」的判斷和主張，就是這種思潮的延續。

但必須看到，與此同時，也有如梁漱溟等一些所謂不合潮流的人物，起身堅決反對這種做法，主張重視自己文化的特質，保留自己的文化傳統。牟宗三也是這個陣營中的重要一員。牟宗三清楚看到，與西方文化相比，以儒家思想為主導的中國文化有著鮮明的自身特點，這個特點概括地說就是重視道德。重視道德可以使政治有一種提昇的力量，這是其所長，但因為無法開出「對列之局」，也出現了聖王難求，君權難繼，賢相難當，革命不斷等一系列的問題。正是這些問題導致我們在近代與西方接觸的過程中落了下風，敗下陣來。為了彌補這個不足，迎頭趕上，必須認真學習西方民主政治的經驗，採取措施，通過坎陷的辦法在我們的傳統中開出民主。坎陷論因此也成為了最早能夠代表牟宗三儒學思想的一種理論。根據我的理解，在牟宗三學理中，坎陷開出民主有三個基本的要素。首先是「讓開一步」，即從道德一層退出身來，不再著力發展道德，而是留出空間，發展其它方面的內容。然後是「下降凝聚」，即從道德一層退出身來之後，不能再向上發展，而是向下發展，來一個向下的大開大合。但光有這兩步還不行，除此之外，坎陷開出民主還必須堅持「攝智歸仁」。「攝智歸仁」是一個重要的思想，意在強調，通過坎陷開出民主必須接受道德的指導，必須堅持道德的理想主義，而不能像近代西方那樣完全將政治與道德分開。牟宗三這一主張蘊含著豐富的

意義，告訴了我們這樣一個重要的道理：一方面自然需要學習西方的民主經驗，另一方面又不丟掉自己的道德傳統，爭取創造出一種既不完全同於西方民主，也與儒家政治傳統有別的一種新的政治形式。當然，牟宗三坎陷開出民主的思想有一些不夠清晰的地方，圍繞這一理論的爭論很多，但其站在一個更高的角度，堅持道德理想主義立場，希望摸索一條新的路線，揚棄西方將道德與政治完全分離的做法，將政治引向一個新的方向的良好意圖，則是清晰可辨的。這種努力在當下有著重要的意義。從現實的角度看，由於歷史原因，儒學在「全面安排秩序」方面的確沒有多少話語權。但只要不斷努力，隨著時間的發展，這種情況是可以改變的。我們不能因為社會發展了，現實就是這個樣子，就認定儒學喪失這個「資格」是合理的應該的，從而完全放棄內聖外王的理想。從牟宗三坎陷論的立場來看，內聖外王，不管是具體提法、實際舉措，還是作為道德理想，都是丟不得的，絕不是什麼「已陳芻狗」。如果現在不能清晰看到這一點，把握這個大的方向，那一定會喪失巨大的歷史機遇，犯下嚴重的歷史錯誤。將牟宗三和余英時的相關思想放在一起比較，視野高下之不同，思想境界之差異，讀者心中自會明白，無需多言。

　　總之，余英時作為著名歷史學家在研究宋代士大夫政治文化方面做出了極大努力，提供了翔實的資料，指出宋代儒學存在著關注「內聖外王連續體」這一事實，對於理論界過分偏向心性之學的做法確有糾正之功，這一點必須加以肯定。但他的視野主要局限在歷史領域，未能站在哲學的高度看問題，導致其對於儒家內聖之學缺少必要的同情和有深度的分析，乃至要求放棄內聖外王的理想，譏之為「已陳芻狗」，完全由一個極端走向了另一個極端，為人留下了批評的口實。這是我在研究牟宗三坎陷論過程中重讀《朱熹的歷史世界》之後明顯的感受和最大的遺憾。

（發表於《河北學刊》2012 年第 4 期）

牟宗三形著論商榷

　　《心體與性體》是牟宗三的代表作，其顯著特徵一是以活動論為標準將象山、陽明與伊川、朱子區分開來，二是以形著論為尺度進一步將五峰、蕺山與象山、陽明區分開來。自牟宗三提出形著論以來，學界除牟門弟子大力宣揚之外，正面置評很少，與活動論的情況形成很大反差。這可能與如何理解儒家學理中的天道問題難度較大有關。儒家傳統思維方式非常重視天道問題，將其作為一切問題的形上根源。牟宗三的形著論也是順著這個思路而來的。如果不突破這個框架，很難對其有實質性的評論。這些年來，我在研究儒家心性之學的過程中對天道問題形成了自己的看法，從而為正面評述形著論打下了基礎。本文就來談談這個問題。

一、形著論的目的和意義

　　《心體與性體》劃分三系，除將伊川、朱子以道德他律為名列為旁出之外，另一個值得關注的地方便是將五峰、蕺山獨立為一系。牟宗三認為，五峰、蕺山學理的顯著特點是既重心體，又重性體，通過形著，將兩方面合併為一。在這個格局中，心體代表主觀性，為主觀之主、形著之主，性體代表客觀性，為客觀之主、綱紀之主。心體與性體各有其長，互為其用，通過心體保障性體有其活動性，通過性體保障心體有其客觀性。五峰、蕺山學理的意義由此便顯現了出來。牟宗三創立形著論，將五峰、蕺山獨立為一系，而且排在最高位置，甚至遠在象山、陽明之上，就是由此出發的。

　　形著論的思想內容主要包括兩個方面。首先，從心體的角度看，心體是主觀性原則、形著之主。形著這一說法出於《中庸》二十三章的「誠則形，

形則著，著則明」。原是誠心必然表現於外，表現於外就日漸顯著，日漸顯著就有發越光盛之貌的意思。牟宗三借用這一說法，特別突出「形著」二字，意在強調心體的作用非常重要，只有通過心體，性體的意義才能彰顯出來，充分發揮作用。其次，從性體的角度看，性體是客觀性原則、綱紀之主。牟宗三特別強調性體的重要。在他看來，心體雖然重要，沒有心體，性體的作用無法顯現，但心體是主觀的，容易出毛病。要避免這種情況，需要性體確保它的客觀性。所以，在牟宗三儒學思想體系中，就心性關係而言，光有心體還不行，還必須有性體。將心體融於性體，以性體為其綱紀之主，才能確保心體不發生偏差。這兩方面的內容同時包含在形著這個概念之中，但在彰顯五峰、蕺山學理合理性，將其獨立為一系時，後一項內容，即以性體保障心體的客觀性以克治心學流弊，更為重要。

　　牟宗三提出形著論，可謂用心良苦。自孔子提倡仁學以來，經孟子開創其始，象山承接其緒，心學經過漫長的發展路程之後，到陽明已完全成熟，在社會上的影響越來越大。但與此同時，其內部的問題也漸漸暴露出來。蕺山的兩句話「猖狂者參之以情識，而一是皆良」，「超潔者蕩之以玄虛，而夷良於賊」[1]，很好地說明了當時的情況。這種情況表明，心學的流弊在當時幾乎到了難以收拾的地步。面對這種情況，有責任感的思想家，必須想辦法加以解決，收拾局面。蕺山自覺承擔起了救治之責，主要從兩個方面做出了努力。一是區分意和念，指出人們之所以有流弊，源於念，一旦念出了問題，可以用意來治理。二是區分心宗與性宗，告訴人們，心學之所以出現問題，是心宗的原因，一旦心宗有了問題，可以用性宗來治理。這兩步工作，後者的作用更大。經過蕺山的努力，心宗和性宗有了不同的歸屬。心宗屬於心體，是自覺；性宗屬於性體，屬於超自覺。心體使性體發揮作用，性體使心體得以客觀的保障。蕺山利用這種辦法使王學流弊有所收煞，出現王門後學「唯蕺山一派獨盛」[2]的局面。但可惜的是，由於自身理論存有缺陷，加

1　劉宗周：〈證學雜解〉，《劉宗周全集》（杭州：浙江古籍出版社，2007 年），第二冊，頁 278。

2　梁啟超：《中國近三百年學術史》（北京：東方出版社，1996 年），頁 47。

上弟子不能準確理解其師的思想，蕺山思想後來發展並不順利，在歷史上並沒有引起人們足夠的關注。

牟宗三十分敏銳地看到了蕺山思想的合理性，積極而明確地接續上了蕺山的思想。借用大陸一個習慣說法，牟宗三是「接著」蕺山講的。牟宗三秉持心學的立場，對心學極為看重，但也清楚看到心學後來出現了重重流弊。這些流弊雖然在他看來只是「人病」，不是「法病」[3]，但「人病」也是病，也必須對治，不容怠慢。這就是牟宗三的問題意識，同時也是蕺山的問題意識。牟宗三不僅問題意識和劉蕺山相同，解決問題的方法也基本一致。蕺山區分意與念，心宗與性宗，希望以挺立性天之尊的方法，用意、用性來防止良知、心體走偏方向。牟宗三同樣如此，其不同之處僅在於其理論更加具體化、系統化而已。這種具體化、系統化的理論即是形著論。形著論有兩方面的好處。其一，性體的內容和意義由於有心體來彰顯，不至淪為死理，這主要針對朱子學理之不足而言。其二，心體必須融於性體當中，由性體得其客觀之貞定，不至走偏方向，這主要針對陽明後學之流弊而言。

由此不難看出，牟宗三創立形著論是有大志向的。儒家心學經過漫長的發展，到明代規模越來越大，但弊端也漸漸顯露出來。心學的根本在於良心本心。雖然良心本心可以當下呈現，但這種呈現語言無法言說，邏輯無法證明，唯一的辦法是靠直覺，而這也就是牟宗三後來一再強調的智的直覺。智的直覺大致就是傳統所說的悟，既是一個高度複雜的理論問題，也是一個難以把捉的實踐問題。一旦你悟到了，就可以感受自己的良心本心從而成德成善；悟不到再怎麼跟你說也是白費力氣。明代末年，心學大盛，人人都說悟，如果有人不說悟，或者說自己無法悟，那就跟不上形勢，就會丟人。因此，一些沒有悟到自己的良心本心，沒有悟到自己道德本體的人，也紛紛附庸風雅，說自己把握了本體，悟到了道，實際只是參之情識而已。另一些人，悟性高，確實把握住了自己的良心本心，但由於不能從理論上真正明白良心本心為何物，順著前人的思路，將其抬到高不可及的地步，脫離倫常日

---

[3]　牟宗三：《從陸象山到劉蕺山》，《牟宗三先生全集》，第 8 卷，頁 366。

用，弄得玄而又玄，不可捉摸。蕺山牢牢抓住這些問題，以自己的方法加以
糾正，確有歷史之功。牟宗三順著蕺山的思路，進一步明確提出形著論，就
是為了從理論上徹底解決這一重大問題。因此，形著論與其說是對歷史學脈
的重新梳理，不如視為牟宗三為解決心學流弊而提出的理想方案。有鑑於
此，我認為，不宜只把《心體與性體》當做哲學史著作，而應當上昇為哲學
著作來讀。牟宗三之所以能夠成為重要哲學家，成為現代新儒家的代表人
物，一個重要因素是他的問題意識強，解決的問題大。我們讀牟宗三的著作
當然不應只讀他的材料，而應讀他的問題意識，讀他解決問題的方案，讀他
自己的思想，讀他的氣魄，讀他的承擔。

二、性體無法真正保障心體的客觀性

按照上面的分析，牟宗三創立形著論的根本目的，是以性體保障心體的
客觀性，使心學不走向流弊。這個問題在牟宗三儒學思想體系中居核心地
位。如果這個觀點可以成立，五峰、蕺山獨立為一系便有了牢靠的理論基
礎，意義自然非同一般；反之，如果這個觀點有缺陷，立不起來，不僅五
峰、蕺山獨立一系的合理性要受到懷疑，《心體與性體》這部重要著作的理
論意義也會打上不小的折扣。對此研究者必須有自己明確的立場，不能抱回
避態度。這裡直接亮明我的觀點：形著論用意雖好，但核心理據很難立得
住，其學術價值及理論前景均有待斟酌。

在形著論中，性體能夠保障心體的客觀性，是因為其來自天道。天道又
叫道體，是道德何以可能的先驗根據和客觀根據。道德的先驗根據和客觀根
據問題，是宋明儒學的重要話題，也是牟宗三寫作《心體與性體》特別關注
的問題。根據牟宗三的梳理，宋明儒學最重要的思想資源即在先秦的《論
語》、《孟子》、《中庸》、《易傳》，另外再加一個《大學》。《論
語》、《孟子》、《中庸》、《易傳》這四部著作之所以重要，關鍵又可歸
為其中的兩句詩：一是「維天之命，於穆不已」，二是「天生烝民，有物有

則，民之秉彝，好是懿德」。[4]在《詩經》中這兩句詩的地位並不特別突出，牟宗三單獨把它們拎出來，旨在肯定天是道德實踐所以可能的先驗根據和客觀根據。這個先驗根據和客觀根據有兩方面的特徵：一個是「不已」，即「維天之命，於穆不已」的「不已」。「不已」是不停地起作用、行命令、有創生的意思。另一個是「秉彝」，即「民之秉彝，好是懿德」的「秉彝」。「秉彝」簡單說就是我們從天上稟賦來的那一點點東西。牟宗三非常重視這一點，反復告誡人們，道體是一個創生不已的過程，世間的萬事萬物統統來自於道體。就人性而言，更是如此。得到了上天的稟賦，我們才有了道德的終極根據。而從上天稟賦而來的那些東西，就是我們的道德之性。牟宗三曾借用朱子的話，將這一思想叫做「得乎天地之心以為心」：

> 順《中庸》、《易傳》之路先客觀地即本體宇宙論地說天命誠體神體者，則可以實說「得夫天地之心以為心」，因在此路，「天地之心」一詞語雖亦可有時是虛說，而心之實並未虛脫，而人之「心體即性體」之心體亦並未虛脫。「得夫天地之心以為心」即得夫本體宇宙論地說的天命誠體神體以為吾人之性體，而此性體即心體也。本體性的心體之實並未從性體中脫落也。[5]

牟宗三此處批評朱子雖然也講「得夫天地之心以為心」，但對此並沒有真體會，使這句話落了空。儘管有此缺陷，但「得夫天地之心以為心」這個說法並沒有錯。根據這一說法，我們的道德之心來自於「天地之心」，我們所有的道德根據都來源於上天。以上天作為道德的終極根據，儒家學說的先驗根據和客觀根據也就得到了落實。

　　根據古代天論傳統，通過道體確立道德的先驗根據和客觀根據，再由道體說性體，由性體保障心體的客觀性，以達到克服和杜絕心學流弊的目的，

---

[4]　關於這個問題，牟宗三有這樣的說法：「此兩詩者可謂是儒家智慧開發之最根源的源泉。」牟宗三：《心體與性體》，第一冊，《牟宗三先生全集》，第 5 卷，頁 39。

[5]　牟宗三：《心體與性體》，第三冊，《牟宗三先生全集》，第 7 卷，頁 265-266。

這可以說是牟宗三建構的一個理論模型。按照這一模型，一旦心體出現了問題，有了流弊，需要由性體加以克治。性體來自道體，是客觀性的代表。性體現身，心體的客觀性就有了保障，心學的流弊便沒有了立身之處。明末清初蕺山區分意念，劃分心宗性宗，就是這套路數，對於克治當時的心學流弊起到了一定作用。牟宗三建構形著論，走的也是這個路子。然而，面對牟宗三這一思路，我一直在思考這樣一個問題：性體真的可以保障心體的客觀性，使其不流向弊端嗎？

　　話題需要從孔子之前天論的發展過程說起。孔子之前天論的發展過程，根據我的理解，可劃分為四個階段。首先是「不祀非祖」。原始各個部族有自己的宗教信仰、圖騰崇拜，祭祀各自的祖先。原始人相信，自己的祖先只護佑自己的子民，而不保護其他的部族，這就叫做「不祀非祖」。這個階段到了殷代有了一個大的變化。殷代國家力量強盛，把周圍很多部族收納進來，強迫其他部族信仰自己的祖先神，令其相信只有自己的祖先才能得到上天的護佑。這是第二個階段，可以叫做「有命在天」。第三個階段是「惟德是輔」。周朝建立後面臨著政權的合法性難題。周原為小邦，為什麼能夠克掉「有命在天」的大國殷，其合法性何在，是必須解決的問題。周人的祖先想出來的辦法，簡單說就是「皇天無親，惟德是輔」八個字：上天不固定眷顧哪一個人，哪一個部族，關鍵看你是不是有德。開始時殷人有德，上天眷顧於他；後來他沒有德了，上天就收回了原先給他的命，把這個命賦給了周人。我非常看重「皇天無親，惟德是輔」的說法，認為這是中國文化特別重德的一個重要原因。最後一個階段是「怨天疑天」。到了西周末年，周朝政治走向衰落，統治者早已無德，但上天並沒有收回賜給他的命，依然清閒地坐在高位，悠然自得。這種情況對先前「皇天無親，惟德是輔」的說法造成了嚴重衝擊，使人們對天產生了懷疑，怨天、疑天、罵天不斷。

　　將孔子之前天論發展劃分為四個階段，可以幫助我們確定孔子的歷史位置，更好的理解孔子的思想。根據上面的分疏，孔子所處的歷史位置當在「怨天疑天」的階段，相信不會有大的爭議。釐清這個背景對於準確理解孔子學說大有助益。我們知道，《論語》有一個有名的說法，叫做「子不語怪

力亂神」（《論語·述而》）。如果孤立地看，很難看透這句話的歷史意義。如果把它放在前面說的思想背景中，就比較好理解了。根據前面所說，當時有一個「怨天疑天」的思潮，人們普遍對天持懷疑責問的態度，在這種背景下，孔子不可能再直接將上天視為一個有意志的人格神，將思想的重點放在天上。其「不語怪力亂神」的說法，無疑是對「怨天疑天」思潮的直接繼承。當然，在這個過程中，孔子的個人品格也發揮了作用。隨著時間的發展，歷史上有一種將孔子神聖化的傾向。不過，根據我學習《論語》的感受，在我心目中，孔子並不是高高在上的聖人，只是魯文化中一個非常有知識，特別重德性，始終堅持道德理想主義的長者。孔子性格平實，不來虛的假的，不懂就是不懂，特別是不把自己的思想和使命與原始宗教聯繫在一起，以原始宗教來加強其力量。為此我曾將孔子與耶穌做過比較。孔子和耶穌都在各自歷史上發揮了重要作用。但作為傳道者，其身分並不相同。耶穌在意識到了自己有傳道責任之後，以上帝之子的身分出現，自稱是上帝之子。孔子在意識到自己的歷史使命之後，從不說自己是上帝之子或某神之子。正因為如此，近幾年我有這樣一個看法：中國西周時期思想的巨大變化，與西方近代啟蒙運動有一定相似之處。誇張一點甚至可以講，西方近代的啟蒙運動在中國兩千年以前就已經初步經歷過了。啟蒙運動是西方近代以來的一件大事。所謂啟蒙運動，本質上就是動用理性的力量從神權壓迫之下解放出來的思想解放運動。沒有啟蒙運動，西方近代以來的進步，是不可想像的。但我們看西周的歷史，明顯也有這層意思。西周之初，統治者將政治的合法性與領導人的道德聯繫在了一起，是道德宗教的一種表現。隨著時間的發展，這種思想受到了很大的懷疑，人們紛紛背離了這種傳統，從道德宗教中解放出來。弄清這個背景有助於我們明白，從歷史上看，儒學的創立源於中國式的啟蒙運動，從一開始就沒有也不可能走宗教的道路；從本質上看，儒學也從來就不是宗教，走的始終是人文的道路。放眼世界，這可以說是中華文明最為特殊、最有價值的地方。

　　孔子堅持走人文的路線，代表著歷史的進步方向，但這裡也隱含著一些問題。我們知道，創立仁的學說，是孔子對中國文化的最大貢獻。雖然孔子

多次講到仁，認為每個人都有仁，將仁視為道德的根據，但他並沒有說明人為什麼會有仁這樣一個問題。這個問題是由孟子解決的。孟子繼承孔子的思想，以良心本心論性善，以解決仁究竟來自何處的問題。在這個過程中，孟子面臨著一個巨大的困題。雖然他真切地體會到了自己的良心，對內時時以此為根據，成就自己的道德，對外建立並宣傳性善論，為平治天下奠定理論基礎，但也必須對良心的來源有一個交代。這種情況不難理解。人類的思維有個習慣，總喜歡刨根問底，把問題追問到不可再追問的那一步，以滿足自己的「形上嗜好」。孔孟之間的思想發展，很好地驗證了這種思想趨勢的力量。孔子很少談性，但孔子之後，到孟子之時至少就有了四種不同的人性理論。其所以有這種變化，唯一合理的解釋，便是人們希望通過性來證明仁的來源問題。而按照當時的傳統，要解決這個問題，不可能不利用天的思想資源。從這個角度看問題可以非常順暢地把先秦的一些材料，比如《郭店竹簡》的「性自命出」，《孟子》的「天之所與我者」，《中庸》、《易傳》的「天命之謂性」，「天道變化，各正性命」，系統地串連起來。這些材料雖然各有重點，但思路沒有本質的差別，都是以天來說明自己的理論，將道德的根據歸到天上。

　　將孔子之前與孔子之後天論發展的情況進一步加以歸納，我發現，其中有一個「以德論天」到「以天論德」的內在理路。所謂「以德論天」是上天視統治者個人德性的好壞來決定政治是否有其合理性。換言之，周人為了證明自己政權的合法性，特別重視德的問題，將德與天聯繫在一起。這叫「以德論天」。這個做法對中國文化有深遠的影響，至少自此開始，重德便成了中國文化的重要傳統，德與天便有了內在的關聯。這種影響對儒學更為直接。當儒家面臨必須解釋仁和良心究竟來自於何處的時候，為了滿足「形上嗜好」，紛紛自覺或不自覺地借用原先將天和德連在一起的習慣，明確以天作用道德的終極根源。這種情況就叫「以天論德」。「以天論德」簡單說就是以天作為道德形上根據的一種做法。從「以德論天」到「在天論德」是一個有趣的變化。雖然「以德論天」和「以天論德」都是講天和德的關係，但性質不同。「以德論天」是為了解決政治合法性問題，帶有道德宗教的性

質，「以天論德」則是為了說明道德根據問題，走的是人文的道路。這兩條均不可少：如果看不到「以德論天」，我們很難明白中國文化為什麼如此重德；如果看不到「以天論德」，我們又沒法理解儒學建立自己道德根據為什麼一定要和天聯繫在一起。

釐清先秦天論發展從「以德論天」到「以天論德」的內在理路對於正確評價形著論有重要意義，可以幫助我們明白這樣一個道理：儒學把道德的根據放在天上這種做法，不過是「借天為說」而已。「借天為說」這個說法源自於戴震：

> 人以有禮義，異於禽獸，實人之知覺大遠乎物則然，此孟子所謂性善。而荀子視禮義為常人心知所不及，故別而歸之聖人。程子朱子見於生知安行者罕睹，謂氣質不得概之曰善，荀揚之見固如是也。特以如此則悖於孟子，故截氣質為一性，言君子不謂之性；截理義為一性，別而歸之天，以附合孟子。其歸之天不歸之聖人者，以理為人與我，是理者，我之本無也，以理為天與我，庶幾湊泊附著，可融為一。是借天為說，聞者不復疑於本無，遂信天與之得為本有耳。[6]

按照戴震的說法，儒家將理歸到天上，不過是借用天的一種說法而已，以達到不懷疑自己原本即有理，即有善性的目的。我引用「借天為說」這一說法也是此意。簡要而言，「借天為說」是對一個問題沒有辦法確切回答的時候，以天作為其終極根據，以加強其力量，根絕人之懷疑的一種做法。

「借天為說」的做法雖然只是一個「借」，即借用上天來說明道德的終極來源，但這種做法在歷史上發揮的作用卻不可輕視。這是因為，一旦為道德找到了一個至上的根源，特別是這個根源與先前道德宗教的天聯繫在一起的時候，由於人們對於天有一種崇敬感，不僅解決了道德的形上根據問題，

---

[6]　戴震：《孟子字義疏證・性》，《戴震全集》（北京：清華大學出版社，1991年），第一卷，頁186。

道德的力量也因此而大為增強。這種情況有點像康德講的「認其為真」。
《判斷力批判》最後一節的標題為「由實踐的信念而來的認其為真的方
式」。康德於此處將可認識的事物分為三類。一類是「意見的事」，指一個
至少本身是可能的經驗知識的客體。一類是「事實的事」，指其客觀實在性
能夠被證明的對象。一類是「信念的事」，指在實踐理性中理性行為者所具
有的一種信仰。在康德看來，雖然「信念的事」完全超出經驗的範圍，無法
證實其實在性，但並非沒有意義。一種獨斷的不信，不可能與一種在思想境
界中有支配作用的道德法則相共存。這就是說，對於實踐理性而言，一個人
的理性意圖應該有充分的根據，否則他就不可能具有堅定的持存性，就會在
實踐的命令和理論的懷疑之間搖擺不定。為此保持一種信念，對於保證理性
的實踐利益，是完全不可缺少的。從這個用意出發，康德主張，對於上帝這
一對象來說應該從實踐信念的角度出發「認其為真」，雖然這種「認其為
真」完全得不到經驗的證明。[7]我強調儒家的「借天為說」與康德的「認其
為真」有一定的相近性，正是從這個意義上講的：康德不能確定上帝是否真
的存在，儒家也無法證明道德根據真的是上天賦予，但他們的理論都有一個
最終的信仰，這個信仰可以是西方的上帝也可以是儒家的上天，雖然這個信
仰遠非經驗知識可以證明，但作為一種信仰的對象又可以發揮作用，從而增
強其力量。

　　但是，話說回來，儘管我們可以從「認其為真」的意義上肯定「借天為
說」的意義，但必須時刻保持警惕，在「借天為說」的做法中，以天作為事
物的終極根據，只是一種借用，只是延續古代天論思想的傳統，將道德的終
極根據推給上天而已。從理論上深入分析，天既不是一個人格神，也不是道
德根據的真正來源，這種意義的天，只能是虛的，不可能是一個實體。這樣
我們就回到了問題的主題：既然儒家在這個意義上講的天是虛的，不是實
的，只是借天為用，借天而說，那麼這個天以及由此而來的天道、道體，自

7　康德：《判斷力批判》，鄧曉芒譯，楊祖陶校（北京：人民出版社，2002 年），頁
　　328-335。

然不是客觀性的代表，無法承擔克服心學流弊的重任。一旦明白了這個道理，我們對牟宗三《心體與性體》的總體思路便會有一個新的認識。牟宗三寫作《心體與性體》根本目的之一，是以道體講性體，道體是客觀的，性體也有客觀的。一旦心學發生了問題，需要性體出來，以其客觀性來保障心體的客觀性，使之不發生錯誤，走向弊端。但根據上面的分析，儒家以天來說道德，將道德的根據歸到天上，只是「借天為說」而已。這個意義的天並不是一個真實的實體，不是客觀性的全權代表。以性體之客觀性保障心體不走向弊端的做法儘管在歷史上可以起到一定的作用，如蕺山克治心學流弊那樣，但不可能從根本上達到目的。一旦明白了這個道理，澄清了這層關係，再像牟宗三那樣，以性體保障心體的客觀性以克服心學流弊，其學說的合理性就需要重新考量了。

三、如何根本杜絕心學之流弊

既然形著論無法從根本上達到克治心學流弊的目的，那麼怎樣才能完成這一重大任務呢？這些年來，我在研究儒家心性之學的過程中，通過分疏孔子的思維模式，提出了一種新的方法，即所謂「三分方法」。我提出這種方法的最初目的，是解決良心容易陷於保守的問題。在我看來，良心雖然是儒家的道德根據，但也有一個不足，就是容易流向保守。對於三年之喪的態度，很能反映這種情況。孔子的年代，三年之喪的做法已經遇到了不小的困難，所以宰我才向孔子發問，要求改為一年。孔子沒有接受宰我的建議，堅持先有的做法，並對宰我提出了嚴厲批評。歷史上講這則材料，一般都是站在孔子的角度，講宰我不仁，很少講到孔子保守的立場。如果今天站在更高的角度重新審視，孔子在這個問題上所持的保守立場是非常明顯的。在看到這個問題之後，我試著用三分方法來加以解決。《孟子性善論研究》中的下面一段話基本上代表了我當時的致思方向：

智性是一種認知活動，表現為對道德規律的認識。智性的這種認知活

> 動並不絕對排斥仁性，結合得好，可以各司其職，分工有序。當社會
> 生活平穩發展，倫理心境與其沒有大的衝突的時候，仁性出場，只要
> 聽它的話，就是善，就是好；如果社會有了很大發展，倫理心境已落
> 後於社會本身，再一味聽從仁性，必然陷於保守，淪為平庸，在一些
> 極端情況下，甚至會出現良心遮蔽的情況，做出不利於社會健康發展
> 的行動。這時就需要智性掛帥，不盲從，不迷信，凡事問個為什麼，
> 進行深入的分析，從而得出正確的結論。智性得出的結論，可能與仁
> 性正相符合，這樣就為仁性找到了理論根據；也可能與仁性不相符
> 合，這個時候人們就應該對仁性加以認真的反思，來一個思想上的啟
> 蒙，從而克服保守，杜絕平庸。[8]

按照我當時的想法，一旦發現良心流於保守，落後於時代了，就應該大力借
助智性的力量，來一番智性的思考，看一看這個時候良心所提供的答案是否
真的正確，是否真的可行，是否可以作為一個普遍的道德法則去推廣，是否
對於人類發展有好的實際效果，等等。一旦如此，良心容易趨於保守的問
題，就可以得到解決了。

　　後來在研究牟宗三儒學思想過程中，我注意到，三分方法還可以為杜絕
心學流弊提供一個較好的方案，其意義要大得多。在三分方法的視域下，要
防止心學走向流弊，有效的辦法是大力發展智性。智性最初只是孔子學詩學
禮的思想，後經荀子，特別是朱子的繼承，發展成了一套較為成型的認知系
統，其重要特點是要求凡事必須「以其然求其所以然」。「以其然求其所以
然」的核心是在道德問題中加進智性反思（與仁性反思不同的一種反思）的
內容，通過這種反思，使我們真正明白良心來自何處，源於何方，屬於什
麼性質，從而杜絕心學發展中存在的問題。這一步工作如果做好了，我們
就會明白，「蕩之以玄虛」也好，「參之以情識」也罷，無不源於「倫理心

8　楊澤波：《孟子性善論研究》（再修訂版，上海：上海人民出版社，2016 年），頁
　　302。

境」[9]自身的特質，原則上都可以借助智性的力量加以克服。良心是一種「倫理心境」，是社會生活和智性思維內化的結果，有強烈的內在性。這種內在性既是它的優點，又是它的缺點。說是優點，是因為得到它非常直接，簡約易行，不需要另外的格物致知。說是缺點，是因為它是內在的，把握起來比較困難。悟性高的，容易將其過分拔高誇大，說得雲山霧罩，「蕩之以玄虛」的弊端即由此而來。悟性低的，歷盡千辛尋它不著，為附庸風雅，不懂裝懂，將雜念勾當摻於其間，「參之以情識」的毛病即由此而出。如此說來，心學流弊並非如牟宗三所說只是「人病」並非「法病」，而應該說，既是「人病」，也是「法病」，是其學理的特殊性質決定的，所不同的僅在於是由張三表現，還是李四表現而已。如果我們通過智性反思從理論上真正弄清了良心的性質，就會明白對良心的體悟並沒有那樣玄虛神秘，其本質不過是一種直覺而已，完全沒有必要將其說得玄之又玄，同時也會明白，如顏山農就地打滾一類的怪異舉動斷然不是出於真良知。這樣一來，心學發展過程中的種種弊端就將無遁身之所了。

　　調動智性，對仁性進行反思的合理性還可以借鑒康德學理加以說明。康德建構道德法則的過程較為複雜。他注意到在社會生活中存在著一種普通的道德理性，這種道德理性十分管用，即使不教給人們新東西，人們也知道如何去做。但非常可惜，這種普通道德理性還有很多不足，容易出問題，特別是面對較為複雜的情況時容易不知所措，陷入「自然辯證法」，甚至將非道德的行為視為道德的行為。為此必須對其進行哲學反思，將這種普通道德理性加以抽象提高，使其精細化，上昇到哲學的層面，成為一門真正的科學。只有這樣才能保證道德具有普遍性、持久性。在我看來，康德這裡所說的普通的道德理性，從特定的角度看，較接近於儒家所說的良知。將康德說的普通道德理性的特點與儒家良知的特點一一比對，可以發現二者確實具有一定相似性。究其原因，即在於它們原則上都屬於仁性，都是一種「隱默意

9　「倫理心境」是我解讀孟子性善論的一個核心概念，具體可參見上注，頁66-71。

識」。[10]一旦確定了這個基礎，我們就會明白，良知並非如心學家所說的那樣至上那樣絕對，其本身還需要提高。這種提高的一個可行的途徑就是加強智性，即運用智性的力量，來一個哲學反思，「以其然求其所以然」，真正明白為什麼會有良知，良心的本質是什麼，它的優點是什麼，缺點是什麼，從而明白良知並沒有什麼神秘，不過是一種「倫理心境」，屬於「隱默意識」而已。在我看來，這才是杜絕心學流弊的有效途徑，甚至可以說是根本之法。沿著這個方向發展不僅可以極大地拓展儒學研究的空間，而且有望與西方哲學相互參照，共同提高。

以三分方法克治心學流弊，涉及問題很廣。現在常見一些從事西方哲學研究的學者批評儒學講良心沒有經過如康德那樣的哲學反思，容易陷於「道德狂熱」，不值得儒學研究者那樣讚頌高揚。這個問題當從兩個方面來看。一方面應該承認，受到歷史背景的影響，與康德哲學相比，儒家哲學確實缺少哲學反思的內容，在這方面比較弱。另一方面也必須看到，儒家對於自己內在的問題並不是完全沒有檢討。蕺山對王門後學重重流弊的不滿，牟宗三接著蕺山的話頭講心體、性體的關係，從理論上分析，其實都是對心學內在缺陷的反省與檢查。當然，蕺山和牟宗三提出的解決問題方案，即以性體保障心學客觀性的做法，本身有一定的缺陷，並不完全合理。但這並不代表儒學對自己內在的問題熟視無睹，全然不顧，完全沉浸在「道德的狂熱」之中。我自己希望通過三分方法，借助智性的力量來解決這些問題，也是順著牟宗三的問題意識，解決他未能真正解決的問題。我不敢說我的這種做法可以在多大程度上為人們接受，但至少有一點是可以肯定的：儒家歷史上也有自己的反思，而且隨著時間的發展，這種反思會越來越強烈，絕不會滿足於思想的獨斷。

從這個意義上可以對前面的一個說法做一點補充。前面在分析先秦天論發展的內在理路時講過，中國西周時期已經歷了西方近代以來的那種啟蒙運

---

10 參見拙文〈論「理性事實」與「隱默之知」──從一個新的視角看康德與孟子的區別〉，《中國哲學史》2004 年第 1 期。

動。這只是一個大致的比較，嚴格說來，我們的這種「啟蒙」（如果可以這樣說的話）還非常不完備。西周時期的這種「啟蒙」，只是從道德宗教中解放出來，大踏步地走向了人文。但在這個過程中，我們智性未能得到好的發展。儒家學理自孔子之後雖然有孟子和荀子之爭，孟子代表仁性的路線，荀子代表智性的路線，但總的情況是孟子為主，仁性為主，以荀子為代表的智性這一路始終沒有很好發展起來。這種情況對我們影響很大，使我們的智性不夠強大，不能很好地利用智性反思對仁性進行再認識，肯定其優勢，檢討其劣勢，對其中隱含的「法病」有一個清楚的認識。在研究牟宗三儒學思想的過程中，我利用三分方法解決牟宗三未能解決好的問題，就是想在這方面做一些工作，真正將智性層面重視起來，來個「二次啟蒙」。我相信，一旦把這方面的工作做深做細，這個目的是一定能夠達到的。

（發表於《社會科學》2014 年第 7 期）

從以天論德看儒家道德的宗教作用

　　隨著儒學研究不斷深入，儒家道德的宗教性問題近些年來再次上昇為人們關注的熱點。對於儒學是不是宗教的問題，除絕對肯定和絕對否定之外，大部分學者（包括我自己）取居間態度，認為儒學不是典型的宗教，卻有著宗教的作用。[1]儒學既然不是宗教，其宗教作用源自何方呢？為此學者多借鑒康德的觀點應答，認為儒家的天與康德道德宗教中的上帝有近似性，儒家道德有其宗教性就是由此決定的。但這種解釋仍有兩方面的不足：其一未能具體說明儒家為什麼要借助上天來講道德，以天來講道德又何以不是典型的

---

[1]　儒學是否宗教的問題由來已久，明末清初的利瑪竇即為了傳教的需要而強調儒學不是宗教，其後繼者則反對他的做法，引發了教會內部的「禮儀之爭」。相關的情況可參閱林金水〈儒教不是宗教——試論利瑪竇對儒教的看法〉，任繼愈編：《儒教問題爭論集》（北京：宗教文化出版社，2000 年），頁 163-170。稍近一些的爭論發生在現代新儒家第二代重要代表人物唐君毅、牟宗三和徐復觀之間，唐牟重視儒學的超越性，主張儒學為宗教，徐則對此持保留甚至批評態度。有關情況可參閱李明輝〈從康德的「道德宗教」論儒家的宗教性〉，哈佛燕京學社編：《儒家傳統與啟蒙心態》（南京：江蘇教育出版社，2005 年），頁 228-238。他們的後輩學者劉述先更是從終極關懷的角度再次明確將儒學視為一種宗教。參見劉述先〈由當代西方宗教思想如何面對現代化問題的角度論儒家傳統宗教意蘊〉，劉述先編：《當代儒學論集：傳統與創新》（臺北：中央研究院中國文哲研究所，1995 年），頁 1-32。近些年來圍繞李申《中國儒教史》（上下卷）（上海：上海人民出版社，1999-2000 年）開展的儒學是否宗教的爭論，也與這個大背景密切相關，並將這個問題的討論引向一個高潮。相關的資料較多，具體可見 www.Confucius2000.com 之「儒學與宗教爭鳴」專欄。再近一點可關注 2005 年年底在廣州從化召開的「全國第一屆儒教學術研討會」的情況，以蔣慶、陳明為代表的學者明確主張儒學即是宗教，但會上也有一些學者持有不同意見，認為儒學不是宗教卻有宗教的作用。會議簡況可參見陳占彪〈儒學「第四次浪潮」：激辯儒教〉，《社會科學報》，第 1 版及第 6 版，2006 年 2 月 23 日。

宗教，其間的邏輯理路何在；其二未能深入儒學內部具體說明儒家道德的宗教性是通過何種環節發揮作用的，而不對這一點做出說明，就無法分清儒學與康德哲學的區別。本文擬對上述問題做一些分析。

一

　　儒家道德必然借助於天論的傳統，這是由先秦天論發展的內在理路決定的。

　　根據相關研究，商代已經有了天的觀念，不過其作用還比較小，遠遠趕不上帝。這種情況到了周代有了翻天覆地的變化。周滅商後，周代統治者面臨的最大困難，是如何證明這種政治變化的合法性，向人們說明小邦周何以能夠克掉大國殷。周人為此尋找到的解決方案，便是「皇天無親，惟德是輔」的觀念。只是到了這個時候，天的觀念的重要作用才真正顯現出來。周人的天是一個有意志的人格神，一刻不停地監視著人世間的情況。因為商王無德，所以收回了賦殷之命，因為周代祖先有德，所以改讓周王做其長子，賦予其治理天下的權力。周人這種理念的最大貢獻是直接將德與天聯繫了起來，我把這種做法叫做「以德論天」。所謂「以德論天」就是以有德證明其政權合法性的一種做法。「以德論天」之天是一種宗教性的天，這種意義的天就是一般所說的主宰之天。[2]

　　「以德論天」的做法在周初發揮了重要作用，但也蘊含著巨大的危機。這是因為，周人政權的合法性並不真的是由上天賦予的，天也不能真的對於人世間的一切予以獎勵或處罰。創業之始，周代統治者尚有強烈的敬德保民思想，政治統治取得了較好效果。隨著時間的發展，這種思想在他們後代身

---

[2]　將先秦天的含義分為主宰之天、自然之天、命運之天和德性之天的做法較早源於馮友蘭，後來為學界廣泛採用，我自己也是一樣。本文與此前學界這種流行做法有所不同，力求從歷史發展的角度尋找天的這些不同含義的邏輯關係，而不是僅僅將先秦的天分疏為幾種不同的義項。換句話說，此前的研究只是平面的，而本文的研究則是立體的。

上越來越淡漠，西周政治開始走向衰落，但其統治者並沒有得到那個能夠賞善罰惡、充滿道德色彩的主宰之天的懲處。這種情況必然引發人們思考這樣一個嚴肅的問題：周人祖先所標舉的以道德為中心內容的主宰之天還管不管用？周代政權得以建立的一整套理論究竟是不是正確？在這種情況下，一場不可避免的怨天、疑天的思潮終於在西周末年爆發了。《詩經》大量的相關詩句很好地反映了當時的情況，說明怨天、疑天已經成為當時的思想主流。在這種思潮的衝擊下，周人引以為豪的主宰之天走向了失落。

主宰之天失落的一個直接結果是自然之天的崛起。天原本就包含自然的屬性，但隨著主宰之天的漸漸失落，天的自然之義得到了大大的加強。《國語・周語》記載周太史伯陽父關於「天地之氣，不失其序。若過其序，民亂之也。陽伏而不能出，陰迫而不能烝，於是有地震」的觀點，是這個變化過程的一個明顯信號。伯陽父講天完全從氣和陰陽入手，氣和陰陽當然為自然之義，這與西周主宰之天已經完全有別了。自然之天的崛起在《詩經》中也有明顯的表現。在《詩經》的一些早期作品中，天還是一個明顯的造物之主，但到了西周晚期特別是東周初期，表示自然之天的詩句漸漸多了起來。這種趨勢同樣影響到儒家。孔子講「天何言哉？四時行焉，百物生焉，天何言哉？」（《論語・陽貨》）孟子也講「七八月之間旱，則苗槁矣。天油然作雲，沛然下雨，則苗浡然興之矣。」（《孟子・梁惠王上》）這裡的天都為自然之義。這就說明，自然之天的崛起在當時已經成為一個必然的思想趨勢。

但是，如同歷史上一切重大事件或思想都會產生巨大的歷史慣性一樣，主宰之天也不可能一下子消失得無影無蹤，總會以其他的形式變相存在，這種變相形式之一就是命運之天。命運之天是主宰之天失落後的一種變相的產物。這種意義的天在孔子身上已有明顯的表現。孔子的政治理想是復周禮，為此他周遊列國，不懈努力，但也意識到有一些事情是個人無法做主的。「子曰：道之將行也與，命也；道之將廢也與，命也。」（《論語・憲問》）「顏淵死。子曰：『噫！天喪予！天喪予！』」（《論語・先進》）這些論述說明，孔子承認在人生旅途之中有很多異己的力量是個人無法把握

和決定的，而將其叫做命或者天。[3]

　　主宰之天的慣性對人們思想的影響，更重要表現在道德方面，這種意義的天就是我們一般所說的德性之天。在周人的觀念中，德主要指敬德和明德。敬德指尊敬謹慎地行德，明德則指光明弘揚其德行。不管是敬德還是明德，其具體內容大都與政治道德有關。在周人的相關文獻中我們注意到一個有趣的現象：他們關於德的論述，主要集中在敬德和明德的一些具體德目方面，很少關心這些德性的來源問題。也就是說，周人雖然「以德論天」，強調周人祖先因為有德而得到上天的護佑，但他們並沒有回答其祖先為什麼會有德的問題。其所以有這種情況，可能是因為當時的思想重點聚焦於如何解釋周人統治的合法性問題，周人祖先為什麼有德的問題還不是非常迫切。但是從理論發展的角度看，這既然是一個問題，那麼它遲早總要解決的。

　　周人主宰之天的失落使解決這一問題的步伐不得不暫時停頓了下來。隨著西周末年政治的衰敗，君主的個人道德根本無法得到保證，人們對於周人所標榜的敬德、明德充滿了懷疑，在這種背景下當然不可能再去討論道德起源問題。這種情況透過道家思想可以看得很清楚。老子正是看到當時社會上那些假道德、偽道德，痛心疾首，才主張返歸自然的。與道家不同，在復禮的過程中，經過了一系列的挫折，孔子終於明白了並不是人們不知禮，而是明明知禮卻不去做。這種情況告訴他，再完備的禮，如果沒有內心的基礎也不可能得以實施。為此他沿用先前仁的某些說法，借用其中「好」、「美」的內涵，發展出儒家仁的學說。由於當時主宰之天已經失落，孔子不大可能再直接回到周人祖先那裡，明確將仁的根源歸於上天，所以他只是自己帶頭行仁，教導弟子勉力行仁，希望人人都成為仁人，這樣復周禮的目的就可以實現了。孔子的重點是發現仁，宣導仁，而不是為仁尋找形上的根源。

---

[3]　傅佩榮認為，天與命內涵有所不同，「天既為萬物本源，因此終究必須為萬物萬事負責。人世間一切『限定』（如生死富貴），皆可認為是天命的結果。這種天命即是命運。稍後，命運觀念與天意分離，成為某種對人類而言不可知亦不可掌握的力量。」參見傅佩榮《儒道天論發微》（臺北：臺灣學生書局，1985 年），頁 129。

　　雖然孔子沒有解決道德的來源問題，但這個問題總是要解決的。事實也證明，孔子之後，人們確實試圖為道德尋找一個終極性的根源，直至將這個根源找到了天。與周初「以德論天」的做法不同，這種情況可以叫做「以天論德」。所謂「以天論德」即是沿用先前天論的傳統以天作為道德終極源頭的一種做法。新出土的郭店楚簡明確說明了這種思想傾向的存在。郭店楚簡〈性自命出〉有一句重要的論述：「性自命出，命自天降。道始於情，情生於性。」這是直接將性、命與天聯繫在一起，旨在說明「天命是人性得以形成的直接原因」[4]。孔子並沒有對性和命的關係進行理論性的探討，郭店楚簡中卻一下子冒出來如此直接的關於性、命和天關係的論述，合理的解釋只能是，在孔子之後，人們不再滿足於只是就仁談仁，希望對仁對德有一個真正的理論說明，而沿用當時的思維習慣，不得不由仁說到性，由性說到命，由命說到天。只有為仁和德找到上天這樣一個最後的源頭，才能將這個問題作最後的了斷。從儒家心性之學發展的軌跡上看，郭店楚簡中儒家簡的出土，最重要的意義可能就在這裡。

　　沿著這個思路，可以大大加深對於《孟子》、《中庸》、《易傳》的理解。如果郭店楚簡確實如現在所普遍認定的那樣是西元前300年左右介於孔孟之間的文獻，那麼《孟子》中關於性和天的一系列論述，就可以得到合理的解釋了。孟子與孔子在心性論上有一個明顯的不同，孔子很少說性說天，而孟子則直接以天作為性的終極根源。孟子曾引《詩經》中「天生烝民，有物有則。民之秉彝，好是懿德」（《孟子·告子上》）的語句說明，人們喜歡優良的品德在於事物之則，而事物之則來自天生。孟子還認為，心之器官是用於思考的，而心又是「天之所與我者」（《孟子·告子上》），直接將心與性與天聯繫在一起。這種情況至少告訴我們這樣一個道理：孔子之後，

4　龐樸：〈孔孟之間──郭店楚簡中的儒家心性說〉，《中國哲學》，第 20 輯（瀋陽：遼寧教育出版社，2000 年），頁 26。

不管關於性有多少不同主張[5]，但以天作為性的形上根源，已成為一個共同的無法避免的思想取向了。從這個意義上說，孟子無疑是孔子之後明確以天作為道德終極根源，有這種理論自覺的最重要哲學家之一。《中庸》、《易傳》也是沿著這個路子發展而來的。為什麼《中庸》開篇就講「天命之謂性，率性之謂道，修道之謂教」？為什麼《易傳》會講「乾道變化，各正性命」？這種情況僅從文本看很難理解，因為我們實在很難明白為什麼在這些著作中天的地位一下子變得如此重要了。但是，如果將其置於歷史發展的邏輯之中，將孔子、郭店楚簡、孟子、《中庸》、《易傳》連成一線，則可以明顯地看到儒家不斷為其道德尋找形上基礎的意圖。有了孔子，儒學才有了明確的道德意識，一旦有了道德意識，又必須為其尋找形上的根源，在當時的條件下，這種形上根源只能上掛到天上，除此之外別無他法，而郭店楚簡、孟子、《中庸》、《易傳》，都是這一思想過程中一個個清晰可見的印記。

通過上面的回顧，由「以德論天」到「以天論德」這一先秦天論發展的內在理路，已經十分清晰地展現在我們面前了。西周之初的天是一個能夠賞善罰惡的最高主宰，周初統治者借助德的觀念，為其政治的合法性尋找根基，這就是「以德論天」。隨著西周政治的瓦解，這種做法漸漸走向衰落，自然之天越發重畏，命運之天相伴而生，但主宰之天並沒有因此馬上退出歷史舞臺。當儒家無法解釋道德來源的時候，仍然沿著先前思維的慣性，將這一問題的終極根源置於天上，這就是「以天論德」。明確由「以德論天」到「以天論德」的內在發展路向，特別是「以天論德」的性質，是破解儒家道德宗教性之謎的必由之路。

---

[5]　有關這方面的近期研究成果，可參見「第二屆中國南北哲學論壇暨哲學的當代意義學術研討會」（2005 年）陳來的論文〈郭店楚簡與儒學的人性論〉。該文認為，「歷史上每個時代儒家的人性學說，都呈現出不同的主張和形態，因而是多元的，而不是單一的」。「從儒家的人性論史來看，從先秦到宋明，並不存在一個一以貫之的人性論傳統」。

二

　　雖然儒家通過「以天論德」為道德找到了形上根源，但這種做法一開始就蘊含著一個巨大的矛盾：天是如何將道德之性賦予人的？

　　這個問題的確相當棘手。一方面，我們已經看到，自周初統治者「以德論天」以來，經過數百年的發展，這種做法已經失去了最初的魔力，特別是經過怨天、疑天的思潮之後，天已經從人格神的寶座上跌落下來，而不是人格神的天卻能夠賦予人以仁心善性，這是根本無法想像的。另一方面，我們也十分清楚，儒家確實是將天作為道德終極源頭的，《性自命出》、《孟子》、《中庸》、《易傳》乃至宋明儒學，無不如此說如此講，人們對此並無置疑，這至少說明這樣做是行之有效的。這種矛盾告訴我們，儒家「以天論德」的做法暗藏著重大玄機，這個玄機就是「借天為說」。我這裡使用「借天為說」的說法，主要是想說明這樣一種情況：當人們對一個問題無法確切回答的時候，往往會沿用先前天論的思維慣性，將其終極根源歸到上天，以天作為問題的最後了斷。「借天為說」的最大特點全在一個「借」字，以天作為事物的終極根源，只是一種借用。換句話說，儒家在這方面講天，是借用古代天論的思想傳統，將道德的終極根源推給上天罷了。

　　要理解儒家的「借天為說」，在宗教背景較為淡薄的今天，有相當難度，但古人很早就懂得這裡的道理了。為此我們不妨來看孟子與弟子的一段對話。萬章就堯將天下傳給舜之事請教孟子。孟子說，天子不能將天下讓與人，舜有天下是「天與之」的。萬章接著問，這個「天與之」是「諄諄然命之」的嗎？孟子回答說不是，「天不言，以行與事示之而已」。萬章仍然不明白，孟子解釋說：「天子能薦人於天，不能使天與之天下；諸侯能薦人於天子，不能使天子與之諸侯；大夫能薦人於諸侯，不能使諸侯與之大夫。昔者，堯薦舜於天，而天受之；暴之於民，而民受之。故曰，天不言，以行與事示之而已矣。」（《孟子·萬章上》）孟子這種講法大有講究。一方面，他認為堯不能將天下讓與人，是「天與之」的，另一方面又講天並不講話，

只是「以行與事示之」。如此說來，這個天其實是虛的，真正起作用的民，即所謂「天視自我民視，天聽自我民聽」。這樣就有了一個矛盾：既然真正起作用的是民，孟子為什麼非要說一個「天與之」呢？如果我們將孟子的這種講法置於先秦天論的背景之下，這個問題就迎刃而解了。如上所說，先秦天論發展有一個「以德論天」到「以天論德」的變化過程，孟子正處於這個變化的轉折時期。這時天已經不再是人格神，而衍化為最高力量和最終源頭的象徵。孟子將民抬高到天的高度，正是要借用天的地位說明民的重要。孟子這種做法，究其實質就是一種「借天為說」──借用天的崇高地位說明民的重要作用。將這種做法延伸到心性論也是一樣。如果把此處的「天與之」和《告子上》第 15 章的「此天之所與我者」聯繫起來看，不難看出，這兩個「天」字實際上是一個意思，都是將天作為一種終極的根源，對一種事物進行形上的說明。孟子這種做法的性質實際上已經說明了，這裡講天只是對天的一種借用，天既不可能真的將天下讓與人，也不可能真的將良心本心賦予人。

　　這方面的情況還可以參考宗教學的觀點。麥克斯‧繆勒指出，古人在不知道自己來自哪裡，去往何方，無所寄託的時候，心中往往有一種強烈的衝動，希望能夠找到一種東西為其提供精神上的支撐，結果幾乎沒有例外地找到了天：「世界上的各個民族在不同的時候幾乎都選中『明朗的天空』這個名稱，難道說『天空』能充分表達人們心思中需要表達的那個思想嗎？人的心思因此感到滿足了嗎？人的心思承認天空是神嗎？全然不是這樣。人們很明白自己用可見到的天空來表達什麼。那個第一個找到『天空』這個名稱的人，在到處尋找以後，迫不急待地抓住這個名稱，不過是寥勝於無，他心裡明白他的成功歸根結底是可悲的失敗。當然明朗的天空是最崇高的，它是世界上唯一沒有變化和沒有限度的存在，而且有了這（此處『這』字根據文意增補──引者注）個名稱，它就可以把自己的名字借給那個使人心神不寧，但還未出世的關於『無限』的觀念。現在我們看得很清楚，選中『天空』這個名稱的人並不認為，也不能認為這個可見的天空就是他所要的，不能認為

這個藍色的天蓋就是他的神。」[6]這裡說得明白，在原始宗教中，人們最初選擇天作為最高神，不是因為天本身就是神，究其實質，天不過是一種形上的寄託，聊勝於無而已。雖然這種做法有諸多的不圓滿，但畢竟向人們提供了一種重要的形上支撐，有了這種支撐，人們的心靈就獲得了一種信仰的力量。這種情況說穿了，其實也是一種「借天為說」。

根據以上分析我們可以得出這樣一個重要結論：儒學並不屬於宗教。從最一般的意義上說，大凡宗教都有兩個基本要素，一是信仰一個最高的人格神，二是有一個最高的教主。這兩點儒家都不具備。經過西周初年政治統治者的「以德論天」再到春秋戰國之際儒家的「以天論德」，天已失去了主宰的地位，不再是一個人格神了，這就是說，在先秦儒家那裡，天並不是作為最高的人格神出現的。另外，孔子也不是最高的教主。孔子的使命只是恢復周代的禮樂之制，要求人們成德行仁。雖然孔子這種使命感極為強烈，甚至有「五十而知天命」之說，但他並沒有像世界上其他宗教教主那樣，將自己宣揚為上天之神在世間的代表。客觀上說，這是因為當時主宰之天已經失落，思想環境不再允許；主觀上說，這是因為孔子性格平實，不願意故作玄虛。孔子的這一步工作對他自己而言可能是一種自然的選擇，但對中國文化的發展卻有著極為重要的定向作用，直接決定了中國的「哲學突破」沒有走向宗教，而是走向了人文。由於孔子的巨大定位作用，儒學一開始就失去了成為宗教的可能，由此帶動中國文化走上了一條健康平實的人文之路，而沒有像世界上其他文化那樣踏上宗教之途。[7]明確這一點對於彰顯中國哲學的

6　麥克斯‧繆勒：《宗教學導論》，陳觀勝等譯（上海：上海人民出版社，1989年），頁132-133。

7　在這方面，徐復觀的觀點格外值得注意。徐復觀認為，中國文化原來是有宗教性的，但自春秋開始漸漸從宗教中脫離出來，強調在人的生命中紮根，並沒有走向典型的宗教。儒家通常所說的天人合一也只能從這個意義上理解。人在反躬實踐的過程中，由宗教之心顯出其超經驗的特性；而超經驗的特性，依然是由經驗之心所認取的。「故如實而論，所謂天人合一，只是心的二重性格之合一。除此之外，決無所謂天人合一。」徐復觀：《中國思想史論集續編》（臺北：時報文化出版企業公司，1982年），頁387。

特質，具有重要意義。

三

　　儒學雖然不是宗教，在客觀上卻有著宗教的作用，道理同樣在於這個「以天論德」。

　　天之所以如此重要，是因為天是超越的，有其超越性。超越性是現代新儒家十分關注的一個話題。牟宗三在 1955 年發表的〈人文主義與宗教〉一文中指出：儒家所肯定之人倫，雖是定然的，但徒此現實生活中之人倫並不足以成宗教。「必其不捨離人倫而經由人倫以印證並肯定一真善美之『神性之實』或『價值之源』，即一普遍的道德實體，而後可以成為宗教。此普遍的道德實體，吾人不說為『出世間法』，而只說為超越實體。然亦超越亦內在，並不隔離，亦內在亦外在，亦並不隔離。若謂中國文化生命，儒家所承繼而發展者，只是俗世（世間）之倫常道德，而並無其超越一面，並無一超越的道德精神實體之肯定，神性之實，價值之源之肯定，則即不成其為文化生命，中華民族即不成一有文化生命之民族。」[8]這就是說，儒家絕不是僅僅限於人倫之用，同時也有自己的超越層面，這一超越層面就是「神性之實」，就是「價值之源」，有了這種「神性之實」和「價值之源」，儒學也就有了自己的超越性，就能夠從單純人倫日常中超拔出來。

　　天的超越性直接決定了儒家道德的宗教性。在 1960 年發表的《中國哲學的特質》中，牟宗三對這一思想有了更為詳細的說明：「天道高高在上，有超越的意義。天道貫注於人身之時，又內在於人而為人之性，這時天道又是內在的（immanent）。因此，我們可以康德喜用的字眼，說天道一方面是超越的（transcendent），另一方面又是內在的（immanent 與 transcendent 是相反字）。天道既超越又內在，此時可謂兼具宗教與道德的意味，宗教重超

8　牟宗三：《生命的學問》（臺北：三民書局，1970 年），頁 74。

越義，而道德重內在義。」⁹在這裡，牟宗三首先肯定了天道高高在上，有超越性，同時也肯定這個天道又內在於人之中而為人之性。這樣一來，天道同時就有了兩個不同的屬性，既是超越的，又是內在的。因為有天，有超越性，所以有宗教性，因為有心，超越之天可以在內心得到落實，而不陷於空虛。

儒家道德因為天的超越性而具有了宗教性，隱含著深刻的道理。考察宗教發展史可以看出，世界上各種宗教幾乎都經歷過一個由自然宗教到倫理宗教的發展過程。宗教從最先的意義上看往往都是自然性的，表現為祈求神靈保佑風調雨順避免災難等等，隨著社會歷史的發展，其內容都向倫理宗教方面轉化，帶有明顯的道德色彩。中國由自然宗教到倫理宗教的轉化，恰恰是在周代完成的。西周統治者為了證明自己政權的合法性「以德論天」，這種做法當然不再是一般的自然宗教，明顯已經上昇為倫理宗教。將自然宗教轉化為倫理宗教，是周人對中國思想史的一大貢獻。後來雖然因為西周政治走向瓦解，自然之天和命運之天的成分日漸加重，將政治與上天聯繫在一起的做法不再靈驗，但倫理宗教的思想慣性並沒有馬上退出歷史舞臺。當儒家面對人為什麼會有仁這一重大理論難題的時候，不得不借用這一思想慣性，將仁的終極根源上掛到天上，以天作為道德的形上根源。郭店楚簡「性自命出，命自天降」，孟子「天之所與我者」，《中庸》「天命之謂性」這一系列論述，只有從這個角度才能得到合理的解釋。儒家將仁的源頭上推於天的做法不僅有效解決了道德的形上根源問題，而且還有一個重要的副產品，那就是使道德具有了超越性和宗教性。不管春秋戰國之際天的內涵發生了多麼大的變化，天的超越性始終沒有完全消失，由這種超越性而來的道德，自然也就具有了倫理宗教的色彩。換句話說，儒家將道德的終極根源確定在天上之後，因為天仍然帶有倫理宗教的餘韻，也使自己的理論自然而然地具有了倫理宗教的特點。

從這個角度出發，我們對儒家雖然不是宗教卻有宗教作用的問題可能會

---

⁹　牟宗三：《中國哲學的特質》（臺北：臺灣學生書局，1974 年），頁 30-31。

有深一層的理解。自從孔子創立仁學以來，邏輯地蘊含著仁來自何方的問題。這是一個極為困難的任務，但它並沒有難倒先秦的儒學家們，他們順著先前「以德論天」的思想慣性，來了一個「借天為說」，將仁的終極根源掛到天上，這就是所謂的「以天論德」。可不要小看了這個「以天論德」，它雖然只是對於天論思維習慣的一種借用，但非常有效地解決了道德形上根源的難題。這是因為，中國古代天論的傳統源遠流長，一旦將道德何以可能的源頭置於上天，人們便真的相信，天就是道德的終極原因，不再對這個問題有任何疑問了。我為什麼要行善，為什麼要聽從良心的命令，為什麼要做好人，良心本心究竟來自哪裡，這一切的一切，答案都在這個形上之天。這個在理論上看似極為複雜的問題，在儒學史上卻以一種相對簡單的方式得到了解決。換句話說，「以天論德」雖然只是將道德的終極源頭歸到天上，但這種做法在儒學中的作用卻絕對不可輕視。在宗教力量仍然存在的情況下，一旦將道德的源頭歸於上天，這個問題就回到了「阿基米德」起點，不能再問了，人們思維的形上要求就此暫時得到了滿足，人們對於道德就會有敬畏敬重之情。這樣一來，這個表面看起來並沒有實質內容的天，對於儒家來說，卻具有不可或缺的重要價值。儒學不是宗教卻有宗教的作用，根本原因就在這裡。

　　當然，隨著歷史的演進，這種情況到後來有了進一步的發展。漢代統治者為了加強其政治權力，重視神權，大力提昇天的位置，漢代的天具有了更為明顯的宗教性。董仲舒天人相副之說，在為統治者尋找政權合法性的同時，在一定程度上也改變了先秦儒家論天的基本原則，為天的宗教性增添了濃重的一筆。宋明理學面臨的問題更為嚴重。為了與佛教道教相對完善的形上系統抗衡，儒學家們進一步沿著先秦將天作為仁的終極根源的做法向前走，努力完善儒家自己的形上系統。從周敦頤的太極圖說，到張載的虛空相即，到二程的天理、朱熹的理一分殊，無不貫穿著同樣的問題意識。二程直言「天理二字是自家體貼出來」，言語之間透顯出自豪之氣，充分說明其理論意義之重要。經過這樣一番努力，儒學豐富了自己的形上系統，改善了理論根據相對薄弱的狀況，在與其他學派抗衡的時候不再處於劣勢。在這樣的

思想背景之下，當宋明儒講「良知天理」，當一般百姓強調「天地良心」的時候，天的地位都是不可質疑的。這樣一來，原本只是先秦儒家為道德尋找終極的根源，後來卻演變成了人們的一種信念和信仰，從而使儒家道德宗教性的力量得到了前所未有的加強。這種變化是驚人的。然而必須強調的是，先秦儒家「以天論德」所確定的基本理論格局並沒有因此發生根本性的變更，儒學並不是典型的宗教這一情況也沒有根本性的改變，這一情況只要看一看中國人心目中的天與西方人眼中的上帝的差異，看一看孔廟中的孔子多是一種文化的象徵而不是宗教的教主，就可以明白了。

　　為了加深理解，我們不妨再來看一看康德。我們知道，康德在西方哲學史上的一個重要貢獻，是劃定了認識的界限，人只能認識感性經驗的對象，不能認識沒有感性經驗的對象。康德在《純粹理性批判》中有力地證明了上帝只是一種假設，人類不能對其有感性經驗，理性根本無法證明上帝是否真實存在的問題，從而使西方傳統的形上學失去了存在的意義。需要注意的是，在康德看來，雖然上帝不是理論理性的對象，但在實踐理性中卻是不可缺少的，沒有上帝這種因素，道德終歸不圓滿，所以他「不得不懸置知識，以便給信仰騰出位置」[10]。在《道德形而上學原理》和《實踐理性批判》中，康德繼續為上帝保留了特殊的一席之地。康德的這種做法，與他所提倡的道德自律學說，並沒有構成原則的衝突。按照道德自律的原則，道德必須出於理性的要求，自我立法，自我服從，其中不能存在任何其他的目的，而上帝的保留完全是一種潛在的因素，或者說是一種暗含的前提。康德的這種做法對我們有很大啟發，它告訴我們，一種道德理論必須有一種歸宿性的要求，以此作為這一理論的最初動因。過去人們往往認為，保留上帝是康德學說的不徹底性，批評康德將上帝從前門趕了出去，又從後門放了進來。但近些年來更深入的研究改變了這種看法，人們注意到，目的論在道德理論中發

---

[10] 康德：《純粹理性批判》，鄧曉芒譯，楊祖陶校（北京：人民出版社，2003 年），頁 22。俞吾金將此句譯為：「我必須揚棄知識，使信仰獲得地盤。」參見俞吾金《從康德到馬克思——千年之交的哲學沉思》（桂林：廣西師範大學出版社，2004 年），頁61。

揮著重要作用，康德道德哲學中的上帝起到的就是這種作用，如果沒有上帝的因素，康德的道德哲學不可能達至完滿。

在《判斷力批判》中，康德進一步談到這一問題。該書最後一節的標題為「由實踐的信念而來的認其為真的方式」，在這一節中，康德將可認識的事物分為三類，一類是「意見的事」，一類是「事實的事」，一類是「信念的事」。意見的事，是指一個至少本身是可能的經驗知識的客體；事實的事，是指其客觀實在性能夠被證明的對象；信念的事，則指在實踐理性中理性行為者所具有的一種信仰，即「那些就純粹實踐理性的合乎義務的運用而言必須得到先天的思考（不論是作為後果還是作為根據）、但對於理性的理論運用卻是誇大其辭的對象」[11]。雖然信念的事完全超出了經驗的範圍，我們根本無法證實其實在性，但它並非沒有意義。因為「一個人無信仰，他就是由於那些理性的理念缺乏其實在性的理論的證明因而否認其一切有效性了。所以他的判斷是獨斷的。」[12]在康德看來，對於實踐理性而言，一個人的理性意圖應該有充分的根據，否則他就不可能具有堅定的持存性，就會在實踐的命令和理論的懷疑之間搖擺不定。由此可見，保持一種信念，對於保證理性的實踐利益，是完全不可缺少的。正是在這個意義上，康德主張，我們對於上帝應該從實踐信念的角度出發「認其為真」，雖然這種「認其為真」完全得不到經驗的證明，但它卻不是沒有意義的。《單純理性範圍內的宗教》發揮的也是這一思想。在這部著作中，康德打破了以前將宗教僅僅訴之於單純信仰的做法，不是以《聖經》來理解道德，而是用道德來理解《聖經》，從理性的角度研究宗教，把宗教建立在理性的基礎之上，特別強調宗教對於道德的理論意義，以宗教來保證理性的實踐利益。

將康德的「由實踐信念而來的認其為真的方式」與儒家的「以天論德」聯繫在一起，我們不難發現，這兩者之間有著很大程度的可比性：康德雖然無法證實上帝的存在，但這並不妨礙他把上帝作為一種實踐的信念來保證理

11　康德：《判斷力批判》，鄧曉芒譯，楊祖陶校（北京：人民出版社，2002 年），頁330。
12　同上注，頁 335。

性的實踐利益；儒學的天雖然不是人格神，其實在性無法證明，但這並不影響儒學「以天論德」，沿用先前天論的傳統，以「認其為真」的方式，將天作為良心本心的形上根源，從而使自己的道德學說得到形上的保證。這就是說，除開不同的思想背景，儒學的天與康德學說的上帝確有幾分相似。單從現象上看，儒學中的天與康德學說中的上帝，都不是其理論所必需的。儒學論道德，根據或在心，或在理，但不管是心還是理，天都不是必不可少的。康德論道德，根據全在理性，理性自我立法，自我服從，其間也沒有上帝什麼事。但從本質上說，儒學中的天與康德學說中的上帝，又都不可或缺。儘管這個根據表面看來似乎不必要，是多餘的，但如果少了這個要素，人們心理上的形上要求就得不到滿足，就缺少歸宿感。具體來說，儒學如果離開了天，人們會思考人行善的終極根據在哪裡的問題，康德學說不講上帝，人們會詢問圓善如何可以得到保證的問題。由此不難懂得，在一個道德學說中保留一個形上的根據是多麼必要了。

四

最後還有一個問題：儒家道德的宗教性是通過哪一個環節發生作用的呢？

我們知道，一種道德學說要有生命力，必須合理解決道德之知到道德之行的過渡問題，借用西方哲學的術語，就是必須解決理性如何保證道德成為可能的問題。這個問題帶有很強的普遍性，中西哲學家無不為此大費腦筋。在近代西方哲學中休謨很早就注意到了這個問題。當時西方哲學在何者為道德根據的問題上有過一場激烈的爭論，有的認為是理性，有的則主張是情感。休謨經過深入思考得出了一個重要的結論：德與惡的行為不是由理性決定的，理性不是道德的源泉。休謨之所以這樣看，最重要的理由就是因為他認為理性是完全無力的，不能成為道德的源泉，由此出發，休謨進一步提出了「是」與「應該」的矛盾問題。在《人性論》第三卷附論中，休謨寫道：他在考察各種道德理論時發現，事實判斷和道德判斷是兩類完全不同的判

斷，事實判斷的係詞為「是」與「不是」，道德判斷的係詞為「應該」與「不應該」，可是人們在按照常規進行道德推理的時候，總是不知不覺改變判斷的性質，「這個變化雖是不知不覺的，卻是有極其重大的關係的。因為這個應該或不應該既然表示一種新的關係或肯定，所以就必需加以論述和說明；同時對於這種似乎完全不可思議的事情，即這個新關係如何能由完全不同的另外一些關係推出來的，也應當舉出理由加以說明。」[13]由於理性完全沒有主動力，不能成為道德的根據，所以「是」如何過渡到「應該」就成了一個沒有辦法解決的問題。

　　在中國哲學範圍內，類似的問題同樣引起了人們的關注，其代表人物便是牟宗三。在梳理宋明理學發展的過程中，牟宗三注意到，作為道德根據的理性本身必須具有活動性，即有活動義，而不能是死物死理。於是，本體能不能活動，有沒有活動義，即所謂「即存有即活動」還是「只存有不活動」，便成為牟宗三判定宋明理學派系之別的核心理由，「為吾書詮表此期學術之中心觀念」[14]，最為重要。在這個問題上，朱子沒有做好，存在重大缺陷，因為朱子雖然也講理，但他講的理只存有而不能活動，與先秦舊義以及濂溪、橫渠、明道之所體悟完全不同。既然理不能活動，所以自然無法直接產生道德，結果只能從外面繞出去，大講格物致知，以存在之然求其所以然，最終走上了以知識決定道德的道路。根據牟宗三的理解，朱子這種以知識決定道德的路子，就是康德所批評的道德他律，所以將朱子判為旁出。儘管牟宗三關於康德道德他律思想的理解還有待討論，但不可否認的是，牟宗三在這裡提出的問題極具理論意義，極具挑戰性。牟宗三批評朱子的理「只存有不活動」，與休謨所說的理性完全沒有主動力，有著驚人的相似性，在一定程度上，我們完全有理由直接將牟宗三的問題視為休謨倫理難題的中國版。

　　為了解決理性本身必須有活動性的問題，牟宗三提出，這個問題的關鍵

---

[13] 休謨：《人性論》，關文運譯（北京：商務印書館，1980 年），頁 509-510。

[14] 牟宗三：《心體與性體》，第一冊（臺北：正中書局，1968 年），頁 58。

是看在道德理性中是否有心的位置，是否具有心義：「此虛靈虛明之體即由神以實之，或由心以實之。」[15]天命流行之體是一創生實體，要保證其活動性，在這種實體中必須有心義。也就是說，「天命流行之體」作為一創生實體，實際起作用的不是別的，只能是心，而天命流行之體的真實意義，也只是說心是創生之實體。牟宗三甚至使用了「心即天心也」[16]的說法。在他看來，良心本心即是創生之體，與天命流行之體一般無二，心就是天心，除此之外，不能再是一個別的什麼心。牟宗三所謂「天心」、「天地之心」等說法，主要是為了保證道體、天命流行之體是活物，有心就有活動性，就有創生性，無心就無活動性，無創生性。牟宗三提出的這些問題當然非常重要，但是，為什麼道德理性中必須有心義？有了孟子的道德本心之義，理性何以就了活動性呢？牟宗三的解答尚不夠清楚明確，為後人留下了極大的想像和發揮的空間。

　　要解決這個問題必須從儒家心性之學的特殊結構做起。我在研究儒家心性之學的時候一直堅持這樣一個基本觀點：與西方感性、理性兩分的理論結構不同，儒家道德哲學可分為欲性、仁性、智性三個部分，其中欲性大致相當於（並非完全等同）西方哲學的感性，智性大致（同樣並非完全等同）相當於西方哲學的理性，儒學最特殊的是在欲性和智性之外還有一個特殊的部分，這就是仁性。所謂仁性就是孔子之仁，就是孟子之心，就是陸王之心學。十分巧妙的是，在儒學發展史上，為了替孔子之仁、孟子之心尋找形上的根源，儒家無不「以天論德」，將道德的終極源頭掛到天上。這種做法蘊含著深刻的意義，因為在中國思想傳統中，自周代統治者「以德論天」為其政治尋找合法根據以來，天始終具有明顯的宗教意義，屬於倫理宗教的類型，後來雖然經過春秋戰國之際的動盪，這種倫理宗教的根基發生了動搖，但相關的傳統還在，思維的習慣還在，一旦儒學家們將孔子之仁、孟子之心掛到天上，仁性也就帶有了宗教的性質。更為重要的是，體認孔子之仁、孟

---

[15]　牟宗三：《心體與性體》，第三冊（臺北：正中書局，1969 年），頁 74。
[16]　同上注，頁 74。

子之心必須反躬自求，這種思維方式屬於直覺，一旦體悟到了並按它的要求去做就會得到快樂，「樂莫大焉」，反之則有愧於心，而所有這些對外並不能明確地言說，只有自己清楚。直覺這種思維方式本身就具有一定的神秘性，將仁性的根源歸到天上，進一步加強了它的神秘色彩。天是不可欺不可罔的，由天而來的仁性也是不可欺不可罔的，在這一理論格局之下，儒家的道德就具有了自己的超越性，有了自己的宗教性。在這種超越性和宗教性的指導下，凡是認識到正確的一定要去行，而一旦這樣做了也就成就了道德，也就做到了「自誠不欺」、「知天事天」，達到了天人合一的境界。這是仁性之所以具有活動性，之所以有那麼大動能的根本原因。

在這方面需要注意的是，儘管如上所說儒學與康德道德哲學在保留道德形上信仰方面有一定的相近性，但我們也不要因此而忽略了二者之間的差異。康德道德哲學強調理性宗教的重要性，是在西方啟蒙運動的大趨勢之下展開的，身後有一個中世紀強大的宗教背景。儒家「以天論德」則發生在中國「哲學突破」期間，背後是西周統治者「以德論天」做法的衰落，宗教背景並不像康德那樣強大，其性質也只是為道德尋找終極的根源，結果使儒學走向了人文。可能正是出於這個原因，康德道德宗教的外在超越特性較為明顯，人們對於上帝的敬重敬畏多在自身之外，不在自身之內。儒學則不同，儒學「以天論德」是沿用先前的思維慣性將道德的終極根源掛到天上，這種天多是一種心態、一種境界，真正起作用的是自己的良心本心，是自己的仁性，所以儒學的宗教作用多表現出既超越又內在的特性。由此可見，判斷在超越基礎上能否達到內在，關鍵是看其理論中是否有仁性，或仁性是否強大有力。現代新儒學以既超越又內在還是只超越不內在區分儒學和西方哲學，從一般的意義上講是有一定道理的。我們在研究儒家道德宗教作用時應該考慮到這些因素。

至此，我們已經在解決問題的道路上邁出了關鍵的一步。儒學不是宗教，卻有著宗教的作用，其間的奧妙全在於儒家獨特的「以天論德」的思想傳統。自西周初期統治者為尋求政治合法性而「以德論天」以來，春秋戰國之際的天仍然具有倫理宗教的餘韻，當儒家「以天論德」即沿著思維的慣性

將道德根源推給上天的時候，儒家道德便不可避免地染上了宗教的色彩。更加重要的是，這種宗教性是通過孔子的仁、孟子的心即所謂仁性實現的，將仁性的根源歸到上天，仁性便因為天的超越性而賦予了類似宗教的作用和力量，具有了強大的興發力和動能，進而保證理性自身就是實踐的。這可以說是中國文化中最為奇特的現象之一，沿著這個方向發展，我們就有希望最終破解儒學不是宗教卻有宗教作用這一重大難題，同時也可以對當前急切將儒學推至宗教神壇的做法保持一種冷靜的態度。

（發表於《中國社會科學》2006 年第 3 期）

「道德他律」還是「道德無力」

——論牟宗三道德他律學說的概念混亂
及其眞實目的

　　在現代新儒學研究中，圍繞牟宗三道德自律學說的論爭不斷，熱度不減，而關於其道德他律思想的評論卻極為罕見，鮮有論者，以至於牟宗三這一思想隱含的問題未能被學界及時發現。本文就此談一些個人的理解。我的基本觀點是：牟宗三所謂以知識之是非決定的道德即是道德他律這一標準值得商榷，此說的真正目的是批評朱子學說「道德無力」，「道德他律」不過是陰差陽錯誤為朱子所戴的一頂帽子罷了。

一、牟宗三在什麼意義上說朱子是道德他律

　　牟宗三將道德理性分為三義，認為其中第一義即所謂截斷眾流義，已包括康德的道德自律學說的一切。[1]因為截斷眾流是說道德必須斬斷一切外在的牽連，本身必須是純粹的，不能預設任何其他目的。反之，凡是預設任何其他目的，便是不真，便是不純，便是曲的意志，便是道德他律。

　　所謂道德他律，在康德那裡，分為兩種情況：一是指道德以追求幸福原則為目的，這是屬於經驗的；二是指道德以追求圓滿原則為目的，這是屬於理性的。前一種情況沒有任何異議，因為儒家講道德從來不以康德所謂的幸福原則為目的。牟宗三講道德他律主要是就圓滿原則而言的。牟宗三在引述

---

[1]　牟宗三：《心體與性體》，第一冊（臺北：正中書局，1968年），頁137-138。

了康德《實踐理性批判》中的一段話後寫道：「此段話甚分明而簡截，吾讀之甚喜。……依康德，基於存有論的圓滿與基於上帝底意志俱是意志底他律之原則。快樂主義基於利益，基於幸福，亦是意志底他律原則。基於利益之他律其所需要有的世界底知識是經驗的；基於存有論的圓滿其所需要有的世界底知識是理性的；基於上帝底意志最初是訴諸恐怖與權威，最終亦必落於需要有世界底知識，這知識或是經驗的或是理性的。這些原則俱是他律，蓋因為其所含的實踐規律皆取決於作為目的的一個對象，對於這對象必須先有知識。」[2]這段話非常簡明地表達了牟宗三對於康德道德他律的理解：依據康德，以下三種情況，即第一基於利益、第二基於存有論的圓滿、第三基於上帝的意志而產生的道德，均是他律道德，因為這三種情況都將道德的根據落實在知識上，都必須對於作為目的的對象先有知識。

牟宗三緊接著又講到為什麼判定朱子為道德他律：「朱子既取格物窮理之路，故道問學，重知識。……因此，對氣之靈之心意而言（朱子論心只如此，並無孟子之本心義），實踐規律正是基於『存有論的圓滿』之他律者。故彼如此重視知識。」[3]朱子所說的道德當然不是基於利益，但他的格物窮理之途使他與西方理性主義將道德基於存有論的圓滿，非常相近，都是將決定人們行為的力量，完全歸於外在之理，而不是歸於自己的道德本心。牟宗三判定朱子為道德他律，根據全在於此。關於這一點，牟宗三有一個非常清楚而簡潔的表述：「就知識上之是非而辨之以決定吾人之行為是他律道德。」[4]這句話非常簡明，也非常關鍵，直接表明了牟宗三在這個問題上的基本思想，可以視為他關於道德他律的一個標準。這個標準就是是否以知識上之是非來決定道德：以知識上之是非而決定的道德，即是他律道德；反之，並非以知識上之是非，而是以道德本心決定道德，即是道德自律。

2　牟宗三：《從陸象山到劉蕺山》（臺北：臺灣學生書局，1990 年），頁 9-10。
3　同上注，頁 9-10。
4　牟宗三：《心體與性體》，第一冊（臺北：正中書局，1968 年），頁 397。

二、以知識之是非決定道德即是道德他律
這一標準值得討論

　　牟宗三關於以知識之是非決定道德即是道德他律的思想，是否符合康德思想的原意，有待討論。因為這裡涉及到基於利益、基於存有論的圓滿、基於上帝的意志等三種情況，所以下面就分別分析這三種情況。

　　先看基於利益的道德他律。這裡最先引起我濃厚興趣的，是康德什麼樣的論述引發了牟宗三的重視，使之「讀之甚喜」。這段話出自《實踐理性批判》，在這段論述中，康德指出：「最普通的智思亦能很容易而無遲疑地看出在意志之自律底原則上所需要去作的是什麼；但是在意志之他律底假設上去看出什麼是要作的，那卻是很難的，而且需要有世界底知識。……」[5]牟宗三之所以對這段話特別感興趣，可能是因為這段話中有「需要有世界底知識」這樣的說法。在牟宗三看來，道德的根據在於本心，本心發佈命令簡潔明確，依此而行即為善舉善行，這個過程十分簡易。朱子與此不同，凡事必須格物致知，以其然求其所以然，這個過程就是以知識決定道德。而康德剛好在這裡反對以知識之是非決定道德，對道德他律原則所強調的「需要有世界的知識」提出尖銳批評。於是，牟宗三便有了他鄉遇故知之感，將康德引為同道。

　　但是，康德這裡所說的「需要有世界底知識」，並非如牟宗三解釋的是以知識之是非決定道德。康德認為，依照意志自律原則該做什麼，不該做什麼，原本非常清楚，而如果以意志他律為先決條件，則不那麼好把握了，需要有知識。這裡康德的意思是，以他律為先決條件即是以個人幸福為原則，而以個人幸福為原則必然涉及事物的方方面面，就需要斤斤計較，需要量度計算。比如，為了追求個人幸福，遇事必須精確計算個人的利得，保證收益大於支出，要做到這一點當然就需要「萬事通曉」了。由此不難得知，不能以康德「需要有世界底知識」的說法作為以知識之是非決定道德即是道德他

---

[5]　牟宗三：《從陸象山到劉蕺山》（臺北：臺灣學生書局，1990 年），頁 8-9。

律的根據。因為康德這樣說其實只是反對為了求得幸福而借助知識，並以此作為道德的原則。換言之，不是知識決定道德即是道德他律，而是知識的內容──追求個人的幸福──決定的道德才是道德他律。

再來看基於存在論圓滿的道德他律。圓滿性（完滿性）是康德在論述道德他律過程中提到的一個概念。與經驗性原則不同，圓滿性原則總是理性的。理性的圓滿性原則可分為性質的圓滿和實體的圓滿，其中實體的圓滿特指上帝，而性質的圓滿又包括理論意義的圓滿和實踐意義的圓滿。由於上帝在人之外，所以又稱為外在的圓滿，而性質在人之內，所以又稱為內在的圓滿。

所謂內在的圓滿，即指事物自身的完整性。康德這裡主要是指斯多葛學派和沃爾夫學派。在斯多葛學派看來，人是整個宇宙自然的一部分。神、靈魂、命運、宇宙都是相同的，都具有無所不在的、無所不能的力量和必然性，這就是理性。這種理性所表現出來的事物的秩序，就是受絕對規律和必然性所支配而趨向於一定目的的結果。因此，人必須遵從自然的必然性，即遵從神和命運的安排去生活。在人成為一個有理性的動物時，便把一個有理性的本能看作是真正的自我了。因此，人追求和實現自己的本性，就是善，合乎自然的方式的生活，就是善。沃爾夫的道德思想中最有代表性的是他的圓滿論，這一點與斯多葛比較接近。沃爾夫認為，事物自身都具有一種追求圓滿的趨向，凡是能夠使自己以及使別人變得更加完善的東西即是善，相反，即是惡。人類原本就具有理性，按照自己的理性生活，使其不斷完善，是人自然的要求，一旦達到了這種要求，也就成就了道德，同時也就達到了幸福。善就是依照自然而生活，自然引導我們走向道德，自然就是道德。人類應該做那些使自己以及別人更加完善的事情，這是道德的自然法則。

由上可知，康德反對內在圓滿性原則，主要是為了反對在純粹理性的實踐原則之上另立一個目的，從而破壞了實踐理性原則的純粹性和至上性。因為如果我們堅持這種圓滿性原則，就破壞了善惡只能決定於道德法則之後，而不能決定於道德法則之前的最高原則。康德明確指出：在那些道德的理性原則之中，完善性的本體論概念雖然要勝於神學概念，但仍然不能成為道德

的法則，因為「它要不可避免的陷於循環論證，不能不把應該去闡明的道德，暗中當作為前提」⁶。這就點出了圓滿性的根本不足：它必然要把原本應該去闡明的東西，暗中當作前提，從而陷入循環論證。可見，康德反對理性的圓滿原則並不是因為這裡涉及到知識。雖然斯多葛學派的道德學說也講到過知識問題，如他們也強調知識是道德的基礎，甚至認為道德即是知識，但康德在這裡反對斯多葛學派並不是因為他們講知識，而是因為不贊成他們在道德法則之上另立一個目的。

　　最後再看基於上帝意志的道德他律。上帝的意志就是所謂的外在的圓滿。康德堅決反對這種圓滿性原則，他說：「上帝的意志，如果人們把與它契合一致，而不是把先行的、獨立於上帝理念的實踐原則當作意志的客體，只有通過我們期望於它的幸福才能成為意志的動機。」⁷這就是說，如果將上帝作為道德的目的，就是在道德法則之上預設了其他目的，就從根本上違背了康德實踐理性道德法則是至高無上的基本原則。而且以上帝作為道德的目的，其實是以上帝作保證追求個人的幸福，這又違背了康德實踐理性必須是純粹的基本原則。所以，康德反對以上帝作為道德目的，主要是堅持他的理性至上性和純粹性，反對個人幸福原則，而不是要不要有知識的問題。

　　綜上所述，無論是基於利益、是基於存有論的圓滿、還是基於上帝的意志所構成的道德他律，重點都在道德原則的至上性、純潔性，而不在知識。康德認為，道德他律的一個重要特徵，是「把意志的對象當作規定的基礎」⁸。這種做法完全把問題本末倒置了，因為如果不把意志本身，而把意志的對象作為規定的基礎，就是借助於行動對意志的預期效果，把這種效果作為動機來規定自身。這就等於說，我意願做某事並不是因為我必須做這件事，而是意願做另一件事。這樣一來，道德法則的至上性和純粹性就完全得不到

6　康德：《道德形而上學原理》，苗力田譯（上海：上海人民出版社，1986 年），頁97。

7　康德：《實踐理性批判》，韓水法譯（北京：商務印書館，1990 年），頁 43。

8　康德：《道德形而上學原理》，苗力田譯（上海：上海人民出版社，1986 年），頁97-98。

保證了。應該說，康德在這裡的意思是比較清楚的，但牟宗三卻把事情的焦點完全轉移到了知識問題上面。牟宗三認為，基於利益的知識是經驗的，基於存有論的圓滿的知識是理性的，基於上帝的意志的知識或是經驗的或是理性的，知識性質雖有不同，但有一個共同點，即都是「對於這對象必須先有知識」，所以，必須排除在道德自律之外。這種理解是否合於康德的文本含義，真的很難說。

三、按照牟宗三的標準，
康德道德哲學也將淪為道德他律

　　更為嚴重的是，如果嚴格堅持牟宗三這一標準的話，康德自己將有陷入道德他律的危險，因為康德道德哲學也離不開知識。

　　康德建構自己道德哲學的方法很值得思量。《道德形而上學原理》第一章叫做「從普通的道德理性知識過渡到哲學的道德理性知識」。這個標題非常清楚地說明了康德在這個問題上的思路。在康德看來，社會當中存在著一種普通的道德理性知識，它們雖然很重要，但因為未經反省、未經抽象，只是一般的、粗略的，只有對其進行抽象、提昇，才能得出最高的道德法則。康德所要做的正是這種工作。在這一章中，康德首先從善良意志分析起，然後分析了責任的概念，分析了責任所由決定的先天形式原則，最後得出了一個結論：責任是由於尊重規律而產生的行為必要性。這樣，康德就由責任上昇到了規律。康德認為，只有普遍的規律才能充當意志的原則，所以道德的基本原則就是：「除非我願意自己的準則也變為普遍規律，我不應行動。」[9]這樣一個原則確定之後，事情就變得簡單了，因為不管在什麼情況下，也不管是什麼人，只要詢問自己，你願意將你的準則變為普遍的規律嗎？如果答案是肯定的，你的行動就是出於責任，就是道德。反之，如果答案是否定的，你的行動就不是出於責任，就不是道德。康德對這一步工作有著極高的

9　同上注，頁51。

評價，認為是「在普通人的理性對道德的認識裡，找到了它的原則」[10]。

　　《道德形而上學原理》第二章較第一章更深了一層，進一步從大眾道德哲學上昇到道德形而上學，所以這一章的標題為「從大眾道德哲學過渡到道德形而上學」。康德認為，雖然道德形而上學這個名稱比較嚇人，但對於一個完整的道德學說卻必不可少，因為道德的最高原則必須獨立於經驗，必須以純粹理性為基礎，必須先天地從理性中得出，一句話，實踐理性的規律不能建立在經驗條件之上。只有首先把道德哲學放在形而上學的基礎之上，把純粹理性原則事先加以提高，等它站穩了腳跟，並令人充分滿意之後，才能運用綜合的方法，通過大眾化普及開來。如果不是這樣的話，「那麼我們有什麼權力讓那也許在偶然的條件下只適用於人類的東西，當作對每一個有理性的東西都適用的普遍規範，而無限制地予以恪守呢？我們有什麼權力把只規定我們意志的規律，一般當作規定每一個有理性東西的意志的規律，而歸根到底仍然還規定我們意志的規律呢？」[11]因此，將道德哲學建立在形而上學基礎之上，是完全必要的。

　　通過簡要回顧康德建構自己道德哲學的過程，不難看出，這個過程是離不開知識的。如上所說，康德注意到，在一般的道德理性知識中存在著他所要追求的那種道德原則，實際上人們也從來不曾忽視它，一直把它當作評判價值的標準。但真正的哲學家不能滿足於這些，因為普通理性時時會受到各種因素的干擾，會受到各種愛好的引誘，從而產生「自然辯證法」，對道德理性的純潔性和嚴肅性提出懷疑，從而敗壞了它的尊嚴。為了防止這種情況，康德必須借助分析的方法，從普通的道德理性知識上昇到哲學的道德理性知識，從大眾道德哲學上昇到道德形而上學。在整個這個過程中，康德始終沒有離開過知識。康德在講到道德的最高原理必須獨立於經驗的時候指出，一旦做到了這一點，把這些先天建立起來的概念連同其所屬原則一道展現在普遍中，展現在抽象中是不成問題的，「這樣的知識應該和普通知識區

10　同上注，頁53。
11　同上注，頁58。

別開來，而稱之為哲學知識」[12]。這裡明白無誤地指出，道德自律學說是一種「哲學知識」。康德還說過：「從純粹理性中汲取道德概念和規律，並加以純淨的表述，以至規定整個實踐的、或者純粹理性知識的範圍，也就是規定整個純粹實踐理性能力的範圍，不僅是單純思辨上的需要，同時在實踐上也是極其重要的。」[13]這就是說，將道德概念和規律提取出來，加以不摻雜經驗的表述，進而「規定整個實踐的、或者純粹理性知識的範圍」，在實踐中有重要意義，這也表明這裡講的是一種知識。

康德建構自己的道德哲學離不開知識，聯繫到康德的哲學背景並不難理解。康德的道德哲學帶有明顯的理性時代的特點。在擺脫神性的束縛之後，人們對理性充滿了信心，認為理性的力量是無限的，可以發現事物的規律，解決世間的一切問題。這個特點自然也影響到康德。康德一生的重要使命就是發現自然規律和自由規律。在前批判時期，康德創立了星雲假說，發現了宇宙變化的規律，在批判時期，康德又致力於創立道德自律學說，發現了人的行為規律，即自由的規律。在發現了自由的規律之後，有理性的人們就可以並且有能力按照對規律的認識，制定與規律相符合的行為準則。面對規律和準則，人們會有一種尊重，這種尊重會產生行為的必要性，這就是責任。責任必須是純粹的，不能夾雜任何感性質料，所以是定言而不是假言的。因為人有理性，是理性王國的一員，這種命令並非從外面強加進來，而是人本身加之於自我的，所以真正的道德必須是自律，而不能是他律。這些就構成了康德道德學說的基本要點。在這些要點中，雖然思考的起點是普通的道德理性知識，但落腳點卻是規律，沒有規律就沒有與規律相符合的準則，沒有準則就沒有對規律和準則的尊重，沒有尊重就沒有責任，沒有責任也就沒有定言命令。認識規律是一件異常複雜的工作，面對這種工作，不借助知識如何能夠完成呢？

由於使用了西方哲學的表述方式，康德運用理性發現人的行為規律的過

---

[12] 同上注，頁 59。

[13] 同上注，頁 62。

程，顯得較為複雜。如果換成中國傳統的表達方式，這種思維方式其實就是朱子一再強調的以其然而求其所以然。在社會中存在著一種普通的道德理性知識，但它們還非常粗略，還必須再加工。我們不僅要瞭解這些道德理性知識，還要進一步知道他們的根據，這不就是朱子所說的以其然求其所以然嗎？普通的道德理性知識是其然，人的行為規律是其所以然，我們要通過普通的道德理性知識這一現象，進一步發現人的行為的規律，從而將最高的道德法則規定下來。為了能夠求其所以然，必須要借助知識，在康德，這叫做分析的方法，在中國，這叫做求其所以然。所以，在我看來，康德從普通的道德理性知識出發抉發道德法則，朱子強調對事物要知其所以然，二者有著很強的相似性。比如，朱子一再強調，一味行孝悌、忠恕而不知其理，則此孝悌、忠恕是死物，而其人也只是鄉曲之常人，只有按大學之道格物、致知、博學、審問、謹思、明辨，孝悌、忠恕才是活物。泛泛之孝悌、忠恕只是小學之道，常人之所為，知其所以然才是大學之道，君子之所為。朱子的這個思維過程，大致即相當於康德從普通道德理性知識中發掘道德規律，從而制定道德法則的過程。果真如此的話，我們就有理由提出這樣的問題：如果說朱子不滿足事物之然，而強調求其所以然，是以知識之是非決定道德，是道德他律的話，那麼，康德運用分析的方法，從普通的理性知識中認識道德規律，抉發最高的道德法則，是不是也是道德他律呢？

四、牟宗三此舉的真正目的是批評朱子之學「道德無力」

　　既然以知識之是非講道德即為道德他律這一標準並不合康德的原意，那麼牟宗三判定朱子為道德他律的真正用意又何在呢？

　　牟宗三對朱子有一個基本的定性：「客觀地說為本體論的存有之系統，主觀地說為認知地靜涵靜攝之系統，而其所論之道德為他律道德。」[14]這三

---

[14] 牟宗三：《心體與性體》，第三冊（臺北：正中書局，1969 年），頁 451。

句話中，最重要的是第一句，即「客觀地說為本體論的存有之系統」，其他兩句都是這一句的發展和延伸。朱子學理中最高的範疇是理，這個理又可以稱為事物之所以然。朱子一生特別重視以其然求其所以然，而求其所以然就是求理。牟宗三指出，朱子所求的所以然是事物存在之存在性。對此牟宗三解釋說：「於事物之然說存在，而不說存有，存有是事物之然之所以然之理，是其存在之所以存在，故亦可云是存在之存在性。此當然是其超越的存在性，是只負責其『為存在』者，而不是現象的、內在的、邏輯的、或科學知識的類名所表示的那所以然的理。因為此超越的所以然所表示之存在之理並不是一個類名。」[15]在這裡，牟宗三將「存在」與「存有」區分了開來，「存在」指事物之然，「存有」指事物之所以然，而事物之所以然即是事物之存在之存在性。由事物之然推證其所以然，以見所以然之理，這個所以然之理，就是事物存在之存在性。由事物之然推證其所以然，也就是從存有的層面證明事物存在之存在性。

　　從存有的層面證明事物存在之存在性，決定了朱子只能走認知順取之路。順取是只順心用而觀物的意思，因為以心認識物是順著心向外而發，所以叫做順取。在這方面，就顯出朱子與宋明諸儒的不同來了。明道從不把道體、性體與格物致知連在一起，五峰則正式講逆覺體證，象山、陽明遵循的也是同一原則。「惟朱子繼承伊川之思理大講致知格物，走其『順取』之路，力反『逆覺』之路。伊川朱子所以如此者，正因其對於道體性體只簡化與汰濾而為『存有』義與『所對』義之『理』字。此為言道體性體之根本的轉向。」[16]朱子把仁體、性體都視為存在之然之所以然，是一種平置的普遍之理，通過格物致知的方法去獲取，所以特別重視知識，重視學習。這一思路遵循的是一條順取之路、靜涵靜攝之路。牟宗三認為，格物窮理雖能成就知識，但不能成就道德。沒有人能夠由格物窮理言天命實體，也沒有人能夠由格物窮理來肯認上帝，同樣沒有人能夠由格物窮理來瞭解人們之內在的道

15　同上注，頁360-361。

16　牟宗三：《心體與性體》，第一冊（臺北：正中書局，1968年），頁80。

德心性。正在此意義上，牟宗三將朱子概括為「認知地靜涵靜攝之系統」。

朱子求所以然之理，走認知順取之路，有一個非常要命的缺點：在他所求的所以然之理中沒有心義。牟宗三指出：「問題是在：就此超越的實體說，此實體（道、天道、天命流行之體）究竟還有『心』之義否？此『心』之義是實說的實體性的心，非虛說的虛位字的心。當朱子說『天地之心』，以及說『人物之生又得夫天地之心以為心』時，此心字是實說。但在天地處，此實說之心卻又為其分解的思考弄成虛說了。無心是化之自然義，有心是理之定然義。心融解於化之自然義，固已無心之義，即融解於理之定然義之『有心』，心被吞沒於理，心成虛說，亦無心義。是以在朱子，超越的實體只成理，而心義與神義俱虛脫。實說的心與神結果只屬於氣，而不屬於超越的實體，是即無實體性的心。在天地處是如此，在人處，人實有心，故心自不是虛位字。但在人處之實說的心，依朱子之分解思考，又被分解成只是屬於氣之實然的心，而超越的實體（性體）則只是仁義禮智之理。」[17]在牟宗三看來，道體原本是一個創生的實體，要保證其創生性，實體中必須有心的地位，即所謂有心義。這個心又叫天地之心。在牟宗三看來，天地之心即是天地生物之心，即是天命流行之體，其真實的含義是說道體不只是理，也有活動性，有創生性。

由於朱子所求之所以然沒有心義，所以也就失去了神義。牟宗三在講到本體的時候經常用到神字。他認為，神也是體，即曰神體，其義與心體、誠體、仁體等相同。濂溪講過：「神妙萬物」，也講過「陰陽不測之謂神」。這裡的神都不是形容詞，而是指神體本身。「此神不是虛說的虛位字，不是形容理的狀詞。若說理，神亦當然即是理。神既是『妙萬物而為言』，則神體當然亦即是萬物之所以然之理，但此理是『即活動即存有』之理，其為所以然是動態的所以然，而不是『只存有不活動』的靜態所以然。此是『神理是一』的理，故可以動靜說，但卻是『動而無動』之動、『靜而無靜』之靜也。非如朱子所意謂之『只是理』、（神成只是虛說之形容詞），而無所謂

17　牟宗三：《心體與性體》，第三冊（臺北：正中書局，1969 年），頁 260。

動靜也。」[18]神體的一個重要內涵，是表示心體、誠體、仁體等實體本身能夠神妙萬物，有活動性。由於朱子義理系統中沒有道德本心的位置，神義無法落實，「只是虛說之形容詞」，終於成為只存有而不活動的系統。

從這裡可以看出，牟宗三對朱子之學最大的不滿之處在於：朱子之學只是講認知，講求其所以然，在學理中沒有孟子的本心之義，從而使其理論沒有活動性。這是一個致命傷。在性體和心體的關係中，性體是超越之體，是道德的終極根據，雖然重要，但本身沒有活動性，其活動性必須通過心體來保障，所以完整的心性學說必須做到心性為一而不為二。恰恰在這個關鍵性的環節上，朱子出了問題。朱子並不是不講心，但他對孔子講的仁，孟子講的心缺乏深切的體驗，講心完全偏向了認識方面，成了認識之心。認識之心與孟子的道德本心並非同質。認識之心只是一種認知的能力，通過它可以認識理，認識事物之所以然，而孟子的道德本心本身就是道德的本體，不再需要借助外在的認知即能創生道德。由於朱子在這個關鍵環節上出了問題，其直接的後果就是他講的性體成了死理，只存有不活動，失去了道德的活力，這也就是牟宗三反復講的「只存有不活動」。「只存有不活動」是說理性沒有活動性，無法直接決定道德善行，在這方面軟弱無力。有鑑於此，我把牟宗三對朱子的批評概括為「道德無力」。所謂「道德無力」就是由於在心性學理中道德本心的失位所造成的性體無法直接決定道德的現象。

牟宗三關於「道德無力」的思想極有意義，但他把這個問題與道德他律聯繫起來，情況又變得十分複雜。從理論結構上分析，朱子的理論的確是由知識講是非，而不是由道德本心講是非，牟宗三對此的批評十分精當。但以知識之是非決定道德只會使其理論只存有不活動，喪失活動性，這屬於「道德無力」，而不是康德所說的道德他律。康德論道德他律的根本意圖是說在道德理性之外預設一個目的，從而使道德不為理性自身所決定，而不是說能否在這裡講知識。如果嚴格以此為標準的話，康德的道德哲學也可以說是以知識之是非決定的，也是道德他律。牟宗三對道德他律概念的運用明顯沒有

---

18 同上注，頁 461。

遵循康德的原意，嚴格說來是對康德的一種「曲解」。由此我們可以明白，牟宗三批評朱子的真正用意，是嫌朱子學理有缺陷，道德本體只存有不活動，是「道德無力」，因為牟宗三誤解了康德道德他律學說的原義，陰差陽錯，才為朱子戴上了一頂「道德他律」的帽子。

（發表於《哲學研究》2003 年第 6 期）

牟宗三道德自律學說的困難及其出路

一

　　牟宗三道德自律學說，特指牟宗三借鑒康德道德自律理論研究儒家心性之學而形成的一種學說。這一學說首先從道德理性的三義，即所謂截斷眾流義，涵蓋乾坤義，隨波逐浪義說起。[1]這三義當中，與道德自律相關的，主要是截斷眾流義。所謂截斷眾流是說，道德必須斬斷一切外在的牽連，本身必須是純粹的，只能為道德而道德，不能為其他目的而道德。牟宗三認為，截斷眾流義，用康德的話說，就是道德自律。儒家心學[2]雖然沒有使用道德自律的字眼，但其理論學說的核心與康德是相通的。因為孔子的仁絕對不是一個經驗的概念，不是一個後天的心理學的概念，而是道德的理性，是一個超越的標準。[3]仁的學說向人們揭示了這樣一個深刻的道理：在現實自然生命之上，在種種外在的利害關係之外，有一超越的道德理性。人只有毫無雜念地以此為標準，從自然生命中解放出來，提高一層，建立理性生命，才能成就純粹的道德，這種義理用康德的術語表述就是道德自律。牟宗三以截斷眾流義概括康德的道德自律理論，有著重大理論意義，因為儒家歷來強調道德必須是對自己道德理性的服從，必須毫無雜念地排除一切利害關係。本文也在此意義上使用道德自律這一概念，不存在異議。

1　牟宗三：《心體與性體》，第一冊（臺北：正中書局，1968 年），頁 137-138。
2　牟宗三有時籠統講儒學是道德自律，其門人也常常這樣講。其實這一說法並不十分確切，因為從牟宗三整體思想來看，他講道德自律只是對儒家心學而言，並不包括儒家中的理學。
3　牟宗三：《心體與性體》，第一冊（臺北：正中書局，1968 年），頁 119-120。

　　但是，牟宗三道德自律學說在情感問題上遇到了麻煩。我們知道，康德道德哲學是排斥情感的。康德關於情感的思想，大致包括兩個方面的內容：一是幸福情感，康德將幸福情感歸於功利主義的幸福原則，認為幸福情感因人而異，不具備普遍性和必然性；二是道德情感，道德情感與幸福情感有本質的區別，幸福情感屬於幸福原則，是感性的，道德情感只表現為對道德法則的敬重，實際上是人何以對道德法則感興趣的深層原因，是一種「獨特的情感」。雖然有這種特殊性，但康德仍然「把道德感原則也算做幸福情感，因為任何一種實踐上的關切，都通過事物所提供的滿足而增加人的舒適，不管這種關切是直接的不計利得，還是考慮到利得而發生。」[4]凡是情感都是感性的，儘管道德情感有其特殊性，但仍然屬於感性層面，這是康德的一貫原則。

　　這種冷冰冰的格局在儒家學理中並不存在。相對於康德的學說，儒學可以說也有兩種情感：首先是感性情感，即相當於康德所說的幸福情感。雖然儒家不反對人們追求幸福，但同康德一樣，也堅持反對將幸福因素置於道德之中。再就是道德情感，這種情感又包括兩個方面，首先是人對道德法則的興趣，其次是在踐德行仁過程中的心理滿足。在儒家看來，人天生具有一種向上生長發展的力量，如果聽從良心本心的指揮，按照良心本心的要求去做，內心就會感到巨大的愉悅。對於這種愉悅之情，儒家是從來不反對的。非常明顯，在情感問題上，儒學與康德之間有同也有異。在幸福情感方面，儒學與康德一致，都反對將其加入道德法則之中，堅持道德的純潔性。但是在道德情感方面，兩家的分歧就顯現出來了。儒學並不反對道德情感，認為這完全是題中應有之義。而康德認為，要保持道德的純潔性，必須排除一切情感，其中也包括道德情感，否則便不能稱為道德自律。這樣就產生了一個問題：如果說儒家心學也是道德自律的話，那麼應當如何處理道德情感問題呢？

---

[4]　康德：《道德形而上學原理》，苗力田譯（上海：上海人民出版社，1986 年），頁96。

　　牟宗三也看到了康德與儒學之間的這個差異，以儒學為基礎對康德提出了尖銳的批評，認為康德只把道德感停在實然層面上，歸之於私人幸福原則之下，視之為經驗原則，「是類乎尊性卑心而賤情者」[5]。為了克服康德的不足，他提出了「上下其講」的辦法，認為「道德感、道德情感可以上下其講。下講、則落於實然層面，自不能由之建立道德法則，但亦可以上提而至超越層面，使之成為道德法則、道德理性之表現上最為本質的一環。」[6]理固然是超越的、普遍的，但在儒家看來，這種超越、普遍不完全是抽象的，必須在具體的心與情中顯現。心與情顯現了理，也就上昇到超越的、普遍的層面。因此，儒家講情總是即超越即具體的，可以上下其講：下講落於實然層面，這個層面的道德情感屬於幸福原則，自然要排除在自律道德之外；上講提昇至超越層面，使之成為道德法則、道德理性最為本質的一環，這個層面的情感同於道德本心，與道德自律並不矛盾。牟宗三希望用這種「上下其講」的辦法，解決康德學理的不足，堅持儒家心學是道德自律的基本主張。

二

　　面對牟宗三提出的「上下其講」的辦法，一些學者不以為然，認為這種辦法無法完全彌合康德與儒學之間在道德情感問題上的差異，所以近二十年來圍繞這個問題對牟宗三展開了一系列的批評。情感問題事實上已經成為了批評牟宗三道德自律學說的一個突破口。

　　在這方面最先發難的當屬黃進興。[7]黃進興承認，儒家學說的確有某些內容與康德相通，但二者之間也存在著很多相異之處，相異之處的核心在於康德完全排除情感，將情感歸於感性，而儒學不管是理學還是心學，都不排

5　牟宗三：《心體與性體》，第一冊（臺北：正中書局，1968 年），頁 129。

6　同上注，頁 126。

7　參見黃進興〈所謂「道德自主性」：以西方觀念解釋中國思想之限制的例證〉，《食貨》第 14 卷第 7、8 期合刊（1984 年 10 月）。

除情感，而且很重視情感。這樣一來，能否以康德的道德自律學說衡量儒學就存在著很大的困難：如果以「為道德而道德」作為標準，那麼不僅是心學，就是理學，也不能不說是道德自律；如果以是否排除情感作為標準，那麼不僅是理學，就是心學，也不能說是道德自律。

　　黃進興的文章發表之後，在學術界引起了強烈的反響，隨即開展了關於道德自律問題的大討論。數年之後，在德國留學回到臺灣的李明輝也加入其中，使討論達到高潮。李明輝認為，道德自律有狹義和廣義之分，康德將道德情感排除在外的那種理論形式，是狹義的道德自律，康德之後承認道德情感的作用，甚至將其吸納進道德理性之中的那種理論形式，是廣義的道德自律。從狹義上看，儒學自然與康德有別，但這並不妨礙稱儒學為廣義的道德自律。李明輝最後得出結論說：為什麼五峰、蕺山和象山、陽明是道德自律，而朱子是道德他律呢？「其關鍵問題只在於：他們是否承認孟子底『本心』義，而接受『心即理』的義理架構？如果是的話，則必屬自律倫理學。不接受此義理架構，但有一個獨立意義的『道德主體』概念，仍不失為自律倫理學；此如康德所表現的形態。若連『道德主體』底概念亦不能挺立起來（如朱子），便只能歸諸他律倫理學。」[8]這個結論具有綱領性質，明確分出了道德自律的兩種形態：一個是孟子的「心即理」形態，一個是康德的「道德主體」形態，這兩種不同的形態都屬於道德自律，前者可歸為廣義的道德自律，後者可納入狹義的道德自律。因此，不能因為儒學在道德情感問題上與康德有所差異，就懷疑其不是道德自律。由於朱子完全在這兩種形態之外，故不可稱道德自律，只能稱道德他律。李明輝關於道德自律的一系列文章發表後，黃進興未能提出新的材料，有關的討論逐漸冷淡了下來，贊成牟宗三主張的又占了上風。

　　在我看來，李明輝的觀點固然有力地維護了牟宗三的看法，但也帶來了新的問題。首先，應當看到，這裡的論題實際上已經發生了變化。黃進興等人提出的問題原來是能否借用康德道德自律學說研究儒學，而現在的問題卻

8　李明輝：《儒家與康德》（臺北：聯經出版事業公司，1990 年），頁 45。

是儒家心學屬於哪個意義的道德自律。這顯然是兩個不同的問題。李明輝以康德不是道德自律的唯一形態回答黃進興，實際上已經轉換了原來的論題，從原先的問題向後退了一步。更加重要的是，這種討論使我們不得不重新考慮如何看待朱子的問題。按照李明輝的劃分，能否稱為道德自律，主要是看其有沒有一個獨立的道德主體。孟子的道德本心自然屬於道德主體，康德的實踐理性雖然與孟子的義理架構不同，但也是一個獨立意義的道德主體，所以都可以稱為道德自律。與這兩種形態不同，朱子並沒有一個獨立意義的道德主體，所以只能歸於道德他律。但我們知道，朱子哲學的最高範疇是天理或理，理必須在事中顯現，落實在具體的事物之中而為事物之性，理是就總體而言，性是對個體而言，就此而言，性或性體就是朱子學理中的道德主體。朱子學理的問題不在有沒有一個獨立的道德主體，而在這個理中沒有孟子的心義，使其沒有活動性，最後淪為死理。因此，我們不能說朱子學理中沒有一個獨立的道德主體。其實這個道理並不難理解，單單牟宗三《心體與性體》這一書名已經明確告訴我們，朱子有一個道德主體，只不過這個道德主體只是性體，不是心體而已。

　　於是就出現了這樣一個問題：既然朱子也有一個獨立的道德主體，那麼照理也應該稱其為道德自律，而不應該稱為道德他律，但這又與牟宗三對朱子的定性相悖。由此可見，李明輝維護牟宗三的觀點固然對學理的進一步發展有不小的幫助，但也將牟宗三道德自律學說中隱含著的問題充分曝露了出來。牟宗三道德自律學說正在同時受到正反兩個方面的夾擊：原本是想證明孟子為道德自律，但經過細緻的理論比較後，卻發現孟子重視情感，而康德排除情感，這種情況反倒更像是康德批評的道德他律；原本是想判定朱子為道德他律，但經過認真的理論分析後，卻發現朱子的道德主體雖然不能活動，但不能不說其沒有道德主體，所以似乎也應該稱為道德自律。這個尷尬局面的確是令人始料不及的。

三

其所以產生這種尷尬的局面，據我觀察，根本性的原因是牟宗三受到了西方傳統思維方式的制約。西方傳統思維方式的一個重要特點，是堅持理性與感性的兩分。在這種思維方式中，理性是道德法則的制定者，是道德的根據；感性是人對個人幸福的追求，是利欲，是惡的源頭。這種思想定式造成的一個重要困難，就是道德情感問題無法處理。道德情感到底應當歸於理性還是歸於感性呢？如果歸於理性，因為道德情感沒有絕對的普遍性，與理性必須是普遍的要求不合；如果歸於感性，因為道德情感主要表現為對道德法則的敬重，又與一般所謂的功利原則不符。在兩分結構中道德情感必然難以安頓乃至無家可歸。

但在儒家心性之學中，這種困難並不存在。因為自孔子創立儒學開始，儒學就沒有沿西方道德哲學兩分路線的方式發展，而遵循的是一種三分方法。所謂三分方法，就是將人與道德相關的因素分為欲性、仁性、智性三個部分的一種方法。三分方法中第一個部分是欲性，也就是利欲問題，大致相當於西方道德哲學中的感性。另一個部分是智性，也就是關於學習的思想，大致相當於西方道德哲學中的理性。這兩個部分雖然有自己的特點，但與西方道德哲學中的感性和理性可以大致對應起來。儒家心性之學的最大特點，是在這兩個部分之外還有一個因素，這就是仁性。所謂仁性也就是孔子仁的思想。發現仁，提倡仁，是孔子對中國文化發展最大的貢獻，也是儒學之所以成為儒學的重要標誌之一。但仁究竟是什麼，孔子並沒有一個統一的說法。我認為，從理論上分析，孔子的仁當解釋為是社會生活和智性思維在個人內心的結晶，即我所說的「倫理心境」。一個人在成長過程中總要受到社會生活的熏習和影響，這種影響久而久之會在內心形成結晶體；同時，在成長過程中，人也要不斷進行智性思維，隨著智性思維的進行，總會在內心留下一些痕跡，這叫做智性的內化。社會生活和智性內化的結果，在倫理道德領域，就是形成一定的倫理心境，這就是孔子所謂的仁。由於有了仁，儒家心性之學便有了三分的格局，其最大的特點，是把西方道德哲學意義的理性

劃分為智性和仁性兩個部分。無論是智性還是仁性，都可以稱為理性，因為它們都是道德的根據，都是制約和引導欲性的力量。從這個角度看，智性和仁性都可以歸為理性（廣義的理性）。但智性和仁性又有著明顯的不同，必須區分開來。智性和仁性的一個重要區別就是智性排斥情感，而仁性包括情感。智性的主要任務是向外學習，直到後來發展為認識事物發展規律等等，為了保證認識的客觀性，必須排除情感；仁性是社會生活和智性思維在內心的結晶，社會生活中的道德標準，好善惡惡的習俗在結晶的過程中也帶進每個人的內心，使人們內心充滿著情感，敬重道德法則，享受道德的愉悅，忍受不道德的痛苦。正因為如此，儒家心性之學非常重要情感問題，從來不存在道德情感無處安身的問題。

　　非常可惜的是，牟宗三在借鑒康德道德自律學說研究儒學的過程中，未能充分尊重儒家心性之學的特點，沒有注意到儒學與康德在思維方法上的這個重大差異，仍然沿用西方道德哲學的兩分方法，一開始就陷在混亂之中，苦苦不能脫身。下面我們就來分析這些混亂是如何發生的。

四

　　既然完整的儒家心性理論具有欲性、仁性、智性三個部分，那麼借助康德道德自律理論研究儒學，首先就需要弄清孟子、朱子、康德在這三個部分中各處於什麼位置。

　　非常明顯，孟子當定位於仁性，朱子當定位於智性。孟子之心來自於孔子之仁，朱子之格物致知來自於孔子的學詩學禮，這些都是常識。雖然孟子也講學，朱子也講心，但這些並不是其思想的重點。[9]一般而言，孟子與朱子的定位不會有大的爭論，比較困難的是康德。這種困難不僅來自於中西哲學的不同，更重要的是容易受到牟宗三的影響。儘管牟宗三講過，「康德乃

---

[9]　關於孟子和朱子的定位問題，可參見拙文〈孔孟心性之學的分歧及其影響〉，《學術月刊》1991 年第 10 期。

朱子系與孟學系之間的一個居間形態」[10]，也就是說，康德並不完全同於朱子，也不完全同於孟子，只是兩人之間的一個居間形態。但熟讀牟宗三的著作很容易判斷出，在牟宗三心目中，康德無疑更接近於孟子。這是因為，牟宗三非常喜歡將康德與孟子作對比，認為康德與孟子異代同心，心心相印，牟宗三的弟子也常常直接將康德與孟子放在一起研究，「康德與孟子」的提法幾乎成為時尚。由於孟子屬於仁性，大講「康德與孟子」無疑是將康德定位於仁性了。然而一旦我們打破這個成見，就會發現問題並非如此簡單。如果將智性與仁性同時擺在面前，我們不用費太大的力氣就能看出，康德的實踐理性與孔子的仁性有很多的不同。

康德的實踐理性不同於仁性，至少表現在以下幾個方面：

第一，孔子的仁性是「現成」的，康德的實踐理性是「未成」的。如上所述，從理論上分析，孔子的仁是社會生活和智性思維在內心結晶而成的倫理心境。對於成人而言，人在處理倫理道德問題之前，這種倫理心境已經具有了。這種情況即相當於孟子說的「我固有之」。對於這種「我固有之」的仁性，只要反身自問，逆覺體證就可以得到，一旦得到就可以聽到它的指導，所以特別的「現成」。

康德的實踐理性不是這樣。康德的實踐理性簡單說就是意志，意志是道德法則的制定者。在康德學理中，道德法則的制定過程非常複雜。康德發現，在普通人的理性當中存在著明確的道德法則，這種法則是作為一種事實存在的，在《實踐理性批判》中，康德直接將其作為「理性事實」[11]確定了下來。雖然「理性事實」非常重要，但不能成為最高的道德法則，必須對其進一步抽象、提昇。這裡便顯示出規律的重要性了。「客觀上只有規律，主

---

[10] 牟宗三：《康德的道德哲學》（臺北：臺灣學生書局，1982年），頁266。牟宗三有關的提法在《心體與性體》與其後的著作如《現象與物自身》中有細微的變化。

[11] 李明輝非常重視康德的這個說法，以此引申出一整套讀解康德和孟子的方法。參見其專著《康德倫理學與孟子道德思考之重建》（臺北：中央研究院中國文哲研究所，1994年）。我讀此書受益良多，但也有一些不同看法。參見拙文〈論「理性事實」與「隱默之知」〉，《中國哲學史》2004年第1期。

觀上只有對這種實踐規律的純粹尊重，也就是準則，才能規定意志，才能使我服從這種規律，抑制自己的全部愛好。」[12]經過一系列的理性分析，康德終於「在普通人的理性對道德的認識裡，找到了它的原則」[13]，完成了最高道德法則的制定工作。這個過程說明，在康德學理中，實踐理性道德法則的制定工作來源於對普通道德理性知識的理性分析，這種分析是一個漫長而複雜的過程，相對於仁性的「現成」而言，可以說是「未成」的。

第二，孔子的仁性包含有具體內容，康德的實踐理性偏重於形式原則。仁性不是空的，本身就有具體內容，見父知孝，見兄知悌，見孺子入井知怵惕惻隱，社會生活中一般的道德原則都包含在它裡面。康德的實踐理性與此不同。在康德看來，意志好像站在十字路口一樣，站在它作為形式的先天原則和作為經驗質料的後天動機之間。既然意志必須被某種東西所規定，那麼它歸根到底要被意志的形式原則所規定。所以，真正的道德，必須抽出意志的全部對象，單單留下作為普遍法則的純粹形式。正因為此，康德道德哲學才常常被稱為形式主義倫理學。

第三，孔子的仁性是直覺，康德的實踐理性是理性思考。仁性是實實在在的東西，內在於心，不虛不偽，能不能得到它，全在於自己靜心平氣，逆覺反證。逆覺反證從方法論意義講，並不能明確其過程，也不能用語言有效加以說明，所以是一種直覺。仁性的這個特點非常重要，其後心學反復強調頓悟，即源於此。

康德的實踐理性就不同了。如上所說，康德建構最高道德法則，是將普通的道德理性知識上昇為哲學的道德理性知識才獲得成功的。這種方法無論如何都是理性思考而不是直覺。當然，康德也不完全否認直覺，但他並不以此為滿足。在他看來，一個完善的道德準則進程必須包含三個步驟：一是普遍的形式，所選擇的準則應該是具有普遍自然規律那樣效力的準則；一是作為目的的質料，即有理性的東西其本身就是目的；三是以上兩點的綜合：全

12　康德：《道德形而上學原理》，頁50。
13　同上注，頁53。

部準則，通過立法而和可能的目的王國相一致，如像對待一個自然王國那樣。康德認為，道德思考的結果雖然盡可能要求與直覺接近，但完善的道德過程必須由普遍形式，到目的質料，再到普遍形式與目的質料的緊密結合，「最好是讓同一行為依次通過以上三個概念」[14]，只有這樣的思考才是完整的。由此可見，如同承認普通道德理性知識的存在一樣，康德並不完全否認直覺的作用，但他同樣不以此為滿足，仍然強調完善的道德進程最好經過三個步驟，這個過程顯然已經不屬於直覺，而是理性思考了。

第四，孔子的仁性不排斥情感，康德的實踐理性排斥情感。這個問題前面已經有過分析，不再重複。

第五，孔子的仁性既是首長，又是執行者，康德的實踐理性只是首長，不是執行者。孔子的仁性有豐富的具體內容，千般萬般道理都在裡面，本身就是道德法則，是一個首長，一個發令官。更為可貴的是，這個發令官不僅負責發令，而且還身先士卒，親作表率，帶頭衝鋒陷陣，自己就是一個執行者，一個模範士兵。康德的實踐理性是意志，意志的重要工作是制定道德法則，從這個意義上講，它也是一個首長，一個發令官。雖然康德反復強調人是理性王國的一員，自在地作為目的而實存著，任何時候都應該按照他們願意當作普遍規律看待的那些準則去行動，但由於完全排斥情感，把解決人為什麼對道德法則感興趣等問題的道路完全封死了，所以無法說明理性何以必然是實踐的問題。從這個意義上說，康德的實踐理性只是一個首長，一個發令官，不是一個執行者，一個模範士兵。

通過上面的分析，康德實踐理性與孔子仁性的不同特點已經十分明顯地擺在我們面前了。據此我們有充分的理由相信，康德的實踐理性與孔子的仁性並非屬於同類，絕對不能將康德定位於仁性。

---

[14] 同上注，頁90。

五

　　根據我的研究，康德的實踐理性更接近孔子的智性。

　　要證明這一點，首先需要解決一個論證方法的問題。前面講過，孔子創立仁且智的心性學說的時候，智性還只是一般性的學詩學禮學樂，但這種性向包含著極為豐富的可以擴充的潛質，後來朱子便以此為根據發展出一套以格物致知為代表的完整的智性系統。這樣就為我們的論證提供了方便。如果我們能夠證明康德在學理上與朱子近似的話，康德實踐理性更接近孔子的智性也就不證自明了。這樣的證明並不特別困難，因為如果我們將康德與朱子放在一起的話，就會發現他們在一些基本問題上是非常相似的：

　　首先，康德和朱子的道德哲學都離不開知識。我們上面曾簡要回顧了康德制定最高道德法則的過程，這個過程已經表明，康德的道德哲學離不開知識。康德將倫理學規定為「關於自由規律的學問」[15]，他為自己提出的任務就是發現自由規律。要發現自由規律，必然涉及如何看待「常識」的問題。儘管康德承認，在人類社會中存在著一種常識，但堅持認為，這些還不是哲學，還不是形而上學，人們不能心安理得地躺在普通常識上睡大覺，必須將其提昇一步，上昇為真正的哲學。既然必須對普通道德理性知識進行提昇，將其建立在純粹理性之上，那麼分析方法和綜合方法就是必不可少的，這個過程當然就離不開知識了。

　　康德的這一思想特點，與朱子非常接近。康德對普通道德常識進一步提昇、抽象，使之成為真正哲學的過程，由於使用了西方哲學的表達方式，顯得較為難解，其實這一過程就是朱子講的以其然求其所以然。普通常識是其然，常識背後的道理是其所以然。要想成聖成賢，不能僅僅知曉事物之然，識些道理便罷，更必須瞭解事物背後的所以然。朱子特別重視《大學》，強調格物致知，就是要人們知個所以然。天地之理，通過氣稟賦予萬物，如果對事物只是粗知一二，不知其所以然，不知那個天地之理，便不會有個徹心

---

[15]　同上注，頁 35。

徹髓處。大要以行己為先，但此並不為足，如果不曉得其中的道理，很難有大的發展，在其他事情上也難應用自如，所以求其所以然、追求知識絕對不能少。

　　其次，康德與朱子都沒有孟子的本心義。康德道德哲學中並沒有孟子的本心義。在康德道德哲學中，理性形式的純潔性超過了一切，為了嚴格保持這種純潔性，他必須排除一切經驗，其中也包括情感在內。情感問題是康德道德哲學的一個死結。這裡需要著重指出的是，情感只是一個表象，與情感相比更重要的是本心。情感是表，本心是裡；情感是末，本心是本。康德不重視情感是因為他不重視也不瞭解道德本心。道德本心是儒家哲學的法寶，西方道德哲學對它的重視程度總體上看遠不及於儒學。受到西方這種傳統的影響，康德也認為，心是個體的，而個體的東西沒有普遍性，不能以此為基礎建立道德法則，所以，康德道德哲學特別重視理性，而不大重視起碼不像儒學那樣看重本心。牟宗三批評康德「卑心而賤情」，的確是一針見血。「賤情」是「卑心」的直接結果，「卑心」是「賤情」的直接原因。康德道德哲學在情感問題上遇到的困難，說到底是「卑心」的結果。我們不能將眼光只盯在情感問題上，更重要的是要看到康德道德哲學中沒有儒家道德本心的位置，或者嚴格一點說，是沒有將道德本心置於應有的高度。

　　同樣，朱子哲學中也沒有道德本心的位置。這是牟宗三對朱子之學最不滿意的地方。朱子哲學的最高範疇是天理或理，這種理有兩個基本的含義，一是事物的規律，二是指道德的原則。這兩者不能截然分離，道德原則說到底不過是宇宙普遍法則在人類社會中的特殊表現而已。單獨的理沒有意義，理必須在事中顯現，落實在具體的事物之中。理就總體而言，性就個體而言。理命於個體即為個體之性，這就是所謂的「天命之謂性」。朱子一生學理萬千，概括起來，無非是講個性即理。當然，性除與理保持關係外，還與心保持關係。性與心的關係非常微妙，性是超越之體，但這個超越之體必須借助心才有活力。心有兩種，一種是孟子意義的道德本心，一種是認識意義的認知之心。道德本心本身能夠活動，性借助於它也就有了活力。認知之心只是一種認識能力，這種能力並不具有道德的活力。但是，朱子講的多是認

知之心，而不是道德本心。「朱子論心只如此，並無孟子之本心義」[16]。由此可知，朱子雖然也講心，但講的並不是孟子意義的道德本心。朱子的心性情三分，實際上只是理氣兩分。心與情都屬於氣，真正的超越實體在性而不在心。總之，是否具有孟子的本心義是衡量朱子學統與孟子學統的分水嶺，而沒有（準確說是這個部分比較弱）孟子的本心義是朱子學理的致命傷。

最後，康德與朱子都無法解決道德的實踐動力問題。由於康德只是側重於通過理性分析的方法從普通道德理性知識中抽取最高的道德法則，所以沒有能夠解決情感問題，沒有將情感上昇為道德本心，其道德哲學存在著嚴重的不足。康德認為，「人何以對道德法則感興趣」，「純粹理性如何能是實踐的」，「道德法則如何能使我們感興趣」等理論問題，人類理性無法回答。這些問題之所以存在，根本原因就在於康德理論中沒有道德本心之義。一個道德理論體系如果不能為道德本心找到一個安身之所，這個理論就是死的，不可能有任何的活力。在這個意義上，康德的理論其實也像牟宗三批評朱子那樣是「不活動」的。這樣一來，無論康德理論多麼崇高多麼偉大，都難以變成具體的善行。康德之所以無法解決「人何以對道德法則感興趣」等一系列的問題，深層的道理就在這裡。

由於朱子也沒有孟子的本心義，同樣無法解決上述問題。一旦沒有了本心義，性和理也就沒有了活動性，「只存有而不活動」，最後淪為死理。性一旦成為死理，直接的結果，就是道德力量大為降低，即所謂「性體之道德性之減殺」。「無論道德的與非道德的，彼一律就存在之然以推證其所以然以為性，則即使是屬於道德的性，此性之道德性與道德力量亦減殺，此即所謂他律道德是。」[17]朱子論性旨在說明事物存在之存在性。這裡有兩種不同的情況：一是說明道德所以然之理，這與道德有關係；二是說明事物存在之所以然之理，這與道德沒有關係。即使是前一種情況，性也只是道德所以然之理，是擺在那裡為心所認知、所觀解的一個標準，而不能實踐地、自我作

---

[16] 牟宗三：《從陸象山到劉蕺山》（臺北：臺灣學生書局，1990 年），頁 10。
[17] 牟宗三：《心體與性體》，第三冊（臺北：正中書局，1969 年），頁 477。

主地確立道德的終極根據。這種義理，與孟子相比，其道德力量自然是大大地降低了。牟宗三關於「性體之道德性之減殺」的批評，恰如其分地點出了朱子的要害。

行文至此，康德的實踐理性與朱子極為相像，更加接近孔子的智性，已經是明顯的事實，無需再辯了。

六

回到文章的主題上來。在劃分孔子心性之學的三個層面，認定康德實踐理性不同於仁性，而更接近於智性之後，我們終於明白了牟宗三道德自律學說在情感問題上飽受困惑的根本原因。這個原因簡單說就是：牟宗三不僅沒有區分智性與仁性，而且把二者的關係完全顛倒了。

在孔子心性之學中，道德的根據有兩個，既有智性又有仁性。智性和仁性都是道德的主體，都是道德理性，以此為基礎截斷眾流，自我立法自我服從，排除一切利害原則，都可以成就自律道德。所以與智性和仁性相對應，當有兩種不同的自律：智性道德自律和仁性道德自律。所謂智性道德自律是服從智性認知能力所認識和制定的道德法則，排除一切利欲因素而成就道德；所謂仁性道德自律是以道德本心自身為道德法則，排除一切利欲因素而成就道德。區分兩種道德自律有重要的理論意義。一方面，它告訴我們，以智性為基礎的道德也是自律，而非他律，牟宗三僅僅依據「就知識上之是非而明辨之以決定吾人之行為是他律道德」[18]這一標準判定朱子為道德他律，是一個極大的理論失誤。另一方面，它也說明兩種道德自律的性質有很大的差異，不能混淆。智性原本是指學習和認知，後來也發展為認識事物的規律，從常識中提取並制定道德法則等等。智性的這個性質決定了智性道德自律不能講情感，因為規律是客觀的、普遍的，不能因為個人的好惡而改變，如果將情感置於智性之內，必然影響智性的公正性和準確性。與此不同，仁

---

[18] 同上注，頁397。

性的基礎是良心本心，良心本心是社會生活和智性思維在內心結晶而成的倫理心境。倫理心境在形成的過程中，將社會好善惡惡的要求也帶了進來。因此，人們一旦見到了好的，如道德法則，自然從內心悅之；一旦見到了惡的，如違反道德法則的言行，自然從內心惡之；一旦聽從良心本心的命令達成善行，自然感到快樂愉悅。仁性道德自律天生就與情感交織在一起，甚至可以說，離開道德情感，仁性道德自律將不復存在。

　　西方道德哲學從總體上說是以理性主義為基礎的。康德堪稱這一特性的極致。這一特性從大的方向上說，與孔子的智性比較近似，而且更為發展，更為完整，以此為基礎成就的自律大致即相當於儒家的智性道德自律。與儒學不同的是，西方道德哲學沒有將道德哲學劃分為三個部分的習慣，也沒有一個像儒家心學一樣的完整而強大的仁性傳統以及與其相應的仁性道德自律。正因為如此，康德道德哲學中沒有道德情感應有的地位。應當看到，康德道德哲學之所以排除情感，並不是他一時糊塗，沒有想周全，而是由其理論的根本特性決定的。如果康德允許在道德法則中夾入情感，那就等於摧毀了其整個道德哲學的基礎。所以，康德寧可冒很大的風險，公開承認他無法合理解釋「人為什麼對道德法則感興趣」等問題，也不願意在情感問題上退讓一步。

　　在這個問題上，牟宗三道德自律學說的不足就顯現出來了。一方面，他在引入康德研究儒學的時候，沒有注意到孔子心性之學的特點，沒有區分智性與仁性，另一方面，又僅僅根據道德理性的超越性，自我立法自我服從以及道德必須排除一切利得雜念等因素，便把康德與孟子放在一起，將其定位於仁性，從而使他的研究從一開始就埋下了混亂的種子。儘管牟宗三也提出「上下其講」的辦法將情感上提到理性層面，希望能夠以此將情感與理性結合起來，保證道德主體中既有理性又有情感，以解決這方面的問題，但以儒家心性之學的標準衡量，這種做法仍然不徹底。因為在儒家看來，情感只是表象，真正的根源還是道德本心。如果只是簡單地將情感提上來，置於理性之中，在道德根據中仍然沒有道德本心的位置，仍然不全面，仍然無法從根本上解決問題。這樣說並非言過其實。康德之後費希特、黑格爾等人已經注

意到這個問題，明確提出了將道德情感加入道德理性之中的解決方案，其實就是將情感上提，但他們之後，康德所留下的諸多理論難題，仍然無法圓滿解決。我們必須看到，康德的道德主體是西方傳統的實踐理性，這種實踐理性與儒家的道德本心有本質的不同。在這種實踐理性中無論加入多少情感，也成不了儒家心學的道德本心，成不了仁性道德自律。

如果我們能夠充分認識孔子心性結構的三分特點，這個問題就比較好解決了。按照孔子的三分結構，康德道德哲學應當定位於智性而非仁性。這樣的話我們就會明白，因為康德屬於智性，智性為了保證道德規律的客觀性、普遍性，不能講情感；而儒家心學屬於仁性，仁性從理論上說是倫理心境，本身即包含好善惡惡的情感，所以其道德必然包含情感。這兩者之間的界限截然分明，不容混淆。將情感上提至理性，與理性合而為一，雖然可以在一定程度上緩解康德道德自律學說的困難，但很難從根本上解決問題。這不僅因為智性與仁性的很多特點不同，籠統合併在一起，必然造成混亂，而且即使把情感上提了，即使做成了一個加法，也仍然無法凸顯儒家心學的道德本心。總之，儒家的仁性並不是簡單的情感加理性，而應視為一個獨立的部分，比較好的出路是區分智性與仁性，而不僅僅是做一個簡單的加法。[19]

由此我們可以看出，由情感問題引出的牟宗三道德自律學說的眾多困惑，只不過是一個導火索，隱藏在其背後的是儒家心性之學與康德道德哲學之間的巨大差異。本文並不反對借鑒康德道德自律理論研究儒學，但強調這種研究必須建立在充分尊重儒學特點的基礎之上。從理論上分析，不管是西方哲學還是中國哲學，一個完整的道德學說，道德的根據都不應當只是一個而應當是兩個。雖然這樣的理論在西方也有，但多是一些零星的材料，而在中國卻有一個完整的系統，這就是孔子既講智性又講仁性的心性之學。在這種系統中，道德的根據既有智性又有仁性，與其相應的既有智性道德自律，

---

[19] 由此可知，仁性道德自律與李明輝所說的廣義道德自律並不相同。按照李明輝的理解，廣義道德自律是在實踐理性基礎上加入道德情感，並不構成心性之學的一個獨立部分，實際上只是做了一個加法。仁性道德自律的根據是道德本心，是心性之學的一個獨立部分，而不是簡單地在實踐理性中加入情感。

又有仁性道德自律。孔子學說對中國哲學發展影響極大,由智性和仁性分別發展出了後來以朱子為代表的理學和以孟子為代表的心學,理學和心學雖然都只得孔子之一翼,都有各自的不足(其中理學的問題更大),但都可以說是道德自律。康德道德哲學雖然非常偉大,康德雖然也承認普通道德理性知識的作用,但他的學說從總體上講以理性主義為背景,嚴格說來只相當於孔子的智性,屬於智性道德自律。有一個前提我不怕重複願意再次提及:康德哲學中的道德根據是實踐理性,不是儒家心學的道德本心,二者絕非同類。如果我們不注意到這一點,在借用康德哲學研究儒學的過程中,將康德定位於仁性,類比於道德本心,與孟子聯繫在一起,必然在情感問題上造成混亂。反之,如果我們能夠充分尊重儒家心性之學的特點,將康德準確定位於智性,那麼就可以看清儒家心性之學與康德道德哲學有著本質的不同,就可以為康德無處安頓的道德情感找到一個恰當的歸宿,從而體悟到儒學的博大精深,將有關道德自律的研究推向一個新的高度。牟宗三借鑒康德研究儒學最大的不足之處就在這裡,消除牟宗三道德自律學說困難的出路和希望也在這裡。

(發表於《中國社會科學》2003 年第 4 期)

「正宗」與「旁出」標準的偏失

一

　　牟宗三認為，儒學發展有一個堯、舜、禹、湯、文、武、周公、孔子、孟子一線相承的道統。這個道統，一言以蔽之，就是內聖外王之道。內聖外王是儒家的共同理想，其根基還是內聖，內聖之學就是心性之學。心性之學由先秦《論語》、《孟子》、《中庸》、《易傳》、《大學》五部經典奠定其基本義理。《論語》創闢仁學，開出道德；《孟子》首創性善之論，將心與仁與性打並為一；《中庸》講「天命之謂性」，將性體與天命實體通而為一；至《易傳》最終確立了從道體說性體的基本規模，達到先秦儒家心性之學最後圓成之境。而《大學》講「明明德」，未表示「明德」即是人之心性，甚至根本不表示此意，而只是「光明其德」之意。所以《大學》在內聖之學之義理方向上究竟往那裡走，自身還不能決定。

　　北宋諸儒由先秦儒家而來，其代表人物是濂溪、橫渠、明道。濂溪對於誠體、神體、寂感真幾體會極為精透，太極真體亦不能外乎於此。雖然未能充分注意《論語》、《孟子》，但仍然是以實踐與聖證為根據。橫渠對於「天道性命通而為一」言之極為精透，首先以儒家「本天道為用」之真實無妄、體用不二之宇宙觀對抗佛家的緣起性空、如幻如化，但對主觀面的仁與心亦能關注。明道兩方面皆飽滿，無遺憾，達到一個高峰。他不言太極太虛，直從於穆不已、純亦不已言道體、性體、誠體、敬體，首倡仁體無外，首言「只心便是天，盡心便知性，知性便知天，當下便認取，更不可外求」，而成「一本」之義。這樣道體、性體、誠體、敬體、神體、仁體、心體，一切皆一，一即一切。「真相應先秦儒家之呼應而直下通而為一之者是明道。明

道是此『通而一之』之造型者，故明道之『一本』義乃是圓教之模型。」[1]

　　象山沒有對北宋前三家多下功夫，而是讀《孟子》自得於心，直接從《孟子》契入。所以象山純是孟子之學，只是一心之朗現，此心即是性，此心即是天，如果要說天命實體，此心即是天命實體。陽明與象山相通，同樣只是一心之朗現，對於從於穆不已之體言道體、性體不感興趣。總之，象山、陽明「是一心之申展，一心之涵蓋，一心之遍潤。自道德自覺上道德實踐地所體證之本心、所擴充推致之良知靈明頓時即普而為本體宇宙論的實體，道德實踐地言之者頓時即普而為存有論地言之者。」[2]象山、陽明雖然不重視客觀地言一於穆不已之實體，但這並不妨礙道德實踐的實現，也合於先秦儒家古義，故為儒學「正宗」。

　　義理間架到伊川有了一個大的轉向。伊川對於客觀言之的於穆不已之體，對於主觀言之的心體、性體，都沒有相應的體會。在道體方面，把於穆不已之體視為「只是理」，即「只存有而不活動」之理。在心體、性體方面，把孟子的本心即性打散為心性情三分。於是心與性成為後天與先天、經驗與超越、能知與所知相對應、相分離的兩個互不相干的東西。在功夫方面，重點落在《大學》致知格物上，重視「涵養須用敬，進學則在致知」。此一系統為朱熹所欣賞、繼承和發展。牟宗三將此一系統名之為「主觀地說是靜涵靜攝之系統，客觀地說是本體論的存有之系統，總之是橫攝系統，而非縱貫系統。」「此一套大體是實在論的心態，順取之路，與前三家遠矣。亦與先秦儒家《論》《孟》《中庸》《易傳》之相呼應遠矣。」[3]究其原因，是因為此一系統將知識問題與道德問題混雜在一起，道德不能顯明，知識問題也不能彰顯。而且將超越之理與後天之心對立起來，心認知地攝具理，理超越地律導心，其成德之教只能是他律道德。牟宗三稱之為橫攝系統，背於先秦儒家古義，故為「旁出」。

　　評定任何事物都有一個標準，區分「正宗」與「旁出」也不例外。關於

---

[1]　牟宗三：《心體與性體》，第一冊（臺北：正中書局，1968 年），頁 44。

[2]　同上注，頁 32。

[3]　同上注，頁 45。

這一點，牟宗三自己講得很清楚：「宋明儒之發展，大體是由《中庸》《易傳》開始而逐步向《論》《孟》轉，以孔子之仁與孟子之心為主證實天道誠體之所以為天道誠體而一之———之於仁，一之於心，重新恢復先秦儒家從孔孟到《中庸》《易傳》之發展，如此而知《中庸》《易傳》是其圓境。」[4] 這就是說，在牟宗三看來，儒學義理最根本的標準是「孔子之仁和孟子之心」，《中庸》、《易傳》是其發展，要評定學派的正誤高低，只能以「孔子之仁和孟子之心」為準繩。於是便形成這樣的邏輯關係：象山、陽明與「孔子之仁和孟子之心」相和，故為正宗；小程、朱子與「孔子之仁和孟子之心」相背，故為旁出。但是，這個評定標準是不是正確，能不能立得住，在我看來是值得商榷的。

二

　　孔子思想全面而完整，在他看來，要成就道德，既離不開仁，也離不開禮。

　　仁是孔子思想最重要的組成部分。孔子論仁的說法很多，但都是對弟子提問的隨宜指點，沒有一個統一的說法。因此，學界關於什麼是仁歷來有不同的理解，紛爭不止。我認為，如果能夠打破單純以孔子之語界定仁之核心這一傳統做法，不妨把孔子的仁看做是「諸德之家」。「諸德之家」的第一個涵義是「眾德之名」。《論語》中孔子列舉了眾多的德性全是仁的表現。所以，仁是眾多德性的總稱，而不是某一種具體的德。「諸德之家」的第二個涵義是「德性之源」，即仁是各種德性的居所和源頭，各種德性都由仁產生。往深處說，作為「諸德之家」的仁是人在倫理道德領域中特有的心理境況和境界，簡稱為「倫理心境」。這種「倫理心境」是社會生活和智性思維（關於智性的具體含義，詳見下文）在個人內心的結晶。一個人在成長過程中總

---

[4]　同上注，頁 346-347。牟宗三關於以「孔子之仁和孟子之心」為劃分學派標準的說法，在《心體與性體》中處處可見，為節約篇幅，不煩一一舉證。

要受到社會生活（包括社會制度）的熏習和影響，久而久之會在心中形成結晶體。與此同時，人們也必然要不斷進行智性思維。智性思維的進行，會在內心留下一些痕跡，這叫做智性的內化。社會生活影響和智性內化的結果，在倫理道德領域，就是形成一定的「倫理心境」，這就是孔子所謂的仁。

以「倫理心境」解說孔子的仁，「若決江河，莫之能禦」。為什麼仁是「眾德之名」？因為仁是社會生活的結晶，既然是結晶，社會生活中的優良部分當然要包括在裡面了。魯國是一個特別重視倫理道德的國度，這種特殊的生活方式對每一個在這個國度中成長起來的人都有潛移默化的影響。孔子為仁列舉的眾多表現，無不可以在魯國這種生活方式中找到原型，這是仁之所以有如此豐富德性內容的根本原因。為什麼仁又是「德性之源」呢？因為仁作為社會生活和智性思維在內心的結晶物，表現為某種心理境界。這種境界有相當的高度和相對的穩定性，遇事自不容已，當下呈現，向人發號施令，迫使人按它的要求去做。一般來說，按它要求去做就是成就了道德，不按它的要求去做，就是敗壞了道德。仁是各種德性的出處和源頭，道理就在這裡。

從心性結構上說，我把孔子的仁稱為「仁性」[5]。簡單說來，「仁性」就是孔子仁的思想。在孔子看來，一個人要成就道德，必須做到仁。只有有了仁，推行周禮才會有內心的基礎。仁的發明直接標誌著儒學的誕生，是孔子對於中國哲學最重要的貢獻。

但是必須指出，除了仁之外，孔子思想體系中還有禮。中國自古就是一個重視血緣聯繫的社會，周公制禮作樂，將宗法封建制度推向高峰。但隨著時代的發展，到了孔子，周禮已經衰落，典籍已經散亂。孔子的政治理想是恢復周禮。要恢復周禮，就必須掌握周禮；要掌握周禮，就必須學習周禮。因此，孔子十分重視學禮。學禮主要是學習禮樂文獻，著作義理，特別是典章制度。只有博學才能會通，才能知其真義；只有知其真義才能見之行事，

---

[5]　「仁性」、「智性」這兩個概念的最早出處，見於拙文〈孔子的心性學說結構〉，《哲學研究》1992 年第 5 期。

約使歸己；只有約使歸己，才能不背於道。由此可見，學禮在成就道德過程中有重要意義。從這個角度，對孔子「不學禮，無以立」一語當有新的理解。

孔子關於學禮的思想，放在心性結構上說，我稱之為「智性」。「智性」一詞源自於子貢。「孔子曰：『聖則吾不能，我學不厭而教不倦也。』子貢曰：『學不厭，智也；教不倦，仁也。仁且智，夫子既聖矣。』」（《孟子·公孫丑上》）在孔子思想體系中，「智性」是在人之為人的過程中，通過學禮（其中當然也包括學詩學樂）而成就道德的一種能力和性向。「智性」在孔子的心性結構中是絕對不可缺少的一個部分。孔子明確講過，仁、知、信、直、勇、剛，都是美德，不學則不明其義，可能轉為不美。孔子有四憂，其中之一就是「學之不講」（《論語·述而》）。孔子還說「篤信好學，守死善道」（《論語·泰伯》）。誓死求其善道有兩條，一條是篤信，一條是好學。信是信此善道，學是學此善道。信屬於仁，學屬於智，可見學習之不可或缺以及「智性」之重要。換句話說，人要成就道德，光有「仁性」還不夠，還必須不斷地外學於禮。

總之，「仁且智」是孔子心性學說的基本特點。換句話說，仁學與禮學，「仁性」與「智性」都是孔子的重要思想，儘管仁學是孔子最重要的貢獻，但禮學也是萬萬不可或缺的。如果把「仁性」去掉，閉口不談仁學在孔子思想體系中的作用，反之，如果把「智性」刪除，閉口不談禮學在孔子思想體系中的作用，明顯有失全面，偏於一隅。

三

孔子這種「仁且智」的思想特點，到孟子有了一個重大的變化。

孟子最大的貢獻是繼承了孔子的仁學，將仁上昇到了心的高度。孔子創立仁學，是個了不起的發明創造，但是他有兩個問題沒有解決，留給了後人。首先，仁究竟是什麼？孔子論仁多是隨宜而說，始終沒有明確講過仁到底是什麼，以至於弟子對仁很難以有一個總體的把握。其次，仁的根據在哪

裡？孔子論仁多是從仁的表現上說，如忠、恕、孝、悌等等，沒有指明仁的根據在哪裡。他從「安」與「不安」批評宰予不仁，心字似乎已經可以脫口而出了，但終究沒有把這層窗戶紙捅破。孟子以其特有的智慧納仁入心，將這些問題一掃而光。「仁，人心也」（《孟子·告子上》），這真是一句驚天動地的話，在儒學發展史上有極為重要的意義。什麼是仁？仁就是人心，就是人的「良心」、「本心」。想要知道什麼是仁一點不難，只要逆覺體證，把握住自己內在的良心本心就可以了；想要踐仁成德一點不難，只要反躬自尋，按自己的良心本心去做就可以了。這樣，孔子的仁學到了孟子，實際上已經發展為一種「本心本體論」。本心本體論的建立，不僅解決了孔子遺留的仁究竟是什麼，仁的根據在哪裡的問題，而且開啟了心學之先河，成為儒家心性之學一條重要的血脈。

但是，令人遺憾的是，孟子思想中缺少孔子的禮學，缺少「智性」。如上所說，「智性」在孔子心性之學中是指通過學習而成就道德的一種能力和性向。這種思想在孟子身上並不存在，至少不為其所重視。也就是說，在「智性」問題問題上，孟子同孔子有著重大的差異。

我們知道，孔子十分重視學習。《論語》開篇就是一句「學而時習之，不亦說乎？」這恐怕不是偶然的。其他如「學而不厭，誨人不倦」；「三人行，必有我師焉」等等，都是流傳千古的佳句。《孟子》雖然也談學習，但對學習的重視程度顯然趕不上《論語》。讀《孟子》人很難受感到他對於學習的重視和熱情。孟子的熱情更多表現在鼓吹仁政，強辯性善方面，而不表現在學習方面。

孔子論學主要是學詩學禮學樂，其中學禮一條尤為要緊。在孔子看來，要完成復禮的重任，首先就要知道什麼是禮，而禮是先王創制的，保留在古代文獻中，散落在民間，無法生而知之，只有不斷學習才能掌握。孟子講的學，不再是學禮，而多數是一般的學習，如「學射」，「盡棄其學而學焉」，「學則三代共之」，「學焉而後臣之」，「姑捨女所學而從我」，「乃所願，則學孔子也」，等等。這同孔子通過學禮成就道德的致思路線並非一致。

更為重要的是，孔孟對於學習在心性之學中所處的地位的看法也不相

同。要想成就道德，在孔子除要做到仁之外，還要依禮而行，而要依禮而行，必先要學禮，所以學習是成就道德必不可少的條件。孟子則不同，他不強調外求，只要切己自反，反歸本心就可以了，所以學習並不是成就道德的必要條件。別的不說，單單「仁義禮智，非由外鑠我也，我固有之，弗思耳矣」（《孟子·告子上》）一句，就足以說明問題了。從孔子思想體系分析，孔子是絕對不會說這種話的。禮是周代繁複的制度，只有孜孜以求，不倦學習才能掌握，怎麼能說「非由外鑠我也，我固有之」呢？又如，「萬物皆備於我矣，反身而誠，樂莫大焉」（《孟子·盡心上》）一句，在孔子看來也有問題。根據上下文，這裡的「物」特指道德的根據，而不是自然之物，「萬」指稱全體，全句意為道德的全部根據我都具有。但在孔子看來，要成就道德必須學詩學禮，詩和禮是外在的，不學習就不會，怎麼能說這些也是「皆備於我」呢？

通過上面的分析可以得出這樣一個看法：孟子雖然對孔子之仁有繼承有發展，但不自覺丟掉了禮學，丟掉了「智性」。質言之，孟子並沒有全面繼承孔子心性學說，我們不能將其作為孔子的嫡系真傳來看待。

四

基於上述分析，我不贊成牟宗三以「孔子之仁和孟子之心」為標準，劃分「正宗」與「旁出」。牟宗三判定朱子為「旁出」，是因為朱子「以《大學》之致知格物義為定本，遂並《論》、《孟》、《中庸》、《易傳》之本義亦喪失。此其所以遠離孔孟之真精神，遠離先秦儒家之縱貫系統，而為歧出者也。」[6]這就是說，因為朱子偏重《大學》的「格物致知」，背離了孔孟之學的真精神，所以為旁出。但根據上面的分析，孔子心性之學除有「仁性」外，還有「智性」，特別重視學詩學禮學樂，這與《大學》「格物致知」有很大的一致性。《大學》固然與《孟子》有異，但同樣由孔子之「智

6　牟宗三：《心體與性體》，第三冊（臺北：正中書局，1969 年），頁 54。

性」發展而來，而且從孔子心性結構推論，重視「格物致知」絕不會受到孔子的非議。雖然由於眾多原因，朱熹視線過多地偏向於道問學，對尊德性理解不夠深透，成為陸王心學攻擊的口實，但朱學未必不出於孔門，未必不合於孔子的心性學說。牟宗三以「孔子之仁和孟子之心」作為劃分學派的標準，不重視孔子之「智性」和禮學，不重視孔孟心性之學的差異，其片面性是很明顯的。

　　我不贊成劃分「正宗」與「旁出」，另一個原因，是這種劃分不利於全面繼承孔子「仁性」與「智性」齊備的心性學說。孔子心性之學即重「仁性」，又重「智性」，立論平實而完整。「仁性」沿著曾子、子思、孟子一路發展，開出後來的心學，「智性」則順著子夏、荀子一路，開出後來的理學。仁智互顯，雙美相合，才是好的理論，缺少哪一個方面都不行，都不合孔子的基本精神。如果說由《大學》而來的朱子不合孔子的仁，是「旁出」的話，那麼讀《孟子》自得於心的象山以及後來的陽明也同樣不合於孔子的智，也未必不是「旁出」。可見，關鍵還不是一個劃分學派的問題，不是一個「判教」的問題，而是承不承認孔子心性學說中有「智性」，承不承認學習在成就道德過程中的作用的問題。無論是孔子心性結構，還是現代倫理學理論，都無可置疑地證明了學習在成就道德過程中的重要作用。牟宗三在「判教」過程中，將重視學習的程朱視為「旁出」，就顯得十分不應該了。

　　總之，孔子心性之學並非只是一個仁學，一個「仁性」，還有禮學，還有「智性」。孟子大大發展了「仁性」，有功於孔門，但不自覺之間丟掉了「智性」，有其不全面之處；朱子對「仁性」理解不力，偏重於「智性」，但其重視「格物致知」未必不出於孔門，未必不合於「智性」，未必不是從孔門禮學發展而來。劃分學派必須以完整的孔子心性學說為標準，而不能只是以「孔子之仁和孟子之心」為標準，否則不利於全面繼承孔子的心性學說。這是我不贊成牟宗三關於「正宗」與「旁出」的劃分，認為其評定標準有所偏失的根本理據。

（發表於《繼往開來論儒學論文集》，浙江古籍出版社 2008 年 4 月）

超越存有的困惑
——牟宗三超越存有論的理論意義與內在缺陷

　　超越存有論是牟宗三存有論的重要組成部分（另一個組成部分是無執存有論），亦是其儒學思想的標誌性成果之一。本文旨在前期分專題研究的基礎上[1]，對牟宗三這一思想作一個綜合性的評述。本文的基本觀點是，牟宗三超越存有論雖然立意深遠，氣勢宏大，但在創生主體問題上對天與人的關係梳理得不夠細緻，直接以上天作為創生存有的主體，造成了一定的理論混亂。

一

　　牟宗三關注超越問題由來已久。眾所周知，黑格爾在看到《論語》的譯本之後，對孔子思想有過一番評論。他認為，孔子只是一位洞悉世事的智者，宣揚世俗的道德，並未提出高遠的理想，在其思想深處缺少一種超越性，只是一種「常識道德」[2]，因而對孔子的思想評價甚低。這種看法在西

---

[1] 這些成果主要是一些單篇論文，主要包括：〈未冠以存有論名稱的存有論思想——牟宗三《心體與性體》存有思想辨析〉（《現代哲學》2004 年第 2 期），〈牟宗三超越存有論義理疏解〉（《哲學門》2004 年第 2 期），〈先秦儒家與道德存有〉（《雲南大學學報》2004 年第 5 期），〈從縱貫系統看超越存有論的缺陷〉（《東岳論叢》2005 年第 1 期），〈橫攝系統與超越存有〉（《學術月刊》2005 年第 2 期），〈聖人與存有〉（《南京師大學報》2005 年第 1 期），〈牟宗三超越存有論駁議〉（《文史哲》2004 年第 5 期）。

[2] 黑格爾：《哲學史講演錄》，第一卷（北京：商務印書館，1981 年），頁 119。

方哲學界有較大的影響，西方不少人均認為孔子只關心人倫日用，不具備超越意識，不是一種合格的哲學思想。牟宗三對這種情況極為不滿，由此開始關注儒學超越性的問題，藉以糾正人們對儒家文化的這種錯誤認識。[3]

牟宗三認為，儒學同樣有其超越性，但這種超越性有著與西方哲學不同的特點。在 1955 年發表的〈人文主義與宗教〉一文中，牟宗三指出：儒學「必其不舍離人倫而經由人倫以印證並肯定一真善美之『神性之實』或『價值之源』，即一普遍的道德實體，而後可以成為宗教。此普遍的道德實體，吾人不說為『出世間法』，而只說為超越實體。然亦超越亦內在，並不隔離，亦內在亦外在，亦並不隔離。若謂中國文化生命，儒家所承繼而發展者，只是俗世（世間）之倫常道德，而並無其超越一面，並無一超越的道德精神實體之肯定，神性之實，價值之源之肯定，則即不成其為文化生命，中華民族即不成一有文化生命之民族。」[4]這裡所說的「超越實體」、「亦超越亦內在」，已經具有了後來超越思想的雛形。由唐君毅、牟宗三、張君勱、徐復觀於 1958 年共同發表的〈為中國文化敬告世界人士宣言〉指出：「中國民族之宗教性的超越感情，及宗教精神，因與其所重之倫理道德，同來原於一本之文化，而與其倫理道德之精神，遂合一而不可分」[5]。這裡的「超越感情」、「宗教精神」，都是強調儒學並非只講人倫日用，也有自己的超越性、宗教性，與西方同樣好有一比，可以看作牟宗三上述思想的直接反映。

既然儒學也有超越性，那麼這種超越性表現在哪裡呢？牟宗三認為，根據中國傳統的思維方式，這種超越性就表現在天的方面。《心體與性體》明確指出：「自宋明儒觀之，就道德論道德，其中心問題首在討論道德實踐所以可能之先驗根據（或超越的根據），此即心性問題是也。由此進而復討論實踐之下手問題，此即工夫入路問題是也。前者是道德實踐所以可能之客觀

---

[3]　李明輝：《當代儒學的自我轉化》（北京：中國社會科學出版社，2001 年），頁124。

[4]　牟宗三：《生命的學問》（臺北：三民書局，1970 年），頁 74。

[5]　唐君毅：《中華人文與當今世界》（臺北：臺灣學生書局，1975 年），頁 881。

根據，後者是道德實踐所以可能之主觀根據。宋明儒心性之學之全部即是此兩問題。以宋明儒詞語說，前者是本體問題，後者是工夫問題。」[6]宋明儒討論道德問題總是圍繞兩個問題展開，一是本體問題，二是工夫問題。本體是工夫的前提，工夫是本體的實現。這裡所說的本體就是道德實踐所以可能的先驗根據或曰超越的根據，而這種超越的根據，就是儒學的超越性。

在其他著作中，有關的論述也很多。比如，牟宗三曾在《中國哲學的特質》中這樣寫道：「天道高高在上，有超越的意義。天道貫注於人身之時，又內在於人而為人的性，這時天道又是內在的（Immanent）。因此，我們可以康德喜用的字眼，說天道一方面是超越的（Transcendent），另一方面又是內在的（Immanent 與 Transcendent 是相反字）。天道既超越又內在，此時可謂兼具宗教與道德意味，宗教重超越義，而道德重內在義。」[7]這段論述學者們常常引用，它明確說明，儒家並非只重倫理，同時也關注超越的層面，這個超越的層面就是天道。天道高高在上，有超越之義，這種超越之義即相當於康德的 transcendent。與康德不同的是，儒學的這種超越之義同時又是內在的，因為天道必須通過人才能發揮作用，所以儒學義理的超越是既超越又內在的，有超越和內在的雙重意義。

值得注意的是，牟宗三特別關注超越性問題，並不僅僅是為了明確儒家同樣具有超越意識，同時也是為了說明存有論。牟宗三為此曾明確指出：

> 宋明儒之將《論》《孟》《中庸》《易傳》通而一之，其主要目的是在豁醒先秦儒家之「成德之教」，是要說明吾人之自覺道德實踐所以可能之超越的根據。此超越根據直接地是吾人之性體，同時即通「於穆不已」之實體而為一，由之以開道德行為之純亦不已，以洞澈宇宙生化之不息。性體無外，宇宙秩序即是道德秩序，道德秩序即是宇宙秩序。故成德之極必是「與天地合其德，與日有合其明，與四時合其

---

[6]　牟宗三：《心體與性體》，第一冊（臺北：正中書局，1968 年），頁 8。

[7]　牟宗三：《中國哲學的特質》（臺北：臺灣學生書局，1974 年），頁 26。

序，與鬼神合其吉凶，先天而天弗違，後天而奉天時」，而以聖者仁心無外之「天地氣象」以證實之。此是絕對圓滿之教，此是宋明儒之主要課題。此中「性體」一觀念居關鍵之地位，最為特出。西方無此觀念，故一方道德與宗教不能一，一方道德與形上學亦不能一。[8]

這裡牟宗三提出了一個重要的思想：儒學同樣具有自己的超越意識，具有理論的超越根據，這個超越根據就是所謂的性體，性體與於穆不已之天命實體為一，是一個創生的實體。這個創生實體既可以開道德行為之純亦不已，又可以決定宇宙生化之不息。說到最後，只是一個性體無外，宇宙秩序即道德秩序，道德秩序即宇宙秩序，道德秩序與宇宙秩序為一。這裡的性體無外、道德秩序即宇宙秩序都是講的存有論問題。牟宗三重視儒家超越性問題，是離不開存有論這個落腳點的。

　　牟宗三為了反駁西方學術界對中國文化的誤解，弘揚儒家文化，打破人們對於儒學的淺薄之見，特別關注超越問題，有著重要的理論意義。作為世界四大文化之一而且是唯一沒有斷裂的一種文化形式，中國文化綿延發展數千年，有過自己的高峰，有過自己的輝煌，為世界文化的發展做出了自己巨大的貢獻。從一般宗教學的意義上看，這樣一個龐大的文化體系如果沒有宗教意識，沒有超越意識，是很難想像的。儒學作為中國文化的重要骨幹，如果只關注人倫日用，沒有自己的宗教意識和超越意識，何以能夠引導中國文化基本上健康而有效地發展如此之久呢？如果儒學具有自己的宗教意識和超越意識，這種宗教意識和超越意識又表現在哪裡，是如何發揮作用的呢？這些當然是極有意義的研究課題。[9]牟宗三眼光敏銳，視野寬廣，很早就關注超越性問題，正說明他具有大哲學家所必須具有的超凡洞見。從那時起，關於儒家思想超越性問題的討論就一直沒有中斷過，近些年甚至有愈演愈烈的趨勢，也說明這確實是一個十分重要的問題。從這個意義上說，我對牟宗三

---

[8]　牟宗三：《心體與性體》，第一冊（臺北：正中書局，1968 年），頁 37。

[9]　鄭家棟：《斷裂中的傳統》（北京：中國社會科學出版社，2001 年），頁 232。

在超越性問題上所作的努力予以積極的肯定和高度的評價，並希望沿著這個
方面將有關的研究不斷深入進行下去。[10]

二

　　但是，應當看到，超越性與存有論是兩個相近但又不完全相同的問題，
如果將這兩個不同的問題混在一起，很可能造成理論上的混淆。根據我的觀
察，牟宗三的超越存有論之所以難以理解，混亂叢生，一個重要原因就是在
這方面就做得不夠好。這主要表現在如下兩個方面：

　　首先是「仁心無外」與「天心無外」的混淆。我們知道，牟宗三提出存
有論思想有一個過程，從較早的《心體與性體》到最後的《圓善論》，從一
開始不承認知性具有攝指格到最後著力建構兩層存有論，從最早的體物不遺
到最後的超越存有論，前後相差變化很大。但是所有這些變化並沒有改變其
最初的、也是最根本的思想，這就是「仁心無外」。仁心不是認知之心，而
是道德之心。道德之心有著雙重的功能，既可以成事，又可以成物，既可以
成就道德，又可以成就存有。道德之心可以成事、成就道德，是題中應有
之義，而道德之心同時能夠成物、成就存有，是因為道德之心有「充其
極」的特性，一點也不安分，總要對宇宙萬物、山河大地說三道四，指指點
點，表示自己的看法，涵蓋乾坤而後已。用儒家傳統的說法表達，這就叫
「仁心無外」。「仁心無外」從理論上說就是仁心創生存有，因為仁心屬於
道德，仁心創生存有就是道德之心創生存有，而有關的理論即可以稱為道德
存有論。[11]十分明顯，在這種創生中，行為的主體是道德之心、道德理性，
也就是牟宗三所說的仁心。如果沒有仁心，自然不可能賦予外物以道德的意
義，不可能創生道德存有。但是，問題的複雜性在於，仁心是有其根源的，

---

[10]　參見拙文〈道德代宗教——一個有意義話題的重提〉，《河北學刊》2003 年第 3
　　期。

[11]　關於這個問題，我在〈未冠以存有名稱的存有論思想〉（《現代哲學》2004 年第 2
　　期）一文中有詳述，敬請參閱。

按照儒家的傳統說法，這個根源就是上天，也就是通常所說的德性之天。對於儒家的這一傳統，牟宗三的解釋是，仁心與上天說法雖有不同，但二者並無本質之別，因為仁心即指聖人之心，聖人之心與天相通，為一不二，這種為一不二之心就叫做「天心」。由於仁心與「天心」為一，「仁心無外」也就是「天心無外」。

　　問題就在這裡產生了。雖然儒家把仁心的來源歸於上天，但天並不是道德存有的創生主體。這裡明顯有兩個不同的問題：一個是仁心為外物賦予道德的價值和意義，一個是仁心必須有自己的形上源頭。仁心賦予外物以價值和意義，就是「仁心無外」，而仁心根據傳統的說法來源於上天，天道是心性的形上根源。這兩個方面單獨看都沒有問題，但如果把兩個方面合起來，就有矛盾了，人們會問：天道作為仁心的形上源頭能不能參與道德創生存有的具體過程，直接賦予外物以道德的價值和意義呢？換句話說，創生道德存有的主體究竟是仁心呢，還是上天？答案應當是很清楚的。自西周主宰之天失落後，除少數時期（如漢代董仲舒的天人相副理論）外，天基本上不再以人格神的面目出現，而只是作為心性的形上根據。天在決定人們的道德心性（即所謂「天命之謂性」）之後，再無事可做，並不介入人們具體的道德行為，更不參與道德之心創生道德存有的活動。這是一個必須肯定的前提。如果在這個問題上有懷疑，那麼我們這裡所討論的就不再是哲學問題，而是真正的宗教問題了。既然天並不參與道德創生存有的過程，那麼道德創生存有的主體就只能是仁心而不能是天心，也就是說，在儒家存有論問題上，只能說「仁心無外」，不能說「天心無外」。[12]牟宗三沒有把這兩個不同的環節整理清楚，為了突出儒學的超越性，以傳統中天的思想建構超越的存有論，把道德心性的根源與道德創生的主體混在了一起，所以才將仁心與天心混而為一，強調「仁心無外」就是「天心無外」。這種做法有很大的危害性，很容易造成人們誤解，好像上天、天道是整個行為的主體，可以直接賦予外物

---

[12]　參見拙文〈牟宗三超越存有論駁議——從先秦天論的發展軌跡看牟宗三超越存有論的缺陷〉，《文史哲》2004 年第 5 期。

以道德的價值和意義似的。

其次是「價值存有的創生」與「實物存在的創生」的混淆，這是一種更為嚴重的混淆。「價值存在的創生」是指道德理性賦予宇宙萬物、山河大地以道德價值和意義的創生。「實物存在的創生」則是指產生宇宙萬物、山河大地之本身的那種創生。按照牟宗三的本意，「仁心無外」是仁心將宇宙萬物、山河大地統統收歸在自己的朗照和潤澤之下，無一物能外的意思。朗照、潤澤是一種形象的說法，實義是說，道德之心可以賦予宇宙萬物、山河大地以「價值」，為外物帶來道德意義、道德內涵。這種賦予就是道德創生存有，即所謂的「價值存有的創生」。「價值存有的創生」是牟宗三存有論思想的全部意義，絕不能將牟宗三的存有論解釋為「實物存在的創生」。牟宗三努力一生，奮鬥一生，決不是主張仁心可以創生宇宙萬物、山河大地之本身。這是一個必須首先確定的理論前提。

然而，由於牟宗三在闡述存有論的過程中，將天拉了進來，大講仁心創生即是天心創生，常常使人誤以為牟宗三是在主張仁心可以創生宇宙萬物、山河大地之本身。我們不妨先讀一下這段論述：

> 此道德創造之心性便不為人所限，因為它不是人之特殊構造之性，依生之謂性之原則而說者，它有實踐地說的無外性，因而即有無限的普遍性，如此，吾人遂可客觀而絕對地說其為「創造性自己」，而此創造性自己，依傳統之方便，便被說為「天命不已」，或簡稱之曰「天」。此則便不只限於由人所顯的道德創造，所顯的德行之純亦不已、所顯的一切道德的行事而已，而且是可以創生天地萬物者。[13]

這裡明確說，道德創造之心即是「創造性自己」，依傳統的說法叫做天命不已，簡稱為天，這種「創造性自己」不僅可以創生具體的道德，而且「可以創生天地萬物」。這種說法很容易人產生誤解。上面講過，天的思想在中國

---

[13] 牟宗三：《圓善論》（臺北：臺灣學生書局，1985 年），頁 140。

哲學思想中有著至關重要的地位，其意義也較複雜。我認為，古時所說的天含有主宰、自然、命運、德性四種意義。隨著時間的發展，特別是到了宋明之後，對中國哲學發展有重大影響的主要是自然之天和德性之天。但這兩種不同含義的天的作用完全不同。自然之天主要是說天是宇宙萬物的創生者，堅持這一看法的主要是氣本論者；德性之天主要是說天是心性的形上根源，堅持這一看法的主要是心性論者。不管是哪一種情況，創生宇宙萬物之本身的，都是天而不是心。按照傳統的思維方式，宇宙萬物由天創生，人心不可能創生宇宙萬物，這是極為普通的常識。但牟宗三在這裡卻明確說道德之心也可以「簡稱之曰『天』」，「可以創生天地萬物」。這自然容易引起人們的錯覺，好像牟宗三是在說，道德之心也可以像天一樣創生宇宙萬物之本身似的。人們的這種錯覺通過無執存有論得過了進一步的加強。因為牟宗三後來又將自己的理論概括為無執存有論，大講無執存有就是物自身的存有，道德之心不創造現相只創造物自身。在一般理解中，物自身是指現相背後的那個存在，也就是一般所說的宇宙萬物、山河大地之本身。既然道德之心可以創造物自身，那麼按照通常的理解，人們當然也就可以認為牟宗三是在主張道德之心能夠創生宇宙萬物、山河大地之本身了。一個是超越存有論，一個是無執存有論，這兩者既是牟宗三存有論的左膀右臂，又是造成人們誤解的兩個主要原因。[14]

三

牟宗三超越存有論之所以遇到如此多的麻煩，從研究方法上看，一個重要原因是沒有處理好仁心與上天的關係。牟宗三總是強調，仁心與上天在「內容的意義」方面是一般無二的，仁心的創生也就是上天的創生。這種做法套用牟宗三的語式，可以叫做「並列地說」。所謂「並列地說」是說天是

---

[14] 無執存有論是牟宗三存有論思想的另一個重要組成部分，這方面的思想較超越存有論更為複雜難解，受文章主題的限制，本文不具體討論這方面的問題。

一個形上實體，這一實體同時即是聖人之仁心，形上實體與聖人之仁心實際
為一，共同創生道德存有的一種說法。

我認為，「並列地說」並不符合儒學天論的實際情況。如上所述，天始
終是儒家學理的一個重要理論問題，而這個重要性一開始就與德聯繫在一
起。西周統治者在完成了克殷的歷史重任之後，面臨著為這種政治的巨大變
化尋找合理依據的任務，結果他們發明了或重新闡發了德的觀念，認為高高
在上的皇天只護佑有德之人，因為周人的祖先有德，所以得到了皇天的護
佑。這種做法就是「以德論天」。隨著周人政治走向衰落，他們賴以立國的
理論武器受到了極大的衝擊。特別是隨著天的自然之義的加重，以德論天的
做法越來越沒有市場了。但是這種做法並沒有立即從歷史舞臺上消失，而是
通過另一種形式延續了下來，這就是儒家的「以天論德」。孔子創立儒家的
一個重要標誌是提出了仁的思想，以仁作為德的基礎。仁也好，德也好，都
有一個來源問題，這個問題不解決儒學就不能從理論上真正站穩腳跟。在當
時的背景下，儒家要解決這個問題不可能離開先前的思想傳統，正因為如
此，儒學才把德的根源歸於上天，認定人之所以有德，是因為有性，之所以
有性，是因為有命，之所以有命，是因為有天。這樣一來，在西周「以德論
天」逐漸失落的大背景之下，儒學仍然沿著周人的思路向前發展，開始了
「以天論德」的漫漫歷程。[15]無論是孟子的「天之所與我者」，還是《中
庸》的「天命之謂性」，都是沿著這個思路發展而來的。經過漢唐時期的發
展，宋代之初儒學面臨佛教和道教的雙重夾擊。面對佛教和道教較為完善的
形上系統，儒學原本偏重人倫日用的學理體系就顯得比較薄弱了，而漢代過
分強調天人相副的思想經過王充氣學思想的批判也已淡出市場，在這種情況
下，宋代儒學不得不奮起接受這一歷史的挑戰，重新建構儒學的形上系統，
而他們想到的最好的辦法不是別的，恰恰是傳統中天的觀念。二程不無自豪
地宣稱體貼出的「天理」，正是這一特定背景下的產物。「天理」二字之中

---

[15] 可能正是因為這種思想的延續，加上儒學是先秦時期最重要的學派之一，中國軸心時
代面臨的哲學突破沒有走宗教之途，而是大踏步地走上了人文的路線。這是一個很值
得深入研究的課題。

既有理更有天，正因為如此，儒家學理才有了確實的終極保證。由此說來，儒學中天的問題之所以如此重要，其要意不出兩端：第一，天是心性的根源。這是周代以來人們的共同觀念，將心性的根源置於上天，心性就有了形上的保證，從此就可以不再糾纏人何以會有仁心德性之類的問題了。第二，天使道德染上了宗教的色彩。因為自周代之後的傳統看，天具有明顯的宗教性質，屬於倫理宗教的範疇，將心性的根源置於上天，道德也帶有了宗教性，帶有了超越性，後人所謂的道德代宗教，倫理代宗教，均不出此範圍。

根據上述理解，我認為，在存有論問題上，對待儒家的天論傳統不宜像牟宗三那樣「並列地說」，而應該採取「分層地說」。所謂「分層地說」是將天與心分離開來，將天作為心的形上源頭，再由心來說明天地萬物之存在，排除以天直接說明天地萬物之存有的可能。「分層地說」較之「並列地說」有明顯的優越性。「分層地說」首先肯定了儒家思想傳統中的超越意識，肯定仁心有其超越的根源，這種超越根源是儒家具有宗教作用的重要原因，從而保證了進一步從超越層面研究儒學的可能。另外，「分層地說」又把上天和仁心分別開來，將其分為兩個不同的層次，強調上天是仁心的形上根源，仁心是創生道德善行和道德存有的主體，這樣就杜絕了將上天視為道德創生主體所帶來的理論困難，即一方面將「仁心無外」說成是「天心無外」，另一方面又誤以為仁心可以創生「實物存在」的混亂。

其實，儒家講存有論很多都是堅持「分層地說」的。這方面不妨以明道為例。明道堅持一本論，他的很多名言都是為了說明這個道理。如「只心便是天，盡之便知性，知性便知天。當處便認取，更不可外求。」「言體天地之化，已剩一體字。只此便是天地之化，不可對此個別有天地。」「『窮理盡性以至於命』。三事一時並了，元無次序。」這些論述從字面上看，都是講天人為一，似乎不分層次，但具體落實到存有論問題上，其間又有了細微的分別。比如，明道在解釋「萬物皆備於我」的時候有「可推不可推」之說，認為人與物「都自那裡來」，「只是物不能推，人則能推」。這就是說，雖然人和物都來自於天，但只有人能推，物則不能推，所以只有人才能實現萬物皆備於我，才能創生道德存有。可見，在明道心目中，真正能夠實

現「萬物皆備於我」的只是人，不是天，這種不同就是層次的不同。所以，明道的一本論究其實是一種「分層地說」。[16]這種情況還可以借助朱子理論的不足作為反證。朱子雖然不承認仁心可以創生道德存有，認為「說得太深」，「無入手處」，但他並不反對也沒有辦法反對上天可以創生心性。朱子在道德存有論上的不足，並不代表其在道德心性來源上與其他學派有所區別。[17]這一情況正好說明，上天創生道德心性與道德之心創生存有，是兩個不同的問題，或者說是兩個不同的層面的問題。對於天與心的關係，我們既應當承認它們之間的聯繫性，又必須將它們視為兩個不同層面，不可混而不分。

　　綜上所述，儒家雖然重視超越之天，但這個天只能創生道德心性，不能創生道德存有，儒家的道德存有論只能以道德之心為基，不能從超越之天立論。否則，必然造成一系列的混淆，直至影響人們對於道德存有論的理解和接受。

（發表於《復旦學報》2005 年第 5 期）

---

[16] 這個問題我在〈從縱貫系統看牟宗三超越存有論的缺陷〉（《東岳論叢》2005 年第 1 期）一文中有系統的分析，敬請垂注。另外，明道對「萬物皆備於我」的解釋並非合於孟子之原意，本文引用此材料只是為了說明其存有論思想，不在文本理解之是非上糾纏。

[17] 參見拙文〈橫攝系統與超越存有──從朱子看牟宗三的超越存有論及其缺陷〉，《學術月刊》2005 年第 2 期。

康德意義的智的直覺
與牟宗三理解的智的直覺

　　牟宗三晚年非常重視康德智的直覺的問題。在他看來，康德認為人類沒有智的直覺，這種能力只有上帝才能具有。但儒家自始就承認人既有限又無限，因有限而有感性直覺，因無限而有智的直覺。對本心仁體之體認的「自覺」，道德之心創生存有的「覺他」，其思維方式都是智的直覺。所以儒家解決了康德未曾解決的問題，超越了康德。然而我在研究中注意到，康德意義的智的直覺與牟宗三所理解的智的直覺有很大差異，牟宗三所說智的直覺其實並不是康德意義的智的直覺。學界的相關研究未能充分注意這個問題，誤以為牟宗三講的智的直覺與康德意義的智的直覺是同一個概念，從而無法發現牟宗三相關思想中的真正缺陷。[1]本文即對這個問題進行一些分析。

一、智的直覺在康德哲學中的基本含義

　　康德認為，直覺是主體與對象發生關係的一種必然途徑。一切思維都必

---

[1]　自牟宗三將智的直覺的概念引入中國哲學之後，這一問題就成了理論界的一個熱點，成果眾多。近年來兩個人的研究特別值得關注。倪梁康在《哲學研究》2001 年第 10 期上發表了〈康德「智性直觀」概念的基本含義〉一文，分析了康德智的直覺的三種不同含義。其後，鄧曉芒在《文史哲》2006 年第 1 期上又發表了專文〈康德的「智性直觀」探微〉（該文後來收入氏著《康德哲學諸問題》，北京：生活・讀書・新知三聯書店，2006 年），對康德智的直覺概念的內涵進行了更為詳細的分疏。這兩篇文章尤其是後者對我多有幫助，在此特致謝意。

須借助直覺使主體與對象發生關聯，除此之外，對象不可能有別的方式給予我們。這就是康德所說的「我們總是必須手頭有一種直觀，以便在它上面來擺明純粹知性概念的客觀實在性」[2]。康德將對象刺激我們，從而獲得表象的能力叫做感性，而與感性相應的直覺即是感性直覺。

感性直覺可以主要從兩方面來看，一是它的形式性，二是它的質料性。感性直覺是認識的一種形式。這種形式共有兩種，即空間和時間。對於感性直覺為什麼只有這兩種形式，康德在《純粹理性批判》「先驗感性論」第七小節的結尾處有一個簡要說明。雖然這個說明很難令人完全滿意，但這並不妨礙空間和時間作為感性直覺的形式存在。在一般情況下，我們無法否認人類必須借助空間和時間這些形式才能與對象發生聯繫。除形式外，感性直覺還需要有質料性。只有受到對象的刺激，獲得質料，才能形成感性直覺。沒有對象的刺激，光有認識的形式是沒有用的。「直觀只是在對象被給予我們時才發生；而這種事至少對我們人類來說又只是由於對象以某種方式刺激內心才是可能的。」[3]感性直覺是我們得到對象的必要管道，只有打通這個管道，才能得到經驗，形成認識。這一原則直接決定了感性直覺必然是被動的、接受性的，而不可能是主動性、創造性的。人不可能僅僅依靠自己的認識形式，脫離對象的刺激以形成認識。感性直覺的這種雙重特點，在一定意義上消除了經驗論與唯理論的對立，歷來為學界所重視。

康德進而確定了感性直覺是我們唯一具有的直覺形式。在「把所有一般對象區分為現象和本體的理由」一章的一個注中，康德指出：「如果把（我們惟一擁有的）一切感性的直觀都去掉，那麼所有這些概念就不可能用任何東西來證明自己，以及借此來闡明自己的實在的可能性了，這時還剩下來的只是邏輯的可能性，亦即這個概念（觀念）是可能的，但這點並不是我們所要談論的」[4]。這裡直接點明了感性直覺是「我們惟一擁有的」直覺。另一

---

[2] 康德：《純粹理性批判》，鄧曉芒譯，楊祖陶校（北京：人民出版社，2004 年），頁 212。

[3] 同上注，頁 25。

[4] 同上注，頁 222。

處進一步強調，「一旦把我們惟一可能的直觀從它們那裡去掉」[5]，知性就毫無意義可言了。這些材料足以說明，康德雖然在理論上不排除人類還有其他直覺的可能，但經過批判後發現，我們唯一擁有的只能是感性直覺，除此之外，不可能擁有其他的直覺形式。更有意思的是，康德甚至猜測，一切有限存者，在這一點上，與人類都是一樣的。「我們也並不需要把空間和時間中的這種直觀方式局限於人類的感性；有可能一切有限的有思維的存在者在這點上是必須與人類必然一致的（儘管我們對此無法斷定）」[6]。這一說法表明了康德這樣一個基本思想：除了人類，可能其他一切有限存在者也都只能擁有感性直覺這一種直覺形式。

　　智的直覺是與感性直覺相對的一個概念，其內涵較感性直覺要複雜得多。按理說，智的直覺的思想原是西方哲學的一貫傳統。蘇格拉底的精神接生術就已經包含著將受感性蒙蔽的人的認識引向智的直覺的意思。柏拉圖的理念按其本義也是一種「看」，當然，不是一種通過肉眼的看，而是一種通過「心」的看。這種通過「心」的看，從一定意義上說，其實就是一種智的直覺。「努斯」在亞里斯多德思想中佔有重要位置。亞里斯多德強調，「努斯」不能通過一般的認識，而只能通過靈魂才能得到。這顯然也包含著智的直覺的思想。古希臘的這些思想經過中世紀後，更成為西歐大陸唯理論的一個核心概念。笛卡爾「我思故我在」並非如後人所說是一個三段論的證明，而是一種自明的事情，是用精神的單純的靈感看出來的。斯賓諾莎曾把知識分為感性知識、普通概念及其推理知識、直覺知識三類。這裡的直覺知識即是由神的某種屬性所達到的對事物本質的正確知識。這種知識完全是自明的，不需要借助邏輯推理的證明即可以知曉。與康德同時代的人雅可比也有關於智的直覺的論述，用來標識直接的宗教啟示。而德國浪漫派同樣也在「直覺」或「靈感」的標題下討論過「非感性直覺」或「智的直覺」的問題。

---

[5]　同上注，頁 225。

[6]　同上注，頁 50。

康德打破了西方哲學的這種傳統，將智的直覺賦予了新的含義，排除了人可以擁有這種直覺的可能。在康德那裡，智的直覺與質料的本源問題有關，我將這種特點稱為「本源性」。在《純粹理性批判》「對先驗感性論的總說明」第 II 節談到對自我認識問題的時候，康德指出：「對主體自我的意識（統覺）是自我的簡單表象，並且，假如單憑這一點，主體中的一切雜多就會自動地被給予的話，那麼這種內部的直觀就會是智性的了。」[7]這裡所說的「對主體的自我意識」特指先驗的自我意識。先驗自我是構成一切經驗對象的主體，它本身不再能夠被當作對象來認識，離開經驗性的活動對象，其本身是空的。所以，以為單憑先驗的自我意識就能夠將自己的主體作為自在的對象提供出來，不需要經驗來提供材料就可以獲得對先驗自我的認識，除非我們擁有智的直覺，而這本身是不可能的。在這裡康德將智的直覺賦予了一個重要的含義：「一切雜多就會自動地被給予」。這就是說，所謂智的直覺是能夠自動提供雜多的一種直覺。因為先驗自我並不能自己提供雜多，所以先驗自我並不具有智的直覺這種思維方式。

第 IV 節論述就更為明確了：「這種直觀方式之所以被叫作感性的，是因為它不是本源的，就是說，不是這樣一種本身就使直觀的客體之存有被給予出來的直觀方式（這種直觀方式就我們的理解而言，只能屬於那原始的存在者），而是一種依賴於客體的存有、因而只有通過主體的表象能力為客體所刺激才有可能的直觀方式。」[8]這裡康德將感性直覺與智的直覺相對照，以說明二者的不同，特別有助於加強對於智的直覺概念的理解。感性直覺「不是本源的」直覺，而是一種「依賴於客體的存有、因而只有通過主體的表象能力為客體所刺激才有可能的直觀方式」，意即是由對象刺激主體而產生出來的。智的直覺就不同了。它是一種「本身就使直觀的客體之存有被給予出來的直觀方式」，意思是自己就會將客體給予我們。相對於感性直覺「不是本源的」而言，智的直覺可以說是「本源的」。康德如此說，意在強

7　同上注，頁 47。

8　同上注，頁 49。

調如果主體能夠直接將客體的雜多提供出來，那麼就可以說他具有了智的直覺。當然，我們人類沒有這種智的直覺，因為我們人類只能依靠客體的刺激才能形成認識，離開客體的刺激，單靠自己無法提供這種本源以形成認識。

另一處的論述也是相同的意思。康德指出，感性直覺所提供的雜多總在知性的綜合之前，並不依賴於知性綜合。但它是如何被給予的，則有不同的情況。「因為，假如我想思考一個本身直觀著的知性（例如也許是神的知性，它不想像各種被給予的對象，而是通過它的表象同時就給出或產生出這些對象本身），那麼範疇對於這樣一種知識就會是完全沒有意義的。」[9]這裡再次提到這樣一個思想：智的直覺之所以不同於感性直覺，是因為「通過它的表象同時就給出或產生出這些對象本身」。也就是說，智的直覺是一種單憑自身，不需要客體的刺激，自己就能夠給出或產生出對象的一種直覺。這種特性是感性直覺所不具有的。

因為智的直覺具有「本源性」，所以康德曾直接稱之為「本源的直觀」，以與「派生的直觀」相對。這對概念是在分析感性直覺的形式時談到的。康德指出，因為有了時間和空間這種形式，所以感性直覺有其普遍有效性，但它仍然是感性的，因為它仍然必須來自於外部對象的刺激。「正是因為它是派生的直觀（intuitus derivativus），而不是本源的直觀（intuirus originarius），因而不是智性直觀」[10]。這裡直接以「派生的直觀」與「本源的直觀」相對。因為智的直覺有其「本源性」，所以是「本源的直觀」，因為感性直覺是被動的和接受性的，所以是「派生的直觀」。鄧曉芒的一種解釋很好地說明了智的直覺的這個特點。「由此可見，智性直觀是一種『本源的』、能動創造性的直觀，如果有一種『原始存在者』如上帝，他就不需要由外在的客體給他提供雜多的材料，而能夠僅僅憑著自身的『自發性』而由自己的知性直接把對象提供出來。換言之，由於他『想到』一個對象，該對象就直觀地被給予出來了，就像《聖經》上說的：上帝說『要有光』，於

---

[9]　同上注，頁 97。

[10]　同上注，頁 50。

是就有了光。上帝不需任何材料，而單純憑藉他的『邏各斯』、思想和精神就創造出了整個世界。」[11]有鑑於此，我把康德所說的智的直覺理解為一種「本源性」的直覺，或直接用康德的說法，稱為「本源的直覺（觀）」。「本源」在這裡是「本源地構造著的」意思[12]。「本源的直覺」也就是不需要客體的刺激，自己就能夠將客體的存有提供出來，給予主體的直覺。

　　對於康德智的直覺的思想，有兩個問題容易產生不同的理解，需要特別小心。首先，康德雖然不承認人可以具有智的直覺，但仍將其保留了下來，歸給上帝，這只是一種推測，而不是一個事實判斷。在康德看來，如果我們要提出一種並非是感性的直覺，而是一種智的直覺的話，「這種直觀方式就我們的理解而言，只能屬於那原始的存在者」[13]。聯繫上下文可知，這裡並不是說原始存在者確實有智的直覺，而只是說假如有一種智的直覺的話，那麼這種直覺只能屬於原始存在者。接著康德又從「派生的直觀」和「本源的直觀」的不同來分析這個問題，認為「這種智性直觀，依據上述同一理由，看來只應屬於原始存在者，而永遠不屬於一個按其存有及按其直觀（在對被給予客體的關係中規定其存有的那個直觀）都是不獨立的存在者」[14]。康德這裡的語氣非常微妙。這裡的「看來」一詞在德文中通常指非現實的事情，而「依據上述同一理由」，也就是依據「派生的直觀只屬於有限的有思維的存在者」這一理由來進行推論，那麼「本源的直觀」就「只應」屬於原始存在者。可見康德這裡很小心地把這種「本源的直觀」的歸宿問題當作一個姑妄言之的推測：既然「派生的直觀」必須屬於人類或類似人類的存在者，如果有「本源的直觀」的話，那麼就可以推測它應當屬於原始存在者。至於到底是不是這樣，則是很難說的。[15]聯繫康德哲學的基本精神，這種意思並不

11　鄧曉芒：〈康德的「智性直觀」探微〉，《康德哲學諸問題》，頁 64。

12　倪梁康：〈康德「智性直觀」概念的基本含義〉，《哲學研究》2001 年第 10 期。

13　康德：《純粹理性批判》，鄧曉芒譯，楊祖陶校，頁 49。

14　同上注，頁 50。

15　參見鄧曉芒《康德《純粹理性批判》句讀》（北京：人民出版社，2010 年），頁 240。

難理解。康德寫作《純粹理性批判》一個重要目的就是為人類的認識劃定界限，人只能認識由經驗提供的對象，不能認識沒有經驗提供的對象。上帝完全在人的經驗之外，人對此不可能有任何的經驗，所以上帝並不是認識的對象，只能在實踐理性的範圍內作為信念發揮作用。因此康德將智的直覺歸給原始存在者，只能理解為一種推測，而不能視為一個事實的判斷。

其次，康德保留智的直覺主要是對本體而言的。關於本體康德有這樣一段論述：「如果我假定諸物只是知性的對象，但仍然能夠作為這種對象而被給予某種直觀，雖然並非感性直觀（作為 curam intuitu intellectuali）；那麼這樣一類物就叫作 Noumena （Intelligibilia）。」[16]這段論述中有兩個要點值得注意：第一，本體是知性的對象，而非感性的對象；第二，本體仍然假定為能夠被直覺，但這種直覺並非是感性直覺。這是第一版中的描述。在第二版中，康德的表述更為直接：「如果我們把本體理解為一個這樣的物，由於我們抽掉了我們直觀它的方式，它不是我們感性直觀的客體；那麼，這就是一個消極地理解的本體。但如果我們把它理解為一個非感性的直觀的客體，那麼我們就假定了一種特殊的直觀方式，即智性的直觀方式，但它不是我們所具有的，我們甚至不能看出它的可能性，而這將會是積極的含義上的本體。」[17]康德在這裡直接提出「智性的直觀」的概念。他認為，一個對象，如果我們抽掉直覺它的方式，它就是消極意義的本體；如果我們保留直覺它的方式，它就是積極意義的本體。這種被保留的直覺方式是一種特殊的直覺方式，也就是智的直覺的方式，雖然這種直覺方式我們人類並不具有。

在「把所有一般對象區分為現象和本體的理由」一章第一版中，康德講述了設立智的直覺的原因。「為了使一個本體具有一個真實的、與一切現相（Phänomenen）相區別的對象的含義，單憑我使我的思想從感性直觀的一切條件中擺脫出來是不夠的，我此外還必須有理由來假定一種不同於感性直觀的另外的直觀方式，在這種方式下一個這樣的對象方能被給予出來；因為

---

[16]　康德：《純粹理性批判》，鄧曉芒譯，楊祖陶校，頁 227。
[17]　同上注，頁 226。

否則我的思想畢竟是空的，雖然並沒有矛盾。」[18]這一段告訴我們，為了使本體能夠具有真實對象的含義，僅僅講這種對象與感性直覺沒有關係還不夠，還必須假定智的直覺的存在，只有這樣，本體才不至於成為空的。在另一處，康德又講，當概念應用於先驗理解之中的一個對象時，必須假定相應的直覺，這種直覺或是感性的，或是智性的，否則這個對象成立的條件就不充分，就沒有辦法真正成立。「因而我們要麼就（在邏輯中）把一切對象都抽掉，要麼，如果我們假定一個對象，我們就必須在感性直觀的那些條件下來思考它，因而理知的東西將會要求一個我們所不具備的完全特殊的直觀，而沒有這種直觀它對我們來說就會是無，而反過來說，現象也不可能是自在的對象本身。」[19]經驗對象必須有感性直覺相應，理知對象則要求有另一種特殊的直覺相應，儘管我們並不具備這種直覺。但如果沒有這種直覺，這種理知的對象「對我們來說就會是無」。

〈導論〉中的一些論述可以幫助我們加深對康德上述思想的理解。第五十七節這樣寫道：「如果我為了得到一個純粹的知性而把知性與感性分開，那麼，除了沒有直觀的純然思維形式之外，就沒有剩下任何東西，而僅僅通過這種形式，我不能認識任何確定的東西，因而不能認識任何對象。為此目的，我就必須設想另一種能夠直觀的知性，但我對於這種知性卻沒有絲毫概念，因為人類知性是論證性的，惟有通過普遍的概念才能進行認識。」[20]這裡的意思是說，為了得到純粹的知性存在體，必須把知性與感性分離開來。但這種知性存在體只是一種思維的形式，我們從中得不到任何確定的東西。因此必須設想另一種直覺，雖然對這種直覺我們一點概念也沒有。這種直覺就是智的直覺。

在第三十四節的一個注中，康德有進一步的表達：「既然每一個對象都必須有一個可能的直觀與它相應，所以人們就必須設想有一種直接直觀事物

---

[18] 同上注，頁 229-230。

[19] 同上注，頁 249。

[20] 康德：《未來形上學之導論》，《康德著作全集》第四卷，李秋零譯（北京：中國人民大學出版社，2005 年），頁 361。

的知性；但關於這樣一種知性，我們卻沒有絲毫的概念，從而對它所應當關涉的知性存在物也沒有絲毫的概念。」[21]康德在這裡提出了這樣一個思想：每一個對象一定會有與之相應的直覺。這個思想對於理解康德為什麼設立智的直覺，有重要幫助。按照這一表述，康德設立智的直覺似乎有這樣一個內在的邏輯關係：任何一個對象必須有與之相應的直覺，否則對於它的思想就是空的。本體是一種對象，那麼，它理當有一種直覺與之相應。直覺有兩種可以設想的形式，一是感性直覺，一是智的直覺。因為感性直覺只與現相相應，所以我們可以設想與本體相應的直覺是智的直覺。雖然我們對這種智的直覺一無所知，但不能斷然認定它絕對不存在。

康德講智的直覺針對本體而言，這在康德研究中是一個常識，不難理解，但對這種本體應當做什麼理解則大有講究，容易產生爭議。按理說，在康德哲學思想中，僅僅現相這個概念已經可以確定本體的存在了，因為現相本身是受到感性限制的，它並不針對物自身。在康德那裡，「這曾是整個先驗感性論的結論，也是自然而然地從一般現象的概念中推出來的：必然會有某種本身不是現象的東西與現象相應」。「於是從這裡就產生出關於一個本體的概念」[22]。這裡說得很清楚，僅僅現相這個概念已經足以引出本體這個概念了，而且本體這個概念本身也已經表明了認識界限的含義。但由先驗感性論得出的這種本體只是消極意義的，不具有積極的意義。在康德哲學中，具有積極意義的本體的重要內容是先驗理念。將理性運用到先驗理念之上，是理性的一種超驗使用，「這種應用雖然是騙人的」[23]，但並非沒有意義。康德的這一思想蘊含著深刻的道理。它告訴我們，理性有經驗的運用，也有超驗的運用。理性的經驗運用屬於知識論的範圍，理性的超驗運用屬於形上學的範圍。在形上學範圍內，上帝、自由、靈魂是不可逃避的內容，為了滿足人類理性的要求，必須將它們懸設下來。

康德講上帝、自由、靈魂之先驗理念，理論初衷是為了照顧到理性的實

---

[21]　同上注，頁 320。

[22]　康德：《純粹理性批判》，鄧曉芒譯，楊祖陶校，頁 229。

[23]　康德：《未來形上學之導論》，《康德著作全集》第四卷，李秋零譯，頁 337。

踐利益。康德在寫作《純粹理性批判》的時候已經考慮到理性的實踐利益問題了。在這方面他遇到了一個難題：要保證理性的實踐利益，必須懸設上帝、自由、靈魂等理念，而這些理念遠遠超出了經驗範圍，經驗無法證實。為了解決這個難題，康德寫了「把所有一般對象區分為現象和本體的理由」一章，劃分了現相與本體，將上述理念設定為本體，強調本體超出了經驗的範圍，而理性在這個意義上超越經驗的使用也是合理的。康德這一思想在第一版中的表述較之第二版更為清晰，尤其是下面一段：

> 所以，除了諸範疇的經驗性的運用（它被限制於感性的諸條件上）之外，也許還有一種純粹的但畢竟是客觀有效的運用，而我們也許不可能如我們迄今所預定了的那樣，肯定我們的純粹知性知識在任何地方都不會超出現象的展現的諸原則，這些原則也不會先天地超出針對經驗的形式可能性的原則，因為在這裡將會在我們面前敞開一個完全不同的領域，仿佛是一個在精神中被思維的（也許還是被直觀到的）的世界，這個世界也許能讓我們的純粹知性不是去做更差的事，而是有遠為高尚的任務。[24]

康德在這裡告訴人們，範疇的經驗運用是重要的，這曾是先驗感性論的基本原則。但必須明白，它不是運用的唯一形式。除此之外，也許還有一種客觀有效的運用。我們根本沒有辦法斷言純粹知性永遠不會超出現相的範圍。這種超出現相的範圍是一個完全不同的新的領域，也許能讓我們不做更差的事，而是為了完成「遠為高尚的任務」。

〈導論〉第五十七節也講到了這個問題。感性世界並不含有徹底性，不過是按照普遍法則把現相連結起來的一種連鎖，本身並沒有自存性，並不是物自身。除此之外，還需要先驗理念。「既然先驗理念仍然使一直前進到這些思想存在者對我們來說成為必然的，因而仿佛是一直把我們導向滿的空間

---

[24] 康德：《純粹理性批判》，鄧曉芒譯，楊祖陶校，頁 228。

（經驗的空間）與空的空間（我們一點也不能知道的空間、本體的空間）的接觸，所以我們也就能夠確定純粹理性的界限。」[25]這樣一來，我們就必須提出一個本體的概念：「因此，我們應當設想一個非物質的存在者、一個知性世界和所有存在者的一個最高存在者（純粹的本體），因為理性惟有在作為物自身的這些東西上才找到完成和滿足，它在把顯象從其同類的根據得出來時絕不能希望有這種完成和滿足，而且還因為這些顯象確實與某種和它們不同的東西（從而是完全異類的東西）相關，顯象畢竟在任何時候都以一個事物自身為前提條件，從而指示著這個事物自身，無論人們能不能進一步認識它。」[26]這就告訴我們，為了理性得到安心和滿足，必須提出一個非物質性的存在體，一個理智世界，一個純粹的本體的概念。只有這樣理性才能得到滿足。

比如，靈魂的性質就是如此。康德提出，在對主體有了一個清楚意識並確信它的現相不能用唯物主義解釋之後，誰能不去追問靈魂到底是什麼呢？而且在這個問題上，誰能忍得住不去接受一個理性概念，儘管我們永遠證明不出它的客觀實在性來呢？誰看不出來僅僅按照經驗原則想出和設定的一切東西不可能永遠停留在偶然性和依存性上呢？而且儘管有禁令要其切勿迷失在超驗的理念裡，誰能不感到被迫在自己通過經驗來證實的一切概念之外，還要到這樣一個存在體的概念裡去尋找安心和滿足呢？「這個存在者的理念雖然就其本身而言在可能性上還不能被認識，但也不能被反駁，因為它涉及一個純然的知性存在者，沒有這一理念，理性就必然永遠得不到滿足。」[27]追求形上學是人類思維的自然傾向，而形上學問題並不屬於經驗範圍之內。因此，理性在經驗的範圍內永遠也得不到安心和滿足。只有超越於經驗之外，進行超驗的應用，才能達到這一目的。而為了得到這種安心和滿足，我們必須懸設先驗理念之本體。

在這方面，第四十五節中的一段論述特別值得關注：

---

[25] 康德：《未來形上學之導論》，《康德著作全集》第四卷，李秋零譯，頁 359。
[26] 同上注，頁 360。
[27] 同上注，頁 357。

> 不過，如果不能完全滿足於對知性規則的總是還有條件的經驗應用的
> 理性，要求完成這個條件的鏈條，知性就被驅使走出自己的領域，以
> 便一方面在一個擴展得如此廣大的、根本不是任何經驗所能夠把握的
> 序列中表現經驗的對象，另一方面甚至（為了完成這個序列）完全在
> 這個序列之外尋找本體，使它能夠把那個鏈條連在上面，並由此最終
> 不依賴經驗條件，儘管如此仍然使它的行為是完備的。這就是先驗的
> 理念。儘管按照我們理性的自然規定的真正的、但卻隱秘的目的，這
> 些理念所著眼的不是越界的概念，而僅僅是經驗應用的不被限制的擴
> 展，但仍然通過一種不可避免的幻相，而引誘知性去作超驗的應用。
> 這種應用雖然是騙人的，但卻不能通過留在經驗的界限之內的決心，
> 而是惟有通過科學的教導才能費力地限制它。**28**

理性不能完全滿足於經驗領域，在其終極點上，必須把自身推到另一個與經驗完全不同的領域當中。只有這樣，理性才能功德圓滿。這個完全新的領域，就是先驗理念之本體。只有將先驗理念之本體懸設下來，人類理性才能得到滿足和圓滿，理性的實踐利益才能得到保證。

　　康德為此還專門提出了反對新獨斷論的要求。他認為，唯理論自認為不通過經驗即可獲得關於物自身的知識，這顯然是獨斷的。但與此同時經驗論也應當注意謙虛，不要使自己成為新的獨斷論。「如果經驗論在這些理念上（如經常發生的那樣）自己變得獨斷起來，並且毫無顧忌地否認那超出它的直觀知識範圍之外的東西，那麼它本身就陷入了不謙虛的錯誤，這種錯誤在這裡更加值得責備，因為這樣一來就給理性的實踐利益造成了不可彌補的損失。」**29**經驗論承認一切經驗均來自於感性直覺，這個原則自然有正確的一面。但如果過了頭，認為凡是超出感性直覺的東西都不可信，都沒有意義，那也就使自己變得獨斷起來。這同樣是一種危險，同樣需要警惕。

28　同上注，頁 336-337。

29　康德：《純粹理性批判》，鄧曉芒譯，楊祖陶校，頁 392。

　　如此說來，按照我的理解，康德保留智的直覺的目的是考慮到了作為先驗理念的本體，而不是為了去認識「作為真如之相的物自身」[30]。康德設立智的直覺與其任何一個對象都必須有與之相應的直覺這一思想有密切關係。依據康德這一思想，與現相相應的是感性直覺，而與先驗理念之本體相應的只能是智的直覺。但我們對此一無所知，只能假設如此。但這一點又非常必要，非如此人們無法得到形上的滿足，將實踐理性堅持到底。既然先驗理念是本體，就應有與之相應的直覺形式，而這種直覺形式不可能是感性的，只能是智性的，即所謂智的直覺。但我們人類並沒有智的直覺這種能力，無法將對象直接給予我們，無法對這些先驗理念有任何的認識，所以它只能一種懸擬性的東西，以「認其為真」的方式存在，而不能將其作為一個認識的對象來對待。這樣一來，我們就可以理解了，康德為什麼先講一個智的直覺，又否認人有這種能力，並最終將這種能力歸給了上帝。為了有助於理解，我們或許可以變換一個角度這樣來想：康德寫作《純粹理性批判》主要是為了說明他的認識理論，證明先天綜合判斷如何可能，但同時也考慮到了理性的實踐運用問題。為了保證理性的實踐利益，限於當時的傳統，他必須懸擬地將上帝、自由、靈魂保留下來。而要做到這一點，根據任何對象都有與之相應的直覺的思想原則，康德只能假定一種智的直覺。但與此同時，他又必須強調，我們並不具有這種直覺，不可能認識先驗理念，只能將其作為一種信念來看待，否則先驗理念之本體就成了認識的對象，這就與康德哲學的基本精神不相吻合了。

---

[30]　一些學者已經注意到了這個問題。謝遐齡曾指出：「智性直觀與本無不相干，而是與自由（具體地說，人的法權）相關。不少康德專家把智性直觀搞到知識論研究中，是不妥當的。根源在於未分清物自體的兩個意義，而這與康德本人未把問題的實質看清有關。」謝遐齡：《砍去自然神論頭顱的大刀——康德的《純粹理性批判》》（昆明：雲南教育出版社，1989 年），頁 110-111。關於「作為真如之相的物自身」這一概念的具體界定，請參見拙文〈康德的物自身不是一個事實的概念嗎？〉，《雲南大學學報》2008 年第 3 期。

二、牟宗三對康德智的直覺的獨特理解

　　牟宗三對智的直覺的理解，在一些重要環節上與康德有明顯出入。比如，上面的分析表明，康德提出智的直覺這一概念，認為人類並不具有這種能力，這種能力只能為原始存在者所有，並不是一個事實性的肯定，而只是一種推測。意思是說，如果真的有智的直覺，那麼這種能力只有原始存在者才能具有，但對此我們並不能加以肯定。然而，牟宗三不是這樣，他把康德將智的直覺歸給上帝完全理解成一個事實的判斷了。按照他的說法，在康德哲學中，我們人類只有感性直覺，與我們不同，上帝遠在人類之上，可以擁有智的直覺。我們的任務，是根據中國哲學傳統，證明人同樣完全可以擁有智的直覺，像上帝一樣。這顯然是把康德相關論述作為一個事實判斷了。這種理解與康德設定智的直覺的初衷，很難說是吻合的。又如，根據上面的分疏，康德設定智的直覺主要針對的是作為先驗理念的本體。這是因為，為了照顧到理性的實踐利益，必須設定上帝的存在。依據一種對象理應有其相應的直覺的原則，必須為其設定一種直覺的方式。這種直覺不能是感性的，所以只能是智的直覺。但我們人類並不擁有這種能力，所以上帝只能作為本體而存在，可以成為人們的一種信念，但並不在人們的認識範圍之內，不是認識的對象。牟宗三不是這樣。在他看來，康德講智的直覺，主旨是強調我們人類沒有智的直覺，只有感性直覺，所以只能認識對象的現相，不能達到對象之自身。上帝與人類不同，具有智的直覺，所以上帝不再局限於現相，可以直達物自身。如果我們可以證明人類同樣具有智的直覺，那麼我們也就可以不再局限於現相，而能夠達到物自身，達到對象之如相了。這種理解雖不無意義（這方面的情況容另文詳述），但是否符合康德講智的直覺的思想主旨，同樣不無討論餘地。

　　這些差異雖然有一定的負面影響，但還不是最要緊的，最要緊的是牟宗三對智的直覺這一概念的基本含義的理解與康德有很大不同。前面我用了大量篇幅說明，康德智的直覺的本質特徵是「本源性」，所謂智的直覺其實就是一種「本源的直覺」。對於康德智的直覺這種「本源性」的含義，牟宗三

並非沒有涉及。比如《智的直覺與中國哲學》談到意志之自給法則與知性之
自給法則的不同時曾這樣寫道：「知性雖有自發性，但並無創造性。知性並
不能依其所自給之法則來創造自然或實現自然。作為認知之能的知性，它只
能依其所自給之法則來綜合直覺中之表象，雜多，但它並不能創造雜多。雜
多是來自感性的直覺，來自感性之接受，並不是來自知性自身之活動。它能
瞭解（或判斷）存在，但不能創造存在。」[31]意思是說，意志之自給法則與
知性之自給法則都是自給法則，但二者有很大的不同。意志之自給法則是真
自給，真內出，並無假借，是它自己之自願。而知性自身並無創造性，並不
能創造雜多，雜多必須依靠感性直覺來提供，知性只能整理經驗，不能創造
經驗。這實際上就是上面講的智的直覺的「本源性」。可惜的是，牟宗三對
康德智的直覺思想的詮解並沒有以此為重點，而是走向了另外一個方向，著
重從認識形式對認識結果的影響的角度來討論這個問題，其中一個重要問題
就是人的思維方式是否必須使用範疇。

　　牟宗三這種想法很早就有了。下面一段材料特別重要：

　　　三十年前，我在西南聯大哲學系有一次講演，講建立範疇、廢除範
　　疇。當時聽者事後竊竊私語，範疇如何能廢除呢？我當時覺得他們的
　　解悟很差。我說此義是以中國哲學為根據的。我當時亦如通常一樣，
　　未能注意及康德隨時提到智的直覺，與直覺的知性，我只隨康德所主
　　張的時空以及範疇只能應用於經驗現象而不能應用於物自身（這是大
　　家所知道的），而宣說此義。現在我細讀康德書，知道兩種知性，兩
　　種直覺的對比之重要，即從此即可真切乎此義。此為康德所已有之
　　義，只是他不承認人類有此直覺的知性而已。但在神智處，範疇無任
　　何意義，範疇即可廢除。假若在人處亦可有此直覺的知性、智的直
　　覺，範疇亦可廢除。廢除範疇有何不可思議處？於以一見一般讀哲學

31　牟宗三：《智的直覺與中國哲學》，《牟宗三先生全集》，第20卷，頁18。

> 者，甚至讀康德者，解悟與學力之差！[32]

從這則材料看，20 世紀三十年代末，牟宗三在西南聯大作過一次演講，提到建立範疇，廢除範疇的問題。他的意思是，如果沒有智的直覺，人們當然需要範疇，但如果有了智的直覺，智的直覺可以直達對象自身，範疇當然也就不需要了。由於這個看法與當時人們的普遍理解有很大出入，大大超出了人們接受的範圍，引起疑惑和不解。牟宗三深感不滿，一如其一貫風格，嚴厲責怪別人的解悟和學力不夠。

《心體與性體》完成後，牟宗三對這個問題重新進行了思考，認為該書雖然很重要，但有一個很大的遺憾，就是沒有能夠充分重視智的直覺問題，而這個問題不解決，整個中國哲學的特點便無法得以彰顯。於是他又寫了《智的直覺與中國哲學》。在這部專門研究智的直覺的著作中，牟宗三指出，在《純粹理性批判》中，現相與物自身的區別貫穿首尾，物自身的概念幾乎每一頁都有，可見這是其批判哲學中一個最基本的概念。但這個概念的確定含義究竟是什麼，卻歷來很少有人能弄清楚。其中一個重要原因，是康德不承認我們人類可以有智的直覺。「因為不承認『純智的直覺』在人類身上之可能，所以他的『道德的形上學』之規劃亦不能充分作得成。『道德的形上學』不能充分作得成，則對於『物自身』一概念亦不能有積極地清楚的表象。」[33]這就是說，因為康德在智的直覺問題上有所不足，造成了其思想的諸多問題，人們很難對物自身這個概念有一個清楚的瞭解和把握。

那麼，究竟什麼是物自身呢？「通過與來布尼茲及拉克的區分之比較以及此最後之說明，我們很可以知道『物自身』（物之在其自己）一詞之意義。至少我們消極地知道所謂物自身就是『對於主體沒有任何關係』，而回歸於其自己，此即是『在其自己』。物物都可以是『在其自己』，此即名曰『物自身』，而當其與主體發生關係，而顯現到我的主體上，此即名曰『現

---

[32] 同上注，頁 195。

[33] 同上注，頁 125。

象』。」[34]在這裡，牟宗三表達了這樣一個基本看法：一物與主體發生關係，顯現於主體之上，即為現相；一旦與主體沒有任何關係而回歸於其自己，便為物自身。因此，牟宗三主張，可以將物自身譯為「物之在其自己」（thing in itself, or things in themselves）。「物之在其自己」，簡單說，就是對於主體沒有任何關係，而回歸於其自己的意思。

　　以對象回歸於自己來解釋物自身，是牟宗三此時致思的一個重要方向。他曾明確指出：「我們可以這樣去思對象，即依在或不在一定關係中之方式而思之；在一定關係中，名曰現象；不在一定關係中，即名曰物自體，在其自己。我們這樣便形成『物自身』之概念（形成一對象在其自身之表象）」[35]。這裡講得十分清楚：對象在一定關係中，即為現相，不在一定關係中，即為物自身。牟宗三堅信，「這樣思之而形成『物自身』一概念是並無過患的。這所形成的概念即是『物自身』這個概念，『物自身』一義。」[36]

　　值得關注的是，牟宗三認為，要讓對象不在一定關係中，一個重要條件，便是不使用範疇。康德講過：「一旦見不到這種時間統一性，也就是在本體的情況下，範疇的全部運用、甚至它們的全部意義都會完全終止了；因為甚至會根本看不出應當與這些範疇相適合的那些物的可能性」[37]。牟宗三非常重視康德這一表述，認為「此即表示範疇根本不能應用於『物自體』。因為既是物自體，便是我們對之不能有直覺（感觸的直覺），不能有『時間之統一』，即，不能有『雜多』。既不能有雜多，範疇便無所統一，不能決定什麼，即一無所決定。」[38]對於「物自體」（牟宗三對 Noumena 的一種特殊譯法）而言，既無直覺，又無雜多，所以只憑範疇什麼也決定不了，沒有任何用處。「我們對於物自體沒有感觸的直覺，是以不能有範疇的決定所決定的事物之真實的可能性。範疇要應用於物自體上，則物自體必須有因感

---

[34] 同上注，頁 135-136。

[35] 同上注，頁 151。

[36] 同上注，頁 151。

[37] 康德：《純粹理性批判》，鄧曉芒譯，楊祖陶校，頁 226。

[38] 牟宗三：《智的直覺與中國哲學》，《牟宗三先生全集》，第 20 卷，頁 155。

觸直覺而來的『呈現』，此『呈現』即是範疇所決定的事物，但既是呈現，便不是物自體。故既是物自體，範疇根本不能用得上。」[39]牟宗三認為，康德這一論述說明，在「物自體」的意義上，範疇是用不上的。由此出發，牟宗三作了進一步引申，認為這種不需要範疇的思維形式即是智的直覺，而與智的直覺相對的對象即是「物自體」，也就是物自身（牟宗三認為，本體與物自身是相同的概念）。一旦證明我們的思維方式不需要範疇，那麼也就證明了我們具有智的直覺，完全可以直達物自身。

以此為據，牟宗三特別強調，智的直覺無需範疇。「試設想我們實可有一種智的直覺，我們以此直覺覺物自體，覺真我（真主體，如自由意志等），覺單一而不滅的靈魂，覺絕對存有（上帝等），我們在此直覺之朗現上，豈尚須於範疇來決定嗎？範疇能應用於上帝，靈魂，自由真我乎？」[40]康德講，對象可以分為現相與本體，現相相對於感性直覺而言，本體則相對於智的直覺而言，但這種智的直覺我們人類不可能具有，因此本體與現相的劃分在積極的意義上是完全不能允許的。牟宗三認為，康德這種說法並不合理。「我們在此直覺之朗現上，豈尚須於範疇來決定嗎？」這是非常重要的表述，意即智的直覺不需要範疇，如果能夠證明我們的思維可以不需要範疇，那麼我們的思維也就能夠應用於本體，本體的積極意義也就可以成立了。

與無需範疇緊密相關的是無需時空。這是兩個緊密相關的問題，無需時空是由無需範疇引申出來的，雖然所指不同，重要性也不及前者，但思路並無二致。在牟宗三看來，「在無限心的明照上，一物只是如如，無時間性與空間性，亦無生滅相，如此，它有限而同時即具有無限性之意義。」[41]人有的兩種心，一是有限心，一是無限心。對有限心而言，認識必須經過時空形式的中介，對於無限心而言，則可以不受這些形式的限制。因此，有限心展現的是受時空形式影響的樣子，即所謂現相，無限心展現的則是物自身的樣

---

[39] 同上注，頁155。

[40] 同上注，頁156。

[41] 牟宗三：《現象與物自身》，《牟宗三先生全集》，第21卷，頁18。

子，即所謂物之如相。換言之，感性直覺與時空有關，其對象為現相，智的直覺不與時空相關，其對象為物自身。有意義的是，道德之心創生存有並不需要經過時空，所以其思維方式即是智的直覺。為了說明這個問題，牟宗三還以康德論上帝為依據。「上帝的直覺是純智的，因此它並不以時空為形式條件，上帝亦不在時空中（上帝無時間性與空間性）。他直覺之即創造之，即實現之，是當作一物自身而創造之，因此，其所創造者亦不在時空中（無時間性與空間性），時空不能應用於物自身，亦不能是物自身的必然屬性，因此，康德遂主張時空之經驗的實在性與超越的觀念性，而否定其超越的（絕對的）實在性。」[42]上帝擁有智的直覺，這種直覺沒有時空性，不受時空條件的限制。上帝造物並不通過時空的形式，其直覺就是其創造，而其創造的對象是物自身，不是現相。由此說來，區分現相與物自身的一個重要標準，就是看其有無時空性。「現象與物自身的區別其主要的記號就是時空性之有無」[43]這一表述清楚表達了牟宗三這一致思路向：智的直覺與感性直覺有所不同，關鍵一環是時空之有無，有時空為感性直覺，反之則為智的直覺。道德之心「覺他」創生存有並不需要借助時空這種認識形式，所以「覺他」的思維方式是智的直覺。

　　因為智的直覺無需範疇，無需時空，不受認識形式的影響，所以「覺他」沒有用相。在牟宗三觀念中，有兩種不同的感應方式，一是物感物應，二是神感神應。物感物應是說「既成的外物來感動於我也。物應者我之感性的心被動地接受而應之也，因此，此感性的心之接應亦只是一『物應』耳」[44]。意思是說，物感物應是外物感應於我，我的心被動地接受這種感應。這種感應感有感相，應有應相，與其相應的是對象的現相。神感神應就不同了，它完全屬於另一種思維方式。「知體明覺之感應既是無限心之神感神應（伊川所謂『感非自外也』），則感無感相，應無應相，只是一終窮說的具體的知體之不容已地顯發而明通也。即在此顯發而明通中，物亦如如地呈

---

[42]　同上注，頁110。

[43]　同上注，頁110。

[44]　同上注，頁103。

現。物之呈現即是知體顯發而明通之，使之存在也。故知體明覺之神感神應即是一存有論的呈現原則，亦即創生原則或實現原則，使一物如如地有其『存在』也。」[45]神感神應是無限心不容已地顯發而明通，這種顯發和明通不受任何認識形式的限制，如如呈現，用無用相，與其對應的對象便是物之如相實相：「總起來，這就是王龍溪所謂『無物之物則用神』也。物之在其自己即是『無物之物』也。『無物之物』者即是無物相之物也，亦即無『對象』相之物也。『用神』者其為用無封限無滯礙而不可測度也。物之用之神是因明覺感應之圓而神而神。明覺之感應處為物。此感應處之物既無『物』相，即無為障礙之用，它係於明覺而有順承之用，故其為用是神用無方，而亦是不顯用相之用也。明覺感應圓神自在，則物亦圓神自在也。故物不作物看，即是知體之著見也。此是將『物之在其自己』全係於無限心之無執上而說者。」[46]這是對龍溪「無物之物則用神」一句的疏解。在牟宗三看來，知體明覺是智的直覺。智的直覺無封限，無滯礙，不可測度，屬於神感神應。神感神應最顯著的特點是神用無方，是一種「不顯用相之用」。這種「不顯用相之用」也就是不受時空和範疇影響之用。時空和範疇是一種執，有執必有相。無需時空和範疇屬於無執，無執即是沒有用相。既然沒有用相，當然也就不屬於感性直覺，而是智的直覺了。這一思想後來在《圓善論》中進一步得到加強，但致思方向沒有根本性的變更。沒有用相由此成為牟宗三論智的直覺的一個重要理據。

通過上面的回顧我們已經看出，牟宗三之所以認為人類可以有智的直覺，核心理由是人的思維方式可以不需要借助認識形式，具體說就是無需範疇，無需時空以及由此而來的沒有用相。智的直覺在牟宗三那裡可以說就是一種無需範疇，無需時空，沒有用相的直覺。由此可以引出他的兩個重要說法，這就是「曲屈性」和「封限性」。在牟宗三看來，在康德那裡，人類必須利用或憑藉一些形式條件這些虛架子始能完成認知活動。「這種作用或方

---

[45] 同上注，頁 103。
[46] 同上注，頁 117-118。

式，我曾名之曰知性之曲屈性，此是相應英文『discursive』一詞而說的，也是對它不是『直覺的』而說的。直覺的知解是直而無曲，辨解的知解是曲而能達——借概念而達（伸展）。這種借概念而達就是它的封限性（finitude），曲屈性必然地函著封限性。它對應著非它自身所能提供的雜多而活動，因此它呈現了它這種曲屈性與封限性；它服務於直覺，它不是創造的知解，只是認知的知解，因此，它呈現了它這種曲屈性與封限性。」[47] 知性必須使用範疇，用範疇整理感性直覺得來的雜多，這就構成了知性的局限性。牟宗三特名之為「曲屈性」。「曲屈性」的核心在一個「曲」字，意即必須繞一個彎子，而不能直接抵達對象自身。這種局限性又叫「封限性」，也就是一定要受到限制，無法直達物自身的意思。既然這種「曲屈性」和「封限性」無法達到物自身，那麼有沒有一種思維方式可以不受這種限制，直達物自身呢？「那或是屬於神的，或是屬於其他有限存在的，但不屬於人類的。」[48]牟宗三認為，依據康德學理的精神，人類的認識必須經過時空和範疇，過程一定有其用相，受此局限，只能得到對象的現相；如果承認人可以有智的直覺，像上帝一樣，那麼其認知就可以不經過時空和範疇，沒有用相，不受認識形式的局限，便可以達到對象之自身，而不再是現相了。

　　到了《現象與物自身》，牟宗三不僅延續了上述思路，而且又進了一步，直接從人的有限性和無限性來討論問題。該書開篇不久，就列出了康德哲學所隱含的兩個預設：第一，「現象與物自身之超越的區分。」第二，「人是有限的存在（人之有限性）。」這兩個預設中，「第一預設函蘊（implies）第二預設，第二預設包含（includes）第一預設。是則第二預設更為根本。」[49]牟宗三認為，這兩個預設非常重要，康德全部哲學可以說都是在這個前提下展開的。但康德對這個重要觀點缺乏積極正面的說明和論證，未能將其明確確定下來，從而使讀者難以理解，存在諸多疑惑。

---

[47] 牟宗三：《智的直覺與中國哲學》，《牟宗三先生全集》，第 20 卷，頁 191。
[48] 同上注，頁 192。
[49] 牟宗三：《現象與物自身》，《牟宗三先生全集》，第 21 卷，頁 1。

　　為了解決這個問題，彌補康德的不足，牟宗三回顧了康德物自身概念的起源。「依康德，外物現於我們的感性主體上即為『現象』（appearance）。這個現象之『現』是認識論的，不是存有論的。」這一思想雖說是西方哲學的一貫傳統，但「到康德始說，凡現到我這裡的，依存於我的覺知的，只是一現象，不是一物自身。他有個『物自身』的預設。物自身是永不能依其物自身的身分而現到我這裡；但它是一個支持點，必須預定之。」[50]這裡的關鍵環節是人只是一個有限的存在，不是一個無限的存在。有限之所以為有限，是因為要受到各種條件的限制。「在此種外於感性的反省下，我們知道我們的感性主體有其特殊性與有限性。我們的感性主體既有一定樣式，則外物之現於此特定樣式下必不同於其現於另一樣式下，因此，我們知其是現象，而不是其為『物自身』之樣子。」[51]人類的認識必須經由感性，感性主體是有限的主體，有其特殊性，有一定的樣式。外物現於這種特殊的樣式之下，就與主體有了一定的關聯，受到了主體的影響，而受到主體影響的對象只能是現相，不再是物自身了。

　　牟宗三進而指出，如果我們只是內在於我們的感性知性，是沒有辦法釐清現相與物自身的區分的。因為那只是經驗的劃分，其結果只能是將虹視為現相，將雨視為物自身。所以我們必須對現相與物自身進行先驗的區分。要做到這一步必須對我們人類的認知形式進行反省，把人類認知的有限性與上帝認知的無限性進行對比。「我們反省我們人類的知性是使用概念的，並不是直覺的，正如我們的感性是在一定樣式下並以時空為其形式。其他有限存在，如有知性活動，是否亦使用概念，而且使用與我們人類知性相同的如此這般之概念，則不得而知。」[52]人類感性知性是有限的，要受自己特有形式的限制。因為有這種限制，所以人類的感性知性不能直達物自身。「但我們確知一無限存在，例如上帝，其知性便不使用概念，而是直覺的。這樣，我們確知我們人類的知性也是在一定樣式下活動的，因此，它也有它的特殊性

---

[50] 同上注，頁 3。

[51] 同上注，頁 5。

[52] 同上注，頁 6。

與有限性。我們即就它的特殊性與有限性而說其所決定的對象雖是客觀的，而卻仍是現象。」[53]與人類相比，上帝的認知不受限制。因為上帝是無限的存在，其認識是智的直覺，可以直達物自身。這是一個重要的對比。以這個對比為基礎，牟宗三明確指出：「那不在一定樣式下而且是『智的直覺地』為上帝所知者則是物自身。」[54]就是說，物自身是智的直覺的對象，反過來說，智的直覺的對象即是物自身，而全部關鍵就在於認識是否必須借助時空和範疇這些認識形式。

由此出發，牟宗三得出了一個重要的結論：「物自身是對無限心的智的直覺而說的。」[55]康德認為，我們人類沒有智的直覺，所以物自身只有消極的意義。但康德畢竟還是肯定了智的直覺，只是將其歸給了上帝。既然智的直覺是存在的，那麼智的直覺所面對的就是物自身而不是現相，所以牟宗三才講「物自身是對無限心的智的直覺而說的」。正是在這個意義上，牟宗三自信地宣告：「哲學家們！如果你們只就我們人類的辨解知性說話，而不就無限心說話，或於我們人類不能點明其轉出無限心及智的直覺之可能，你們休想反對康德，也休想說我們能認知『物自身』。」[56]這段話可以視為牟宗三關於物自身的宣言。它十分鮮明地告誡讀者，要想對於物自身有真切的理解，必須從智的直覺入手，否則休想反對康德，休想說我們能夠認識物自身。敏感的讀者或許已經注意到了，牟宗三這一思想非常獨特。在他看來，智的直覺是與感性直覺相對的一個概念。感性直覺得到的對象是現相，智的直覺得到的對象是物自身。在智的直覺中，物在如如呈現的方式下存在。這種如如呈現下存在的物，因為不受主體認識形式的影響，所以是物自身，而不是現相。「於智的直覺處，物既是內生的自在相，則是攝物歸心，不與心對，物只是知體之著見，即知體之顯發而明通：物處即知體流行處，知體流行處即物處，故冥冥而為一也。因此之故，物無對象義。亦因此故，物是

---

[53] 同上注，頁 6。

[54] 同上注，頁 6。

[55] 同上注，頁 7。

[56] 同上注，頁 8。

『在其自己』之自在相，亦即如相，非『現象』相也。」[57]對象只相對現相而言，相對於知性感性而言，也只有現相才能說對象。智的直覺與此完全不同。在智的直覺之下，不受時空和範疇的影響，一切均在心的呈現和朗照之中，物不與心對，沒有對象義。既然沒有對象義，當然不會有對象相。所以與智的直覺相對的不是現相，而是物自身。

由上可知，在《智的直覺與中國哲學》和《現象與物自身》這兩部重要著作中，牟宗三主要是從人的有限性和無限性，尤其是從認識的「曲屈性」和「封限性」來詮釋智的直覺這一概念的。康德將人規定為有限的存在。牟宗三不同意這種主張，認為人既有限，又無限。有限性決定其認識必須受到認識形式的影響，有「曲屈性」和「封限性」，無限性決定人完全可以擺脫這些認識形式的影響，無需範疇，無需時空，沒有用相，所以沒有「曲屈性」和「封限性」。儒家學說認為，人既有限又可無限。這一立場本身就決定了人的認識一方面必須借助認識形式，受到它們的影響，另一方面又可以排除這些認識形式，不受其影響，不再局限於「曲屈性」和「封限性」，從而直達對象自身，認識物之在其自己。這是牟宗三在其著作中反復強調認識形式的局限性，甚至要求廢除範疇的根本原因。

因為牟宗三對康德智的直覺的詮釋，沒有從「本源性」，而著重從「曲屈性」和「封限性」的角度進行，所以他站在中國哲學的立場上，不同意康德否認人可以有智的直覺的主張，認為人完全可以有智的直覺。「如果吾人不承認人類這有限存在可有智的直覺，則依康德所說的這種直覺之意義與作用，不但全部中國哲學不可能，即康德本人所講的全部道德哲學亦全成空話。這非吾人之所能安。智的直覺之所以可能，須依中國哲學的傳統來建立。」[58]在牟宗三看來，如果按照康德的觀點，不承認人類可以有智的直覺，那麼不僅整個中國哲學，而且康德全部的道德哲學都將落空。正是考慮到這個問題的嚴重性，他才下決心重新對此加以系統研究，並依據中國哲學

57　同上注，頁 104。

58　牟宗三：《智的直覺與中國哲學》，《牟宗三先生全集》，第 20 卷，頁（5）。

的傳統，正式肯定人完全可以具有智的直覺。

三、簡要的小結

綜上所述，康德智的直覺這一概念的含義較為複雜，學界的理解也有一定的差異[59]，但堅持智的直覺的「本源性」，認為這種直覺是一種「本源的直覺」，則是一致的，沒有原則性的分歧。智的直覺本質上是一種不需要對象刺激，單憑自身就可以給出質料雜多，形成認識的直覺。人類並不具有這種能力，因為人類必須依據對象的刺激才能形成經驗。但假如有一個原始存在者（如上帝），不需要由客體提供雜多的材料，僅僅憑著自身就能把對象創造出來，那麼就可以說他具有智的直覺，但對此我們並不能加以證明。牟宗三不是這樣，他沒有從「本源性」，而主要從認識形式的「曲屈性」和「封限性」來討論這個問題。他反復強調，智的直覺是一種無需時空和範疇，因而不受其影響沒有用相的思維方式。因為不受認識形式的影響，所以智的直覺可以直達物自身，而不必再停留於現相之上。在儒家學理中，無論是對本心仁體的體認（即所謂「自覺」），還是道德之心創生宇宙萬物之存有（即所謂「覺他」），其思維方式都不需要借助認識的形式，所以就是康德所不承認的智的直覺。牟宗三公開宣稱，他承認人可以具有智的直覺，從而與康德區別開來，完全是以此為基礎的。我們要對牟宗三智的直覺的論述進行評判，應當首先瞭解牟宗三對康德智的直覺這種理解的獨特性，認清牟宗三理解的智的直覺與康德意義的智的直覺並不是同一個概念，否則相關的評判很難有說服力，無法順利達到目的。據我觀察，這是目前牟宗三研究中

---

[59] 如上面引證的倪梁康與鄧曉芒的觀點，便不完全一致。倪梁康將康德的智的直覺分疏為「形而上的直觀」、「心而上的直觀」和「創造的直觀」三層含義。鄧曉芒也認為康德的智的直覺包含三層意思，但具體所指則為：其一，雖然人類並不具有，但並非沒有可能由別的存在者具有的直觀；其二，「本源的」、能動創造性的直觀；其三，與「原型的智性」相應的「本源的直觀」。

普遍存在的一個問題。[60]

（發表於《文史哲》2013 年第 3 期）

---

[60] 當人們發現牟宗三關於智的直覺思想的一些問題後，往往只是以康德對牟宗三進行批評，批評牟宗三的詮釋不合康德哲學的基本精神，而不明白牟宗三對智的直覺的詮釋有著自己獨到的用心。我不是說牟宗三對康德智的直覺的理解完全正確，也不是說不能對其進行批評，而是強調批評之前應充分理解牟宗三獨特的思路。如果不注意這一點，只是批評牟宗三的說法如何與康德不符，不利於瞭解牟宗三的真正用意，從而破解這裡的謎團。

智的直覺抑或意向性的直接性？

——對牟宗三「覺他」學說的重新定位[1]

　　「覺他」是牟宗三儒學思想中的一項重要內容。這一學說旨在說明，道德之心是一個活潑潑的實體，有著豐富的創生性。這種創生性可從兩個方面來看。其一是可以創生道德之善行，決定人成德成善，這叫「道德實踐地說」。其二是可以創生宇宙萬物之存有，使宇宙萬物能生長，有意義，這叫「本體宇宙論地說」。前者好理解，因為道德本體一定要負責成德成善，否則就不能稱為道德本體了。後者則十分曲折。所謂道德之心可以創生宇宙萬物之存有，其實不過是說道德之心有一種功能，可以將自己的價值和意義賦予外部對象之上，使原本沒有道德色彩的宇宙萬物具有了道德的價值和意義。這種情況在牟宗三就叫「覺他」。牟宗三進而認為，「覺他」的思維方式不是感性直覺，而是智的直覺。康德不承認人可以有智的直覺，所以人只能達到現相，不能達到物自身。儒家思想不同，認為人既有限又可無限。因有限而有感性直覺，因無限而有智的直覺。因為人類可以具有智的直覺，所以不再局限於現相，而可以直達物自身。與之相應，「覺他」創生的存有也不再是現相的存有，而是物自身的存有。

　　牟宗三這一看法在學界有很大影響。從事牟宗三研究的學者幾乎均持認可態度，紛紛解說道德之心創生存有的思維方式即是康德意義的智的直覺，道德之心創生的存有即是物自身的存有，進而肯定牟宗三作出了非凡的貢獻，甚至超越了康德。但是，道德之心創生存有的思維方式何以是智的直

---

[1] 本文初稿完成後曾發給倪梁康，請其提出批評意見，並根據其提出的意見，對原稿進行了修改。修改後又分別請張慶熊和丁耘看過。在此表示衷心的感謝。

覺？其創生的對象何以是物自身而不是現相？人們並沒有能夠給出令人信服的說明，反而引生了諸多混亂，遂使這個問題成為牟宗三研究中最為困難的部分。這些年來我對這個問題進行了一些研究，得出了與學界完全不同的結論：「覺他」的思維方式不是康德意義的智的直覺，只與胡塞爾現相學的意向性有一定的相通性；牟宗三將這種思維方式說成是康德意義的智的直覺，實在是一種誤會。以下試論其詳。

一、胡塞爾現相學中的意向性

意向性的思想可以追溯到古希臘。Intentionality 一詞來自拉丁文intendere，由 in 和 tendere 組成。In 的意思是「在」或「向」，terdere 的意思是「有意」或「傾向」。二者合在一起，表示心靈嚮往的活動。亞里斯多德明確主張，認識一方面要有外部對象，另一方面要有心靈，對象只有首先通過某種方式存在於認識者之內才能形成認識。中世紀之後，意向性概念重新引起人們的關注，與布倫塔諾有直接的關係。布倫塔諾從心理學的角度對這個古老問題重新進行了研究，提出了意向性內存在的概念。在《邏輯研究》中，胡塞爾引用的布倫塔諾的一段論述，清晰地表達了這一思想：「每一個心理現象都可以通過這樣一種東西而得到描述，中世紀經院哲學家們將這種東西稱作一個對象的意向的（或心靈的）內實存〈Inexistenz〉，而我們──雖然我們所用的表達也並非完全單義──則將它稱作與一個內容的關係、向一個客體（在這裡不應該被理解為一個實在）的朝向，或內在的對象性。每一個心理現象自身都含有作為客體的某物，儘管不是以同樣的方式。」[2]這就是說，要構成一個心理現相，首先必須把一個對象意向性地包含於自身之中。沒有這種意向性的內存在，心理現相是沒有辦法構成的。布倫塔諾的這一思想對胡塞爾有很大啟迪，成為其整個思想的基石，不可動搖。

---

[2]　胡塞爾：《邏輯研究》，第二卷第一部分，倪梁康譯（上海：上海譯文出版社，2006年），頁 434。

　　在胡塞爾看來，在從事整個研究之前，必須首先確定一個基本的前提，這就是「對象處在某些行為之中，某物作為對象在這些行為中顯現出來或在這些行為中被思考」[3]，否則不可能理解對象本身是如何成為對象的。這就是說，行為總是「朝向」相應的對象，在這些行為中，某物才能顯現出來。「在這裡構成自我的現象學核心的是行為，它們使自我『意識到』對象，自我在它們之中『朝向』有關的對象。」[4]胡塞爾認為，自我在每一個行為中都意向地與一個對象有關。如果一個關於這個或那個意向的體驗是體現性的，那麼自我當然就具有這個意向。「無論在何種意義上，以何種權利談論對象性的『存在』，無論對象性是實在的還是觀念的，無論它是真實的、可能的還是不可能的，行為都『朝向對象性』。」[5]行為無不具有意向性，每一個行為都意向地與對象相關。胡塞爾有時將這種意向性叫做「給予意義」。「我們是生活在那些給予意義的行為中，我們明確地『朝向』這個在它們之中顯現的對象之物，我們的目標就在於它，我們在特別的、確切的意義上意指它。」[6]行為的一項重要任務，是給予意義。我們無不處在給予意義的行為之中，朝向對象，意指它，給它以意義。雖然胡塞爾並不否定對象的獨立存在，但那是自我進行反思後的結果。就現實而言，對象總是自我意識的對象，在感知中被感知，在陳述中被陳述，在愛中被愛，在恨中被恨。一句話，在表象中被表象。沒有自我意識的意向性也就沒有對象。

　　意向指向對象，其過程又有質性與質料的區別。意向活動其實是一個意指活動，這種意指活動有著不同的性質，可以是一種希望、一種判斷，也可以是一種懷疑。這種意指活動的不同性質叫做「質性」。「如果我們將某一個體驗稱之為判斷，那麼，將它與願望、希望和其他類型的行為區分開來的必定是它所具有的一個內部的規定性，而非它的外在附加標號。」[7]這裡所

---

[3]　同上注，頁 422。

[4]　同上注，頁 422。

[5]　同上注，頁 478。

[6]　同上注，頁 474。

[7]　同上注，頁 503-504。

說的「內在的規定性」，指的就是「質性」。當然，當意向一個對象時，這個對象是包含著特定內容的，總是一個特定的「什麼」。意向對象都有自身特定的意義，這種意向的特定內容就是「質料」。「據此『質料』必須被我們看作是那個在行為中賦予行為以與對象之物的有關係的東西，而這個關係是一個具有如此確定性的關係，以至於通過這個質料，不僅行為所意指的對象之物一般得到了牢固的確定，而且行為意指這個對象之物的方式也得到了牢固的確定。」[8]與質性一樣，質料在意向活動中，也是不可缺少的。「在這個本質中建立著一個觀念規律的關係，這個關係就是：這樣一個〔質性〕特徵沒有補充的『質料』就不可能存在；只有帶著這個『質料』，那種與對象的關係才能進入到完整的意向本質之中並因此而進入到具體的意向體驗本身之中。」[9]有了質性，有了質料，也就構成了意向活動的本質。意向活動的本質，就是意向活動的質料與質性的統一，它們共同決定意指活動。

意向性的過程也就是客體化的過程。胡塞爾認為，所有意識都可以分為客體化和非客體化的行為，而任何一個非客體化的意識行為，又都以客體化的意識行為為基礎。「這個奇特命題的意義在於，在每一個意向對象中，對象都是一個在一個表象行為中被表象的對象，並且，如果這裡所涉及的並非從一開始就是『單純表象』，那麼，一個表象就始終會與一個或多個行為的表象，或者毋寧說，與一個或多個行為特徵如此奇特和緊密地交織一起，以至於被表象的對象會因此而同時被作為被判斷的、被期望的、被希望的等等而存在於此。」[10]按照這一說法，任何意識都指向對象，都是關於對象的意識，在這種指向中，該對象得以客體化，而相應的行為就是客體化行為。所謂的客體化行為就是指那種能夠使客體顯現出來的意識行為，也就是意識活動對其客體或對象的原初構造的行為。布倫塔諾將意識意向對象的方式劃分為表象、判斷和情感。胡塞爾高度評價這種劃分。在他看來，即使意向同一個對象，這三種方式也是不同的。表象呈現對象的形象，判斷指出對象的真

8　同上注，頁 480-481。

9　同上注，頁 513。

10　同上注，頁 504-505。

假，情感則涉及對象的非理性的評價。情感本身沒有實質性內容，必須以表象和判斷為基礎，以此來完成客體化的行為。

　　根據胡塞爾的意向分析，由質性與質料所組成的意識行為還不足以構成一個具體、完整的客體化行為。要達到這一目的，必須將質性、質料和充盈結合在一起。因此，「每一個具體完整的客體化行為都具有三個組元：質性、質料和代現性內容。」[11]這裡的「代現性內容」指的就是充盈。這就是說，在意識的質性和質料的統一中，意識總是關於某物的意識。意指某個對象，也就意味著帶著特定的質料去朝向這個或那個對象，即：意指＝給予意義＝賦予質料。[12]意指本身即是一個過程，包含兩個不同的方面，這就是「發射與擊中」。「與作為『意向』的某些行為（如判斷意向、欲望意向）相對應的是另一些作為『射中』或『充實』的行為。因此，『意向』這個概念非常形象地適合於前一類行為；但『充實』也是行為，因而也是『意向』，儘管它們（至少一般說來）已經不是在那種狹義上的、朝向相應的充實的意向。」[13]。意向既可以指瞄準，又可以指射中。前者可以叫做狹義的意向，後者可以叫做廣義的意向。只是指向一個對象，還不構成完整的意向。只有同時也射中，即同時也進行含義的充實，才能成為一個完整的意向行為。

　　含義充實是通過直覺進行的。「在每一個充實中都進行著一個或多或少完善的直觀化〈Veranschaulichung〉。充實，也就是說，那個在充實綜合中順應性的、為意向提供其『充盈』的行為，將那些雖然為意向所意指、但卻以或多或少非本真的或不合適的方式而表象出來的東西直接地、或者至少是比意向更直接地放置在我們面前。」[14]在這裡胡塞爾告訴我們，為意向提供充盈行為的，是一種直覺。任何一個充實都進行著一個或多或少的直覺化充

[11]　胡塞爾：《邏輯研究》，第二卷第二部分，頁 95。

[12]　倪梁康：《現象學及其效應——胡塞爾與當代德國哲學》（北京：生活・讀書・新知三聯書店，1994 年），頁 47。

[13]　同上注，頁 48。

[14]　胡塞爾：《邏輯研究》，第二卷第二部分，頁 70。

實。沒有直覺不可能有充實。由此可知,在胡塞爾那裡,每一個表述本質上都意指一個含義,每一個表述也都與一個對象之物發生關係,而在這個過程中,直覺扮演著極為重要的角色。在直覺中,表述所意指的與對象之物的關係得以現時化和現實化。直覺對於表述本身來說是非本質的,但直覺卻使表述的意向得到充實。「胡塞爾將那些在此情況下與含義賦予的行為融為一體的行為稱作『含義充實的行為』。如果含義意向得到充實,那麼被意指的對象便『作為被給予的對象』而構造出自身。」[15]只有通過直覺,含義充實的行為才能得以完成。一旦這個行為得到完成,被意向的對象也就被構造了出來,「對象」才真正成為對象。

二、「覺他」與現相學意向性的相通性

牟宗三所論「覺他」與胡塞爾現相學意向性的內在關聯,是一個有意義的話題。要對這個問題有所瞭解,首先要從兩種不同的存在說起。海德格爾在《時間概念歷史導論》的講座中,將胡塞爾《邏輯研究》中的存在作了兩個方面的區分,即真理意義的存在與係詞意義的存在。他曾以「這椅子是黃的」為例加以說明。當我們說「黃的存在」,重點是「存在」時,那麼所確定的是一個真實狀態的存在,表示這椅子的確是黃的,它是真實的。當我們同樣說這句話,重點是「黃的」時,那麼確定的一個關係的存在,表示這椅子與黃的關係,存在這時意味著一個係詞。這樣便有了兩種不同的存在,即被解釋為同一性存在的真正意義的存在和被理解為實事狀態本身結構因素的係詞意義的存在。海德格爾認為,胡塞爾對存在的理解有重要貢獻,打破了傳統中關於「真理是智慧與事物的合適性」的存在觀,在一定程度上回到了古希臘思想的傳統,將真理理解為存在與它的顯現方式的一致性。胡塞爾對存在的看法所形成的突破主要就體現在這裡:一方面胡塞爾將他的真理概念

15　倪梁康:《胡塞爾現象學概念通釋》（北京:生活・讀書・新知三聯書店,2007年）,頁 78。

擴展到非關係行為的相關項上，事物的「真實－存在」也是真理；另一方面，他又將存在概念擴展到關係行為的相關項上，事態的真實關係狀況也是存在。

　　到了《存在與時間》，海德格爾進一步指出兩個傳統真理概念的基本特徵，強調真理的「場所」在陳述之中，而真理的本質在於判斷與對象的「一致」。對這兩個命題來說，胡塞爾提出的兩個存在概念都具有重大的理論意義：首先，真理意義的存在表明，真理的本質是感知與其對象的一致；其次，係詞意義的存在表明，真理的「場所」也是在範疇感知之中的。從這兩方面看，可以說「真實存在」的意義得到了更原本的把握。於是便有了海德格爾所謂的「對存在與真理的現象學的闡釋」。他認為，胡塞爾的現相學在最初形成的時候便獲得了，並且在它的進一步發展中始終貫徹著這兩個不同的真理概念以及與之相應的存在概念。海德格爾特別強調這個區分的重要性，因為現相學的存在闡釋和真理闡釋第一次賦予傳統的真理定義以一個可以理解的意義，並將這個定義從那些混亂的誤解中提取出來。海德格爾正是借助於這個區分，在傳統的存在、真理觀與胡塞爾現相學的存在、真理觀之間建立起了聯繫，使其日後提出了存在意義這個根本問題。當然也是在這個意義上，海德格爾對胡塞爾現相學的存在觀提出了批評，認為胡塞爾沒有意識到它由此回到了真理概念這樣一個領域之中，沒有能夠切中希臘真理概念的原初意義。以此為基點，海德格爾從胡塞爾的立場走了出來，追尋「作為無蔽的真理」，從而形成了自己的獨立思想，卓然成一大家。[16]

　　透過海德格爾對胡塞爾的研究，我們發現了一個十分有價值的思想，這就是對兩種不同意義的存在的區分。儘管胡塞爾並沒有充分意識到這裡的重大意義，也沒有將其堅持到底，但畢竟涉及了古希臘原本意義的存在問題。海德格爾的這一分析對我們有很大的啟發，它告訴我們可以從係詞意義的存在這一特定角度來研究胡塞爾的現相學，而一旦從這個視角進入，現相學意

---

[16] 參見倪梁康：《現象學的始基──對胡塞爾〈邏輯研究〉的理解與思考》（廣州：廣東人民出版社，2004年），頁220-222。

向性與牟宗三「覺他」的內在關聯就可以看得比較明白了。根據上面的分疏，胡塞爾現相學的意向性告訴我們這樣一個道理：意識有其意向性，是指向對象的，這種指向同時也構建了對象，這是其整個邏輯學－認識論的前提。用胡塞爾的話說就是：「一個意向特徵要想能夠與一個對象之物發生關係，這個對象之物就必須表象給我們。如果我根本沒有表象一個實事狀態，那麼我又如何能夠將它認之為真、期望它、懷疑它，以及如此等等？」[17]後來，胡塞爾在〈觀念：純粹現象學的一般導論〉中又用的 noesis 和 noema 兩個概念來表達這一思想。Noesis 既有意識行為的規定性，又有給予意義的特性，是能指，而 noema 是前者建構的對象，是所指。所指只有在能指之下才能存在，而能指也一定有其指向，能夠構成一個所指。現相學的這一思想，去除那些過於繁瑣的概念和論證，依據中國哲學的傳統，講的其實就是一個心與境的關係問題。在中國哲學系統中，境不離心，心外無境。一切境都是心創造的，離開心不可能有什麼境，而心也一定要指向對象，創生境而後止。在這個關係中，心是能指，境是所指。能指並不是空洞的，一定有其內容。所指並不是一個獨立的客體，一定要受到能指的影響，在能指的影響下存在。這種心之能指與境之所指共同構成心與境的統一。

　　我主張牟宗三的「覺他」與胡塞爾現相學的意向性有相通性，就是以此為基礎的。前面講過，牟宗三提出「覺他」這一主張，根本意圖是要說明，道德之心有一個重要特徵，即具有絕對普遍性。這種絕對普遍性是說，道德之心不單單限於道德界，負責成就道德的善行，而且必然創生宇宙萬物之存有，涉及存有界。換言之，道德之心不僅是成就道德的根據，也是創生道德存有的根據。不僅人們的道德行為由它而來，就是整個宇宙萬物也都繫屬於它而為它所涵蓋。在牟宗三看來，這種情況就是宋明儒學常常講的仁為一「生道」。仁就是這樣一個「生道」，其極必與天地萬物為一體，如時雨之潤，使天地萬物能生長，有意義。這樣一套理論牟宗三稱為「道德的形上學」：「『道德的形上學』云者，由道德意識所顯露的道德實體以說明萬物

---

[17]　胡塞爾：《邏輯研究》，第二卷第一部分，頁 531。

之存在也。」[18]簡單說，「道德的形上學」就是以道德之心說明萬物之存在的學說。牟宗三還專門以「乾知大始」來說明這個道理。「乾知大始」原是《易傳》的話。牟宗三認為，「『乾知』之知，字面上的意義，是『主』義，即乾主始也。乾之所以可主萬物之始，以其為生道也。而生道之所以為生道之實則在『心』也，故歷來皆以『仁』說此生道也，此亦表示仁是道德的，同時亦即是形而上的。此即是仁體仁心之絕對性。」[19]意思是說，「乾知大始」之「知」字實為「主」的意思，就如知縣知府之「知」皆為「主」義一樣，不能理解為知識之「知」。這個「主」簡單說就是主始，主始就是創始。這樣說來，乾就有了形而上的意義，可以創生宇宙萬物之存有，成為萬事萬物的總根源。

道德之心有其絕對普遍性，為乾坤萬有之始，由此必然得出「心外無物」的結論：「但『心外無物』，我們不能說心就是物，其意只是說物之存在即在心體之顯發而明通中存在；離開心之顯發而明通，物即為非有；物為非有，心之顯發而明通亦不可說矣。此只是說心體與物一起朗現。」[20]「心外無物」是一個重要的說法，其意是強調宇宙萬物的存有都是由道德之心創生的，都在道德之心的感潤朗照下而存在。《傳習錄》中觀岩中花樹的例子最能說明問題。岩中花樹原本並無意義，只是由於人來到此山之中，看到了這些花樹，將人心的價值和意義賦予其上，這些花樹才有了價值和意義。這則材料離開存有論的背景很難理解，這充分說明宋明儒學已經明顯具有了存有論的意識。正因為如此，牟宗三對陽明這一思想評價極高，認為良知感應無外，必與天地萬物全體相感應。「此即函著良知之絕對普遍性。心外無理，心外無物。此即佛家所謂圓教。必如此，方能圓滿。由此，良知不但是道德實踐之根據，而且亦是一切存在之存有論的根據。由此，良知亦有其形而上的實體之意義。在此，吾人說『道德的形上學』。這不是西方哲學傳統中客觀分解的以及觀解的形上學，乃是實踐的形上學，亦可曰圓教下的實踐

---

[18] 牟宗三：《現象與物自身》，《牟宗三先生全集》，第21卷，頁96。

[19] 同上注，頁97。

[20] 同上注，頁101。

形上學。」[21]良知一方面是道德的根據,依此可以成就善行,另一方面又是一切存有的根據,依此可以創生存有。道德與存有其實是一。

走筆至此,胡塞爾現相學的意向性與牟宗三「覺他」的相似性,已經看得比較清楚了。在胡塞爾看來,意向指向一個對象,就是創生一個對象的存在,存在是在意識之中的。這一思想在牟宗三這裡同樣存在,只是換了不同的說法,叫做道德之心具有絕對普遍性,可以創生存有,涵蓋乾坤而後已。不僅如此,無論是胡塞爾還是牟宗三都認為,沒有意向性(胡塞爾),沒有主體(牟宗三)的對象是沒有意義的,其實是一個「無」。為此不妨對比下面兩則材料:

> 一個意向體驗,只有當一個為它表象出對象的表象的意向體驗在它之中體現〈Präsent〉時,它才能獲得它與一個對象之物的關係。對於意識來說,如果它不進行那個使對象成為對象,並且使對象有可能成為一個感受、一個欲求等等對象的表象,那麼對象就是無。[22]

> 良知靈明是實現原理,亦如老子所說「天得一以清,地得一以寧」云云。一切存在皆在靈明中存在。離卻我的靈明(不但是我的,亦是你的、他的,總之,乃是整個的,這只是一個超越而普遍的靈明),一切皆歸於無。你說天地萬物千古見在,這是你站在知性的立場上說,而知性不是這個靈明。[23]

胡塞爾認為,意識有其意向性,指向其對象,在這種意向體驗中,意識才與對象之物發生關係。如果沒有這種意向體驗,不能使對象成為一個感受的或欲求的對象,那麼對象就不成為對象,這個「對象」也就等於是無。牟宗三也認為,良知靈明是一個創生主體,是實現原理。天地萬物皆在這個靈明、

---

[21] 牟宗三:《從陸象山到劉蕺山》,《牟宗三先生全集》,第8卷,頁184。

[22] 胡塞爾:《邏輯研究》,第二卷第一部分,頁505。

[23] 牟宗三:《從陸象山到劉蕺山》,《牟宗三先生全集》,頁187。

這個原理的涵蓋下生存。沒有這個靈明，沒有這個原理，天地萬物便等於是無。這裡所說的「無」不是自然意義、物理意義的，而是道德價值意義的，意即沒有了良知靈明，天地萬物便沒有了道德的價值和意義。

但是，必須注意，我們說牟宗三的「覺他」與胡塞爾現相學的意向性有相通性，並不是說他們完全一致，一點分別也沒有。哪怕是粗加觀察也會發現，他們之間存在著非常明顯的差異。胡塞爾現相學有一個認識論的大背景，其中心話題是如何達到對於本質的認識。正因為如此，他特別關注本質還原，關注人們如何認識那個「艾多斯」，並對此進行了大量的探討。牟宗三對這類問題不感興趣，他只關心道德之心創生存有屬於什麼思維方式的問題。雖然他也非常重視對於本心仁體的體認，但這種體認與胡塞爾在認識論意義上講的本質還原，不是同一個問題。更加重要的是，在如何創生對象存在的問題上，牟宗三與胡塞爾也有很大的不同。由於胡塞爾現相學以認識論為基礎，所以儘管他也承認情感的作用，但畢竟對這個問題缺少一個合理的說明和定位。其後的舍勒正是發現了這個問題，才發展了自己頗具特色的情感學說。牟宗三就不同了，他依據中國哲學的傳統，一方面強調道德之心對宇宙萬物的創生作用，強調道德情感的作用，另一方面又建構了兩層存有系統，將由認知之心創生的存有視為認知的存有，將由道德之心創生的存有視為道德的存有，大大彰顯了儒家思想的特色。[24]從這個角度出發，牟宗三「覺他」思想的重大意義就顯現出來了：牟宗三的存有論思想雖然與胡塞爾進路不同，但又有相近之處，而且在一些關鍵環節上還有重要的推進。儒家存有論的創生主體不是認知性的，而是道德性的，這種道德性的主體並不一

---

[24] 牟宗三與胡塞爾思想的差異還有其他表現。比如，由於現相學是在認識論的基礎上建構的，所以胡塞爾不僅重視意向性，同時也強調含義充實的重要性。在胡塞爾看來，單純一個意向，還不構成認識問題，只要意向與含義充實相吻合，達成相即式的合一，認識才能算是完成。由於牟宗三思想的重點完全放在道德存有問題上，並不關心認識問題，所以含義充實並不在其討論的範圍之內。再如，對意識或道德之心創生的那個對象的稱謂，二人的看法也不相同。胡塞爾將意向指向並經含義充實後的對象稱為現相，牟宗三則將道德之心創生存有的那個對象稱為物自身。凡此種種，我們在以胡塞爾現相學研究牟宗三「覺他」思想的時候都不能視而不見。

定非要以認知主體為基礎，完全可以獨立創生道德的存有。我之所以反復強調牟宗三「覺他」思想具有重大意義，道理就在於此。

可能是因為看到了這兩者之間的內在關聯，近些年來，將現相學與儒學放在一起，研究其相似性，在學界已成為一個趨勢。張慶熊在《熊十力的新唯識論與胡塞爾的現象學》中，對熊十力與胡塞爾的關係進行了系統的研究，明確指出了二人學理上的一致性。他認為，唯識宗、熊十力和胡塞爾有關意識結構至少存在以下三點相同看法：第一，意識是對某種東西的意識，因而意識有一個互為依存的相關結構：意識行為環節和意識內容環節。第二，意識行為意向地指向對象；換句話說，意識內容不是任何別的內容，而是意向的（所慮的）內容。第三，意識行為和意識內容內在於意識之中，是意識體驗本身的兩個方面。[25]雖然這裡講的是熊十力，但牟宗三的存有論是從其師熊十力的新唯識論繼承而來的，將其用到牟宗三身上相信也無不妥。倪梁康 2002 年發表了〈牟宗三與現象學〉一文，對牟宗三與現相學的關係進行了細緻的分析。據他所知，牟宗三對現相學的瞭解主要是通過海德格爾著作（《康德與形而上學問題》和《形而上學導論》）進行的，對《存在與時間》讀得不多，對胡塞爾與舍勒的現相學著作，似乎並未有過直接接觸，對薩特的生存主義思想雖比較關心，但在切入角度上，也還較為有限。這些都在一定程度上影響了牟宗三對現相學的理解。但「牟宗三先生深厚的哲學修養和敏銳的感受力使他往往能夠在相對較少的文獻涉獵中很快地把握住問題的脈絡，並對之做出自己的評判與估價。這同樣表現在他對現象學意圖的解悟上。而他對現象學觀念的借鑑、利用與發揮，也常常會給人出乎意料的特別啟示。」「在牟宗三與現象學之間即使沒有一種完全相合的關係，也絕不存在一個根本對立的關係，而更多是種種可以會通和互補的可能性。」[26]丁耘也持類似的看法。在對《傳習錄》觀岩中花樹一段材料的分析中，他明確指出，「這個觀花的例子，同樣可以用胡塞爾現象學來解釋。這是一個典

---

[25] 張慶熊：《熊十力的新唯識論與胡塞爾的現象學》（上海：上海人民出版社，1995年），頁 266。

[26] 倪梁康：〈牟宗三與現象學〉，《哲學研究》2002 年第 10 期。

型的『意向充實』（Erfuellung）的例子。看花的意向在看此花時與對花的『看』相『同一』或者符合『Deckung』了。」[27]這些情況充分說明，將胡塞爾現相學與牟宗三的存有論聯繫在一起，探討其相通性，不是空穴來風，而是確有其據的，預示著一個很有前景的發展方向。

三、「覺他」的思維方式緣何成了智的直覺

既然「覺他」與胡塞爾現相學的意向性有一定的相通性，那麼牟宗三為什麼要把它與康德的智的直覺聯繫在一起，認定「覺他」的思維方式即是康德意義的智的直覺呢？

要破解這個問題，首先要瞭解現相學意向性思維方式的特點。在《邏輯研究》第二部分第四十四節「存在概念以及其他範疇的起源不處在內感知的區域之中」，胡塞爾對當時流行的一種看法提出了批評。這種看法認為，邏輯範疇，如存在與不存在、一、多、全數、原因、結果等等，是通過對某些心理行為的反思而產生的，產生於內感官、內感知。胡塞爾不同意這種看法，認為在謂語陳述的判斷中，「是」作為含義因素出現，就像「金」和「黃的」作為含義因素出現一樣，只是具有不同的功能罷了。在充實中，亦即那種在某些情況下會與判斷相符合的充實中，它是自身被給予的或至少誤以為是被給予的。「不僅在『金』以及類似的『黃的』的含義部分中被意指的東西現在自身顯現出來，而且『金－是－黃的』也顯現出來；判斷和判斷直觀在這裡結合為這個明見判斷的統一，在有利的情況下還會結合為在理想極限意義上的明見判斷之統一。」[28]胡塞爾特別強調，實事狀態和存在都不產生於判斷或對判斷充實的反思，而是真實地處在「判斷充實本身」之中。

胡塞爾認為，同樣的情況對所有範疇形式都適用。例如，一個總和在一個現時的聚合中被給予，這個行為在 A 與 B 與 C 的聯言形式中得到表達，

---

[27] 丁耘：〈心物知意之間：《大學》詮釋與現象學〉，西學東漸與馬克思哲學傳入——第三屆中哲、西哲、馬哲專家論壇論文，2011 年 11 月。

[28] 胡塞爾：《邏輯研究》，第二卷第二部分，頁 151。

這個總和並不是通過對這個行為的反思而產生的。我們不是反思這個給予著的行為，而是關注它所給予的那個東西，關注它具體地使之顯現出來的那個總和，並且將它的普遍形式提昇到普遍概念的意識之中。由此說來，「就像我們已經預設的那樣，形式確實也會得到充實，或者說，可以得到充實的是那些具有這種和那種形式的整個含義，而不僅僅是材料的含義因素。」[29]「這無非就意味著，它們與對象本身在它的範疇構形中發生聯繫。對象連同這些範疇形式不僅被意指，而且它正是在這些形式中被置於我們眼前；換言之：它不僅被思想，而且也被直觀，或者說，被感知。」[30]胡塞爾進而區分了狹義和廣義兩種感知。在較為狹窄的意義上，感知僅只指向個體的，亦即時間性的存在。而在最寬泛的意義上，普遍的實事狀態也叫做被感知的。直接被把握的對象性可以是一個感性的對象，也可以是一個範疇的對象。可以是一個實在的對象，也可以是一個觀念的對象。「我們也可以將感性的或實在的對象描述為可能直觀的最底層對象，將範疇的或觀念的對象描述為較高層次上的對象。」[31]

胡塞爾進而區分了感性的或實在的聯結形式與範疇的和觀念的聯結形式。感性的聯結形式是實在對象的因素，是它的現實因素，現存於實在對象之中。與此相反，範疇聯結的形式是從屬於行為－綜合方式的形式，亦即在綜合的、建立在感性之上的行為中客觀構造起來的形式。「但隨著綜合形式的構造也會產生出新的對象，即從屬於實事狀態這個種屬的對象，這個種屬只包含『較高序列的對象』。」[32]這種「較高序列的對象」有一個重要特點，即它具有普遍性，並非只是具體的。因為範疇和觀念有其普遍性，所以對普遍之物的感知也就成為了一個重要的理論問題。在那些並不必須借助於一個指標來進行的抽象行為中，普遍之物自身被給予我們。我們並不像在對普遍單純理解的情況中那樣，只是以單純符號性的方式來思考它，而是把握

---

[29] 同上注，頁 153。

[30] 同上注，頁 154。

[31] 同上注，頁 156。

[32] 同上注，頁 167。

它。「也就是說，在這裡，關於直觀的說法，並且更切近地說，關於對普遍之物的感知之說法確實是一個完全合理的說法。」[33]由此出發，胡塞爾特別強調這種由範疇因素決定的奠基性行為並不是非本質的要素。在所有範疇行為中，被奠基行為的質料都奠基於奠基性行為的質料之中。這一點自然是正確的，即：任何一種直觀，無論是素樸的還是範疇的，都根據其種類而可以經歷相同的範疇構形。範疇構形在現相學上奠基於客體化行為的普遍之物之中，這是一個本質上束縛在客體化行為之種屬上的功能。只有這個屬的體驗可以承受範疇綜合，而這個綜合直接聯結著意向本質。

這樣便引出了一個重要的話題：範疇本身也是可以代現的。代現在胡塞爾現相學中與「立義」基本同義，構成行為的表象基礎。只有通過代現，客體才能夠得以構成。重要性在於，代現不僅可以是感性的或實在的，也可以是想像性的或符合性的。「那些在內感知中感性地被給予的（因而在其中起著感性被代現者作用的）因素可以在一個帶有範疇感知或想像特徵的被奠基的行為中構造一個範疇形式，亦即在這裡承載一個完全不同的範疇代現。」[34]據此胡塞爾認為，我們可以試圖對範疇概念做出這樣的規定：它自身包含著所有那些產生於立義形式而非產生於立義材料之中的對象性形式。這種做法雖然也會產生出一些顧慮，「然而對象概念是在與感知概念的相互關係中構成起自身，因而它不僅預設了抽象行為，而且也預設了聯繫行為。就此而論，這個概念也是一個在至此為止意義上的範疇概念。」[35]這就是說，在胡塞爾看來，除去質性外，意識行為的全部內涵都屬於「代現」的範疇，包括「立義形式」、「立義質料」、「被立義的內容」。[36]

由於胡塞爾上述分析是放在邏輯學－認識論的大背景下展開的，偏重於真理意義存在的探討，係詞意義的存在無法得到充分的彰顯。但按上面的分

---

[33] 同上注，頁 173。

[34] 同上注，頁 192。

[35] 同上注，頁 193。

[36] 倪梁康：《胡塞爾現象學概念通釋》（北京：生活・讀書・新知三聯書店，2007年），頁 416-417。

析，這裡畢竟涉及了係詞意義的存在問題。在這方面，我特別關注的是這樣兩個問題：第一，意識意指一個對象是感性的、實在的，還是本質的、範疇的？對這個問題的回答比較清楚，因為胡塞爾明確講過，意向絕不只是感性的，感性只是低層面的，除了感性之外，還有本質的、範疇的，這是更為高級的層面。第二，這種意指是直接進行的，還是間接進行的？這個問題較第一個問題更為重要。這裡所說的直接與間接，是相對於康德思想而言的。康德認為，人通過感性直覺得到經驗，再借用範疇對其加以整理，以形成知識。這個過程由於必須經過感性、知性的形式，經此中介，所以可以說是一種間接的思維方式。胡塞爾現相學不是這樣，他認為，意識意指一個對象，建構一個對象，不是康德所說的判斷，不需要像康德講認識那樣必須經過範疇，而是直接的意指，直接的建構。我非常看重意向性思維方式的這種特點，為了突出其意義，特名之為「胡塞爾現相學意向性的直接性」。所謂「胡塞爾現相學意向性的直接性」簡單說就是意識指向一個對象是直接進行的，不需要如康德講認識那樣，必須借助認識形式這一中介。這個問題在現相學研究中並不顯得特別重要，與之相比，更加重要的可能是與此密切相關的「範疇直觀」、「本質還原」等問題。我之所以不計風險特意拈出這個說法，意在通過將康德智的直覺、牟宗三「覺他」、胡塞爾現相學三家進行對照，強調這種意向性的直接性與牟宗三所說「覺他」的思維方式比較接近，而並非是康德意義的智的直覺，從而有助於解決圍繞在牟宗三智的直覺問題上的一系列困惑。胡塞爾認為，意向意指一個對象，並不一定是感性的、實在的，同樣可以是本質的、範疇的。牟宗三同樣認為，道德之心創生存有，不能歸為感性的，因為道德之心本身不是感性的，而是理性的。道德之心創生存有，一定不屬於康德哲學中的感性層面，不屬於感性直覺。更為重要的是，道德之心創生存有因為不是康德所講的認知判斷，不需要借助時空和範疇這些認識形式，是直接的賦予，直接的潤澤，直接的創生。這種「直接」所涉及的思維方式，與「胡塞爾現相學意向性的直接性」較為相近。要確定牟宗三何以將「覺他」的思維方式視為康德意義的智的直覺，對此必須有一個清楚的把握。

　　但是，如果僅有這一個原因，尚不足以決定牟宗三將「覺他」與康德意義的智的直覺聯繫在一塊。此外還必須考慮到另外一個因素，這就是牟宗三對康德智的直覺的獨特理解。與學界的通行理解不同，牟宗三並沒有從「本源性」，而著重從有無「曲屈性」、「封限性」的角度來詮釋康德的這個概念。在牟宗三看來，在康德的學理系統中，人的認知必須通過時空和範疇才能進行。經過時空和範疇的認知因為受到了這些認識形式的影響，所以人的認識只能達到現相，不能達到物自身。相反，上帝具有智的直覺，其認知不需要通過時空和範疇，所以可以達到物自身，而不是像人類一樣只停留在現相之上。這是牟宗三對康德智的直覺理解的一個基本觀點。牟宗三在闡述儒家存有論的過程中，發現了一個重要情況，這就是道德之心具有賦予宇宙萬物以意義，創生道德之存有的功能。更有意義的是，道德之心創生道德存有並不像康德講認識問題那樣必須經過時空和範疇，而是直接進行的。為此他區分了兩種不同的思維模式，一種是物感物應，一種是神感神應。物感物應是外物感應於我，這種感應是感性的，在此基礎上還必須借助範疇對其進行整理。神感神應就不同了，這種思維方式不需要通過時空和範疇，是直接進行的。這種直接進行的思維方式意義巨大，因為一旦我們承認人可以有這種思維方式，也就等於承認人不僅是有限的，同時也是無限的，等於承認人可以具有智的直覺，而不需要像康德那樣，將智的直覺歸到上帝那裡。總之，因為道德之心創生存有不需要時空和範疇，是直接進行，直接創生，而這種思維方式恰好與牟宗三所理解的那種沒有「曲屈性」、「封限性」的智的直覺的內涵相吻合，於是牟宗三便將道德之心創生存有的思維方式視為康德意義的智的直覺了。[37]

---

[37] 近年來，對康德智的直覺的研究取得了不小進展。倪梁康〈康德「智性直觀」概念的基本含義〉（《哲學研究》2001 年第 10 期），鄧曉芒〈康德的「智性直觀」探微〉（《文史哲》2006 年第 1 期），均對康德智的直覺概念進行了細緻分疏。雖然二人並不完全一致，但都指出了康德智的直覺的一個重要含義是指「本源性」的直觀，意即不需要對象刺激，本身即可以給出質料以形成認識的直觀。可惜的是，牟宗三並未從這個角度理解康德智的直覺的思想。從上個世紀 30 年代開始，他便以人的認識是

　　牟宗三很多論述都可以證明上述分析。在《現象與物自身》中，牟宗三
強調，道德之心為知體明覺，不是死物，有著極強的活動性，可以賦予外部
對象以道德的價值和意義，創生存有，而這種賦予、這種創生是直接進行
的。這種思維方式即是智的直覺，而由其創生的對象不再是現相，而是物自
身了。「在此顯發而明通中，物亦如如地呈現。物之呈現即是知體顯發而明
通之，使之存在也。故知體明覺之神感神應即是一存有論的呈現原則，亦即
創生原則或實現原則，使一物如如地有其『存在』也。」「是以智的直覺之
覺照此物即呈現此物，而呈現此物非感性直覺之被動的接受之認知地呈現此
物，故呈現之即實現之，即創生之。是即智的直覺之存有論的創生性。」[38]
在這裡，牟宗三告訴我們，知體明覺可以創生道德存有，而這種知體明覺的
思維方式是一種神感神應。在神感神應之中，感無感相，應無應相，只是其
不容已地顯發和明通。知體明覺在神感神應中實現創生，在顯發和明通中物
「如如地」成其為存在。這種思維方式就是智的直覺。

　　《從陸象山到劉蕺山》再次強調了上述思想。牟宗三指出，在明覺感應
中一切活動皆是知體之流行，誠如羅近溪所謂「抬頭舉目渾全只是知體著
見，啟口容聲纖悉盡是知體發揮」。此時之「抬頭舉目」、「啟口容聲」，
只是「在其自己」之如相。如相無相，是即實相：不但無善惡相，亦無生滅
來去一異常斷相。「此時全知體是事用，全事用是知體。全知體是事用，則
知體即在用；全事用是知體，則事用即在體。儒者所謂體用，所謂即體即

否必須借助時空和範疇這些認識形式來解讀這個概念：如果必須借助這些形式，那麼
人就沒有智的直覺；反之，便可以承認人可以有智的直覺。儒家道德之心賦予宇宙萬
物以價值和意義，並不需要借助認識形式，所以這種思維方式即是智的直覺，而其創
生的對象便不再是現相，而是物自身了。這一錯誤的理解為牟宗三後期學術思想的失
誤埋下了重大隱患，是其後期思想所有失誤的邏輯前提。這方面的問題較為複雜，我
在另有三篇文章有詳細分析，敬請垂注。這三篇文章是：〈「覺他」的思維方式不是
智的直覺〉（《哲學研究》2013 年第 1 期）；〈康德意義的智的直覺與牟宗三詮釋
的智的直覺〉（《文史哲》2013 年第 3 期）；〈智的直覺與善相——牟宗三道德存
有論及其對西方哲學的貢獻〉（《中國社會科學》2013 年第 6 期）。

[38] 牟宗三：《現象與物自身》，《牟宗三先生全集》，第 21 卷，頁 103。

用，所謂體用不二等，並不可以康德的現象與物自身之分而視之，蓋此用並非康德所說的現象，倒正是康德所說的『物之在其自己』之用也。其所以為『事之在其自己』正因為它係屬於知體之著見。」反之，如果不是相對於智的直覺，而是「對於感性與知性而為認知之對象，則它即轉成現象矣」[39]。這裡的意思也比較清楚。知體流行的思維方式是明覺感應，在這種感應中，不需要借助時空和範疇，全知體是事用，全事用是知體，即體即用，體用不二。這種明覺感應就是智的直覺，因此其對象是對象之在其自己之相，而不是現相。

　　至此，問題已經比較清楚了。牟宗三敏銳地意識到儒家道德之心創生存有並不像康德那樣必須借助時空和範疇這些認識形式，是直接進行的。這自然是正確的，值得充分肯定。但遺憾的是，他對康德智的直覺的理解有所偏誤，主要從「曲屈性」、「封限性」，而不是「本源性」的角度來理解這個重要概念。他在建構存有論的過程中看到，儒家道德之心創生存有即所謂「覺他」的過程不需要時空和範疇，是直接進行的，這剛好與他所理解的沒有「曲屈性」、「封限性」的要求相吻合，於是「順理成章」地將這種思維方式視為康德意義的智的直覺了。然而，牟宗三沒有意識到，他一直關注的這種所謂沒有「曲屈性」、「封限性」，其實只是思維方式的一種直接性。且不論道德之心創生存有是否真的可以做到沒有這種「曲屈性」、「封限性」，即使暫時承認這一點，這種沒有「曲屈性」、「封限性」也只與「胡塞爾現相學意向性的直接性」相近，而不是康德意義的智的直覺。牟宗三這種做法蘊含著很大的風險。我們知道，在康德哲學中，與感性直覺相對應的對象是現相，與智的直覺相對應的對象是物自身（本體）。因為人類沒有智的直覺，所以我們只能得到現相，不能得到物自身。一旦可以證明人類具有智的直覺，那麼也就等於說，人類可以得到物自身了。牟宗三花費如此氣力，就是要證明中國哲學不同於康德，承認人類可以有智的直覺，可以達到物自身。但需要注意的是，牟宗三這樣說的時候，他心中想的那個物自身其

---

[39]　牟宗三：《從陸象山到劉蕺山》，《牟宗三先生全集》，第 8 卷，頁 200-201。

實另有所指，嚴格說來並不是康德意義的物自身（本體），而是一種特殊的現相（我將這種特殊的現相稱為「善相」[40]）。而他這樣一套講法，很容易令讀者產生一個疑問：道德之心創生存有是如何得到物自身的呢？道德之心如何能有如此大的神通呢？將大致相當於「胡塞爾現相學意向性的直接性」等同於牟宗三所詮釋的智的直覺（即沒有「曲屈性」、「封限性」的直覺），是牟宗三存有論陷入理論混亂的邏輯起點，也是其整個存有論體系成敗得失的勝負手。這個缺陷對牟宗三存有論乃至其後的圓善論、合一論有著極大的負面影響。這剛好用得上那句老話：毫釐之差，千里之謬。

（發表於《復旦學報》2013 年第 6 期）

---

[40] 「善相」是我詮釋牟宗三儒學思想過程中提出的一個核心概念。關於這個概念，我在〈智的直覺與善相——牟宗三道德存有論及其對西方哲學的貢獻〉（《中國社會科學》2013 年第 6 期）中有詳述，敬請參閱。

論善相

——牟宗三道德存有論的真實內涵
及其對西方哲學的貢獻[1]

　　道德存有論是儒家思想的重要組成部分，這一思想雖然古人早有涉及，但真正將其抬昇到哲學高度則是近代的事。熊十力創立新唯識論可謂開其端，牟宗三繼承其師之思想進一步將其系統化可謂彰其顯。在其思想各個部分中，牟宗三於存有論耗時最久，著力最大，用心最苦，畢其一生心血，做出了傑出的貢獻。當然，牟宗三相關思想也有值得商榷的地方，將道德之心創生的存有稱為「價值意味的物自身」[2]便是其中之一。在他看來，與康德不同，儒家主張人既有限，又可無限。認識之心是有限心，由此有感性直覺，與其相應的是現相。道德之心是無限心，由此有智的直覺，與其相對的是物自身，即「價值意味的物自身」。此論一出，震驚學界，「價值意味的物自身」遂成為牟宗三存有論最為醒目的標誌。近十多年來，我對此進行了艱苦的探索，在充分肯定其理論意義的同時，也產生了一些不同想法。我認為，道德之心創生的存有絕對不能以「價值意味的物自身」名之，它仍然屬於現相的範疇，當然是一種特殊的現相，這種特殊的現相就是「善相」。理清這層關係不僅有助於澄清相關研究中的諸多混亂，對於認清儒學可能對西

---

[1]　本文發表時，編輯部改名為〈智的直覺與善相——牟宗三道德存有論及其對西方哲學的貢獻〉，現恢復原樣。

[2]　「價值意味的物自身」是牟宗三一個重要提法，隨處可見。較為集中的表述可參見牟宗三：《現象與物自身》，《牟宗三先生全集》，第20卷，頁12-19。

方哲學的一個貢獻亦有重要意義。

一、學術界對「價值意味的物自身」的理解

　　鄭家棟對牟宗三「價值意味的物自身」的理論有過較為系統的探討。他的基本看法是：牟宗三這一思想是取消物自身的認識論方面的意義，或者說是取消了處於彼岸世界的物自身。他認為，康德的物自身有多重含義，其中第一層含義是作為感性材料來源的物自身。「牟宗三根本否認物自身的第一層涵義，他認為現象的起源不能從物自身方面講，而只能從主體的『識心之執』方面講」，「完全否認了康德物自身概念在認識論方面的意義，而把之完全倫理化了，即單純從實踐理性（道德實體）方面把握物自身。」[3] 這一思路與費希特十分接近，因為在康德之後的發展中，費希特進一步凸顯了康德哲學強調自由的方面，不贊同康德一方面承認自由是人作為理性存在物的本質屬性，另一方面又設定一個與主體相對待，且不能為主體所統一的物自身，以其來限制、阻礙主體。

　　鄭家棟的這種看法在學術界有一定的影響，不少學者認同這種理解。李明輝也是其中之一。他認為，牟宗三與費希特都取消了物自身，兩人的思路極為接近，差別只在於費希特取消了物自身的概念，牟宗三則將它提昇為一個具有價值意味的概念。這一改變事關重大。因為從康德哲學的立場看，現相與物自身之超驗的區分是其整個哲學系統的預設，取消物自身概念意味著放棄其全部哲學系統，難怪康德會抱怨費希特誤解了他。雖然我們無法知道康德是否會接受牟宗三對物自身概念的詮釋，但是這套詮釋對康德哲學卻極為有利。「在這個意義下，牟先生比康德以後的大多數德國哲學家更切近於康德的心靈。」[4] 當然，牟宗三與費希特取消物自身的用意並不相同。費希

---

[3]　鄭家棟：《本體與方法——從熊十力到牟宗三》（瀋陽：遼寧大學出版社，1992年），頁 257-258。

[4]　李明輝：《當代儒學的自我轉化》（北京：中國社會科學出版社，2001年），頁 46-47。

特取消物自身概念，是因為在他看來這個概念根本無法證明。牟宗三取消這個概念則完全出於道德問題的考慮，因為只有將物自身確定為價值意味的概念，才能保證理性的實踐功能，這才是康德物自身概念的真正意義，而這一轉變恰恰合乎康德哲學的基本精神。

鄭家棟、李明輝的上述觀點在學界影響很大，王興國就曾順著李明輝的思路對這個問題給出了自己的解釋。按照王興國的理解，康德本人確實沒有明確把物自身視為一個具有價值意味的概念，然而從哲學詮釋的角度看，做出這種理解也有其理論的理由。康德認為物自身的積極意義只能在實踐理性批判中出現，而牟宗三把物自身詮釋為一個具有價值意味的概念，正是沿著這一方向前進的。「在廣義上說，自由主體或道德主體是價值主體。既然如此，那麼由價值主體所開顯的物自身就不可能是一個純粹的現象的客觀事實，而只能是一個價值的界域。……因此，可以說，物自身是由廣義的價值主體的自我意識所透顯出來的價值界域。」[5]這就是說，牟宗三之所以將物自身界定為一個價值意味的概念，完全是從道德問題入手的，是為了確立一個自由主體和道德主體。有了這樣一個主體，我們就可以達到物自身了。這樣的物自身顯然不是認識論意義上的事實的原樣，而是開啟了一個新的價值的領域。

對於上述通行理解，我有三點疑問，不敢苟同：

第一，物自身是否就是一個價值意味的概念？按照上述理解，牟宗三將物自身詮釋為價值意味的概念在康德那裡是有理據的，因為康德講物自身的含義較為複雜，既在知識論中講，與此相關的物自身與事實問題相關聯，又在倫理學中講，與此相關的物自身包含價值的意義，因為這裡講到的是自由的問題。從這個角度看，牟宗三將康德物自身概念作一種創造性的詮釋無可厚非，甚至可以說是一個偉大的創造。但我認為，這種說法本身包含著這樣一個矛盾：既然承認物自身概念在康德哲學中有多種含義，在知識論中的物

5　王興國：〈歷史的詮釋與創造的詮釋——論牟宗三後期哲學中的「物自身」是價值意味概念的命題〉，《孔子研究》2002 年第 3 期。

自身與事實有關，在倫理學中的物自身與價值有關，那就不能簡單說物自身就是一個價值意味的概念，而絕對不是一個事實的概念。[6]

第二，牟宗三是否取消了物自身？上述理解有這樣一個基本共識：牟宗三之所以提出「價值意味的物自身」這一概念，是因為與費希特的思路相似，都取消了康德現相背後的那個物自身。但我不這樣看。在《現象與物自身》中，牟宗三明確講過，「我們所知的自然界中的對象物」[7]與上帝、靈魂、自由有不同特點，並由此提出究竟如何界定物自身的問題。需要注意的是，牟宗三在這裡並沒有完全否定這個「我們所知的自然界中的對象物」。從上下文看，這裡所說的這種「對象物」就是現相背後作為彼岸世界的物自身，牟宗三根本沒有否定它的存在。

第三，「價值意味的物自身」與「物自身的存有」究竟是什麼關係？上述理解完全以自由來代替物自身，因為自由有價值意味，所以才有「價值意味的物自身」的說法。這種理解很難說切合牟宗三的思想主旨。比如，牟宗三講過，自由是道德理性方面的事情，說感性知性不能及於自由，這好理解，但「這與桌子之為物自身相距甚遠」[8]。這就是說，你可以說自由是物自身，但桌子同樣是物自身。這兩種物自身是什麼關係？這是必須正視的問題。由此不難明白，即使我們肯定了自由是「價值意味的物自身」，但仍然不能說明桌子何以是「價值意味的物自身」。牟宗三所說的「價值意味的物自身」強調的不是「物自身創生的存有」，而是「物自身的存有」。必須明白，牟宗三的真正目的是建構一種存有論，發現一種與現相存有不同的存有。這裡的中樞環節是智的直覺[9]的有無。沒有智的直覺，我們只能創生現

---

6 參見拙文〈康德的物自身不是一個事實的概念嗎？〉，《雲南大學學報》2008 年第 3 期。

7 牟宗三：《現象與物自身》，《牟宗三先生全集》，第 21 卷，頁 2。

8 同上注，頁 12。

9 牟宗三使用的「智的直覺」一詞譯自英文的 the intellectual intuition，而非直接譯自德文的 die intellektuelle anschauung。根據鄧曉芒的研究，這種譯法並不準確。Intuition 來自拉丁文，由 in（「進到裡面」）和 tuitus（「看顧」，名詞 tuitio，「關心」）兩部分組成。Anschauung 則是個德文詞，由 An（「靠在上面」）和 schauen（「觀

相的存有；反之，就可以創生物自身的存有。如果只把「價值意味的物自身」理解為與道德相關的自由，儘管可以在康德那裡找到某些根據，但與牟宗三存有論的基本精神相距很遠。

二、「價值意味的物自身」基本要點

要瞭解「價值意味的物自身」這一概念，首先需要瞭解價值這個說法。牟宗三關於價值的思想至少在寫作《心體與性體》時就有了。我在其他文章中曾將牟宗三存有論思想的核心概括為「仁心無外」，並列舉了相關的十二種不同說法，其中就有「價值說」[10]。這一說法的核心是仁具有創生性，其創生的是一種價值，而不是實際的存在[11]。道德之心有創生之功，是萬物之

看」）兩部分組成。這兩個詞在日常一般意義上雖然可以互換，有重疊之處，但也有不重疊的地方。Intuition 包含著 Anschauung 所沒有的意思，即內心某種主動地突發的「靈感」（Eingebung），而 Anschauung 中靜態「旁觀」這一層意思也是 Intuition 所沒有的。參見鄧曉芒：《康德哲學諸問題》（北京：生活・讀書・新知三聯書店，2006 年），頁 303。鄧曉芒的上述分析對於準確理解康德智的直覺這個概念的含義有重要幫助，但同時也為本文如何使用這個概念帶來了很大的麻煩。一來在中國哲學系統中，在某些領域，比如對於本心仁體的體認，只能講「直覺」而不宜講「直觀」。相信牟宗三使用「直覺」的說法，一定是考慮到了這個因素。二來在牟宗三著作中，「智的直覺」的用法已成一種定式，貿然改變，不僅工作量巨大，而且一定會給讀者帶來不習慣。在綜合考慮這些因素之後，本文決定仍然沿用牟宗三的譯法，不作更改，但在康德學理系統中，如涉及引文，則尊重康德研究中通行的做法。

10　「仁心無外」是牟宗三從其師熊十力新唯識論繼承而來的重要的思想，核心是說仁心有其普遍性，體天下萬物而無遺，萬物都在其感通之中。更為重要的是，這種「無外」的根據是「仁心」，而不是認識之心，所以「仁心無外」創生的存有與西方哲學認知之心創生的存有有原則的不同。參見拙文〈未冠以存有論名稱的存有論思想〉，《現代哲學》2004 年第 2 期。

11　在牟宗三著作中，「存在」和「存有」的含義不完全相同。「存在」是現實之物的實存，是其然，「存有」則是這種現實之物之實存的道理，是其所以然。在存有論的意義上，牟宗三一般只說「存有」，而不說「存在」。他對此有一個說明：「一切其他存在是因這實體而有其存在，它是一切存在之『存在性』（存有、實有）。一切存在之存在性是統攝於這『即活動即存有』之實體，而亦通過這實體而得理解。仁心之覺

「始」。需要注意，這種「始」不是時間觀念，而是價值觀念。也就是說，道德之心的創生不是在時間序列中將一實物從無變為有，而只是為宇宙萬物賦予一種價值。

　　儘管牟宗三此時已經有了價值的意識，但他尚未將這種意識與物自身聯繫在一起，因為這時他還沒有清理以前的思想，還不承認知性具有存有論的意義（他叫「存有論的攝指格」）。在此之後，在寫作《智的直覺與中國哲學》的過程中，牟宗三思想有了一個根本性的變化，正式承認知性的存有論意義，從此存有論才正式在其頭腦中紮下根來。這種變化後來在《現象與物自身》得到了集中的體現。該書的思路是首先確立一個自由無限心，由此說創生，說存有，說價值。「自由的無限心既是道德的實體，由此開道德界，又是形而上的實體，由此開存在界。存在界的存在即是『物之在其自己』之存在，因為自由的無限心無執無著故。『物之在其自己』之概念是一個有價值意味的概念，不是一個事實之概念；它亦就是物之本來面目，物之實相。」[12]自由無限心是一創生實體，由這種實體所創生的存有是無執的存有，而不是執的存有。在無執的存有中，對象不再是現相，而是一種價值意味的物之在其自己。這裡已經非常明確地提出物自身是一個價值意味的概念了。

　　為什麼自由無限心創生的是「價值意味的物自身」呢？根本的理由是自由無限心的思維方法是智的直覺。牟宗三強調，物自身是對無限心的智的直覺而說的。如果我們人類沒有無限心，沒有智的直覺，那麼物自身對於我們人類而言就只是一個消極意義的預設。「可是，我們既可設想其是無限心的智的直覺之所對，則它不是我們認知上所知的對象之『事實上的原樣』之概

潤、覺潤之所在即是存在之所在；覺潤之即是存在之。此是本體創生直貫之實體。」牟宗三：《心體與性體》，第三冊，《牟宗三先生全集》，第 7 卷，頁 260。考慮到在一般行文中很難嚴格將這兩個說法區分開來，本文並不刻意區分這兩個說法，一般將其作為同義詞使用。

[12]　牟宗三：《現象與物自身》，《牟宗三先生全集》，第 21 卷，頁（8）。

念甚顯。」[13]牟宗三特別強調，物自身不是其他東西，只是智的直覺的對象。康德不承認人類有智的直覺，所以我們只能認識現相。儒家承認人類有智的直覺，所以我們可以直達物自身。但這種物自身不是指認知意義上的「事實上的原樣」，而是具有高度價值意味的對象。由此說來，自由無限心之智的直覺的對象便是「價值意味的物自身」。

　　《現象與物自身》確定了這一思想的基本格局之後，再沒有原則性的更改，其後都是對這一思想的具體說明。《中國哲學十九講》即是如此。牟宗三於此寫道：「由以上之相互比照，我們可以看出康德所說的物自身，是對應智的主體而言，具有提昇作用；所以它不是事實的概念，而是具有價值意味的概念（此不同於價值學上所說的價值概念，所以只能說是價值意味的概念）。」[14]康德將智的直覺放在上帝那裡，而在中國人看來，本心仁體的思維方式就是智的直覺。既然中國人講的本心仁體具有智的直覺，其所面對的當然就不再是現相，而是物自身了。因為本心仁體是道德性的，道德具有價值意義，所以與本心仁體所面對的便是「價值意味的物自身」。

　　總之，通觀牟宗三的相關論述可以得知，他很早就有了道德之心可以賦予宇宙萬物以價值的思想，後來又進一步將這一思想上昇到存有論的高度，並與康德的物自身理論聯繫在一起，強調道德之心創生的那個存有即是「價值意味的物自身」。這一思想始終沒有原則性的更改，其中最重要的內容可分列為如下諸項：第一、「價值意味的物自身」的核心是智的直覺之有無，無智的直覺只能達到現相，有智的直覺便可以達到物自身。第二、儒家承認人類可以有智的直覺，可以達到物自身，而不需要只停留在現相之上，如康德那樣。第三，儒家講智的直覺的基礎是道德之心，道德之心是道德性的，價值性的，所以道德之心創生的存有便是「價值意味的物自身」。我將上列諸項視為牟宗三「價值意味的物自身」這一概念的核心。如果要對這三項進一步加以概括，則可以這樣說：與道德之心之智的直覺相對的那個對象就是

---

[13]　同上注，頁7。

[14]　牟宗三：《中國哲學十九講》，《牟宗三先生全集》，第29卷，頁310。

「價值意味的物自身」。要理解和把握牟宗三關於「價值意味的物自身」這一概念，必須首先對此有清楚的瞭解和把握。

三、牟宗三相關說法不能成立的理由

牟宗三將道德之心創生的存有稱為「價值意味的物自身」，這一做法很難立得住。我之所以得出這個結論，是因為根據我的判斷，牟宗三對康德智的直覺這一概念的理解有欠準確。

牟宗三論智的直覺是從物自身問題入手的。他曾指出，在《純粹理性批判》中，現相與物自身的區別貫穿首尾，物自身的概念幾乎每一頁都有，可見這是其批判哲學中一個最基本的概念。但這個概念的確定含義究竟是什麼，歷來很少有人能弄清楚。「通過與來布尼茲及拉克的區分之比較以及此最後之說明，我們很可以知道『物自身』（物之在其自己）一詞之意義。至少我們消極地知道所謂物自身就是『對於主體沒有任何關係』，而回歸於其自己，此即是『在其自己』。」[15]牟宗三在這裡表達了這樣一個基本看法：一物與主體發生關係，顯現於主體之上，即為現相；一旦與主體沒有任何關係而回歸於其自己，便為物自身。因此，他主張，可以將物自身譯為「物之在其自己」（thing in itself, or things in themselves）。「物之在其自己」，簡單說，就是對於主體沒有任何關係，「不在一定關係中」[16]，而回歸於其自己的意思。

牟宗三進而提出，要讓對象「不在一定關係中」，一個重要條件，便是不使用範疇。康德講過：「在不能見到時間的統一的情形上，因而也就是說在『物自體』的情形上，範疇的一切使用，實在說來，即範疇的全部意義，必完全消逝；因為在這種情形中，我們無法決定與範疇相諧和的事物是否甚

---

[15]　牟宗三：《智的直覺與中國哲學》，《牟宗三先生全集》，第 20 卷，頁 135-136。
[16]　同上註，頁 151。

至是可能的。」[17]牟宗三非常重視康德這一表述，認為「此即表示範疇根本不能應用於『物自體』。因為既是物自體，便是我們對之不能有直覺（感觸的直覺），不能有『時間之統一』，即，不能有『雜多』。既不能有雜多，範疇便無所統一，不能決定什麼，即一無所決定。」[18]對於「物自體」（牟宗三對 Noumena 的一種特殊譯法）而言，既無直覺，又無雜多，所以只憑範疇什麼也決定不了，沒有任何用處。牟宗三由此作了進一步引申，認為這種不需要範疇的思維形式即是智的直覺，而與智的直覺相對的對象即是「物自體」，也就是物自身（牟宗三認為，本體與物自身是相同的概念[19]）。一旦證明我們的思維方式不需要範疇，那麼也就證明了我們是具有智的直覺的，完全可以直達物自身。「試設想我們實可有一種智的直覺，我們以此直覺覺物自體，覺真我（真主體，如自由意志等），覺單一而不滅的靈魂，覺絕對存有（上帝等），我們在此直覺之朗現上，豈尚須於範疇來決定嗎？範疇能應用於上帝，靈魂，自由真我乎？」[20]康德認為，對象可以分為現相與本體，現相相對於感性直覺而言，本體則相對於智的直覺而言，但這種智的

---

[17] 轉引自牟宗三：《智的直覺與中國哲學》，《牟宗三先生全集》，第 20 卷，頁 154。鄧曉芒、楊祖陶將此段譯為：「一旦見不到這種時間統一性，也就是在本體的情況下，範疇的全部運用、甚至它們的全部意義都會完全終止了；因為甚至會根本看不出應當與這些範疇相適合的那些物的可能性」。康德：《純粹理性批判》，鄧曉芒譯，楊祖陶校（北京：人民出版社，2004 年），頁 226。

[18] 牟宗三：《智的直覺與中國哲學》，《牟宗三先生全集》，第 20 卷，頁 155。

[19] 在牟宗三著作中，「物自體」（又名智思物），相當於英文的 noumena。「物自身」（又名「物之在其自己」），相當於英文的 thing in itself。牟宗三認為，這雖然是兩個不同的概念，但其含義是相同的。「『物自體』（noumenon）與『物之在其自己』（thing in itself）為同意語。依康德，『物之在其自己與現象之分是主觀的，不是客觀的。物之在其自己不是另一物，但只是同一對象的表象之另一面相』。（見前第八章）。自其關聯於感性言，就是『現象』，自其不關聯於感性而回歸於其自身言，便是『物之在其自己』（物自體）。」同上注，頁 116。牟宗三將本體與物自身混同為一，為其學理造成了極大的負面影響。這方面的情況可參見拙文〈牟宗三何以認定康德的物自身不是一個事實的概念〉，《哲學研究》2007 年第 11 期。

[20] 同上注，頁 156。

直覺我們人類不可能具有，因此本體與現相的劃分在積極的意義上是完全不能允許的。牟宗三則認為，康德這種說法並不合理。如果能夠證明我們的思維可以不需要範疇，那麼我們的思維也就能夠應用於本體，這樣一來，本體的積極意義也就可以成立了。

與無需範疇緊密相關的是無需時空。在牟宗三看來，人有兩種心，一是有限心，一是無限心。對有限心而言，認識必須經過時空形式的中介，對於無限心而言，則可以不受這些形式的限制。因此，有限心展現的是受時空形式影響的樣子，即所謂現相，無限心展現的則是物自身的樣子，即所謂物之如相。道德之心創生存有並不需要經過時空，所以其思維方式是智的直覺，其對象即為物自身。為了說明這個問題，牟宗三還以康德論上帝為依據。「上帝的直覺是純智的，因此它並不以時空為形式條件，上帝亦不在時空中（上帝無時間性與空間性）。他直覺之即創造之，即實現之，是當作一物自身而創造之，因此，其所創造者亦不在時空中（無時間性與空間性），時空不能應用於物自身，亦不能是物自身的必然屬性，因此，康德遂主張時空之經驗的實在性與超越的觀念性，而否定其超越的（絕對的）實在性。」[21]上帝擁有智的直覺，這種直覺沒有時空性，不受時空條件的限制。上帝造物並不通過時空的形式，其直覺就是其創造，而其創造的對象是物自身，不是現相。由此說來，區分現相與物自身的一個重要標準，就是看其有無時空性。道德之心創生存有不需要借助時空這種認識形式，所以其思維方式是智的直覺。

通過上面的回顧我們已經看出，牟宗三之所以認為人類可以有智的直覺，核心理由是道德之心創生存有無需範疇，無需時空，不需要借助認識形式。智的直覺在牟宗三那裡可以說就是一種無需範疇，無需時空的直覺。由此可以引出他的兩個重要說法，這就是「曲屈性」和「封限性」。在牟宗三看來，在康德那裡，人類必須利用或憑藉一些形式條件這些虛架子才能完成認知活動。「這種作用或方式，我曾名之曰知性之曲屈性，此是相應英文

---

[21]　牟宗三：《現象與物自身》，《牟宗三先生全集》，第 21 卷，頁 110。

『discursive』一詞而說的，也是對它不是『直覺的』而說的。直覺的知解是直而無曲，辨解的知解是曲而能達——借概念而達（伸展）。這種借概念而達就是它的封限性（finitude），曲屈性必然地函著封限性。它對應著非它自身所能提供的雜多而活動，因此它呈現了它這種曲屈性與封限性；它服務於直覺，它不是創造的知解，只是認知的知解，因此，它呈現了它這種曲屈性與封限性。」[22]知性必須使用範疇，用範疇整理感性直覺得來的雜多，這就構成了知性的局限性。牟宗三特名之為「曲屈性」。「曲屈性」的核心在一個「曲」字，意即必須繞一個彎子，而不能直接抵達對象自身。這種局限性又叫「封限性」，也就是一定要受到限制，無法直達物自身的意思。反之，如果我們能有智的直覺，其思維方式便沒有「曲屈性」、「封限性」，也就可以直達物自身，而不必止步於現相了。

　　牟宗三對康德智的直覺概念的這種理解很成問題。智的直覺與感性直覺在康德學理中是彼此相對的一對概念。感性直覺除必須有時間和空間這些認識形式之外，還必須有對象對主體的刺激以提供質料雜多。這個特點本身就決定了，感性直覺是一種「派生的直觀（intuitus derivativus）」，具有被動性、接受性，只能依靠對象的刺激才能具有質料，形成經驗。與此相反，智的直覺則是「本源的直觀（intuirus originarius）」[23]，具有本源的特點（我稱為「本源性」），不需要對象的刺激，本身就可以提供質料雜多，形成認識，但人類並不擁有這種能力。對於智的直覺這種「本源性」的含義，牟宗三有所涉及，但沒有以此為重點，而是著重從認識形式對認識結果的影響即「曲屈性」、「封限性」的角度來討論問題。在他看來，道德之心創生存有無需範疇，無需時空，是直接進行的，沒有「曲屈性」、「封限性」，所以其思維方式即是康德不承認的智的直覺，而其面對的對象也就是物自身，不再是現相了。然而，即使我們不考慮牟宗三對康德智的直覺概念的詮釋是否準確，充分尊重他的詮釋，道德之心創生存有的思維方式是不是符合牟宗三

22　牟宗三：《智的直覺與中國哲學》，《牟宗三先生全集》，第 20 卷，頁 191。
23　康德：《純粹理性批判》，鄧曉芒譯，楊祖陶校，頁 50。

所理解的智的直覺的標準，能不能稱為智的直覺，仍然有很大的疑問。這裡至少有三個不同的環節，需要細加分辨。其一，在康德那裡，範疇是先驗的，用於認識過程中整理感性經驗的雜多。從這個角度看，由於道德之心創生存有不是康德意義的認識問題，不是以知性範疇整理感覺經驗以形成認識，所以不需要康德所說的範疇。在這個意義上牟宗三是正確的。其二，儘管道德之心創生存有的過程不需要作為認識形式的時空和範疇，但並不等於可以憑空產生。換言之，道德之心創生存有，可以不需要時空和範疇這些認識形式，但不能離開時空和範疇一類的東西。這裡所說「不能離開時空和範疇一類的東西」意思是說，道德之心創生存有，其本質是以道德之心為主體賦予宇宙萬物以價值和意義，這個過程不能缺少道德之心，儘管道德之心在這裡不是作為認識形式出現的。其三，如果承認「覺他」不能離開道德之心，那麼其創生存有，對於道德之心來說因為不需要時空和範疇，可以說是做到了沒有「屈曲性」、「封限性」，但對於創生的對象來說，是否也可以這樣說，能不能稱為物自身，仍然是一個問題。

比如，牟宗三曾以「一色一香無非中道」，「挑水砍柴無非妙道」，「鳥啼花落，山峙川流，饑食渴飲，夏葛冬裘，至道無餘蘊」[24]為例，來說明智的直覺無需範疇。一色一香、挑水砍柴，鳥啼花落在沒有道德之心圓覺圓照的情況下，只是色香、水柴、鳥啼之自身，沒有任何道德的價值和意義；一旦有了道德之心的圓覺圓照，便改變了性質，成為了「中道」、「妙道」、「至道」，具有了道德的價值和意義。這是道德之心創生存有最基本的含義，對此不應有任何異議。問題在於，在牟宗三看來，由於自由自律的無限心不是認識之心，不受認識形式的限制，所以思維方式不是物感物應，而是神感神應。物感物應屬於感性直覺，與其所對的是現相。神感神應屬於智的直覺，與其所對的不再是現相，而是物自身。這一看法必須認真對待。道德之心創生存有因為不是康德意義的認識問題，的確不需要作為認識形式的範疇，這自然是對的。但不需要認識的形式，並不是什麼都不需要。拿上

---

[24] 牟宗三：《現象與物自身》，《牟宗三先生全集》，第 21 卷，頁 117。

面的例子來說，至少還需要「中道」、「妙道」、「至道」。儘管這些內容不同於康德的所說的範疇，但在道德之心創生存有的過程中絕對不可缺少。離開了這些內容，道德之心不可能賦予一色一香、挑水砍柴、鳥啼花落以道德的價值和意義。更為重要的是，受到道德之心的影響，一色一香、挑水砍柴、鳥啼花落已經染有道德的色彩，不再是其自身了。這種「染有道德的色彩，不再是其自身」，當從兩個角度來看：從積極方面說，這是道德之心賦予外部對象以價值和意義；從消極方面說，則是外部對象受到了道德之心的影響。這種影響就其本質而言，就是對於對象的一種「屈曲」、一種「封限」，絕對不再是物自身。牟宗三把智的直覺界定為一種因為不需要範疇而沒有「屈曲性」、「封限性」的思維方式，根據上面的分析，道德之心創生存有雖然不需要範疇，但仍然有其「屈曲性」和「封限性」。如此一來，如何能說道德之心創生存有的思維方式是智的直覺呢？

　　時空問題也應這樣看。在牟宗三看來，人既有有限心，又有無限心。有限心決定感性直覺，必須經過時空形式的中介，無限心決定智的直覺，可以不經過時空形式的中介。在自由無限心創生下的存在沒有時空性，即所謂「無時空性、無流變相」。因此，面對有限心所展現的是受時空形式影響的樣子，即所謂現相，面對無限心所展現的則是物自身原本的樣子，即所謂物自身。我對這種看法抱有很大的疑問。這裡僅以時間為例加以說明。道德之心有感通覺潤之功，其極必與天地萬物為一體。這是牟宗三一再強調的思想。這個意思從理論上說，其實就是道德之心賦予萬物以意義，創生萬物之存有。因為這裡談的不是認識問題，所以與作為感性直覺形式的時間沒有關係，這自然是對的。但需要注意，儘管道德之心創生存有不需要借助作為感性認識形式的時間，但並不是完全可以脫離時間。這裡以牟宗三經常講的「感應於鳥獸，草木，瓦石」[25]為例。道德之心創生存有就是將自己的價值

25　牟宗三指出：「由真誠惻怛之仁心之感通，或良知明覺之感應，而與天地萬物為一體。蓋此感通與感應並不能原則上劃一界限也。其極必與天地萬物為一體。散開說，感應於孺子，即與孺子為一體，而孺子得其所。感應於鳥獸、草木、瓦石，亦皆然。」同上注，頁458。

和意義賦予鳥獸、草木、瓦石之上，在這個過程中，因為道德之心本身有時間性，在將自己的價值和意義賦予外部對象之上的時候，也將時間的屬性加入其中，使鳥獸、草木、瓦石在人的時間條件之中的得以存在。牟宗三非常喜歡以「萬物靜觀皆自得，四時佳興與人同」的說法證明智的直覺。如果靜下心來細心體味不難看出，這句話剛好成為成為反駁牟宗三的證據，因為這後面一句本身就與時間脫不了干係。「四時佳興」何以能夠與人同？關鍵是作為道德主體的人在時間中存在，有其時間性。一旦成德行善達到一定境界之後，其內在的時間性便與天地四時合為一體，「四時佳興與人同」，達到天人合一的境界。由此可見，道德之心創生存有是無法脫離時間的，儘管這種時間與作為感性直覺形式的時間有所不同。

總之，牟宗三對康德智的直覺的理解與學界的通行理解有很大不同。他著重從「曲屈性」和「封限性」，而不是「本源性」的角度來理解這個概念。按照他的理解，智的直覺是一種無需範疇，無需時空的直覺。對此我們必須有清楚的瞭解，不然很難對牟宗三思想進行有的放矢的批評。這是必須再三強調的。但即使暫時接受牟宗三對康德智的直覺的理解，拋開這種詮釋與康德哲學基本精神是否吻合不論，他所列舉的道德之心創生存有屬於智的直覺的理由（無需範疇，無需時空，沒有「曲屈性」，沒有「封限性」），仍然很難成立。道德之心創生存有就其本質而言，是道德之心賦予外部對象以道德的價值和意義，也就是將自己的道德內容影響外部對象。這種情況從正面說是賦予對象以價值和意義，從反面說則是以道德之心影響外部對象。既然是施加了影響，對於外部對象而言就是一種「曲屈」、一種「封限」，就說明這些對象已經與主體發生了關聯，處在「一定的關係中」了，失去了物之在其自己的身分，怎麼能叫做物自身的存有呢？從存有論意義上看，「物自身的存有」本身就是一個矛盾的說法：既然是物自身，就不能是存有；既然是存有，就不能是物自身，哪怕是「價值意味的物自身」。牟宗三將道德之心創生存有的思維方式規定為智的直覺，將其創生的對象規定為物

自身的存有，實難成立。[26]

四、「善相」：牟宗三存有論的真實含義

既然道德之心創生的存有不能稱為物自身，那麼必須對其進行新的定位。根據我的判斷，道德之心創生的存有仍然是一種現相，當然不是一般的現相，而是一種特殊的現相，這種特殊的現相我稱為「善相」。

為了說清問題，首先對「象」與「相」作字義的追溯。在漢語中，「象」和「相」是兩個完全不同的字。《說文》：「象」，「長鼻牙，南越大獸。」「象」就是今天的大象。由此衍生出象舞、象樂等等。「現象」指事物表現的外部的形式，外部的樣子。現代漢語中「現象」一詞，便是由此發展而來的。「相」就不同了。《說文》：「相」，「省視也，從目從木。」「相」是一種看，如《詩經‧鄘風‧相鼠》：「相鼠有皮，人而無儀。」因為這個字源，「相」字總含有看的內容，如今天常說的「照相」、「照相機」等等。近代以來，人們常以「現象學」來翻譯 phenomenology 一詞。從詞源意義上看，這種譯法不夠準確。Phenomenology 最基本的意思是所有的「現象」都是受到人的影響而產生的。從這個意義出發，說「現象」不如說「現相」。因為「現象」在漢語中偏重於事物自己表現的那個樣子、那個形象，而「現相」則強調對象在人視覺之下的那個樣子、那個形象。兩相比較，「現相」一詞無疑更符合 phenomenon 原來的含義。因此我認為，應當將 phenomenon 譯為「現相」，將 phenomenology 譯為「現相學」。本文在「現相學」範圍內，只說「現相」，而不用「現象」這個說法，道理即在於此。

我所說的「善相」，與此有著密切的關聯。「善相」可以說是「現相」的一個分支。「現相學」講的是一種在人的影響下產生的「相」，「善相」

---

[26] 關於這個問題，我在〈康德意義的智的直覺與牟宗三理解的智的直覺〉（《文史哲》2013 年第 2 期）一文中有詳細的分析，敬請參閱。

則更進一步，特指一種在人的道德之心影響下產生的「相」。我這裡特別選用「善相」的說法，是想突出這樣一個思想：與一般的「現相」不同，在道德之心「觀看」之下也會顯現一種「現相」。因為這種「現相」不是對象原本具有的，所以是一種「相」；又因為這種「相」與道德之心有關，而道德之心是關乎善的，所以這種特殊的「相」可以叫做「善相」。「善相」與「現相」的關係須細加辨析。「善相」可以說是一種狹義的「現相」，而通常所說的「現相」則是一種廣義的「現相」。「善相」屬於「現相」，也可以歸為「現相」，但不能反過來，將「現相」完全歸為「善相」。

為了說明牟宗三所謂「價值意味的物自身」不過是一種「善相」，我們必須再次回到牟宗三存有論思想的核心。前面講過，牟宗三存有論的主旨是「仁心無外」。所謂「仁心無外」是說仁心有「充其極」的特性，總要對天地萬物指指點點，說三道四，從而將自己的好惡取向加於其上，「涵蓋乾坤」[27]而後止。為了表明這個道理，牟宗三使用了多種形象的說法，諸如「呈現」、「朗照」、「潤澤」、「覺潤」、「痛癢」、「妙運」、「神化」、「創生」、「生化」、「成全」、「實現」、「價值」等等。這些不同說法旨在表明，仁心（準確地說當為道德之心）有創生存有的功能，可以對宇宙萬物施加影響，將自己的價值取向賦予其上。這種具有道德價值和意義的對象，就是道德的存有。這種道德存有是由仁心創生的，所以叫做「仁心無外」。

「仁心無外」有著深刻的哲學底蘊。仁心屬於道德之心，是人的一種道德本體，這種本體是一活物，有強大的創生性。這種創生性表現在兩個方面，既可以創生具體的道德善行，又可以創生道德的存有。創生道德善行與這裡討論的主題無關，暫且不論，這裡只談道德存有問題。所謂道德之心創生道德存有，是說道德之心有一個重要特點，就是不安分，總要對其所涉及的對象發表看法，從而使這些對象染有道德的色彩。這個道理其實並不難理解。比如，一個有德的人觀察外部對象與一個無德的人觀察外部對象，其外

---

[27] 牟宗三：《心體與性體》，第一冊，《牟宗三先生全集》，第 5 卷，頁 338。

部對象的價值和意義一定有所不同。[28]有德的人觀察蘭花時，便將人格的清新高雅移置其上，觀察松樹時，便將人格的高尚挺拔移置其上，觀察翠竹時，便將人格的寧折不彎移置其上，從而使蘭花、松樹、翠竹有了道德的價值和意義。將這個道理推廣開來，道德之心總要對宇宙萬物施加影響，而宇宙萬物也總要受到道德之心的薰染。[29]上面所引「萬物靜觀皆自得，四時佳興與人同」的例子，說的就是這個道理。這裡的「萬物」，這裡的「四時」，並不是「物之在其自己」的「萬物」與「四時」，而是受到道德之心影響的即「通化」了的「萬物」與「四時」。「鳥啼花落，山峙川流」也應如是觀。這時的「鳥啼花落，山峙川流」作為外部對象明顯已經受到了道德之心的影響，喪失了「物之在其自己」的身分，所以才能講「充拓得開，則天地變化草森蕃。充拓不去，則天地閉賢人隱」[30]。因為這裡的「萬物」，「四時」，「鳥啼花落，山峙川流」，不與認知之心相對，而與道德之心相對，所以不是西方一般所說的現相。但需要注意的是，不是一般的現相並不代表一定是物自身，因為它們已經在人的道德之心的視野之中，已經包含道德的因素了。這種在道德之心視野之中，已經包含了道德因素、染有道德色彩的對象就是一種「相」，即我所說的「善相」。一言以蔽之，所謂「善

---

[28] 這是一種方便的說法。以嚴格的西方哲學思維衡量，這裡預設了「外部對象」的存在。不過，中國人似乎並不習慣於西方這種思維模式。比如，中國人喜歡講天地人相參，這本身就預設了天、地是在人之外的存在，是一個外部對象。

[29] 唐文明認為，康德有鑒於自然目的論的不足而提出道德目的論，使道德目的論成為自然目的論的基礎，從而使整個世界染上了道德的色彩，或者說使萬物都因道德而有其價值。「正是在這個意義上，我們可以斷言，牟宗三將物自身理解為一個高度價值意味的概念，其中包含著深刻的洞見。只是他對於康德以道德目的論為根據建立道德神學從而成全自然目的論的做法不甚了了，或始終未能正視康德的目的論思想中所蘊涵的深刻意義。」唐文明：《隱秘的顛覆──牟宗三、康德與原始儒家》（北京：生活‧讀書‧新知三聯書店，2012 年），頁 199。這種解說對於理解牟宗三存有論思想有一定幫助，但我的看法與此略有不同。在我看來，牟宗三的存有論並不是為宇宙萬物尋求一個道德目的，而是直接以道德之心賦予宇宙萬物以意義，如同認知之心賦予宇宙萬物以存在一樣。

[30] 牟宗三：《中國哲學十九講》，《牟宗三先生全集》，第 29 卷，頁 310。

相」就是道德之相，或者說就是道德之心所創生的那個特殊的存有之相。

在這個問題上我的看法與牟宗三有同亦有異。牟宗三認為，道德之心不僅有創生道德善行的能力，而且有創生道德存有的功能，因為道德之心有「充其極」的特性，不能人為為其劃定一個界限，必待「涵蓋乾坤」而後已。這是一個十分重要的思想，對此我完全可以接受，不存在仟何異議。我與牟宗三的不同之處僅在於，我不同意將道德之心創生的存有視為物自身。如上所說，道德之心創生存有，就本質而言，是將道德的價值和意義加於對象之上，既然如此，那麼這個對象已經受到人為的影響，已經不再是物自身了。牟宗三將道德之心創生存有的對象叫做「價值意味的物自身」，是因為在他看來，這個創生過程是通過智的直覺進行的，中間沒有經過認識形式。但根據我的分析，道德之心創生存有不借助認識形式，並不等於其思維方式就是康德意義的智的直覺。時空和範疇可以作為認識形式存在，也可以作為內容、本質、質料存在。牟宗三認為道德之心創生存有的思維方式是康德所不承認的智的直覺，其實只是看到了這個過程不需要借助時空和範疇這些認識形式，看到了思維方式的這種直接性，這種思維方式的直接性雖然極有意義，但並不是康德意義的智的直覺，所以其對象並不能稱為物自身。牟宗三沒有能夠將這裡的複雜關係分辨清楚，看到道德之心創生存有不需要借助認識形式，加上沒有從「本源性」，而主要從「曲屈性」和「封限性」的角度來理解智的直覺這一概念，看到道德之心創生存有不需要借助時空和範疇，便認定這種思維方式就是康德所不承認的智的直覺。我一再強調，牟宗三講的智的直覺與康德意義的智的直覺是兩個本不相同的問題，屬於兩個不同的領域，只有語句的相似性，而無內容的相同性。牟宗三未能準確把握這裡的關係，終於造成了理論的失誤。這是牟宗三存有論最大的疑竇，學界普遍反映其著作不好讀，不易懂，產生諸多爭論，莫衷一是，主要原因即在於此。

五、儒學可能對西方哲學的一個貢獻

我在其他文章中對胡塞爾現相學的意向性做過分析，指出這一思想告訴

我們這樣一個重要道理：意識有其意向性，是指向對象的，這種指向同時也構建了對象。用胡塞爾的話說就是：「一個意向特徵要想能夠與一個對象之物發生關係，這個對象之物就必須表象給我們。如果我根本沒有表象一個實事狀態，那麼我又如何能夠將它認之為真、期望它、懷疑它，以及如此等等？」[31]將現相學的這一思想置於中國哲學的背景下，這其實就是一個心與境的關係問題。在中國哲學系統中，境不離心，心外無境。一切境都是心創造的，離開心不可能有什麼境，而心也一定要指向對象，創生境而後止。去除中西不同的表述方式，只就其核心思想而言，胡塞爾現相學與牟宗三道德存有論之間有關明顯的相似性與相通性。[32]

　　當然，在如何創生存在的問題上，牟宗三與胡塞爾又有很大不同。由於胡塞爾現相學總體上以認識論為基礎，所以儘管他也承認情感的作用，但對這個問題缺少一個合理的說明和定位。其後的舍勒正是發現了這個問題，才在基督教的背景下，發展出了自己頗具特色的情感學說，建立了情感現相學、價值現相學。牟宗三就不同了，他依據中國哲學的傳統，一方面強調道德之心對宇宙萬物的創生作用，強調道德情感的作用，另一方面又建構了兩層存有系統，將由認知之心創生的存有視為認知的存有，將由道德之心創生的存有視為道德的存有，大大彰顯了儒家思想的特色。恰恰是在這一點上，牟宗三存有論的獨特意義凸顯了出來。在胡塞爾研究中，人們已經注意到，在《邏輯研究》發表後不久，胡塞爾曾對自己的思想曾產生過一些疑問。比如，1906 年，他在筆記本中這樣寫道：在《邏輯研究》中他雖然已經有過考慮，但畢竟沒有能夠將這個想法納入到該書之中，這個思想就是「將判斷〔設定行為〕向『單純表象』〔非設定行為〕的變化轉用到願望和其他行為

31　胡塞爾：《邏輯研究》，第二卷第一部分，倪梁康譯（上海：上海譯文出版社，2006年），頁 531。

32　參見拙文〈智的直覺抑或意向性的直接性？——對牟宗三「覺他」學說的重新定位〉，《復旦學報》2013 年第 6 期。

上」，因為「我看到巨大的困難〔……〕，它們阻止我得出結論」。[33]胡塞爾之所以認為這是一個「巨大的困難」，是因為他面臨著這樣一個難題：以「價值設定」形式出現的存在設定，在非客體化行為中能夠起到什麼樣的作用呢？所謂「價值設定」，可以說是一種「認之為有價值」的行為特徵。當我們通過客體化行為而構造出對象（賦予質料）並且設定了對象的存在（賦予質性）之後，我們在許多情況下會進一步去設定這個對象的價值。例如，認為一張擺在教室裡的椅子是有用的，一張風景照片是美的、一個助人為樂的行為是好的，如此等等。換句話說，胡塞爾的意向性研究足以證明，意向通過客體化行為可以建構對象的存在，達到「認之為在」或「認之為真」，但問題是，非客體化的行為，比如對於情感和意願而言，能否同時決定「認之為善」或「認之為美」、「認之為有價值」呢？如果這個設問是有意義的，那麼「認之為在」或「認之為真」是如何過渡到「認之為善」或「認之為美」、「認之為有價值」，就成了一個必須回答的問題。雖然在《邏輯研究》中胡塞爾強調，只有客體化行為才具有質料，非客體化行為，如評價和願望，只有在奠基於客體化行為中才能獲得意向性，但在他同期的論述中，也有將「價值」和「單純的事實」理解為「在雙重意義上的意向客體」的做法。比如在 1914 年關於倫理學和價值論的講座中，他對「邏輯學與倫理學之間的相似性」問題進行了分析。不過，在這方面，胡塞爾遇到了很大的困難。一方面，「邏輯理性的全統性」不可否定，作用不可替代；另一方面，是否每一個理性本身都是邏輯理性的問題，也需要討論。由於胡塞爾總的看法是強調邏輯理性的重要性，所以這個問題沒有能夠得到完善的解決。[34]

　　胡塞爾思想的困境說明了這樣一個道理：邏輯理性有其意向性可以構造

---

[33] E. Husserl: "Persönliche Aufzeichnungen", hrsg. Von W. Biemel, in: *Philophy and Phenomenological Research* XVI, No. 3, 1956, p.295f. 轉引自倪梁康《現象學的始基——對胡塞爾〈邏輯研究〉的理解與思考》，頁 240。引文中方括號中的文字是倪梁康根據文意作為補充而加入的。

[34] 參見倪梁康：《現象學的始基——對胡塞爾〈邏輯研究〉的理解與思考》附錄二「胡塞爾與海德格爾的存在問題」。

對象，這不自待言，但情感、意願是不是同樣也具有這種獨立的功能，而不需要必須以客體化行為作為奠基呢？胡塞爾雖然看到了這裡的問題，也意識到了這個問題的複雜性，但沒有給出一個令人滿意的答案，非客體化行為必須以客體化行為為基礎還是其思想的主基調。與胡塞爾現相學相比，牟宗三思想的意義就充分顯現出來了。在牟宗三看來，儒家哲學並不像西方哲學那樣重視純粹認知問題，更沒有胡塞爾那種邏輯學－認識論的架構，並不關注認知意義的存在問題。但儒家哲學同樣可以談存在，這個存在的主體不是認知之心，而是道德之心。道德之心有「涵蓋乾坤」之功，一定要將自己的價值和意義賦予宇宙萬物之上。這種賦予宇宙萬物以價值和意義，同樣是創生一種存在。這種存在不是胡塞爾所說的那種真理意義的存在，而是一種由道德之心創生的存在。牟宗三終其一生，為建構存有論不斷努力，所要說明的不外乎這個道理。而這個道理在西方哲學中是不突出，至少是不成系統的。更加重要的是，道德之心創生存在並不一定非要以認知之心為基礎，完全可以獨立進行。胡塞爾雖然對這個問題進行過探討，但未能將問題完全解決，而在這方面，中國哲學有著相當豐富的資源。牟宗三的努力就是希望把這些資源發掘出來，只可惜由於他對智的直覺的詮釋有欠準確，直接將道德之心創生的存有叫做「價值意味的物自身」，影響了人們對這一重要思想的理解。一旦澄清了在這個問題上的混亂，我們就會看到，我們在這方面的思想恰恰可以彌補西方哲學的不足。

這樣一來，牟宗三存有論的意義就完全顯現出來了：牟宗三雖然沒有直接從胡塞爾的現相學進入，但其相關思想又與胡塞爾現相學有異曲同工之妙，並且在一些關鍵環節上還有重要的推進。儒學從本質上說是一種政治之學，關注的重點是如何治國的問題，始終以道德為治國的最高理念。為了實現這個理想，先賢們對人何以能夠成德進行了多方面的探討，提出了各自的心性理論，這就是所謂的心性之學。心性之學內部雖互有差異，但要尋找和確定一個道德本體則無分歧。既然是道德本體，其體必然發用。這個用可以從兩個方面看：首先，可以成就道德的善行，使人成德成善；其次，可以影響外部對象的存在，使其染上道德的價值和意義。前一個方面的內容是儒家

題中應有之義，自不待言。後一個方面的內容之所以重要是因為它是一種非常特殊的存有論。西方儘管也有類似的思想，胡塞爾現相學堪稱典範，但胡塞爾現相學的主體是認知性的，儒家存有論的主體則是道德性的。儒家在沒有認知性現相學的基礎上，同樣創立了自己的存有論。這種情況不可小視，它告訴我們這樣一個重要道理：道德本體創生道德存在完全可以獨立進行，並不一定非要以認知主體為基礎，從而徹底打破了胡塞爾非客體化行為必須以客體化行為為基礎的理論模式，將胡塞爾現相學大大向前推進了一步。這是我為什麼反復強調牟宗三道德之心創生存有的思想具有世界性的意義，儒學道德存有論有望對西方哲學有所的貢獻的重要原因。也許只有從這個角度才能真正看透牟宗三存有論的理論意義。

綜上所述，儘管牟宗三對自己關於「價值意味的物自身」的觀點十分自信，認為「這才是對於物自身而有的清楚而明確的表象」[35]，但由於他對康德智的直覺這一概念的理解有欠準確，直接將道德之心創生的存有對象稱為「價值意味的物自身」，造成了嚴重的混亂。從 1971 年《智的直覺與中國哲學》出版算起，牟宗三將道德之心創生存有的思維方式視為智的直覺，將其創生的存有對象稱為「價值意味的物自身」已有數十年了，那麼多人學習它，研究它，其中有做中國哲學的，有做西方哲學的，也有做中西哲學比較的，但從未有人直接指出牟宗三所理解的智的直覺與康德意義的智的直覺並不是一回事，道德之心創生的存有只是一種「善相」，根本不能叫做「價值意味的物自身」，足見問題隱藏得有多深了。[36]當然，我承認，以「善相」來解說道德之心創生存有的性質，是一種全新的做法，不少地方還有待研

---

[35]　牟宗三：《現象與物自身》，《牟宗三先生全集》，第 21 卷，頁 19。

[36]　尤西林撰有〈智的直覺與審美境界——牟宗三心體論的拱心石〉一文（收入氏著《心體與時間——二十世紀中國美學與現代性》，北京：人民出版社，2009 年），對牟宗三智的直覺的思想提出質疑，認為牟宗三所說的智的直覺其實是一種審美直覺。陳迎年《智的直覺與審美直覺——牟宗三美學批判》（上海：上海人民出版社，2012年），順著這一思路做了更具體的闡發。這些看法自然有其可取之處，但根據我的理解，似乎仍然未能找出牟宗三在智的直覺問題上失誤的根本原因，而將牟宗三的智的直覺完全歸入審美直覺也有過於狹窄之弊。

究，一些具體環節可能還存在缺陷。但在我看來至少有一點是十分明確和難以撼動的：「善相」儘管不是一般認知意義上的現相，但仍然屬於一種特殊的「相」，絕對不是物自身，更不是什麼「價值意味的物自身」。一旦這個觀點得以成立，不僅可以澄清牟宗三相關思想中的一些混亂，而且可以清楚看到儒家思想與西方存有論的不同，將儒家思想之所長彰顯出來，貢獻於世界。

（發表於《中國社會科學》2013 年第 6 期）

牟宗三「覺他」思想陷入誤區原因梳理

　　「覺他」是牟宗三道德存有論的重要內容。所謂「覺他」是說道德之心有一種功能，可以將自己的價值和意義賦予外部對象之上，使原本沒有道德色彩的宇宙萬物具有道德的價值和意義。更為重要的是，「覺他」的思維方式不需要借助時空和範疇，因而是康德所不承認人類可以具有的智的直覺。我在其他文章中已經證明[1]，牟宗三上述看法並不準確，「覺他」的思維方式並不是康德意義的智的直覺，只大致相當於「胡塞爾現相學意向性的直接性」，並初步分析了個中的原因。因為這個問題涉及面既寬且深，很難在一兩篇文章說清楚，因此本文再從整體的角度對這些原因作一個梳理。

一、曲解了康德智的直覺概念的內涵

　　在康德學理中，智的直覺的根本特徵是「本源性」。智的直覺其實是一種不需要對象刺激，本身就可以提供雜多的直覺，即所謂「本源的直覺」。當然人類並不具有這種直覺，因為人類必須借助對象的刺激才能形成經驗，達成認識。牟宗三不是這樣，儘管他也談到過「本源性」問題，但主要是從

---

[1]　這方面最重要的文章是〈智的直覺與善相——牟宗三道德存有論及其對西方哲學的貢獻〉。最早產生這方面的想法大約是在 2005 年，直到 2012 年才將其正式整理出來，發表於《中國社會科學》2013 年第 6 期。與此相近還有幾篇文章，共同構成一個系列，分別是：〈「覺他」的思維方式不是智的直覺——牟宗三的「覺他」與康德的智的直覺之關係辨析〉，《哲學研究》2113 年第 1 期；〈康德意義的智的直覺與牟宗三理解的智的直覺〉，《文史哲》2013 年第 3 期；〈智的直覺抑或意向性的直接性——對牟宗三「覺他」學說的重新定位〉，《復旦學報》2013 年第 5 期。

人的認識的「曲屈性」和「封限性」，從是否必須借用認識形式的角度來詮釋這個概念的。在他看來，人必須借助時空和範疇這些形式才能形成認識，因為經過這些中介，必然受到它們的影響，其認識「總是歪曲了一點的」[2]，所以只能達到對象之現相，不能達到對象之自身。如果人類能夠擁有智的直覺，排除時空和範疇，那麼其認識也就可以不受這些認識形式的影響，不再局限於現相，直達物自身了。

從牟宗三自己的回憶可以看出，他的這種想法很早就有了，早在 20 世紀三十年代末期在西南聯大演講時，就談論過建立範疇，廢除範疇的問題。從他的追述可以大致猜測到他當時的致思的路向：如果沒有智的直覺，當然就需要範疇；如果有了智的直覺，也就可以不要範疇了。需要範疇，必然受其影響，所以無法達到對象自身；不需要範疇，可以不受其影響，也就可以達到對象之自身了。《道德的理想主義》再次重申了這一思想。在該書中，牟宗三將認知之心的結構劃分為三級。第一層為感覺層，也就是感性層。第二級為知性層，這是思想的主體。第三級為超知性層，又叫「智的直覺層」。「此中所謂『智』不是邏輯數學的，不是使用概念的；所謂『直覺』，不是感觸的，而是理智的。因此，它對於外物不是使用概念的理解，而是直覺的通觀。外物在此種『智的直覺』前亦不是以『一定的對象』之姿態出現，而是以往復循環、盈虛消長，曲折宛轉之虛的脈絡姿態出現，或以大化流行、恒自如如的姿態出現。」[3]智的直覺層之所以不同於第一層，是因為第一層是感性的，這種區別非常明顯。智的直覺層之所以不同於第二層，是因為第二層是知性的，知性是認知之心的主體，其作用是整理感性經驗，以形成認識，瞭解外物，成就科學。智的直覺層既不屬於感性層，也不屬於知性層，是超知性的。這種超知性的重要特徵，即在於對外物的瞭解通過智的直覺進行，並不需要概念，即「不是使用概念的理解」。因為是直覺，所以外物在這種智的直覺之下不以一定對象的姿態，而是以恒自如如的

2　牟宗三：《現象與物自身》，《牟宗三先生全集》，第 21 卷，頁 7。

3　牟宗三：《道德的理想主義》，《牟宗三先生全集》，第 9 卷，頁 111。

姿態出現。這裡所說的「恒自如如的姿態」其實就是說，它不是現相，而是對象之如相，也就是對象之自己，即康德所說的物自身。

這些材料說明，牟宗三以是否需要範疇來理解康德智的直覺這一概念的想法由來已久，而且後來一直沒有對其進行根本性的反思，始終堅持這種看法不變。這樣也就可以理解了，在《智的直覺與中國哲學》中，牟宗三為什麼會以沒有「曲屈性」和「封限性」來詮釋康德智的直覺這一概念。根據這種詮釋，智的直覺之有無，關鍵就在認識是否需要借助時空和範疇。如果必須借助，那麼這種認識方式就不是智的直覺，與其相對的就是現相；如果不需要，那麼這種認識方式就是智的直覺，與其相對的便是物自身。牟宗三主張，儒釋道三家均不像康德那樣狹隘，都承認人可以有智的直覺，無論是「自覺」還是「覺他」都不需要時空和範疇，都可以達到物自身，而不再局限於現相。將牟宗三這種詮釋與康德智的直覺的「本源性」的特徵放在一起比較，可以清楚看出，牟宗三的理解並不符合康德智的直覺這一概念的基本內涵。哲學研究的經驗告訴我們，基本概念是一個學說的基礎，對於一個學說基本概念的理解是否準確，直接關係到詮釋者自己學說系統的成敗得失。牟宗三對康德智的直覺概念基本內涵的理解沒有遵從康德的思路，而是以自己的方式展開，儘管其中有不少發人思考的閃光點，但其準確性確實值得檢討。這一環事關重大。牟宗三後來大談物自身不是一個事實的概念，而是一個價值意味的概念，道德之心創生的不是現相的存有，而是物自身的存有，兩層存有論是現相的存有與物自身的存有等一系列重要命題之所以難以理解，爭議眾多，最初的根源即在於此。

二、坐實了上帝的智的直覺

牟宗三對康德智的直覺這一概念的理解有欠準確，直接引出了兩個結果，其一就是坐實了上帝的直覺。康德在確定人不能有智的直覺之後，仍然保留這種能力並將其歸於上帝，並不意味著他明確肯定上帝優越於人類，具有智的直覺，而是一種推測。牟宗三沒有看到這一層，反倒把它視為了一個

事實判斷。牟宗三曾明確指出：「我們確知一無限存在，例如上帝，其知性便不使用概念，而是直覺的。這樣，我們確知我們人類的知性也是在一定樣式下活動的，因此，它也有它的特殊性與有限性。我們即就它的特殊性與有限性而說其所決定的對象雖是客觀的，而卻仍是現象。那不在一定樣式下而且是『智的直覺地』為上帝所知者則是物自身。」[4]在這段引文中，「我們確知一無限存在，例如上帝，其知性便不使用概念，而是直覺的」一句特別值得注意。這一表述清楚說明，按照牟宗三的理解，在康德那裡，上帝擁有智的直覺是一個事實，這是我們「確知」的，不可懷疑的，所可爭議的只是為什麼我們人類不能有這種能力而已。而他希望做的，也正是以中國哲學的資源為根據，證明人類完全可以有這種能力，而不必像康德那樣將其只歸於上帝。

　　牟宗三的這種理解，明顯有失準確。康德在認識論中所進行的哥白尼式的革命，曾被人們喻為「砍掉了自然神論頭顱的大刀」。康德批判了關於上帝存在的一切理性證明，自此之後，從上帝存在這一假定出發來建立哲學體系的任何嘗試都壽終正寢了。當然，康德在認識論中只是摧毀了對上帝存在的理性證明，但也沒有證明上帝不存在，而是讓這個問題懸置了起來，偶爾也把上帝當作一個假設用來說明他自己的觀點。在談及智的直覺問題時就是如此。「他本來的意思是我們人只具有感性直觀，而沒有智性直觀；但又說，假如人們要設定一個上帝的話，那麼上帝（或稱之為『原始存在者』）的直觀就會被看作智性直觀，它撇開感性材料而能直接把握自在之物。」[5]康德並沒有肯定上帝有智的直覺，也沒有肯定如果有智的直覺就必定屬於上帝，他只是肯定，我們雖然可以設想智的直覺，但事實上我們只有感性直覺。「但康德的這個意思到牟宗三手裡就完全變形了，智性直觀被坐實為『上帝』的一種能力，而且我們確知他有這種能力。」[6]「在康德看來，連

4　牟宗三：《現象與物自身》，《牟宗三先生全集》，第 21 卷，頁 6。

5　鄧曉芒：〈牟宗三對康德之誤讀舉要（之二）：關於「智性直觀」〉，《康德哲學諸問題》，頁 304。

6　同上註，頁 306。

『本源的直觀』是不是有都不能確定，都只是推測，這種直觀的歸宿問題就更是對推測的推測了。可見牟宗三認為康德在把感性直觀歸於人類之後，又從宗教的立場把智性直觀歸於上帝，這完全是一種誤解。」[7]這種對於牟宗三的批評非常值得重視。它提醒我們，把康德原本批判性的概念當成了一個事實性的概念，是牟宗三相關思想的一大失誤。從康德哲學的批判精神來說，儘管智的直覺是一個不能確定的概念，但康德仍然不斷使用，沒有將其完全取消，意在擺明唯理論哲學家所構想出來的智的直覺只能是一種脫離人的一切能力而毫無根據的獨斷的猜想，「因而這個術語是他用來批判獨斷論的一件武器」[8]。然而，康德這樣一個批判性的概念經過牟宗三的詮釋卻轉變成了一個事實性的概念，批判的康德變成了獨斷的康德，好像康德真的主張上帝具有智的直覺從而超越於人類似的。經過這些年的研究和消化，越來越多的人已經看到了牟宗三對這個問題理解的偏失，相信今後不應該再有人犯這樣的錯誤了。[9]

三、轉移了康德智的直覺概念的對象

這是對康德智的直覺概念的理解有欠準確引出的另一個問題。康德明明知道人類並不具有智的直覺，但仍然保留這個概念，其針對的對象是什麼，

7　鄧曉芒：《康德《純粹理性批判》句讀》（上）（北京：人民出版社，2010 年），頁 241。

8　鄧曉芒：〈康德的「智性直觀」探微〉，《康德哲學諸問題》（北京：生活·讀書·新知三聯書店，2006 年），頁 61。

9　近年來，在這個問題上的研究有了很大進展，一些學者已注意到了牟宗三這裡的問題。唐文明指出：「只有神才具備智的直覺能力的看法，在康德那裡只是順著自然神學的思路而無矛盾地設想出來的，並不意味著康德真的持有一種自然神學的立場。實際上我們知道，康德恰恰不取自然神學的進路，因為他認為光憑自然目的論不足以建立一種神學，而是經由實踐理性的認定建立了一種道德神學。這一點表明，康德並沒有將『只有神才具備智的直覺的能力』的看法坐實，只是無矛盾地思考了其可能性而已。」唐文明：《隱秘的顛覆——牟宗三、康德與原始儒家》（北京：生活·讀書·新知三聯書店，2012 年），頁 183。

需要深入探索。根據我的理解，康德這樣做針對的對象主要是作為先驗理念的本體。在康德哲學系統中，為了保障理性的實踐利益，必須設定作為先驗理念的本體。根據任何對象都應該有與之相應的直覺的原則，理當為先驗理念之本體設定一種直覺，否則這一本體的存在本身就是一個問題了。這種設定的直覺不能是感性的，只能是智的直覺。由此說來，康德保留智的直覺並不是針對「作為真如之相的物自身」[10]的，意即因為上帝擁有智的直覺，所以可以不止於現相，直接認識對象之自身，而主要是考慮到作為先驗理念的本體。這個問題或許這樣來想更為有益：康德寫作《純粹理性批判》的一個重要目的是要證明，我們只能在經驗的範圍內認識對象的現相，現相之外的東西我們一無所知。上帝完全在經驗之外，雖然它在實踐理性中有其作用，但在理論理性中並無實際意義。在這個基礎上，康德怎麼會違背自己的根本原則，主動站在自然神學的立場上大談上帝優越於人類，擁有智的直覺，可以認識「作為真如之相的物自身」呢？

　　牟宗三沒有從這個角度理解，而是強調，康德一方面保留了智的直覺這一概念，另一方面又將其歸給了上帝，否認人類可以具有這種能力，是一大敗筆。如果我們依據儒家思想的傳統，證明人既有限又可無限，因有限而有感性直覺，由此而達到現相，因無限而有智的直覺，由此而達到對象之如相，即物自身，那麼我們就可以超越康德，解決康德所不能解決的問題了。在這個過程中，牟宗三特別重視「現相（象）」和「如相」的區分。「現相」是我們人類借助認識形式而得到的對象，它只是對象向我們顯現的樣子，而不是對象原本的樣子。「如相」是真如之相的簡稱，也就是對象之實相。「實相一相，所謂無相，即是如相。」這一表述在牟宗三著作中反復出現，從中不難看出，牟宗三大講人類可以有智的直覺，一個重要所指，是人類可以認識對象原本的樣子，即所謂如相。這與康德將智的直覺的對象主要與作為先驗理念的本體聯繫在一起，有一定間隔，並不完全相同。

---

[10] 關於「作為真如之相的物自身」這一概念，請見拙文〈康德的物自身不是一個事實的概念嗎？〉，《雲南大學學報》2008 年第 3 期。

更為複雜的是，牟宗三這裡所說的物自身又不是康德原義的物自身，而是一種特殊含義的物自身。這種特殊含義的物自身，用牟宗三的話說，就是「價值意味的物自身」。牟宗三反復強調，康德思想中有不少概念混亂不清，其中最為重要的，便是物自身這個概念。究竟什麼是物自身，這是很難確定的。人們一般將其理解為事實上的原樣，這樣一來物自身便成了一個事實的概念。牟宗三堅決反對這種理解，認為如果這樣理解，那麼物自身就只是一個認識方面的遙遠彼岸，用以限制人們對其有不切實際的奢望。這樣理解的物自身過於貧乏，甚至究竟有沒有實際意義都很難說。康德所說的物自身其實是一個價值意味的概念。將康德的物自身詮釋為價值意味的概念，是牟宗三的一大創造。根據我的分疏，所謂價值意味的物自身，其實就是道德之心創造存有而成就的那個對象。道德之心有「覺他」之功，可以賦予宇宙萬物以價值和意義。這種具有價值與意義的對象，因為沒有受到認識形式的影響，是直接的創生，直接的賦予，所以其對象不再是現相，而是物自身。牟宗三這一思想貫穿於後期全部著作之中，是其後期思想的命脈。這一思想儘管蘊含著非常重要的理論意義，但將其與康德智的直覺捆在一起，並將道德之心創生存有的那個對象直接規定為物自身，以此反過來批評康德學理不透，終究有其不妥之處。細細觀察，可以發現，牟宗三對康德智的直覺的詮釋有兩層轉折。首先，沒有將智的直覺的對象著重理解為先驗理念的本體，而是理解為「作為真如之相的物自身」。其次，又將這種物自身賦予了獨特的含義，特指道德之心創生存有的那個對象，即所謂「價值意味的物自身」。經過這樣兩層轉折，康德講智的直覺的原初用意，即為了理性的實踐利益需要保留上帝，因為人類不具有智的直覺，上帝並不是人類認識對象這一理論初衷，全然看不到了。牟宗三這種理解是否準確，讀者完全有權利提出自己的質疑。

四、對胡塞爾現相學瞭解有欠深透

上面所列均是牟宗三對康德智的直覺的思想理解的不足。如果僅是如

此，還不至於導致其在「覺他」問題上造成如此大的失誤。除此之外還要考慮到一個因素，這就是對胡塞爾現相學瞭解有欠深透。牟宗三一生涉獵廣泛，不僅包括中國的儒釋道三家，而且對西方哲學也多有研究。在西方哲學中，牟宗三下力氣最大的無疑是康德。出道不久就撰成了《認識心之批判》，對康德的認識論進行了系統的研究。這種努力一生都沒有放棄。晚年更是下大功夫，重新翻譯了康德的三大批判，並著成《智的直覺與物自身》、《現象與物自身》兩部專著。牟宗三的康德研究早年主要是關注邏輯和認知問題，其後才將精力集中在智的直覺問題上，探討如何以中國哲學背景為基礎，重新認識康德智的直覺的思想。與康德不同，牟宗三肯定人類既有限又無限，因有限而有感性直覺，因無限而有智的直覺，意在彌補康德思想之不足。儘管在這些研究中存在著一些問題，學界對其準確性也不斷提出質疑，但牟宗三在這方面所下的苦功，無人可以否認，其成績在他那個年代也無人能及。

與此相比，牟宗三對胡塞爾現相學以及其後現相學的發展，則關注較少。[11]倪梁康〈牟宗三與現象學〉一文對此專門進行了分析，認為「牟宗三先生對現象學的理解，無論在關注範圍上，還是在切入角度上，都還是較為有限的」，「這也影響到他對現象學之實質性理解的準確度」[12]。這種缺陷

11　當然，這只是相對而言。牟宗三對胡塞爾並非沒有關注，在其著作中也時常提及。如在《智的直覺與中國哲學》中曾這樣講道：「對基本存有論言，現象學的方法是不相應的。胡塞爾就準確知識言，這方法也許可以是相應的，就一般採用之以作客觀的研究言，亦可以是相應的。唯講人生哲學，就此建立基本存有論，則此方法便不相應。」牟宗三：《智的直覺與中國哲學》，《牟宗三先生全集》，第 20 卷，頁 467。《現象與物自身》又說：「胡塞爾以為通過他的『現象學的還原』便可『回到事物本身』，由於純粹意識之意指活動便可解除康德的範疇之拘囚與把持而直達物自身。其實，這物自身仍是當作現象看者之『如其所是』（as they are），而不是康德所說的『物自身』。它仍在康德的範疇所決定的範圍之內，不過他忘掉了這個底據而只說外物之『如其所是』之如相而已。因為他所說的純粹意識仍是識心也。」牟宗三：《現象與物自身》，《牟宗三先生全集》，第 21 卷，頁 218 頁。

12　倪梁康：〈牟宗三與現象學〉，《哲學研究》2002 年第 10 期。吳汝鈞也認為，牟宗三對胡塞爾的批評「不是完全沒有理據」，但也存在一些不足，特別是沒有照顧到胡

對牟宗三儒學思想產生了多方面的負面影響。比如，牟宗三對胡塞爾本質直觀的理解有欠深入，就與此有關。牟宗三對胡塞爾現相學方法的理解一直有偏誤。他沒有看到，胡塞爾的現相學並不是將康德未完成的「現象界的存有論」構想加以系統化和細緻化，而是一種建立在「本質直觀」基礎上的全新嘗試。「胡塞爾並沒有像康德那樣，把『現象』（phaenomena）歸入到感性直觀對象的領域，把『本體』（noumena）歸入到智性思維產物的領域，然後把可能貫通兩者的『智性直觀』視為『詞語矛盾』，最終將它看作不是人的能力，而是『神的能力』。恰恰相反，胡塞爾自《邏輯研究》起便一直肯定和運用現象學的『本質直觀』或『範疇直觀』方法，這個方法也是將以後的現象學運動各個成員（舍勒、海德格爾、梅洛－龐蒂等等）結合在一起的主要因素。通過這種方法而得到強調的是：本質、範疇、存在、實體等等通常被認作是在表層的現象後面深藏不露的東西，實際上可以通過直接的直觀而被我們把握到。」[13]這個不足對牟宗三的影響很大，使他不明白他所強調的本體直接呈現的思想路向，其實恰恰是胡塞爾為其現相學所設立的、並且自己畢生未曾放棄的宗旨。在這個意義上，在胡塞爾的本質直觀與牟宗三的智的直覺之間並不存在絕對對立的關係，更多的應是一種相似、相合的聯繫。

又如，這也決定了牟宗三對海德格爾的基礎存有論的理解有待討論。牟宗三對海德格爾的基礎存在論多有批評，甚至想用一門自己的「基本存有論」來直接反對海德格爾的這一學說。但牟宗三並不明白，他與海德格爾之間並沒有學理的一致性，而僅僅具有名稱上的相似性。這其中的一個重要問題便表現在對時間的理解上。牟宗三認為，時間只能用來解釋人的實踐體證，無法與超越的實體或理境相關聯，沒有看到海德格爾在《存在與時間》中所說的時間，不再是康德意義的屬於人的先天綜合能力的「直觀形式」，而是一種被存在所規定並且同時也規定存在的東西。「這乃是因為，『存

塞爾後期的思想。（參見吳汝鈞《純粹力動現象學》（臺北：臺灣商務印書館，2005年），頁676。）

[13] 倪梁康：〈牟宗三與現象學〉，《哲學研究》2002年第10期。

在』，即西文中的『sein/to be』一詞，並不是牟宗三所理解和翻譯的『實有』，而更應當是中文中的『是』。這個『是』，並不僅僅具有『存有』的意義，而更多地應當是一個動詞，亦即德國人所說的『時間詞』（Zeitwort）。對它的探問和理解，因而──用海德格爾的行話來說──首先並且大都（zunächst und zumeist）必須從時間角度切入。這裡所說的『時間』，並不是人在此在的時間性（Zeitlichkeit），而是存在一般的自身展開，是它的本己狀態。」牟宗三之所以對海德格爾的「時間」概念誤解較深，一方面固然是因為他總是從康德的立場來理解海德格爾的思想，另一方面也是因為他與海德格爾對「本體」或「存在」有著不同的理解。牟宗三把「超越的形而上學」視為絕然的，因而也是超越時間的。「但在海德格爾這裡，形而上學卻是『有時間的』；從希臘的時間概念原義來說，它也就意味著『在場的』（Anwesen）。」[14]

再如，這同樣影響到牟宗三對舍勒思想的瞭解。倪梁康認為，與牟宗三的思想意旨和思想方法最為接近的現相學家是舍勒。但由於牟宗三對舍勒沒有直接的瞭解，至少沒有做過直接的評論，因此錯失了這種相互比較的可能性。這種比較至少可以在兩個方向上展開：一是在內容上。牟宗三與舍勒都在追求客觀的理念和價值，並且共同耕耘在倫理、宗教等實踐哲學領域。在寬泛的意義上，他們從事的是倫常行為與對象的現相學，而不是認知行為與對象的現相學。他們都把倫常行為看作是第一性的，他們同樣相信，雖然倫常行為較之於認知行為是奠基性的行為，但卻需要通過認知行為來加以澄清。二是在方法上。「牟宗三與舍勒都在追求道德認識的直接性、倫理直觀的明見性，反對康德『本體』概念或『物自體』概念的『糊塗』或『隱晦』。而且他們實際上都在運用現象學的本質直觀方法，無論是以『智的直覺』（intellektuelle Anschauung）的名義，還是以『倫常明察』（sittliche Einsicht）的名義。」[15]

---

[14] 同上注。

[15] 同上注。

　　除倪梁康所列舉的上述內容外，我想補充的是，由於對胡塞爾現相學理解不夠深入，牟宗三沒有能夠意識到「覺他」與胡塞爾現相學意向性的內在相關性，反而將其與康德的智的直覺捆在一起，使其研究走偏了方向。我們知道，胡塞爾在對意向性分析的過程中，涉及了兩種不同的存在，一是真理意義的存在，二是係詞意義的存在。真理意義的存在講的是真理是如何構成的。胡塞爾不同意傳統認識論將真理定義為主觀認識與外部事物符合一致的做法，認為應當將真理視為意向性與含義充實的彼此相符。係詞意義的存在是指一個對象如何能夠成為存在。在胡塞爾看來，任何意識都是某物的意識，意識指向對象，也就構形了一個對象的存在。由於胡塞爾並沒有充分意識到這兩種存在的不同意義，致使係詞意義的存在未能充分彰顯出來。但這種意義的存在在其學理中畢竟是存在的，通過研究，將其發掘出來，人們就會明白，意識指向一個對象，創立一個對象，其實就是建構一種存在。更加重要的是，這種建構的過程並不是康德所說的判斷，不需要時空和範疇這些認識的形式，是直接進行的，是意向的直接指向，直接意指，直接建構。這種情況就是我所說的「胡塞爾現相學意向性的直接性」。這是一個非常重要的環節。牟宗三花費如此力氣創立其存有論，闡發智的直覺的思想，主旨無非是強調道德本心可以直接呈現對象，直接賦予對象以意義，建構一種道德存有。這種思維方式與「胡塞爾現相學意向性的直接性」所要說明的其實是一個道理。不同之處僅在於以下兩點：其一，胡塞爾現相學意向性的根據是意識，牟宗三存有論的根據是道德之心、道德主體；其二，胡塞爾現相學的重點是強調通過「本質直觀」、「範疇直觀」、「本質還原」達到對於本質的認識，牟宗三則特別重視道德本體對於對象的直接呈現，直接賦予。儘管有這些不同，二者之間在思維直接性這一點上的相似性還是清晰可辨的。假如牟宗三能夠對胡塞爾現相學有深透的瞭解，以其敏銳的洞察力和深刻的分析力，應該可以看出他所著力彰顯的「覺他」的思維方式與現相學的意向性這種直接性的相通和相似的關係。即使由此尚不足以決定一定能校正其對康德智的直覺思想理解之失，但至少可以看到他的思想與胡塞爾現相學的內在相似性，直至將其研究引向一個完全不同的方向。

五、以「自覺」證「覺他」

　　牟宗三的失誤另外還有一個原因，這就是以「自覺」證「覺他」。牟宗三跟隨熊十力多年，得其師之真傳，是十力學派最有力的傳承者之一。牟宗三從熊十力那裡學到的東西很多，如果排列其中最重要的，當下呈現我想恐怕是跑不了的。自從牟宗三最初聽熊十力講當下呈現之後，當下呈現便成為了其學術思想的重要內容，常講不斷。在牟宗三學理中，當下呈現有兩層基本含義。一是本心仁體遇到道德問題一定會瞬間表現自己，向人發佈命令，要求人必須如此，不能如彼。換句話說，人對本心仁體的認知是直接得到的，不需要借助其他中介。這可以叫做「自覺」意義的呈現。二是人在成就道德之後，道德之心不甘寂寞，總要對外部對象指手畫腳，表達自己的意見，將自身的價值和意義影響它們，創生道德的存有，做到境不離心，心外無境。這可以稱為「覺他」意義的呈現。由於牟宗三正式關注康德智的直覺問題是比較晚的事，所以他最初講當下呈現還沒有提昇到智的直覺的高度。《心體與性體》之後，智的直覺的問題才引起牟宗三的關注，於是專門撰寫了《智的直覺與中國哲學》和《現象與物自身》，重新從這個角度探討當下呈現的問題。這時牟宗三的一個基本主張就是：不管是「自覺」還是「覺他」，當下呈現作為一種思維方式，都是一種直覺；這種直覺顯然不是感性的，而是康德所不承認人類可以具有的那種智的直覺。

　　在《智的直覺與中國哲學》中，牟宗三分列三步來證明人何以具有智的直覺。第一步是對本心仁體的認識：本心仁體之明覺活動自知自證其自己，這在中國以前叫做逆覺或逆覺體證。本心仁體之知即是逆覺體證，逆覺體證之對象是本心仁體之自己，而不是本心仁體之現相。這裡沒有能所之分，一切均指向本心仁體之自己。牟宗三認為，按照康德的學理，與現相相應的是感性直覺，與物自身相應是智的直覺。既然逆覺體證的對象是本心仁體之自己，其思維方式當然就是智的直覺，而不是感性直覺。第二步是道德之知如何過渡到道德之行。智的直覺覺到本心仁體之後，本心仁體必然發佈命令，引生具體的德行，其間沒有任何間斷，沒有任何阻隔，「沛然莫之能禦」。

所以智的直覺之覺之即是創生之，創生一個又一個實際的德行。第三步是道德之心如何創生存有。這一步最為要緊。牟宗三指出，道德之心本是無限的，不但可以顯現於道德行為之中，同時也可以遍潤一切存在而為其體。前者是它的道德實踐的意義，後者是它的存有論的意義，而這即為道德的形上學。在道德的形上學中，成就個人道德創造的本心仁體總要連帶著其宇宙生化而與之為一。就此而言，一切存在皆在此感潤中而生化，而有其存在。這種仁心之感通無外又稱為覺潤。「仁心之明覺活動覺潤一切，同時即照了一切。此照了活動即是它的『虛明照鑒』，在此說『智的直覺』。它的虛明照鑒之即潤之，潤之即生之。故智的直覺本身即給出它的對象之存在（對象是方便言，實無對象義），此即智的直覺之創生性。」[16]道德之心有絕對普遍性，可以遍潤一切，創生一切，感通無外，覺潤無方，同時即給出它的對象之存在，創生道德之存有。在上述步驟中，牟宗三特別強調，人既有認知之心，又有道德之心。認知之心的思維方式是感性直覺，道德之心的思維方式是智的直覺。認知之心和道德之心都可以創生存有。因為認知之心的思維方式是感性直覺，所以其創生的是現相的存有。因為道德之心的思維方式是智的直覺，所以其創生的是物自身的存有。「如是，同一物，對智的直覺說，它是一物之在自己（物自體），此即康德所說『物自體』一詞之積極的意義，（唯彼不取此意義而已），對感觸的直覺與辨解的知性說，它是現象，因而也就是一對象。」[17]這一表述之所以值得關注，是因為它明確道出牟宗三這樣一個觀點：道德之心並不創造現相的存有，而創造物自身的存有。只因康德不承認人可以有智的直覺，所以無法證成人可以創造物自身的存有。如今我們不同了，我們有中國哲學傳統為底據，可以證明人確實具有智的直覺的能力，可以創造物自身的存有，從而一舉克服康德哲學的缺陷，超越於康德。

　　《現象與物自身》堅持的也是這樣的思路。在該書中，牟宗三同樣以這

---

[16]　牟宗三：《智的直覺與中國哲學》，《牟宗三先生全集》，第 20 卷，頁 256。
[17]　同上注，頁 257。

樣一個問題開始：我們如何能夠知道我們的知體？牟宗三認為，這必須從本心仁體能夠逆覺體證的特點說起。逆覺體證是本心仁體的重要特點。比如，見到孺子入井，本心仁體就會當下驚醒，受到震動。「震動而驚醒其自己者即自豁然而自肯認其自己，此謂本心之自肯；而吾人遂即隨之當體即肯認此心以為吾人之本心，即神感神應自由自律之本心，此種肯認即吾所謂『逆覺體證』。即在此逆覺體證中，即含有智的直覺，如是，遂得謂吾人雖是一有限的存在，而亦可有『智的直覺』也。」[18]知體明覺隨時呈現，這種呈現的過程，就是切己自反的過程，也就是古人說的逆覺。這種覺不是去認知孺子入井這一情景，也不是對此事進行概念的思考，而是向內心之逆覺。這種逆覺就是智的直覺。以這一原理為基礎，牟宗三進一步談到儒家無執存有論的建構問題。「言及儒家的『無執的存有論』，則當集中於陽明所言之『知體明覺』而言之。本書開始由道德的進路展露本體，本即是依陽明而言的。」[19]這裡說得非常明確，牟宗三論證儒家的無執存有論，主要是就陽明的知體明覺而言，而這也就是由道德展露本體的進路。儒家的道德實體具有形上的意義，本身即是形上學的。這種道德實體是一個創生實體，可以創生萬事萬物，其中既有行為物，又有存在物，不僅可以決定具體的善行，而且可以使宇宙萬物具有價值和意義。特別重要的是，因為陽明所說的知體明覺是智的直覺，不是感性直覺，所以由其所創生的這種具有價值和意義的宇宙萬物，便具有「在其自己」的性質，而不再屬於現相。

　　《智的直覺與中國哲學》和《現象與物自身》是牟宗三論述智的直覺問題最重要的著作。這兩部著作雖然特點不同，但證明人可以有智的直覺的思路卻完全一致。在這一證明中，牟宗三的起點都是「自覺」。他強調，康德不同意人可以有智的直覺，但儒家自始就認為人對於本心仁體可以有直接的認識。這種直接認識即是直覺，這種直覺當然不是感性直覺，所以是智的直覺。然後他又以此來證明「覺他」，特別強調，道德之心有「涵蓋乾坤」的

---

[18]　牟宗三：《現象與物自身》，《牟宗三先生全集》，第 21 卷，頁 106。

[19]　同上注，頁 451。

特點，一定要將自己的視線推廣出去，將整個宇宙萬物收攬在自己的視野之下，創生道德的存有。值得注意的是，在儒家，這種創生道德存有的過程是通過明覺感應進行的，這種明覺感應與人對本心仁體的「自覺」具有同等的性質，也是智的直覺，所以道德之心創生存有之「覺他」的思維方式也是智的直覺。細心檢查牟宗三的上述思路，可以發現這裡有一個邏輯上的瑕疵，這就是直接以「自覺」證「覺他」。「自覺」與「覺他」是兩個相近而又不完全相同的問題。「自覺」講的是對於本心仁體的體認。自孔子創立儒學之始，就強調「為仁由己」。孟子進一步將這一思想發揚光大，提出了「反求諸己」的主張。這一思想後來成為儒家心學的核心，它告訴人們，人可以直接體認自己的本心仁體，這種體認不需要借助任何邏輯，不需要通過任何語言，只是一想就能想到，一求便能求到。這種思維方式與感性直覺不同，從較為寬泛的意義上也可以說大致相當於康德所不認可的智的直覺（儘管康德並不這樣認為）。「覺他」就不一樣了。「覺他」從性質上說，是道德之心影響宇宙萬物，將自己的價值和意義附加在山河大地、一草一木之上。山河大地、一草一木原本只是自然的存在，只是因為人的存在，加上人有道德性，受其道德性的影響，才具有了道德的價值和意義。從這個意義上說，牟宗三將這一過程稱為「覺他」——通過道德之心「潤澤」、「覺潤」宇宙萬物——是非常形象的，而他將這套理論標示為道德的形上學，也極具理論意義。但「自覺」與「覺他」畢竟是兩種不同性質的問題。「自覺」是一個認識問題，談的是人們如何體認自己的本心仁體，屬於認識論的範疇。「覺他」則是一個存有問題，談的是道德之心如何賦予宇宙萬物以價值和意義，屬於存有論的範疇。認識問題與存有問題雖然也有關聯，但畢竟分屬不同的領域，不能直接以此證彼或以彼證此。[20]

---

[20] 這個問題隱藏較深，不易察覺，而這種現象在牟宗三研究中普遍存在。如有的學者在分析了儒學對本心仁體的體認是智的直覺之後，便由此斷言智的直覺是可能的。「在牟宗三，『智的直覺』不僅在理論上是可能的，而且在實踐上是真實的，即『智的直覺』是真可能的。既然是真可能的，『智的直覺』作為『存有論的呈現（實現、創生）原則』，它就能夠創生或實現某物，即直接給出某物之存在，因此，『物自身』

有讀者對此可能有不同的理解。他們會問，存有難道不是一個認識問題嗎？胡塞爾的現相學從整體上不也是應該納入到認識論的範圍中的嗎？我是這樣理解的。胡塞爾的現相學從整體上當然應該歸入認識論的範圍，這一點沒有疑義，不然我們沒有辦法對現相學有一個根本性的理解，也沒有辦法對其在西方哲學傳統中有一個正確的定位。但現相學從整體上應歸入認識論範圍，並不等於它的每一個環節都屬於認識問題。在這方面我們不妨來檢查一下胡塞爾是怎樣看待這個問題的。胡塞爾認為，在我們考察意指行為與直覺行為之間的關係時，我們就已經牽涉到了認識問題。「但在這個關係中，意指本身並不是認識。在對單純象徵性語詞的理解中，一個意指得到進行（這個語詞意指某物），但這裡並沒有什麼東西被認識。」[21]就是說，儘管意指行為本身涉及認識問題，但單單一個意指行為還沒有什麼東西被認識。「只在當一個含義意向通過直觀而得到充實時，或者說，只有當一個意向在足夠的充盈中被直觀所證實時，真正的認識才成為可能」[22]。釐清這層關係對於分析牟宗三「覺他」思想的不足有重要意義。按照這種分析，牟宗三所說的「覺他」，就其思想本質而言，是以意向（當然是一個特殊的意向，道德的意向）指向一個對象，從而創生一種存有，一種現相。這個過程當然與認識有關，但其本身尚構不成完整的認識環節，不能將其與認識問題同等看待，特別是不能將其與對本心仁體的認識歸在同樣的序列之中。

遺憾的是，牟宗三不是這樣。他沒有對「自覺」與「覺他」的不同加以具體的分析，而是將其混在了一起。在他的論述中似乎有這樣一個邏輯關

便具有了真實而具體的內容，即價值意味的『物自身』便可以被『穩定』。」程志華：《牟宗三哲學研究——道德的形上學之可能》（北京：人民出版社，2009年），頁 190。必須看到，儒家對道德本心可以逆覺體證，這種逆覺體證在一定意義上可以說是一種智的直覺，但並不能由此證明道德之心創生存有的思維方式即是康德意義的智的直覺。

[21] 胡塞爾：《邏輯研究》，第二卷第二部分（上海：譯文出版社，2006 年），頁 37-38。

[22] 倪梁康：《現象學及其效應——胡塞爾與當代德國哲學》（北京：生活・讀書・新知三聯書店，1994 年），頁 50。

係：人既然可以對本心仁體有直接的認識，這種認識是一種智的直覺，那麼道德之心創生存有同樣是直接進行的，所以也是一種智的直覺。這是他自信地宣稱，他借助中國哲學的智慧，證成了人完全可以具有智的直覺，從而超越了康德的重要理據。對於牟宗三這一自我評價必須進行具體分析。對於「自覺」是智的直覺的判斷，我持贊同態度，雖然我清楚地知道這種看法在康德的文本中是不允許的。對於「覺他」是智的直覺的判斷，我則持反對意見。如果把牟宗三「覺他」是智的直覺的理由，即無需時空，無需範疇，沒有用相拿出來一一分析，不難看出，這些理由都難以成立。道德之心創生存有，就其本質而言，就是以道德之心影響宇宙萬物，使原本沒有任何道德色彩的山河大地、一草一木染上道德的色彩。這個過程儘管用不上時空和範疇這些康德認識論中的形式，但也絕對少不了時空和範疇一類的東西，道德之心本身就是本質，就具有時空性（我關於道德之心有時間性的看法與傳統儒學以及牟宗三的理解有原則性的區別，特請注意）和範疇性。由此可以說明，即使我們不按學界通行的理解，不從「本源性」，而是按照牟宗三的詮釋，著重從沒有「曲屈性」、「封限性」的角度來看這個概念，「覺他」的思維方式也很難說是智的直覺。分辨上述問題對我們最大的啟發是，一定要把認識問題和存有問題分開來處理。「自覺」與「覺他」雖然都是「覺」，但性質並不相同。「自覺」是認識問題，「覺他」是存有問題。「自覺」問題的核心是如何達到對於本心仁體的體認，「覺他」問題的核心是道德之心如何創生對象的存有，將其賦予道德的價值與意義。雖然「覺他」在西方哲學的背景中也離不開認識這一主題，但畢竟有其獨立性。牟宗三沒有明確區分這兩者的不同，因前者是一個認識問題，也將後者作為認識問題來處理，未能凸顯其存有論的特質。這個環節的疏漏對於牟宗三存有論造成的巨大負面影響，是必須再三注意的。

六、簡要小結

　　由上面的分析可以看出，牟宗三在「覺他」問題上陷入失誤的原因十分

複雜。這方面首先要說的是，牟宗三對康德智的直覺這一概念本身的理解有欠準確。智的直覺在康德學理中的重要涵義是本源性，特指一種不需要對象刺激，其本身即可以形成經驗的直覺。牟宗三不是這樣，而是著重從是否需要範疇，是否需要時空，認知是否有「曲屈性」和「封限性」，是否有所變形的角度來理解這個概念，以為凡是不需要借助時空和範疇，不受時空和範疇影響的思維方式即是智的直覺。這種觀點一生都沒有更改，成為牟宗三相關思想的一個邏輯起點。這種錯誤理解，導致牟宗三誤解了康德將智的直覺歸給上帝的真正意圖，將康德這個批判性的概念偷換成事實性的概念，以為這種能力雖說我們人類不能具有，但我們確知上帝可以具有，從而坐實了上帝的智的直覺，將康德變成了一個獨斷論者，丟失了康德哲學的批判精神。不僅如此，這種錯誤理解還導致牟宗三誤解了康德設定智的直覺的對象。康德設立智的直覺很重要的考慮是理性的實踐目的，智的直覺的對象主要是作為先驗理念的本體，而不是一般意義上的認識對象。牟宗三不同，他先將智的直覺指向一般的經驗認識的對象，接著又將這種對象引向一種特殊意義的物自身，即所謂價值意味的物自身，主張只要依據中國哲學傳統，證明了人可以有智的直覺，我們就可以直達物之在其自己，而不必停留於現相之上了。在這個過程中，還有一個因素要考慮到，這就是對胡塞爾現相學瞭解不夠透徹。這個缺陷對牟宗三的影響很大，使其無法瞭解到他所說的「覺他」與現相學的意向性有著相通性和近似性，從而錯失了從這個角度闡發「覺他」思想，將相關問題上昇到一個新的高度的機會。以上述這些環節為基礎，牟宗三來了一個以「自覺」證「覺他」。在他看來，儒家思想傳統自始就承認人可以對本心仁體有直接的體認，直接的認識，這種認識即是康德所不承認人可以具有的智的直覺。既然儒家承認人可以有智的直覺，而道德之心創生宇宙萬物之存有即所謂「覺他」的過程如同人對本心仁體的體認一樣，也是不需要時空和範疇的，所以也是智的直覺，從而正式宣稱他證明了人可以具有智的直覺，可以創生物自身的存有，從而解決了康德未能解決的問題，超越了康德。牟宗三的這一致思路線，盤根錯節，層巒疊嶂，堪稱20 世紀末儒學研究的最大謎團。不明其故，很容易被其龐大的系統迷惑，

陷入其中，無法脫身。從 1971 年《智的直覺與中國哲學》出版算起，牟宗三正式將「覺他」的思維方式視為康德意義的智的直覺已近半個世紀了，那麼多人學習它，研究它，但幾乎沒有人能夠清晰看穿其中的破綻，無法直接指明「覺他」的思維方式既不是康德意義的智的直覺，也與牟宗三自己詮解的智的直覺對不上號。[23]由此足見這個問題之困難，亦足見我所言之不虛。

（發表於《文史哲》2015 年第 1 期）

---

[23] 鄧曉芒從康德研究的角度出發，指出了牟宗三對康德智的直覺思想的理解存在著重大偏誤，給人以很大的啟發，這一點必須予以充分肯定。但可能是受到專業方向的限制，他似乎並不瞭解牟宗三論「覺他」的真實用心，也不明白牟宗三何以要如此立論。鄧曉芒對牟宗三的批評只在康德學理範圍內有效（這一點已十分不易），而未能真正破解這裡所說的「20 世紀末儒學研究的最大謎團」。

詭譎的即與孔顏樂處

　　在闡述儒家圓善思想的過程中，牟宗三創立了一個重要概念：詭譎的即[1]。正確理解這一概念是全面把握牟宗三相關思想的前提。但由於牟宗三行文晦澀，讀者很難清楚把握這一概念的確切內涵。本文對這一概念進行了梳理，認為這一概念旨在表達一種不同於綜合關係或分析關係的新型關係，這種關係可以稱為辯證關係，通過辯證關係可以得到一種幸福，而這種幸福正是儒家孜孜以求的孔顏樂處。

一、《中國哲學十九講》遺留的問題

　　1978 年，牟宗三到臺灣大學哲學研究所講學，聽課同學對講課錄音進行了整理，經牟宗三審閱修改潤色後，以《中國哲學十九講》為名於 1983 年正式正版。這個講稿的第十五、十六、十七講已經談到圓教與圓善問題。

　　在講課中，牟宗三對康德的圓善概念作出了自己的說明：「在此我提個觀念來幫助你們瞭解圓教的圓滿義（perfect），這個觀念就是康德哲學中所說的 highest good，拉丁文為 summum bonum。這個 summum bonum 照康德的說法，有兩種意義：一是最高的，另一則是最圓滿的。因此現在英文翻成 highest good 也不甚恰當，因為康德說 summum bonum 主要是取其圓滿之

---

[1]　與詭譎的即相對應還有另外一個概念，這就是縱貫縱講。詭譎的即和縱貫縱講是牟宗三圓善論的左膀右臂，具有核心價值。牟宗三認為，中國儒釋道三家皆有自己的圓善，但具體又有所不同，佛道兩家的圓善只需要通過詭譎的即就可以建立了，儒家則需要進一步，再來一個縱貫縱講才行。限於篇幅，本文只談詭譎的即，而將縱貫縱講放在其他文章中討論。

義。而何謂『最高善』呢？我們可以就道德本身說最高善，就是依照無條件
的命令而行的就是最高善。我們可以說所謂最高善就是指最純粹的道德性而
言。……但是康德所說的最高善不取這個意義，他一定主張德與福相合，也
就是 virtue 與 happiness 兩方面相配合在一起。[2]」在康德哲學中有一個
highest good 的觀念，牟宗三認為，這個觀念可以幫助理解圓教，因為
highest good 的拉丁文（summum bonum）有兩個意思，一是「最高的」，
一是「最圓滿的」。康德取其後者，是圓滿的意思，具體來說，就是主張德
與福，即 virtue 與 happiness 相結合。所以圓善就是一種既有德又有福，德
福相互配合，相互圓滿的善。

　　在康德那裡，德與福兩者相互配合屬於一種綜合關係。他說：「康德所
說的德福的關係不是分析命題，而是綜和命題。康德所說的最高善是拿圓滿
來決定，不是從分析立場上偏於一面來說的最高善。所謂最高善由圓滿來決
定是指德福綜和起來而言，這就和圓教所說的圓滿無盡、主伴俱足的意思可
以相通。在康德的哲學系統中，要能保證德與福的配稱關係，而達到圓滿之
境，只有靠上帝來保障。在此即肯定上帝的存在，因為康德認為只有上帝能
保障德福之間的圓滿關係。假定我們只服從道德法則就是最高善，我們也可
以不必顧及福不福的問題，因此也不必肯定有上帝的存在。但如此一來，德
與福之間的關係是分析的，福無獨立的意義。但德福關係必須是綜和的，因
此必須肯定上帝以保障德福之恰當的配稱關係。也因此我們不可以將德福的
關係翻成德福一致，因為德福一致是分析的；但是康德所說的德與福是綜和
的關係，兩者之間有一個比例，有一個配稱的關係存在。」[3]牟宗三在這裡
對康德圓善德福一致的關係有清楚的說明。在康德學理中，德福之間是綜合
關係，而不是分析關係。康德說德福一致，並不是說從德中可以分析出福
來，如果是那樣的話，德福之間便是一種分析關係。康德不是這樣，他認為
德福之間屬於綜合關係，所謂圓善就是將福準確地配稱給德，而要保證這些

2　牟宗三：《中國哲學十九講》，《牟宗三先生全集》，第 29 卷，頁 327-328。

3　同上注，頁 328。

成為可能，必須以上帝作為終極性的保障，做到既有德又有福。

　　牟宗三進一步指出，與康德不同，儒家最初在這個問題上取一種分析的態度：「儒家實踐的第一關對於德福的看法，和斯多亞學派一樣，都採取分析的態度，認為有德就有福。這是德行第一，福不福決不顧及。但這不是最高之境，照儒家本身說這也不是最高的境界，這只是在扭轉我們的感性生命上的第一關。後來理學家發展至最高峰，也沒有停滯於此境。只不過儒家對這個方面的問題並不大講，也不十分正視。」[4]在西方哲學中，斯多葛學派認為德與福是一種分析的關係，有了德就一定有福。這樣一種觀點，在牟宗三看來，還不是最高之境，因為它只是關注德，而不注意福的問題。儒家最初似乎也不大注意這一類問題，只關注於德，不大注意福，就這一點而言，與斯多葛學派有近似之處。

　　自佛教提出圓教問題後，這個問題才真正明晰起來，福才有了獨立的意義。但牟宗三此時認為，佛教處理這一問題，仍然採取一種分析的態度：「照圓教講，康德關於圓善的那些的猜測語都不是究竟的，因為既然即九法界而成佛，也就是即著地獄、餓鬼、畜生等而成佛，甚至即著一低頭、一舉手而成佛，在此種境界中，所有的法都是一體平鋪，而佛也就在此呈現。就佛而言，德（virtue）之所在，即是福（happiness）之所在。因為在圓教中，佛的本身是德，而法的存在就是福，這兩者永遠是合在一起的；到此，若再說德與福是綜和關係，那就很有問題了。因為在圓教的境界中，綜和關係已沒有了，只有分析關係。」[5]佛教解決圓善問題的方式自與康德不同。佛教之圓教的基本精神是圓不離權，人們必須即九法界而成佛，這九法界任何一法都不可去掉，即使是地獄、餓鬼、畜生也不能例外。在九法界中，佛一一呈現，德之所在即是福之所在。因此，佛教中的圓教不再像康德那樣屬於綜合關係，而是屬於分析關係。這是一個重要的判斷，它說明，牟宗三此時雖然已經注意到佛教圓教與康德圓善的關聯性，但認為佛教處理這一問題

---

[4]　同上注，頁 329。

[5]　同上注，頁 366。

所採取的仍然是分析的方法。

　　值得注意的是，此時牟宗三多次談到「即」的問題，但他仍然認為這種「即」是分析的關係：「圓教中的德福一致並非綜和命題，而是分析命題，因為『即九法界而成佛』的『即』是必然的。我們平常認為地獄、餓鬼、畜牲是很苦的，那有幸福呢？但圓佛是即地獄、餓鬼、畜牲而為佛，在地獄、餓鬼、畜牲這裡就是德，同時也就是福。佛不是地獄，地獄裡沒有福，但是當他即地獄這個法界而成佛時，就佛的立場看，地獄就是他的德（佛教稱為『功德』），同時也就是他的福，因為他的功德是即地獄而為功德。這時德福才能一致，而這一致是分析的一致，所以，由此而說的『色心不二』是真正的不二。這『不二』是分析的『不二』，不是綜和的『不二』。」[6]這就是說，佛教之圓教中的德福一致並非如康德所說是綜合關係，而是分析關係。這是因為「即九法界而成佛」的「即」是必然的。地獄、餓鬼、畜生雖為不好，但其本身即是德，同時也就是福。佛不是地獄，地獄裡沒有福，但「當他即地獄這個法界而成佛時，就佛的立場看，地獄就是他的德」，這裡已經明確講到「即」字，看到其重要性了。這個意思也就是佛教所說的「色心不二」，這個「不二」是真正的不二，而這個「不二」其實就是一種「即」。「即地獄這個法界而成」中的「即」已經包含了後來所說的詭譎的即的基本思想。但有意思的是，牟宗三此時仍然認為，佛教「這『不二』是分析的『不二』，不是綜和的『不二』。」也就是說，牟宗三此時還沒有擺脫或是綜合或是分析的對立的模式，仍然將佛教的圓善模式稱為分析關係。

　　然而稍後不久，牟宗三就對自己的上述講法產生了懷疑。下面一段透露了一個重要的信息：

　　　　在康德哲學中，這個觀念最好不要直接說成「德福一致」，因為康德並非說這兩者一致，而是說這兩者間有個恰當的比例。英文本是用

6　同上注，頁 384-385。

Proportionate 這個字而不是用 consistent 這個字；後者才是一致的意思。一說「一致」，我們很容易就想到分析的關係，這就不對了。可是在圓教所表現的圓佛裡，德福的關係卻是分析的。圓佛的法身、化身、報身三身是一。圓佛法身即三德秘密藏，三德是法身、般若、解脫。般若就是智的直覺。到此，德福一致的觀念不是豁然開朗了嗎？[7]

此段中「可是在圓教所表現的圓佛裡，德福的關係卻是分析的」一句後面，負責該講錄音整理的李明輝加了一個注，注中說「牟師曾告余：此處幾句話有問題，一致不一定是分析的，圓教下是否可說是分析的亦有問題。」這個注價值極高，它告訴我們，牟宗三在學生整理錄音的時候，已經對課上所說的佛教圓善為分析關係產生了懷疑，認為佛教圓教雖然講德福一致，但這種德福一致未必就是分析關係。換句話說，牟宗三此時已經開始蘊釀新的想法，試圖打破或分析或綜合的對立，將圓教的思想模式予以一種新的表述了。但這是一種什麼樣的新關係，如何表述這種關係，牟宗三並沒有講明。

二、由綜合關係、分析關係到辯證關係

《中國哲學十九講》之後，牟宗三對德福關係的問題進行了新的思考。這種思考使牟宗三擺脫了要麼是綜合的，要麼是分析的這一對立思維方式，提出了處理德福關係的一個新方法，這就是詭譎的即的模式。詭譎的即是一個新概念，這個概念是牟宗三在論華嚴的過程中首次提到的。牟宗三認為，華嚴為性起系統，而非性具系統。性起是由「隨緣不變，不變隨緣」而來，講真如心隨緣起現一切法，而性具則凸顯「一念無明法性心」當下圓具一切法。在性起系統中，隨緣則有法起現，不隨緣則無法起現，一切法之存並沒有根本性的保障，未能進至「色心不二」之境，談不到智識不二，更不能有「一切法趣」之唯聲、唯色、唯香、唯味、唯觸、唯識之圓說。因此，牟宗

7　同上注，頁385。

三判定，華嚴仍是隔離的圓教，不是真正了義的圓教，並說「在性起系統，『色心不二』是分解的綜和命題，非詭譎的相即之命題，亦可以離而二之」[8]。這裡明確提出了「詭譎的相即」這個新說法，它正式已經宣告，此時牟宗三已經擺脫了要麼綜合要麼分析的思維方法，提出了一個嶄新的德福關係的新模式。

那麼，什麼是詭譎的即[9]呢？因為這個概念是牟宗三從佛教其中特別是天台判教引入的，要對這個概念有所瞭解，當然需要首先從佛教天台宗的思想講起。在華嚴和天台之間，牟宗三更喜歡天台，對其評價甚高，認為只有天台才是圓說、圓教。牟宗三之所以做出如此判斷，是因為天台宗論教非常重視一個「即」字。天台說菩提不是空說一個菩提，而是說「煩惱即菩提」，說涅槃不是空說一個涅槃，而是說「生死即涅槃」。這種說法與一般斷然分解地說「斷煩惱證菩提」，或者「迷即煩惱，悟即菩提」，或者「本無煩惱，元是菩提」全然不同，境界高低立下可判，而其妙處就在這個「即」字上[10]，這種「即」就是詭譎的即。

接下來，牟宗三又依據這一思路論道家意義的圓善。在他看來，道家的圓滿之境也應該以「即」字來解。所謂「即」就是通過卮言、重言、寓言這些跡以明道，而向秀、郭象注《莊子》中關於「至遠之跡順者更近，至高之所會者反下」的說法，已經包含了這方面的思想。冥體之無表面看是最高的境界，但真實的冥體之無不能脫離跡，當無在無不在。反過來說，「至遠之跡」本身是一種跡，「至高之所」本身是一種德，但只要通過詭譎的即，它們就可以做到「更近」和「反下」。單一的跡，單一的本，都不是最高境界，最高境界在跡本圓融。做到了跡本圓融，就做到了體化合變，會通無隔。在這種境界中，跡就是本，本就是跡。恰如人不能不行，一行則必有影；不能不言，一言則必有響；不能不學，一學則必有幻怪之生；不能不行

8　牟宗三：《圓善論》，《牟宗三先生全集》，第 22 卷，頁 265。

9　在《圓善論》中，「詭譎的相即」與「詭譎的即」說法有異，但意義相同。為了統一起見，本文統稱為詭譎的即，不再另作分別。

10　參見牟宗三《圓善論》，《牟宗三先生全集》，第 22 卷，頁 266。

禮，一行禮則必有華藻之興。儘管聖人可以做到不為名所累，順物而行，但跡並無解脫之法，不可全然去除，故有「天刑」一說。然而，聖人解心無染，無心於跡，跡而能冥，跡即於本，從而可以不為名跡與華藻所累。世人以為這是聖人之桎梏，必去此桎梏方可為至人，實則只是偏頗之見。自聖人一面觀之，則心甘情願受此天刑，當此天之戮民，迎而不拒。「天刑乃圓聖所必受者」[11]，天刑不可去，做得不好即為累，做得好即為福，關鍵看怎樣處理，關鍵看能不能做到詭譎的即。

　　儒家意義的圓善雖然與佛道兩家不同，更為複雜，但仍然不離詭譎的即。牟宗三明確指出：

> 只有在非分別說的「只此便是天地之化」之圓實教中，德福一致之圓善才真是可能的。因為在神感神應中（神感神應是無執的存有論中之感應，非認知的感性中之有執著的被動的感應），心意知物渾是一事。吾人之依心意知之自律天理而行即是德，而明覺之感應為物，物隨心轉，亦在天理中呈現，故物邊順心即是福。此亦可說德與福渾是一事。這渾是一事不是如在斯多噶與伊壁鳩魯處那樣是分析的，當然亦不是如在康德處那樣是綜和的（必然連繫之綜和），那須靠上帝來保障者。這德福渾是一事是圓聖中德福之詭譎的相即。因為此中之心意知本是縱貫地（存有論地）遍潤而創生一切存在之心意知。心意知遍潤而創生一切存在同時亦函著吾人之依心意知之自律天理而行之德行之純亦不已，而其所潤生的一切存在必然地隨心意知而轉，此即是福——一切存在之狀態隨心轉，事事如意而無所謂不如意，這便是福。這樣，德即存在，存在即德，德與福通過這樣的詭譎的相即便形成德福渾是一事。[12]

---

[11] 同上注，頁290。

[12] 同上注，頁315-316。

此處特別值得注意的是「非分別說」這一說法，非分別說是相對於分別說而言的。簡單說，分別說就是將德與福分開來看，非分別說就是將德與福統一起來看。牟宗三認為，只有在非分別說中，儒家的德福一致之圓善才能成為可能。因為在非分別說中，在明覺感應的神感神應之下，心意知物渾是一事。人們依心意知之天理而行以成德成善，這是德的一面，「而明覺之感應為物，物隨心轉，亦在天理中呈現，故物邊順心即是福」，這是福的一面。在明覺感應之下，不僅德的一面成了現實，福的一面也有了保障，於是德福渾是一事，圓善由此而成為可能。牟宗三提醒說，這裡講的德福渾是一事，既不是分析關係，也不是綜合關係，而是詭譎相即的關係。這是因為，「此中之心意知本是縱貫地（存有論地）遍潤而創生一切存在之心意知」，心意知在成就道德善行的過程中，同時也遍潤而創生一切存在，其所潤生的一切存在必然地隨心意知而轉，這就是福。在存有論的視野下，道德相即於存在，存在相即於道德，只有如此才能使圓教成為可能。如此說來，在儒家學理的系統之下，心意知是體是微，在心意知的照耀之下，物會隨心而轉，即使一般認為是不好的事情，也會改變其性質，變為好，變為福。

上面的梳理說明，牟宗三提出詭譎的即這一概念有著深刻的理論背景。在《中國哲學十九講》中，牟宗三已經涉及圓善問題，但那時由於受到要麼綜合要麼分析的思維方式的影響，認為康德講圓善是以上帝保證有德之人必有福，這種關係是一種綜合關係。但康德的理論明顯存在問題，而中國哲學儒釋道三家都有圓善思想，這三家都不依靠上帝作為保障，所以中國哲學的圓善並不是綜合關係。既然不是綜合關係，那麼當然就是分析關係。所以在《中國哲學十九講》中，牟宗三明確講，中國哲學的圓善並不是綜合關係，而是分析關係。後來，牟宗三對這一思想進行了反省，發現不是綜合關係未必一定就是分析關係，也可能是另外一種關係，從而在《圓善論》中正式提出詭譎的即的概念。一個是以分析關係論圓善，一個是以詭譎的即論圓善，這是《中國哲學十九講》與《圓善論》最大的不同。

從牟宗三相關的論述分析，詭譎的即這個概念可分兩層意思來理解。第一層意思是「即」。「即」字的基本含義是二者靠近、接觸而又不完全相

合，也就是日常所說不即不離的意思。第二層意思是「詭譎」。「詭譎」從字面看是奇異多變、離奇古怪的意思，放在這裡可以理解為一種奇妙、奇異。這兩層意思合起來，從哲學的意義上說，大致就相當於我們日常所說辯證法的那個「辯證」，有相互不離，變化流轉的意思。儘管牟宗三曾強調，黑格爾的辯證關係與他所說的詭譎的關係並不相同，但他並不完全反對將詭譎的即的關係稱為辯證的關係。《中國哲學十九講》中多次出現「辯證的詭譎」[13]，「辯證的非分別說」[14]一類的說法足以為證。

如果可以用辯證這一概念解釋詭譎的即的話，問題就比較清楚了。根據上面所說，詭譎的即這一說法主要有兩層意思：其一，德與福不是互相分離的，而是一種不即不離的關係，德離不開福，福亦離不開德。其二，德與福的關係不能直接地看，而應該轉化地看，詭譎地看。這兩層意思完全可以用辯證這個概念加以說明。我們平時用辯證這個概念同樣包含這樣兩層含義：首先，矛盾對立雙方並非孤立，而是相輔相成，沒有對立的甲方，也就沒有對立的乙方；其次，矛盾對立雙方是一個動態的過程，相互轉化，不是僵死不變的。辯證關係的這兩層含義剛好可以和詭譎的即的兩層意思對應起來。成就道德過程中的德福不是孤立的，德離不開福，福也離不開德，離開德的福對於德沒有任何意義，離開福的德也達不成德福一致。所以，要講德福一致必須有一個彼此相即的關係，德與福互不相離，而又不能完全合而為一。更為重要的是，成就道德過程中的福在很多情況下需要經過轉化才能得到。一件事情從一般的角度看是苦是罪，但從成德的角度看則是福。如佛家講的煩惱，這本身不是好事，不是人們所希望的，但從成佛的角度看，煩惱即是菩提。道家講的「天刑」也是一樣，「刑」本身不是好事，不是人們希望的，但從成德（道家式的德）的角度看，「天刑」卻是成道所不可缺少的，經過轉化，也可以成為一種福，從而甘心受之。儒學更是如此。成就道德不是一件輕易的事情，很多時候要做出犧牲。這種犧牲本身是一種苦一種罪，

---

[13]　牟宗三：《中國哲學十九講》，《牟宗三先生全集》，第 29 卷，頁 358。
[14]　同上注，頁 337。

但從成德的角度看，這種苦和罪往往又為成就道德所必須，對於希望成德的人而言，是必不可少，躲不過去的，必須坦然面對。在坦然面對的過程中，這種苦和罪會發生奇妙的轉化，轉化為一種愉悅、一種幸福。

三、通過詭譎的即所得到的恰是孔顏樂處

通過上面的梳理，熟悉儒學思想的讀者可能已經看出，詭譎的即儘管是牟宗三從佛教天台宗借鑒過來的新說法，但其基本內容人們並不陌生。因為就其本質來說，這個概念與儒家所說的孔顏樂處有極大的相近性。

儒學的重要任務是勸導人們成德行善，在成德行善之後，人們內心會有一種愉悅感。儒家將這種愉悅稱為樂，這種成就道德後的愉悅就是一種道德之樂。「葉公問孔子於子路，子路不對。子曰：『女奚不曰：其為人也，發憤忘食，樂以忘憂，不知老之將至云爾。』」（《論語・述而》）孔子為人，用功便忘記吃飯，快樂便忘記憂愁，不知道衰老將要到來。這裡最重要的是「樂而忘憂」一句。為什麼可以忘憂？因為孔子是有德之人，只有有德才能忘記憂愁。從孔子對自己的這個評價中可以看出，成就道德，努力行仁給人帶來的快樂是非常巨大的。在這方面，孟子的講法更為明顯：「萬物皆備於我矣，反身而誠，樂莫大焉。」（《孟子・盡心上》）在孟子看來，成就道德的根據就在自己心中，只要遇事逆覺反求，反身而誠，就可以成就道德，同時也會體驗到極大的快樂和滿足。孟子還講：「仁義忠信，樂善不倦。」（《孟子・告子上》）「樂善不倦」，主要是強調要不停地向善行善，但也包含向善行善之本身即是快樂的意思。孔子和孟子這些說法生動反映出人們一方面努力成德，另一方面，也會從中得到巨大快樂的思想。

值得注意的是，前面說的只是道德之樂的一種情況，事實上，道德之樂還有另外一種情況。在前面那種情況下，成就道德的愉悅還比較簡單，只要通過反身而誠就可以得到了，中間沒有大的曲折。另外一種情況就比較複雜了，在這種情況下，道德之樂只有通過一種辯證的轉化才能得到。孔子在這方面的論述非常多。如：「飯疏食飲水，曲肱而枕之，樂亦在其中矣。不義

而富且貴，於我如浮雲。」（《論語‧述而》）「賢哉，回也！一簞食，一瓢飲，在陋巷，人不堪其憂，回也不改其樂。賢哉，回也！」（《論語‧雍也》）「不仁者不可以久處約，不可以長處樂。」（《論語‧裡仁》）物質條件惡劣不是一件快樂的事，經過辯證的轉化，卻可以成為成就道德的階梯，轉化為道德之樂。粗糧冷水，以臂作枕，吃不好，睡不好，不是人們希望的，但與「不義而富且貴」相比，還是這種情況對道德有利，所以寧可選擇這種情況。這樣一來，生活之苦也就轉變為道德之樂，仁人君子便可以樂在其中了。顏淵很好地繼承了孔子這個思想，一簞食，一瓢飲，住在陋巷之中，別人都以為這是苦，唯獨顏淵「不改其樂」，得到孔子的肯定和表揚，稱其為「賢」。「不仁者不可以久處約，不可以長處樂」一句大有講究，它是說，只有有德的人才能夠忍受窮困的生活條件，並從中得到道德之樂。對於孔子這一思想，孟子深有體會，指出：「顏子當亂世，居於陋巷，一簞食，一瓢飲；人不堪其憂，顏子不改其樂。」（《孟子‧離婁下》）在孟子看來，人可以修其天爵也可以修其人爵。如果修其天爵，就不會斤斤計較於人爵。如果只是修其人爵，必棄其天爵。顏淵重視修天爵，以行道為己任，所以不計較利欲條件的惡劣，不為物欲所累，達到「不改其樂」的境界，這種「樂」就是道德之樂。

儒家的這種道德之樂到宋代有了一個專門的說法，更加引起人們的重視，這就是孔顏樂處。這個說法的產生與濂溪的提倡有直接關係。濂溪的一段話至為有名：「顏子『一簞食，一瓢飲，在陋巷，人不堪其憂，而不改其樂』。夫富貴，人所愛也，顏子不愛不求，而樂於貧者，獨何心哉？天地間有至貴至富可愛可求而異乎彼者，見其大而忘其小焉爾。見其大則心泰，心泰則無不足。」[15]這裡濂溪對顏淵所樂予以了很好的解釋。富貴是人人所愛的，唯獨顏子不愛而愛其貧，這是因為，天下除了富貴之外，還有另外一種東西令人所愛，這就是道德。道德為大，富貴為小。如果一個人以「大」為

15　周敦頤：《通書‧顏子第二十三》，《周敦頤集》（北京：中華書局，1990 年），頁 31。

最高價值所求，那麼就會內心安寧，同時也就會「忘其小」，不在乎富貴的得失。顏淵很好地做到了這一點，所以才能達到人不堪其憂，而其不改其樂的境界。二程兄弟受學於濂溪時，一門主要功課就是體會什麼是孔顏樂處。程顥後來回憶早年濂溪對他的教誨時說：「昔受學於周茂叔，每令尋顏子仲尼樂處，所樂何事。」[16]從這一記述來看，濂溪的教導對二程確實影響不小，成為他們為學道路上重要的一步。自二程之後，尋孔顏樂處便成為了宋明儒學一個不可或缺的課題。

照我的理解，孔顏樂處與牟宗三所說詭譎的即，其基本精神是一致的。如上所說，詭譎的即是牟宗三在《圓善論》中提出的新概念，「即」指靠近、接觸，但又不完全相同，「詭譎」指奇異奇妙。這兩層意思合在一起，其實就是人們通常所說的辯證關係。牟宗三創立詭譎的即這個概念，主要是想表達這樣一個思想：道德之樂與成就道德過程中的犧牲不能互相分離，二者屬於同體相即的關係。這種同體相即不能直接地看，而應該變化地看，轉化地看，從一般所說的苦和罪中看出樂，看出福來。儒家的孔顏樂處與詭譎的即的這兩層含義剛好能夠對應起來。孔顏樂處強調的是一種道德之樂，道德之樂必須在道德生活本身中尋找和追求，離開道德生活不可能有道德之樂。詭譎的即中的「即」所強調的正是這個意思。道德之樂得來並不容易，因為道德在很多情況下必須予以付出，甚至做出犧牲。單獨看這種付出和犧牲只是苦，只是難，只是罪，並不是人們所期望的。但在有德之人的眼光中，這些苦，這些難，這些罪，又是成德的必經之路，經過一種轉化之後，可以成為內心的愉悅和快樂，變成道德之樂。詭譎的即中的「詭譎」所強調的正是這一精神。孔子為了復周禮，顛簸勞頓十數年之久，累累若喪家之犬，在世人看來，這實在是苦，但孔子卻能夠從中得到樂。顏淵簞食瓢飲居陋巷，人不堪其憂，但卻能「不改其樂」，盡情享受成就道德的快樂。這些情況都表明了這樣一個道理：儒家所追求的孔顏樂處必須結合道德生活來

---

[16]　程顥、程頤：《程氏遺書》二上，《二程集》（北京：中華書局，1981 年），頁16。

講，必須結合成就道德的付出和犧牲來講。成就道德的付出和犧牲本身並不是快樂的事情，但因為是成就道德所必須的，躲避不了，經過辯證的轉化也可以成為一種道德之樂。

　　孔顏樂處儘管是儒家一貫追求的境界，相關的論述非常多，但這些論述一般都停留在經驗層面，很少有人對其進行理論的說明。二程對此深有體會，但相關的說明也不系統。牟宗三為解決康德圓善問題借鑒佛教天台智慧提出詭譎的即這一概念，大大加強了我們對於這一境界的理解，使我們明瞭，道德之樂不能離開道德生活去追求，離開道德生活的樂，對於成德之人而言沒有任何意義。更為重要的是，道德之樂不能直接得到，必須經過轉化。為了成就道德必須予以付出和犧牲，這種付出和犧牲本身並非愉快之事，但因為是成就道德所不可避免的，其性質也會隨之發生轉變，轉化為一種道德之樂。這些深邃的思想此前並未有人系統地予以說明，是牟宗三在解決圓善問題的過程中首次正式提出來的，從而大大加強了人們對於孔顏樂處的理解，將相關的討論提昇到了一個前所未有的高度。[17]

（發表於《中山大學學報》2010 年第 2 期）

---

[17] 牟宗三創立詭譎的即這一概念是為了闡明儒家義理的圓善。儘管通過詭譎的即可以得到一種道德幸福，但這種道德幸福是否就是康德講圓善所要追求的那種幸福，牟宗三通過詭譎的即能否解決康德意義的圓善問題，仍然有待深入討論。當然這些問題已經完全超出了本文的範圍，容當另文詳論。

「賦予說」還是「滿足說」

——牟宗三以存有論解說道德幸福質疑

　　《圓善論》是牟宗三晚年非常重要的一部作品，其使命是解決康德提出但未能真正解決的圓善難題。為了完成這一任務，牟宗三借助其存有論對幸福的生成機理進行了解說。本文認為，道德幸福並非主要來自於道德存有的賦予，而是成就道德內在要求得到滿足的結果，牟宗三以存有論解說道德幸福的做法不無可議之處。[1]

一

　　牟宗三寫作《圓善論》的初衷，是證明康德以上帝存在保證圓善得以實現的思路不可行，並試圖以儒家無限智心代上帝來解決這一問題。這一工作牟宗三分為兩步來走。第一步是詭譎的即。牟宗三提出這一思想主要是看到，德福關係既不可能是綜合的，也不可能是分析的，必須為其確定一種新型的關係，這種新型的關係就叫做詭譎的即。詭譎的即有兩層基本意思，一

---

[1]　近些年來，我對《圓善論》進行了較為系統的研究，撰寫了一組文章，主要包括：〈從德福關係看儒家的人文特質〉（《中國社會科學》2010 年第 4 期），〈詭譎的即與孔顏樂處〉（《中山大學學報》2010 年第 2 期），〈四無與圓善——評牟宗三立四無為圓教解決圓善問題〉（《復旦學報》2010 年第 2 期），〈牟宗三圓善思想的意義與缺陷〉（《雲南大學學報》2010 年第 5 期），〈牟宗三解決了康德的圓善問題嗎？〉（《哲學研究》2010 年第 10 期）。牟宗三的圓善思想是一個系統，牽涉問題眾多，限於篇幅，本文只談道德幸福的生成機理問題，不涉及其他方面。關於我對其他問題的看法，敬請參閱上述文章。

是詭譎，即奇妙、奇異、轉變、變化，二是即，也就是不即不離。兩方面合在一起，旨在強調，德福關係其實是一種辯證關係。第二步是縱貫縱講。牟宗三之所以通過縱貫縱講解決儒家圓善問題，是因為儒家圓善與佛道兩家有所不同。佛家和道家只是就「解心無染」或「無為無執」來論德福關係。儒家就不同了，它有一個「敬以直內，義以方外」的宗骨，這一宗骨有強烈的創生性，在其創生之下，不僅原本沒有任何色彩的宇宙萬物可以具有道德的意義和價值，而且成就道德過程中的苦和難也會隨心而轉，發生變化，轉變為道德幸福。

　　這兩個步驟中，特別需要關注的是縱貫縱講。牟宗三以縱貫縱講論圓善的核心是存有論，牟宗三明確講過，他這樣做就是要把圓善問題「套於無執的存有論中來處理」[2]。按照牟宗三的一貫思想，在無執存有論的視野下，道德之心可以賦予宇宙萬物以道德的價值和意義。因為道德之心是無限智心，其思維方式是智的直覺，所以其所面對的對象便不再是現相，而是物自身。更有意義的是，牟宗三堅持主張，在道德之心創生存有的同時，也可以改變人們對於成德過程中所做犧牲的看法。成就道德在很多情況下並不是輕而易舉的事情，必須付出犧牲。這種犧牲在一般人看來，只是迂，只是苦，只是罪。但從存有論的眼光來看，這種迂，這種苦，這種罪，也可以在道德之心創生存有的過程中改變性質，變成一種內心的愉悅和快樂，從而出現「物隨心轉」[3]而成福的情況。有了「物隨心轉」，儒家歷史上所說的命也沒有了意義，被超化了，不起作用了。因為「物隨心轉」不受客觀條件的限制，即使現實生活再不好，再困苦，從道德存有論的視角看，也可以轉變為幸福。在道德存有的境界中，已經完全沒有了苦和罪，所有的苦和罪都成為了成就道德過程中必不可少的一環，成為了內心的滿足和愉悅，「事事如意而無所謂不如意」[4]，苦即是樂，罪即是福。因為這種福不再受任何的限制，是必然得到的，所以有德就一定有福。特別有趣的是，由於無限智心屬

---

[2]　牟宗三：《圓善論》，《牟宗三先生全集》，第 22 卷，序言，第 11 頁。

[3]　同上注，頁 316。

[4]　同上注，頁 316。

於智的直覺，在其朗照之下，與此相應的幸福，也具有了物自身的意義，屬於「物自身層之自然」[5]。這樣一來，德福便達成了一致，康德意義的圓善難題也就得到了解決。為了便於表述，我把牟宗三對於道德幸福的這種解說稱為「賦予說」。所謂「賦予說」，簡要而言，就是將道德幸福視為道德之心在創生存有的過程中由於將對象賦予了道德的色彩而產生出來的一種說法。

牟宗三以「賦予說」解釋道德幸福，非常新穎，自成系統。因為道德之心確實有創生的能力，可以創生道德存有，賦予宇宙萬物以意義。這種賦予不僅指宇宙間的自然之物，而且可以改變人們對於成就道德過程中的苦和罪的看法，將其變成一種好事，一種樂事。但是如果深入觀察則會發現，牟宗三這種說法忽視了道德幸福產生最深層的原因。面對牟宗三的「賦予說」，人們完全有理由提出這樣的問題：我承認道德之心可以創生道德存有，改變人們對很多事情的看法，從中感受到一種快樂和愉悅，但道德幸福生成的基礎主要在於存有論嗎？難道沒有比存有論更為深刻的基礎嗎？

二

與牟宗三不同，我認為道德幸福不宜主要從存有論，以「賦予說」進行解釋，而應該著重從道德要求得到滿足的角度加以說明。

歷史上關於什麼是幸福有各種不同的解說，爭論很多。在我看來，在這方面康德的說法特別值得關注：「幸福是對我們的一切愛好的滿足」[6]。在康德哲學系統中，幸福是一個重要的概念，其相關的說法也較為複雜。但康德主要在經驗主義的意義上使用這個概念，則是沒有疑問的。康德建構自己道德學說的一個重要目的，是為了反對經驗主義的幸福觀。在他看來，經驗主義意義的幸福不具有普遍性，要建構一種具有普遍意義的道德學說，不可

5　同上注，頁 310。

6　康德：《純粹理性批判》，鄧曉芒譯，楊祖陶校（北京：人民出版社，2004 年），
　　頁 612。

能以此為基礎。結合上下文可以清楚看到，康德這裡所說的「愛好」主要是經驗意義的。這種經驗意義上的「愛好」大致即相當於我們今天一般所說的物質欲望。每個人都有物質欲望，一旦這種欲望得到了滿足，內心就會有一種滿足感，這種滿足感就是幸福。

　　康德對於幸福的這種解說，不僅可以用於儒家，而且在義理方面可以有很大的拓展。很長一段時間以來，人們往往以為，孟子所說的「何必曰利，亦有仁義而已矣」（《孟子・梁惠王上》）是不准追求物質利欲。根據我的研究，這種理解並不準確。要對孟子這一思想有正確的把握，需要掌握兩個前提。一是對孟子所講義利的具體含義有清晰的理解。孟子論義要義有三，即人倫之理、一般道理以及道德根據。其論利也有三個基本義項，即利益之利、利於之利以及銳利之利。二是對義利的不同對象細加分辨。孟子論義利，有君、民、士三個不同向度，相應義利的含義亦有相當大的差異。比如義，對於民而言，主要是明於孝悌；對於士而言，主要是立志於道；對於君而言，主要是施行仁政。利也一樣。貪利對於庶民而言，表現為穿踰摟妻；對於士人而言，表現為求祿忘志；對於君王而言，表現為單純追求富國強兵。有了以上兩個前提，「何必曰利，亦有仁義而已矣」這一名言的含義就比較清楚了。此處梁惠王講的「將有以利吾國」之「利」，是「利於」之「利」，是「將會對我的國家有所幫助」的意思。孟子講的「何必曰利」之「利」，卻是「利益」之「利」，其間有一跳躍。由於孟子談話的對象是君王，君王的根本任務是治理國家，這裡的「義」字只能從治國方略的意義上理解，特指富國強兵之類。這種「富國強兵之利」，在孟子看來，不是治理國家最理想的辦法，絕對不可行。所以，「何必曰利，亦有仁義而已矣」只是說君王應以仁義治國，不能單純追求富國強兵，而不是完全否定物質利欲。

　　既然不完全否定物質利欲，承認物質利欲的合理性，那麼物質利欲對人就會形成一種要求，希望這種要求得到滿足。一旦這種要求得到了滿足，內心便會有一種滿足感、愉悅感。這種滿足感、愉悅感儒家稱為「樂」。這種「樂」就是幸福。儒家並不反對因物質欲望得到滿足而產生的幸福。仍以孟

子為例。孟子雖然有「廣土眾民，君子欲之，所樂不存焉」（《孟子・盡心上》）的說法，似乎對這種「樂」不以為然，但那只是相對於「中天下而立，定四海之民，君子樂之，所性不存焉」而言。孟子其實一點都不否認人們因物質利欲要求得到滿足後的快樂。孟子見梁惠王，王站在池塘邊上，指著鳥獸問：「賢者亦樂此乎？」孟子曰：「賢者而後樂此，不賢者雖有此，不樂也。」（《孟子・梁惠王上》）孟子這裡主要是強調有道德的人才能享受這種快樂，沒有道德的人縱使有這種快樂也無法享受，但他並沒有否定「賢者亦樂此」。這方面孟子另外一段話需要細細品味：「丈夫生而願為之有室，女子生而願為之有家；父母之心，人皆有之。」（《孟子・滕文公下》）男孩生下來父母願意為他找妻室，女孩生下來父母願意為她找婆家，因為有了妻室婆家兒女才能生活美滿，這種美滿就是幸福。父母都希望自己的子女生活美滿，所以才希望其有室有家。這一點都不奇怪，因為「好色，人之所欲」，「富，人之所欲」，「貴，人之所欲」（《孟子・萬章上》）。好色富貴雖然屬於利欲，但這種利欲的滿足也是一種幸福，所以才「人之所欲」，而不是「人之所惡」。從孟子上面的論述可以看得非常明白，儒家對於利欲持肯定的態度，承認利欲的滿足是一種「樂」，是一種幸福。我將這種因物質利欲要求得到滿足而有的幸福稱為利欲幸福。

　　以欲望得到滿足來解說幸福，是一個重要的思路，既可以說明利欲幸福，也可以說明事功幸福。在儒家看來，人除了有利欲的要求之外，還有事功方面的要求。人在事功方面取得成績的時候，內心也會有愉悅感和滿足感，這種愉悅感和滿足感在孟子看來也是一樂，可以稱為事功之樂。這種事功之樂就是今天說的事功幸福。「父母俱存，兄弟無故，一樂也；仰不愧於天，俯不怍於人，二樂也；得天下英才而教育之，三樂也。」（《孟子・盡心上》）孟子認為，君子有三樂，其中之一便是得到天下優秀的人才而對其進行教育。由於「天下英才」能不能得到，要受很多偶然因素的影響，不能完全決定於自己，一旦如願以償，通過各種辦法施加教育，「有如時雨化之者，有成德者，有達財者，有答問者，有私淑艾者」（《孟子・盡心上》），對內而言可以將自己的所學所問傳給後人，使其茁壯成長，對外而

言可以將聖學發展光大，使天下得以平治，人自然會得到心理的滿足，成全人間一大樂事。

孟子同充虞的一段談話，也和這個問題有關。孟子離開齊國，臉色不好，「若有不豫色然」。充虞以君子不怨天，不尤人為由，詢問其故。孟子回答道：「彼一時，此一時也。五百年必有王者興，其間必有名世者。由周而來，七百有餘歲矣。以其數，則過矣；以其時考之，則可矣。夫天未欲平治天下也；如欲平治天下，當今之世，捨我其誰也？吾何為不豫哉？」（《孟子‧公孫丑下》）在孟子看來，大丈夫為人一世，當幹一番大事。歷史上每過五百年一定有聖賢之君興起，與此同時一定有聞名於世的人才出現。從周武王算起，到現在已經七百多年了。論年數，已經超過了；論時勢，也已經可以了。可如今上天似乎不想平治天下，如果想，當今之世，除了我，還有誰呢？那樣的話，我為什麼不快樂呢？這段有名的論述說明，幫助聖賢的君王平治天下，成為一代名士，是孟子的政治理想。如果這種理想不能實現，就會不快樂（「有不豫色然」）；如果能夠實現，就會感到快樂（「何為不豫哉」）。人生在世總希望能夠成就一番大事，有事功上的要求，一旦這種要求得到了滿足，就會享受到事功的幸福。由此可見，與利欲幸福是利欲要求得到滿足的結果一樣，事功幸福是人的事功要求得到滿足的結果。

儒家的道德幸福同樣可以以此加以說明。還是以孟子為例。孟子有段話特別值得關注：「萬物皆備於我矣。反身而誠，樂莫大焉。」（《孟子‧盡心上》）《孟子》中的「物」字既指一般的物品對象，也指代心。從孟子的一貫思想來看，此處的「物」字當指心而言，泛指道德的根據。在孟子看來，良心本心人人都有，是道德的根據，道德的本體，依此而行即成道德。所以，「萬物皆備於我」，簡單說就是道德的一切根據我都具有。但光有道德的根據還不行，要成就道德還必須逆覺反求這個根據，這就是「反」。反字在《孟子》出現的頻率比較高，基本涵義是回到、返回，具體又可分為回到、返回、翻回、回報、反復等義項。放在這裡，是回到良心本心、反省自問的意思。人人都有良心本心，要成就道德，就要想方設法回到自己的良心

本心，發明自己的良心本心，這個過程叫做「反」。光有反還不行，反了之後，如果不遵從良心的要求，同樣不能成就道德，所以還要進一步做到誠。《說文》誠信互訓：「誠，信也」；「信，誠也」。誠字的基本涵義是真實、誠心，在這裡特指反求良心本心，聽命於良心本心時應有的心理狀態。依據孟子，道德的根據在於良心本心，對良心本心真誠不二，一切聽命於它，不打折扣，也就足夠了；一個人要成就道德，必須對良心本心真實不欺，這就叫做「誠」。一旦做到了反身而誠，便會有一種精神的快樂和滿足，就會體會到一種巨大的快樂，用孟子的話說就是「樂莫大焉」。這裡的「樂」字大有講究。這個樂顯然非指利欲之樂、事功之樂，而是指道德之樂，也就是道德幸福。由此可知，道德幸福是指經過主觀努力，反身而誠，服從良心本心命令，滿足其要求後內心的愉悅和滿足。孟子非常重視這種幸福。「仁義忠信，樂善不倦」（《孟子‧告子上》）。樂善不倦是說要不停地向善行善，但也有向善行善本身即包含快樂的意思。孟子還講：「尊德樂義，則可以囂囂矣。」（《孟子‧盡心上》）尊德樂義，即可求得內心的滿足，不為外物所動，做到「人知之，亦囂囂；人不知，亦囂囂」。「樂善不倦」、「尊德樂義」，這些說法生動反映出孟子關於不斷努力成就道德，滿足自身的道德要求，同時在這個過程中得到快樂和滿足的思想。

　　在這方面，有一種現象特別需要注意。在一般情況下，成就道德的愉悅和滿足，只要通過「反身而誠」就可以得到了，中間比較順暢，但在另外一些情況下，則必須經過艱難險阻，克服重重困難才有得到。孔子講：「飯疏食飲水，曲肱而枕之，樂亦在其中矣。」（《論語‧述而》）粗糧冷水，以臂作枕，並不是人們希望的，但是與「不義而富且貴」相比，還是它對道德有利，所以這種苦就會轉變為一種樂，仁人君子可以樂在其中。這方面另一個典型的例子是顏淵。「顏子當亂世，居於陋巷，一簞食，一瓢飲；人不堪其憂，顏子不改其樂，孔子賢之。」（《孟子‧離婁下》）在孟子看來，人或修其天爵或修其人爵，修其天爵，就不會斤斤計較於人爵，而只修其人爵，必棄其天爵。顏淵重視修其天爵，以行道為己任，不計較利欲條件的惡劣，不為物欲所累，達到了「不改其樂」的境界。惡劣的條件，坎坷的路途，不

是一種享受，但對完善道德而言卻是不可避免的，經過一種轉折，也可以成為一種樂、一種幸福。因為這種幸福必須經過一種轉折，繞個彎子才能得到，所以層面更高，價值更大，也更為人們所重視。[7]

　　道德幸福在很多情況下必須經過一種轉折才能得到的情況說起來很玄妙，其實並不難理解。不管在利欲領域、事功領域還是道德領域，其幸福的閾值都與其付出成正比。我將這種現象稱為「付出與所得正比律」，意在說明付出越多，得到的幸福指數越高，付出越少，得到的幸福的指數也越低。享受美食是一種利欲幸福，如果美食佳餚輕而易舉就能得到，品賞起來也不過爾爾，但如果付出了很多的努力，其感覺自然不同。事業成功是人人希望的，如果背景太好，過程太順，得來太過容易，縱然也會有幸福之感，但其閾值一定不能與那些經過千辛萬苦才得到的人相比。道德幸福也屬於這種情況。在一些小事上，只要經過反身而誠即可以成就善行，付出並不太多，所得到的愉悅之感不會太高。如果在一些關鍵場合，必須做出巨大付出，甚至犧牲個人的性命，那麼所得到的幸福之感就一定會大大超過其他場合或其他人，享受到最高的快樂。由此也可以明白，所謂道德幸福，不是指為成就道德所做的犧牲，而是指這種犧牲經過轉化後內心的滿足感。這些犧牲原本只是苦只是罪，不是幸福，只是因為它們是在成就道德過程中進行的，是成就道德必不可少的一環，經過一種轉折，才會變成道德幸福。

　　儒家關於道德幸福的思想告訴我們一個重要道理：人自來到世間的那個瞬間起，便不是毫無目的，漫無方向的，原本就有一種自然生長的傾向[8]，加上受到後天道德的教育和影響，便有了一種道德的要求，希望自己成為一個有道德的人，一個好人。這種希望本身就是一種欲望，一種要求，同利欲要求和事功要求一樣，都是人生所具有的自然要求。一旦這種要求得到了滿足，同滿足利欲要求和事功要求後可以得到利欲幸福和事功幸福一樣，同樣會有幸福感。因為這種幸福是由道德要求得到滿足引起的，所以可以稱為道

7　楊澤波：〈孟子之樂的層級性質及其意義〉，《雲南大學學報》2002 年第 2 期。

8　楊澤波：〈論人性中的自然生長傾向——關於性善論詮釋的一個補充說明〉，《中國哲學史》2010 年第 2 期。

德幸福。由此可見，道德幸福初看起來很複雜，其實從根本上說不過是人的道德要求得到滿足的結果。為了與牟宗三的「賦予說」相區別，我把這種由道德要求得到滿足而產生道德幸福的機理稱為「滿足說」。

三

上面分別列舉了關於道德幸福生成機理的兩種不同解說。一是牟宗三的「賦予說」。這一說法的基礎是存有論。在牟宗三看來，道德之心有強大的創生性，不僅可以創生宇宙萬物，賦予自然萬物以道德的價值和意義，而且可以改變人們對成就道德過程中所付出的犧牲的看法，將道德的價值和意義賦予其上，將其轉變成一種愉悅，一種幸福。再就是我所理解的「滿足說」。這種說法的核心是道德有其內在的要求。依據儒家一以貫之的思想，人原本就有良心善性，良心善性遇事必然呈現，向人提出要求，迫使人們遵從它的指令而行。這種要求有強大的動能，一旦滿足了它的要求，內心就會有一種滿足感。這種滿足感就是道德幸福。這兩種說法各有自己的道理，也不具有完全的排它性，但畢竟屬於兩個不同的思路。如果將它們放在一起比較，照我的理解，「滿足說」比「賦予說」可能更為深入，更為合理。我之所以得出這種結論，主要是考慮到下面一些要素：

首先，是第二序的還是第一序的？如上所說，依據「賦予說」也可以對道德幸福進行解說，但這種說法所側重的是一個人成就道德之後的事，是以道德眼光看世界看自身的結果，而對人為什麼要成就道德，成就道德本身是苦還是樂，缺乏必要的說明。「滿足說」就不同了。依據這種說法，我們可以深入成就道德的內部，看到道德幸福是人的內在道德要求得到滿足的結果，所以成就道德本身就是一種滿足，一種幸福。如何成就道德，成就道德本身是苦還是樂，這是第一序的問題，而成就道德之後，以道德眼光看周圍的世界包括看自身會有一種什麼結果，會形成什麼新的看法，這是第二序的問題。

其次，是間接的還是直接的？這與上面的問題有一定的關聯，但側重點

有所不同。「賦予說」主要是依靠存有論改變人們觀察問題的角度來說明道德幸福。人們成就了道德之後，必然會以道德的眼光看世界看自身，不僅將道德的價值和意義賦予周圍的事物，同時也將原先因為成德而忍受的苦和罪改變性質，「物隨心轉」而成福。依據這一路數，道德幸福的得來是道德存有視野之下的產物，思路較為間接。「滿足說」就不一樣了。每個人都有良心善性，良心善性會向人提出道德的要求，一旦滿足了它的要求，內心就會體驗到快樂和愉悅，得到道德幸福。儘管「滿足說」也必須說明成就道德的犧牲如何能夠轉變為幸福的問題，也必須有一個轉折，但這種轉折屬於內心的直接體驗，直接感受，不是間接的。

第三，是後來的還是原有的？「賦予說」的理論基礎是存有論，根據我的研究，牟宗三所著力闡釋的這種存有論是自佛教傳入後，儒學受到其影響而形成的一種理論。儘管不能說這種理論在先秦儒家中沒有一點思想的顆粒和萌芽，但作為一種思想體系而言並不突出。這樣就出現了一個問題：在存有論未正式形成氣候之前，人們同樣可以享受道德幸福，那麼他們是如何看待這種道德幸福的產生呢？雖然我並不完全反對以後來的理論來解說先前的問題，因為這種情況在思想發展史中屢見不鮮，但強調這樣做必須注意兩個問題：其一，以前的系統是否完全沒有辦法說清問題，其二，其後的理論是否更為有效。從孔子創立仁學，孟子創立性善論以來，儒家就堅信人人都有內在的道德根據，只要遵從它的要求去做，就可以成就道德，體驗得道德之樂，得到道德幸福。先秦儒家相關論述很多，可以非常有效地對道德幸福提供合理的說明。「賦予說」就不同了，雖然它提供了新的視角，但其理論依據不僅要晚得多，是後來衍生的，而且如上所說尚未能點到問題的核心。

最後，是曲折的還是簡明的？據我了解，讀《圓善論》很多人都感歎牟宗三以存有論解說德福一致的思路難以把握。這主要有兩方面的原因：其一，存有論本身就是一個難題，而牟宗三對存有論的闡述又存在不少有欠準確的地方；其二，以存有論說明道德幸福的思路本身比較怪異，不同於人們對於道德幸福的一般理解。這兩方面的原因大大更加強了人們理解的難度，使整個說法顯得高深莫測，曲折難解，人們很難明白為什麼圓善問題必須通

過無執存有論加以說明，為什麼在存有論的視野下「物隨心轉」即可成福，為什麼這種福不屬於現相而屬於「物自身層之自然」，為什麼以此便可以解決康德意義的圓善問題了。「滿足說」遠沒有這麼麻煩。人人有良心善性，一旦良心善性的要求得到滿足，恰如經過努力滿足了利欲要求和事功要求可以得到利欲幸福和事功幸福一樣，也會得到道德幸福。這種說法在人們日常的道德實踐中很容易體會得到，較之「賦予說」要簡明得多。

總之，在我看來，「賦予說」雖自成系統，但亦有其不盡處，不僅不盡，而且沒有點出問題的根本。照我的想法，從道德滿足的角度而非存有論賦予的角度說明道德幸福的生成機理，即堅持「滿足說」而非「賦予說」，無疑更為深入，更加合理。這種思路可以直入虎穴，深入道德幸福的內部，看到道德幸福最深刻的原因，使人們明白，道德幸福一點都不神秘，都不高玄，就發生在成德過程的每時每刻，就是人們滿足自身成德要求之後的切身感受。更為重要的是，它還可以幫助人們懂得，人有道德的需要是很自然的，希望這種要求得到滿足也是很自然的，因此，道德並不是額外的負擔，本身就是一個自然的過程。因此，我堅持主張，道德幸福不是道德之心創生存有過程中一種附屬品，不是以道德眼光「看」的結果，而主要是從事道德的人滿足了內心道德要求之後所「體會」到的內在愉悅。牟宗三以存有論解說儒家義理的幸福觀，儘管用了極大的力量，但缺少對道德幸福生成機理的最深層基礎的分析，未及根本，並不到位，有待討論的地方還很多。

（發表於《河北學刊》2011 年第 1 期）

四無與圓善
——評牟宗三立四無為圓教解決圓善問題

　　《圓善論》是牟宗三晚年分量很重的一部著作，提出了很多重要觀點，立龍溪之四無為圓教以解決康德的圓善問題便是其中之一。這個觀點在牟宗三儒學思想體系中佔有顯赫位置，但學界對此的評論卻非常少。牟宗三為什麼要建構這樣一種理論？這種理論能否真正解決康德不能解決的圓善問題？這些都需要認真探討。本文即對這個問題做一些分析。

一、「圓教有待龍溪揚」

　　《圓善論》一個很重要的特色，是借用佛教判教觀念，分判儒學各個學派的圓與不圓。在這個過程中，牟宗三打破陽明是心學集大成者的傳統定見，判定龍溪四無為圓教。他說：「王陽明之四句教尚不是究竟圓教，但只是究竟圓教之事前預備規模。究竟圓教乃在王龍溪所提出之『四無』，而四句教則為『四有』也。」[1]在這裡牟宗三亮出了他判教的一個重要觀點：陽明的四句教只是圓教前的預備規模，尚不是徹底的圓教，真正的圓教則是王龍溪的四無。該書結尾附有一首詩，其中第七八兩句「四有四無方圓備，圓教有待龍溪揚」[2]，將這一思想表達得更為明白。「四有四無方圓備」是說儒家學理系統到陽明和龍溪的四有與四無方才達到圓備，而「圓教有待龍溪揚」則是明確直接立龍溪為圓教了。牟宗三如此判教，用意很深，極不尋常。

---

[1]　牟宗三：《圓善論》，《牟宗三先生全集》，第 22 卷，頁 307。

[2]　同上注，頁 325。

　　牟宗三以龍溪的四無為圓教，是相對於陽明的四有而言的。「至於四有，則是心意知物四者分別說之各有自體相之謂。」[3]所謂分別說，最重要是指經驗層與超越層的分別。因為有感性的參與，所以「意之動」有善有惡，這有善有惡就是意的自體相。與此相應，分別說的知有知相，物有物相。但是，意之動必須有其根源，必須預設一個不動於物的心，以這個心作為意知物的標準。這個心絕對純淨而沒有善惡之相，這個沒有善惡之相即是心的自體相。「心意知物四者既是分別地說各有其自體相，此即是四者皆凸顯起來而處於有的境界中。亦可以說：致知以誠意正物而復心之正位這實踐之工夫無窮無盡，這亦表示四者皆在有之境界中，未能至渾化而無『跡』也。」[4]換句話說，四有中的心意知物都有自體相，因為有自體相，所以皆處在有的境界之中。

　　四有雖然有其意義，但畢竟限於跡中，未至無的境界。所以牟宗三認為，其境界不高，尚不圓滿，只有四無才可稱為圓教。為了證明這一觀點，牟宗三對四無的心意知物逐句進行了解釋。先說心。「無心之心」中的「無」並不是存有上的無，不是說沒有這個心，只是說以「無心」的方式來表現，即不是有心或有意在表現，如通常所說「無有作好無有作惡」的那種「無」。「亦如程明道《定性書》所謂『天地之常以其心普萬物而無心，聖人之常以其情順萬事而無情』語中之無。」[5]此處的「以其心」是說確實有一個心存在，「普萬物而無心」是說這個心普萬物而為其體是「無心」而為，不是有意造作。「聖人之常以其情順萬事而無情」也是這個意思。此處的「以其情」是必須有這個情，「而無情」是無意於情的意思。

　　再說意。「心是無心之心，意亦是無意之意。意是有的，但此時之意其表現是以『無意相』之方式即『不起意』（不隨感性而造作起念）之方式而表現；此時之『意之動』是無動相之動，即動而無動之動，故亦不見有意相

3　同上注，頁311。

4　同上注，頁311-312。

5　同上注，頁308。

也。」[6]「無意之意」並不是說沒有意。四無中自然有意，但此時的意極為超脫，純是天機流行，意無意相。換句話說，「無意之意」只是「不起意」、「無意相」的意思，不能理解為完全沒有這個「意」。

再說知。「無知之知」即是無知相之知。如果無意為善，便不會顯良知之知相，這就是無知相之知。與此相反，有意為善，以顯良知知之，便會有一種知相。牟宗三特別強調，「無知之知」不能與「無心之心」、「無意之意」一樣理解。因為無論有知相還是無知相，良知的表現總是自然的，不是有意造作。如果一時達不到渾化之境，做不到無知之知，也不妨礙仍然能夠自然地知善知惡。我們不能因為達不到渾化之境，就絕對否定知相的作用。但是，如果人們真的達到了渾化之境，對於良知之知便「大無大相」，完全沒有了知相，這就是「無知之知」。「是以在渾化之境中，『知是無知之知』只表示良知無經驗層上之意與物為其所對，而只是無知相之知之如如流行，亦如『大而化之』，化掉大，大無大相。」[7]

最後說物，這一層最為要緊。「知是如此，物亦然。在渾化之境中，仍然有物。但此物是無物之物，物無物相。王陽明亦說，『明覺之感應為物』，此物即是無物之物。無物相者是說此物既無為良知所知之對象相，亦無善惡意中之正不正相。『意之所在為物』，此物是經驗層上的物；『明覺之感應為物』則是超越層上的物。」[8]在渾化境界中仍然有物，不過這時的物再無物相，物無物相，即為「無物之物」。牟宗三認為，在這個問題上，要注意區分兩種物。一是「意之所在為物」，這是經驗層上的物，二是「明覺之感應為物」，這是超越層上的物。

以此為依據，牟宗三判定四無的境界遠遠高於四有，堪稱圓實之教：

在神感神應中（神感神應是無執的存有論中之感應，非認知的感性中之有執著的被動的感應），心意知物渾是一事。吾人之依心意知之自

6　同上注，頁 309。

7　同上注，頁 309。

8　同上注，頁 309-310。

> 律天理而行即是德，而明覺之感應為物，物隨心轉，亦在天理中呈
> 現，故物邊順心即是福。此亦可說德與福渾是一事。這渾是一事不是
> 如在斯多噶與伊壁鳩魯處那樣是分析的，當然亦不是如在康德處那樣
> 是綜和的（必然連繫之綜和），那須靠上帝來保障者。這德福渾是一
> 事是圓聖中德福之詭譎的相即。因為此中之心意知本是縱貫地（存有
> 論地）遍潤而創生一切存在之心意知。心意知遍潤而創生一切存在同
> 時亦函著吾人之依心意知之自律天理而行之德行之純亦不已，而其所
> 潤生的一切存在必然地隨心意知而轉，此即是福──一切存在之狀態
> 隨心轉，事事如意而無所謂不如意，這便是福。這樣，德即存在，存
> 在即德，德與福通過這樣的詭譎的相即便形成德福渾是一事。[9]

牟宗三此處特別強調，只有在四無中，儒家德福一致之圓善才能成為可能。
這裡的一個核心理由是，四無講「明覺之感應為物」。明覺感應是神感神
應，神感神應涉及存在問題。在神感神應之下，心意知物渾是一事，可以使
物隨心轉而成福。人們依心意知之天理而行以成德成善，這是德的一面。
「明覺之感應為物，物隨心轉，亦在天理中呈現，故物邊順心即是福」，這
是福的一面。這樣一來，在明覺感應之下，不僅德的一面成了現實，福的一
面也有了保障，於是德福渾是一事，圓善乃成。牟宗三提醒說，這裡講的德
福渾是一事，既不是分析關係，也不是綜合關係，而是詭譎相即的關係。這
是因為，「此中之心意知本是縱貫地（存有論地）遍潤而創生一切存在之心
意知」，心意知在成就道德善行的過程中，同時也遍潤而創生一切存在，其
所遍潤創生的一切存在必然地隨心意知而轉，這就是福。「這樣，德即存
在，存在即德，德與福通過這樣的詭譎的即便形成德福渾是一事。」既然在
四無之中，德福已渾是一事，當然也就達到了德福一致，圓善因此而成。

　　總起來說，四有重「意之所在為物」，尚不涉及存在，四無則進一步講
「明覺之感應為物」，必須涉及存在。四有不涉及存在與圓善無關，無法解

9　同上注，頁316。

決圓善問題，所以不是圓教；四無涉及存在與圓善有關，可以解決圓善問題，所以是圓教。牟宗三不以陽明之四有而以龍溪之四無為圓教，最根本的用意即在這裡。

二、陽明並非不講「明覺之感應為物」

對於牟宗三上述看法，我持強烈的懷疑態度。如上所說，牟宗三堅持這種看法，一個核心根據，是陽明偏重「意之所在為物」，不重「明覺之感應為物」，其存有論的思想不及龍溪。但在我看來，陽明並非只講「意之所在為物」，同樣也講「明覺之感應為物」。牟宗三以存有論思想豐富與否貶抑陽明，抬高龍溪，以至於定龍溪為圓教的理論根據並不充分，很難經得起深入推敲。熟悉陽明思想的人都知道，陽明的存有論思想豐富而明顯。《傳習錄》中的兩段記載可以為證：

> 先生曰：「你看這個天地中間什麼是天地的心？」對曰：「嘗聞人是天地的心。」曰：「人又什麼教做心？」對曰：「只是一個靈明。」「可知充天塞地中間只有這個靈明，人只為形體自間隔了。我的靈明，便是天地鬼神的主宰。天沒有我的靈明，誰去仰他高？地沒有我的靈明，誰去俯他深？鬼神沒有我的靈明，誰去辨他吉凶災祥？天地鬼神萬物離卻我的靈明，便沒有天地鬼神萬物了。我的靈明離卻天地鬼神萬物，亦沒有我的靈明。如此，便是一氣流通的，如何與他間隔得？」[10]

> 先生游南鎮。一友指岩中花樹問曰：「天下無心外之物。如此花樹在深山中自開自落，於我心亦何相關？」先生曰：「你未看此花時，此花與汝心同歸於寂。你來看此花時，則此花顏色一時明白起來。便知

10　王陽明：《王陽明全集》（上海：上海古籍出版社，1992 年），頁 124。

此花不在你的心外。」[11]

這兩段是研究陽明思想必用的材料。前一段是說，人是天地之心，而天地之心無非是一個靈明。沒有我的靈明，便沒有人去仰天之高，去俯地之深，去辨鬼神之吉凶，說到底是說人是天地的靈明。次一段更是深刻，直接講到心外無物，只有有了人的心，花開才一時明白，否則花便歸於寂。熊十力在《新唯識論》中專門引述了這一段材料並指出：「逮於陽明言『心外無物』，門下詰難，片言解蔽」[12]，給予了極高的評價。這就說明，陽明的存有論思想非常豐富，不能說陽明沒有存有論的思想。

　　牟宗三對這兩段材料當然非常熟悉，在《從陸象山到劉蕺山》中專門作過引證和說明：

> 良知靈明是實現原理，亦如老子所說「天得一以清，地得一以寧」云云。一切存在皆在靈明中存在。離卻我的靈明（不但是我的，亦是你的，他的，總之，乃是整個的，這只是一個超越而普遍的靈明），一切皆歸於無。你說天地萬物千古見在，這是你站在知性的立場上說，而知性不是這個靈明。[13]

> 這不是認識論上的「存在即被知」，既不是柏克萊的獨斷的觀念論，亦不是笛卡爾的懷疑的觀念論，亦不是康德的超越的觀念論。這也是「存在依於心」，但卻不是有限心認知的層次，而乃是相當於柏克萊的最後依於神心之層次。「依於神心」是存有論的、縱貫的；「依於有限心」是認知的，橫列的。這是兩個不同的層次，其度向亦不同。[14]

---

[11] 同上注，頁 107-108。

[12] 熊十力：《新唯識論》（北京：中華書局，1985 年），頁 54-55。

[13] 牟宗三：《從陸象山到劉蕺山》，《牟宗三先生全集》，第 8 卷，頁 187。

[14] 同上注，頁 187-188。

牟宗三在這裡強調，良知靈明是實現原則或創生原則，宇宙萬物皆在良知靈明中存在。這種實現、這種創生恰如老子說的「天得一以清，地得一以寧」。沒有這種靈明，一切統統歸於無。更有意義的是，這種存有論與西方認識論意義下的存有論完全不同。雖然它也是依於心，但這個心不是有限的認知心，而是無限的神心，這種依於神心就是存有論的，縱貫的。

不僅如此，陽明甚至直接講過「明覺之感應為物」。《傳習錄》卷二云：「理一而已。以其理之凝聚而言，則謂之性；以其凝聚之主宰而言，則謂之心；以其主宰之發動而言，則謂之意；以其發動之明覺而言，則謂之知；以其明覺之感應而言，則謂之物。」[15]這是說，宇宙天地只是一個理，只是形態不同而已。理的凝聚叫做性，凝聚而為主宰叫做心，主宰而又發動叫做意，發動而有明覺叫做知，明覺之感應叫做物。這段話十分精彩，學人多有引用，牟宗三同樣如此。在引述這段文字之後，他這樣評論道：

> 故凡陽明言明覺皆是內斂地主宰貫徹地言其存有論的意義，而非外指地及物地言其認知的意義。故「天理之自然明覺」即是「天理之自然而非造作地，昭昭明明而即在本心靈覺中之具體地非抽象地呈現」，天理之這樣的呈現即在良知處發見。故良知之心即是存有論的創發原則，它不是一認知心。它不是認知一客觀而外在的理，它的明覺不是認知地及物的或外指的，它是內斂地昭昭明明之不昧，它這一昭昭明明之不昧即隱然給吾人決定一方向，決定一應當如何之原則（天理）。當其決定之，你可以說它即覺識之，但它覺識的不是外在的理，乃即是它自身所決定者，不，乃即是它自身的決定活動之自己，此決定活動之自己即呈現一個理，故它覺此理即是呈現此理，它是存有論地呈現之，而不是橫列地認知之。而就此決定活動本身說，它是活動，它同時亦即是存有。[16]

15　王陽明：《王陽明全集》，頁 66-67。
16　牟宗三：《從陸象山到劉蕺山》，《牟宗三先生全集》，第 8 卷，頁 181。

這裡第一句「凡陽明言明覺皆是內斂地主宰貫徹地言其存有論的意義，而非外指地及地言其認知的意義」特別有意義。由這一說法可知，牟宗三明確承認，陽明講的良知本身就含有存有論的意義。接下來「良知之心即是存有論的創發原則」講得更為鮮明。良知之心不是死物，有強烈的創發性，在其創發之下，昭昭明明地為人決定一個方向，而這種方面「同時亦即是存有」，這更加肯定了陽明的存有論思想。

這一思想在《圓善論》中得到了延續，指出：「陽明亦說『明覺之感應為物』，此物即是無物之物。無物相者是說此物既無為良知所知之對象相，亦無善惡意中之正不正相。『意之所在為物』，此物是經驗層上的物；『明覺之感應為物』則是超越層上的物。」[17]此處牟宗三強調，陽明同樣講「明覺之感應為物」，這種境界的物，物無物相，是無物之物，既無良知本身之相，又無善惡之正不正相，屬於超越層上的物，與「意之所在為物」的經驗層上的物完全不同。這一表述清楚說明，牟宗三自己也承認，陽明同樣重「明覺之感應為物」，並非只講「意之所在為物」，並非只重道德善行問題，不重道德存有問題。既然如此，又如何能下斷語說，陽明只重「意之所在為物」，存有論思想趕不上龍溪，從而要以龍溪而非陽明為圓教呢？

三、四無不能解決康德的圓善問題

下面再進一步討論這樣一個問題：即使我們承認在存有論上龍溪的四無確實明顯高於陽明的四有，可以立其為圓教，但這種圓教能不能解決康德的圓善難題呢？我的看法仍然是否定的。

首先應該看到，四無之「無」只是道德之無相，和存有是否有相沒有關係。什麼是道德之無相？道德之無相是當道德達到一定境界之後，不再執著於道德本身，抬手投足皆是善道，揚眉舉目皆是善行的意思。雖然牟宗三立龍溪為圓教的做法有待商榷，但他對這個問題的解說還是相當可取的。他這

17　牟宗三：《圓善論》，《牟宗三先生全集》，第 22 卷，頁 309-310。

樣寫道：「陽明亦說『無心俱是實，有心俱是幻』。此是『體現良知』之作用層上的有無。在體現良知本心這體現之之作用上卻須以『無心』之方式體現之，如此，則一切皆渾然天成，不但工夫是實，即本體亦如如呈現；若非然者，則一切皆幻，不但工夫不實，即本體亦扭曲而成意象。」[18]「無心俱是實，有心俱是幻」是陽明非常有名的說法，這裡的「有」和「無」是體現良知作用層上的有和無。體現良知不能人為造作，應以「無心」的方式進行，能夠做到這一點，就可以得到良知，這就是實。反之人為造作，扭曲成意，是不是可以真的得到良知，就成問題了，這就是幻。這恰如佛家所說的「即心是佛，無心為道」。「即心是佛」是肯定有心為佛，「無心為道」是以無心的方式體現此心而成佛。

　　理清了這層關係我們就可以懂得了，道德之無相並不是存有之無相，不能將道德之心創生存有的那個對象稱為物自身。所謂存有之無相是說一種存有沒有任何的相，即所謂無相之相。牟宗三沒有把道德之無相與存有之無相的關係劃清，直接以道德之無相說存有之無相，甚至以這種存有之無相說物自身，導致了理論的重大失誤。在解說四無最後一句時牟宗三指出，在渾化之境中，仍然有物，但這時的物已無物相。無物相是說此物既無良知所知之對象相，亦無善惡意中之正不正相。那麼，這種無物相之物是一種什麼性質的物？是現相（象）層的物，還是物自身層的物？牟宗三斷言，「是實踐中物自身義的物，相應於明覺之感應而說者」[19]。這就是說，與四無相關的物，不再是現相義的物，而是「物自身義的物」。在另一處，牟宗三又將這種無物之物稱為「物自身之自然」。他說：「圓聖依無限智心之自律天理而行即是德，此為目的王國；無限智心於神感神應中潤物、生物，使物之存在隨心轉，此即是福，此為自然王國（此自然是物自身層之自然，非現象層之自然，康德亦說上帝創造自然是創造物自身之自然，不創造現象義自然）。」[20]圓善問題涉及兩個不同的王國，依無限智心之自律天理而行即是

---

18 同上注，頁308。

19 同上注，頁310。

20 同上注，頁323-324。

德，這是目的王國。無限智心在神感神應中生物、潤物，使物之存在隨心而轉即為福，這是自然王國。特別值得關注的是牟宗三在這裡強調，「此自然是物自身層之自然，非現象層之自然」。透過牟宗三這一說法可以看出，牟宗三認定，無限智心明覺感應之下的自然屬於物自身。

　　牟宗三為什麼有這種看法呢？這需要從其存有論的基本原理說起。存有論是牟宗三儒學思想的重要組成部分，在這個方面他做出了重要的貢獻，但也留下了諸多的遺憾。這些遺憾中的一個中心環節，就是對於康德物自身概念的理解有欠準確。[21]牟宗三對於物自身概念的理解與康德有很大不同。他一再強調，物自身並非如人們一般想像的那樣，是一個事實的概念，即所謂「事實上的原樣」，而是一個價值意味的概念。牟宗三之所以這樣認為，主要是從承不承認人可以有智的直覺著手的。「物自身是對無限心的智的直覺而說的。如果我們人類無『無限心』，亦無『智的直覺』，則物自身對我們人類而言就只是一個消極意義的預設。可是，我們既可設想其是無限心的智的直覺之所對，則它不是我們認知上所知的對象之『事實上的原樣』之概念甚顯。」[22]在牟宗三看來，康德不承認人有智的直覺，所以人不可能達到物自身，與其不同，儒家堅持認為人類可以有智的直覺，所以完全可以達到物自身。

　　在這方面，下面的論述值得重點關注：

> 現在，我們不從上帝之創造來說物自身，但只從自由自律的無限心來說，只從知體明覺之感應來說。
>
> 凡物在知體明覺之感應前俱是物自身，但這卻並不是說草木瓦石皆是自由的。自由單自在人處所呈露之無限心上說。在人處，吾人通過吾人之道德意識即可呈露知體明覺之無限心，無限心呈露，則吾之獨個

---

[21]　楊澤波：〈牟宗三何以認定康德的物自身不是一個事實的概念〉，《哲學研究》2007年第11期。

[22]　牟宗三：《現象與物自身》，《牟宗三先生全集》，第21卷，頁7。

的完整的存在即是「物自身」之存在。[23]

牟宗三在這裡告訴讀者，我們不應再像康德那樣從上帝創造來說物自身，而應當從自由自律的無限心來說物自身，從知體明覺之感應來說物自身。因為知體明覺屬於智的直覺，屬於自由自律的無限心，在它的明覺感通中，其對象便不再是現相，而是物自身。「凡物在知體明覺前俱是物自身」這句話非常要緊，說明在牟宗三的理解中，物自身不是別的，就是知體明覺所顯現的那個對象。質言之，所謂的物自身即是誠體成己成物的那個對象，知體明覺感應的那個對象。對於這種理解，牟宗三非常自信，在《現象與物自身》序言中這樣寫道：「誰能想到誠體成己成物所成之事事物物是事事物物之在其自己？誰能想到知體明覺之感應中之物與事是物與事之在其自己？……然而如果知康德所說的『物之在其自己』是對上帝而言，對其所獨有的智的直覺之創造性而言，則在自由無限心前為『物之在其自己』乃必然而不可移者。」[24]但是，牟宗三此時並沒有想到，他對智的直覺的理解有著很大的不準確性。在智的直覺問題上，儒家確實與康德有所不同。康德不承認人可以有智的直覺，儒家承認人可以有這種能力，但儒家的直覺只對於良知本身有效，而不能對於宇宙間自然萬物而言，即只能用於「自覺」，不能用於「覺他」[25]。與此相應，就算我們承認龍溪地位很高，但其四無所強調的也只是道德之無相，不是存有之無相，更不是物自身的存在。牟宗三不是這樣看問題，他以為四無重「明覺之感應為物」，明覺感應是智的直覺，明覺感應可以使「物隨心轉」以成福，這種福因為由智的直覺創生而成，所以不再屬於現相，而是物自身了。

　　根據我的研究，牟宗三這種做法是完全不正確的。這個問題需要分開來看。牟宗三講，康德不承認人有智的直覺，與其不同，儒家堅持認為人可以有智的直覺，這是對的（嚴格說來康德並不承認這一點）。但再往下就有問

---

[23] 同上注，頁 122-123。

[24] 同上注，序言，頁 19。

[25] 楊澤波：〈牟宗三「自覺」思想的理論意義〉，《復旦學報》2006 年第 5 期。

題了。康德不承認人有智的直覺，所以人不可能達到物自身。儒家承認人可以有智的直覺，但這種智的直覺只能相對於良心而言，不能相對於外部自然對象而言，由此而達成的無相也只是道德之無相，不是存有之無相。道德之無相與存有之無相是兩類完全不同的對象，不能由前者直接證明後者。實在說來，存有之無相這個說法本身就有問題。存有是由認識之心或道德之心創生的，這種創生就是以認識之心或道德之心影響外部對象，使其帶有自身的痕跡或色彩，這種痕跡或色彩本身就是一種相，怎麼能夠由道德之無相直接證明存有之無相，進而大談道德創生的存有是「物自身義的物」，與之相應的幸福是「物自身層之自然」呢？由此可知，四無只是道德之無相，不是存有之無相，在存有論視野下的道德幸福並不是物自身，根本不能稱為「物自身義的物」，更不能叫做「物自身層之自然」。牟宗三根據其對智的直覺和物自身的理解認定與四無相對的是存有之無相，是物自身意義的物，結果鑄成大錯。這一錯誤帶來了嚴重的後果，極易產生誤解。這是因為，牟宗三一方面講康德圓善的幸福與物自身的存在有關，另一方面又講明覺感應創生的存在不是現相的存在，而是物自身的存在，那麼人們自然有理由會想，牟宗三是不是在主張道德之心可以直接創生宇宙間之自然萬物，至少使其發生物理性質的變化，適應有德之人的要求以達成圓善呢？但按照常理這種情況又是根本不可能的，從而產生嚴重的混亂。康德的圓善思想一般說來並不特別複雜，但《圓善論》卻並不容易讀懂，牟宗三表述不當是一個無法回避的原因。

　　問題至此並沒有結束，就算我們澄清了誤解，承認牟宗三的說法，將四無之下的存有稱為「物自身義的物」，將與此相應的幸福稱為「物自身層之自然」，以此就能解決康德的圓善問題了嗎？還是不行。這是因為，縱然依靠存有論可以得到幸福（這只是暫時按照牟宗三的說法而說，在我看來，道德幸福並不是存有論創生出來的[26]），但這種幸福並不是康德所要求的那種

26　參見拙文〈「賦予說」還是「滿足說」──牟宗三以存有論解說道德幸福質疑〉，《河北學刊》2011 年第 1 期。

幸福。康德提出圓善問題是因為如果有德之人不能因此配享到幸福，那麼這種道德的合理性便存在問題，因此在其基督教的文化背景下設定了上帝，以上帝來保證有德之人能夠按照比例配享幸福。康德這裡講的以道德配享的那個幸福有其確切的含義，特指物質領域的幸福。不管我們給存有論視域下的幸福起什麼樣的稱謂，這種存有的性質只是精神性的東西則是沒有任何疑問的。這種精神性的東西既不能改變為物質性的東西，也不能代替物質性的東西，從而真正解決康德的圓善問題。即使按照牟宗三的說法，承認在四無渾化之境中，通過「明覺之感應」創生存有，改變人們對於成就道德過程中的事物的看法，「物隨心轉」而成福，但這種福並不是康德所要求的那種物質之福，以此為據無法真正解決康德意義的圓善難題。既然如此，那麼牟宗三獨闢蹊徑立龍溪四無為圓教又有什麼實際的意義呢？

　　總之，牟宗三以龍溪四無為圓教，表面看非常深刻，引人關注，但其思路內部隱含著重大的紕漏，很難經得起深入的分析，不僅無法真正解決康德的圓善難題，達到預期目的，而且容易造成理論上的混亂，義理纏繞，難以把握，不得不引起充分的注意。

（發表於《復旦學報》2010 年第 2 期）

牟宗三解決康德的圓善問題了嗎？

──牟宗三《圓善論》自我評價獻疑

　　牟宗三對《圓善論》這部著作十分重視，評價甚高，認為它圓滿而真實地解決了康德的圓善問題。牟宗三是否真的達到這個預期目的了呢？經過慎重研究，我得出了否定性的結論。這個問題涉及面很寬，受主題和篇幅所限，本文僅限於對牟宗三關於《圓善論》自我評價提出商榷，與此相關的眾多問題敬請參閱筆者近期發表的其他文章。

　　牟宗三在《圓善論》序言中談到這一研究之艱難，列舉了解決圓善問題的五個必要條件，即：第一，要瞭解道家無之性格與佛家般若之性格的共通性，否則無法明白儒家屬於縱貫縱講之系統。第二，要瞭解縱貫縱講與縱貫橫講之差異，儒家屬於縱貫縱講，道家與佛家屬於縱貫橫講，否則無法明白三家之不同。第三，要瞭解儒釋道三教皆承認無限智心，否則無法明白三教皆肯定人可以有智的直覺。第四，要瞭解三教皆承認無限智心的作用，否則無法明白三教何以均能證成圓善問題。第五，要瞭解分別說與非分別說之不同，特別是非分別說又含有「無限智心之融通淘汰之作用」與「存有論的法之存在」等不同情況，否則「不能知何以必在兩義兼備之非分別說中成立圓教，因而亦不能知何以必在此究極圓教中始得到圓善問題之圓滿而真實的解決」[1]。言語之間可以看出，在牟宗三看來，這些他都做到了，所以圓善問題才得到「圓滿而真實的解決」。

　　緊接著牟宗三又談了他對《圓善論》的總體評價：「凡此皆經由長途跋

---

[1]　牟宗三：《圓善論》，《牟宗三先生全集》，第 22 卷，序言，頁 15。

涉，斬荊截棘，而必然地達到者。中經《才性與玄理》，《佛性與般若》（兩冊），《心體與性體》（三冊），《從陸象山到劉蕺山》等書之寫作，以及與康德之對比，始達到此必然的消融。吾愧不能如康德，四無旁依，獨立運思，直就理性之建構性以抒發其批判的哲學；吾只能誦數古人已有之慧解，思索以通之，然而亦不期然而竟達至消融康德之境使之百尺竿頭再進一步。」[2]撰成《圓善論》殊為不易，中間經過《才性與玄理》，《佛性與般若》，《心體與性體》，《從陸象山到劉蕺山》等書的寫作，特別是與康德思想的對比，最後才達此高度。此段最值得關注的是最後一句「不期然而竟達至消融康德之境使之百尺竿頭再進一步」。由這一表述可知，在牟宗三看來，他的努力已經達到了消融康德而更進一步的境界。也就是說，圓善問題在康德那裡沒有解決，在牟宗三手裡得到了解決。

每個人都有權利對自己的研究成果進行評價，但這種評價應該盡可能與實際情況相符合，而且最好能夠得到人們的普遍認可。儘管牟宗三對《圓善論》自我評價很高，認為這部著作已經使圓善問題得到「圓滿而真實的解決」，他自己也「達至消融康德之境使之百尺竿頭再進一步」的境界，然而在我看來，實際情況恐怕並非如此簡單。

如果乙說，他解決了甲沒有解決的問題，就實際情況而言，無非有真解決和假解決兩種可能。但如果考慮到對於這個問題本身的不同態度，具體情況則要複雜得多，可能會出現這樣幾種情況。第一，乙認為，甲提出的問題本身是錯的，並不認可這個問題，換了一種思路，從根本上排除了這個錯誤的問題，從特定意義上說，也等於解決了甲提出的問題。這可以叫做「否定式的真解決」。第二，乙認為，甲提出的問題本身沒有錯，是有意義的，只是沒有能力解決，而他有這個能力，將其解決了。這可以叫做「肯定式的真解決」。第三，乙不認可甲提出的問題，認為這個問題本身就是不對的，努力用自己的方式來處理，排除這個錯誤的問題，但由於理論上有一定偏差，並沒有能夠真正達到目的，而自己卻誤認為問題已經解決了。這可以叫做

2　同上注，序言，15。

「否定式的假解決」。第四，乙認為甲提出的問題是有意義的，接受了這個問題，並努力尋求解決，儘管沒能解決，但同樣由於理論上有所疏忽或表述不夠準確，造成一種誤會，認為自己已經把問題解決了。這可以叫做「肯定式的假解決」。牟宗三對《圓善論》的自我評價屬於哪種情況呢？這需要細加辨析。

先來看第一種情況「否定式的真解決」。「否定式的真解決」這一表述可分為前項和後項兩個部分。前項是指，乙從根本上否認甲提出的問題，認為這個問題本身是錯的，不認可這個問題。後項是指，因為不認可，所以改換思路，提出一套新的方案，否定甲提出的問題，從特定角度來看，也等於解決了或者說是化解了這個問題。照我的理解，這裡的前項和後項對《圓善論》都不適合。首先，牟宗三對於康德圓善問題是認可的。雖然他對康德設定上帝保證幸福的做法不以為然，質疑為什麼設定一個上帝，這種幸福就可以得到保障了，但他並不認為康德圓善問題本身是錯的，不應該問，並不反對康德提出這一問題。在《圓善論》中處處可見牟宗三對康德圓善問題的認可，甚至有如果只有德而沒有福就等於是「自毀」、「自殺」[3]一類的說法，足以為證。其次，牟宗三並沒有能夠真正解決康德意義的圓善問題。這裡的關鍵是劃分兩種不同的幸福，即物質幸福和道德幸福。物質幸福是指人的物質欲望方面的幸福，道德幸福是指人的道德要求方面的幸福。康德提出圓善問題，旨在解決的是物質幸福，不是道德幸福。而牟宗三採取詭譎的即和縱貫縱講兩步走的方法所能得到的只是道德幸福，不是物質幸福。縱然道德幸福有極高的價值，但也只能停留在精神領域，不可能跨越邊界，到達物質領域，代替物質幸福。一句話，康德圓善的幸福和牟宗三圓善的幸福具有不同的性質，牟宗三只證成了道德幸福（暫且不論其論證思路是否存在問題），沒有能夠證成物質幸福，因此，不能說牟宗三已經解決了康德意義的圓善問題。

證明第一種情況不適合之後，第二種情況「肯定式的真解決」就比較簡

---

[3]　同上注，頁 194，263。

單了。這種情況是說，乙接受了甲的問題，並真正解決了這個問題。牟宗三關於《圓善論》的自我評價符合前項，而不符合後項，同樣不適合。如上所說，牟宗三接受了康德的圓善問題，認為這個問題有意義，應該而且必須解決。這是符合前項。但牟宗三通過努力所能得到的只是道德幸福，不是物質幸福，所以他並沒有能夠真正解決這一問題。牟宗三可以說，他的新的思路有自己的道理和意義，但不能說他已經解決了康德的問題，因為即使我們完全接受了他的思路，這一思路也沒有辦法保證有德之人一定能得到物質幸福。這是不符合後項。所以這種情況也應該排除。

第三種情況「否定式的假解決」同樣不適應於牟宗三。這種情況是指，乙不承認甲提出的問題，通過自己的努力來徹底否定這個問題，而他的努力也因種種原因沒有能夠達到預期目的。與第二種情況相反，牟宗三的自我評價不符合前項，而符合後項。前面已經證明，牟宗三對於康德意義的圓善問題是認可的，只是不認可康德解決問題的具體方式，而他通過無限智心所能保證的只是道德幸福，不是物質幸福。就後面一點而言，不管牟宗三付出多大的努力，他也不能使康德所希望的有德之人享有物質幸福的想法成為真實。因此，這種情況同樣應該排除在外。

最後再來看第四種情況「肯定式的假解決」。這種情況是說，乙接受甲提出的問題，努力爭取使問題得到解決，但因為理論有缺陷，表述不夠準確，雖然問題沒有得到解決，卻誤認為已經解決了。根據我的判斷，牟宗三對《圓善論》的評價既符合前項，又符合後項，與這種情況最為接近。前面反復講過，牟宗三認可康德意義的圓善問題，只是覺得康德設定上帝存在解決問題的那種方式行不通，才努力通過無限智心來解決這一問題。因為康德意義的圓善所要求的是物質幸福，牟宗三所能得到的只是道德幸福，只是孔顏樂處，所以確切地說，牟宗三並沒有能夠真正解決康德意義的圓善問題。由於理論上存有缺失，牟宗三誤以為他採用的方法是解決圓善問題的不二法門，這種辦法康德沒有找到，他找到了，所以他解決了康德意義的圓善難題，超越了康德。問題在於，就算我們順著牟宗三的思路，承認在存有論的

視野下出現「物隨心轉」，「物邊順心」[4]的情況，由此將成德過程中的苦和罪轉化為一種幸福，但這種幸福只是一種精神上的滿足，是一種道德幸福（不管將這種幸福叫什麼），怎麼能夠由此斷言已經解決了康德意義的圓善問題呢？道德幸福與物質幸福分屬兩個不同的領域，牟宗三所能得到的只是道德幸福，而康德意義的圓善所要求的是物質幸福，縱然牟宗三本事再大，他也無法使康德所要求的那種物質幸福得到根本的保障。這樣，我們又回到了那個老問題：牟宗三通過無限智心所能證成的幸福究竟是什麼性質？是物質幸福呢，還是道德幸福？如果是物質幸福，那麼我們可以說他已經解決了康德意義圓善問題；如果是精神幸福，那麼我們只能承認這種幸福有重要的意義，但不能說他已經解決了這個問題。正是基於這一點，我才大膽斷定，牟宗三對於《圓善論》的自我評價有欠準確。他接受了康德的問題，但並沒有真正解決這個問題。他所宣稱的「圓滿而真實的解決」只是一種假解決，不是真解決。

　　有人可能不同意上面的理解。他們認為，牟宗三關於「圓滿而真實的解決」這一說法可以有兩種不同的解釋。其一，牟宗三借助儒學智慧已經解決了康德意義的圓善問題。其二，牟宗三為解決德福關係提供了一種新的思路，這種新的思路雖然沒有真正解決康德意義的圓善問題，但論說合理，超越了康德，所以也可以算是一種「圓滿而真實的解決」。按照這種解釋，牟宗三關於《圓善論》的自我評價並非是直接針對康德意義的圓善，而只是針對儒家圓教而言的。依據儒家圓教系統，可以為德福關係問題提供一種解決的辦法，雖然這種辦法並不能真正解決康德的圓善問題，但可以自成系統。從這個意義上看，牟宗三自信通過他的努力圓善問題（注意並不是康德意義的）已經得到了「圓滿而真實的解決」，這自然也不能算錯。借用前面的表達方式，這種情況是說牟宗三並不認可康德的圓善問題，其借助圓教方式解決圓善問題的思路也與康德不同，這樣就化解了康德的問題，符合四種情況中的第一種，是「否定式的真解決」，所以「圓滿而真實的解決」這一說法

4　同上注，頁316。

也可以成立。

這個問題具有原則性，必須認真對待。如果這種解釋可以成立，那麼本文前面對於牟宗三圓善論的評論就必須完全重新考慮了。但根據我的理解，這種解釋仍然很難成立。如上所說，牟宗三並沒有否定康德意義的圓善問題，恰恰相反，他對這個問題持認可態度。牟宗三認為，現實的人生總有很多不如意的地方，不可能保證德與福的必然綜合。依據西方基督教傳統，在上帝那裡，這種綜合是可以得到的。因為上帝有圓滿的意志，既能照顧到德的一面，又能照顧到福的一面，從而將福準確地配稱於道德，實現最高的善，即所謂圓善。需要注意的是，牟宗三特別強調，這裡的道德屬於目的王國，幸福屬於自然王國，上帝之所以能保證圓善成為可能，因為上帝「創造了『自然』，他能使自然王國與目的王國相配合，因而成為一上帝王國」[5]。「德福一致既是超感性的關係，不是感觸世界中所能有者，然則誰能保障其可能？曰：只有上帝（自然之創造者）能保之。上帝之存在是我們的力量之外者。圓善中，德是屬於目的王國者，福是屬於自然王國者。這兩王國的合一便是上帝王國。」[6]這就說明，在牟宗三思想中有這樣一個基本意識：一個是目的王國，一個是自然王國，圓善即是實現目的王國與自然王國的統一。

當然，牟宗三並不認同康德設定上帝存在這一思路，所以才提出了以無限智心代上帝的辦法。但需要注意的是，他這樣做仍然是要保證目的王國與自然王國的一致，只不過是不再以上帝，而是以無限智心為根據來保證這種屬於自然王國的幸福。從這個視角觀察問題，我們無論如何不能得出牟宗三並不認可康德圓善問題這樣的結論來。換用我們前面的表述方式，牟宗三對康德的圓善問題並不是否認的，而是肯定的。問題就在這裡出現了。牟宗三承認將目的王國與自然王國統一起來是應該的，也有意義，而他希望通過無限智心所要保證的也正是這兩個王國的和諧一致。但根據前面的分析，對於

5　同上注，頁171。

6　同上注，頁207。

這種屬於自然王國，屬於「物理的自然」，屬於「物自身層之自然」，屬於「氣」[7]的幸福，牟宗三並沒有辦法保證，所以我才斷定，第一種情況「否定式的真解決」並不適合牟宗三關於《圓善論》的自我評價。對康德的圓善問題而言，牟宗三既不是「否定式的」，也不是「真解決」，前項後項都對不上。那種以「圓滿而真實的解決」可作雙重理解的說法，只是出於善良意願對牟宗三所做的辯護而已，在理論上很難找到有力的根據作為支撐。

　　這樣一來，又引出了一個新的問題：既然沒有真正解決，牟宗三為什麼偏偏要說解決了，而且是「圓滿而真實的解決」呢？老實說這個問題不好回答，曾令我百思不得其解，設想過多種方案，都不理想，全排除了，最後只剩下一種可能自認為或許還有一定道理，特提出來與學界同仁共同討論，這就是概念發生了滑轉。這種情況可以這樣來表達：牟宗三看到與康德圓善相應的幸福具有物自身的性質，只是康德沒有辦法使這種幸福得到真正的保障，而他已經證明，儒家通過無限智心得到的幸福具有這種性質，屬於「物自身層之自然」，既然如此，通過無限智心當然就可以解決康德未能真正解決的圓善問題了。

　　前面隨處講過，在牟宗三看來，康德要解決的圓善問題是由德而配享福，這種福是涉及存在的，「幸福是個體存在之『存在』方面的事。而存在（現實的存在）是屬於『物理的自然』的」[8]。更為重要的是，牟宗三認為，與福相關的存在，一定是物自身意義的存在。這種物自身意義的幸福屬於自然王國。只有目的王國與自然王國諧調一致，才能算是圓滿，才能達成圓善。明確了這個前提，再來看牟宗三圓善論所涉及的存在。既然牟宗三圓善論是以存有論解說圓善[9]，認為無限智心有創生性，在其創生之下，物隨心轉，物邊順心即是福，那麼，這種由無限智心創生的存在屬於何種性質，或者說，無限智心可以創生什麼意義的存在，就是一個不得不重視的問題

7　同上注，頁226。

8　同上注，頁225。

9　參見拙文〈牟宗三縱貫縱講的存有論內涵〉，《華東師範大學學報》2012 年第 5 期。

了。牟宗三的回答非常明確：這種存在是物自身意義的存在。牟宗三認為，西方哲學也有存有論，但那只是以知性的分解來看待存有。由於不承認人可以有智的直覺，所以其存有的對象只是現相（象）。與此不同，儒家的道德之心不以知性的分解來看待存有，承認人有智的直覺，所以其存有的對象不再是現相，而是物自身。因為西方哲學的存有論執著於現相，所以為執的存有，儒家哲學並不執著於現相，可以直達物自身，所以為無執的存有。從這個意義上看，無執存有也可以簡單稱為智的直覺的存有。將智的直覺所創生存有的對象叫做物自身，是牟宗三的一個核心觀念。順著這樣一個思路發展，《圓善論》將物隨心轉的「物」定性為物自身意義的物：「在渾化之境中，仍然有物。但此物是無物之物，物無物相。王陽明亦說『明覺之感應為物』，此物即是無物之物。無物相者是說此物既無為良知所知之對象相，亦無善惡意中之正不正相。『意之所在為物』，此物是經驗層上的物；『明覺之感應為物』則是超越層上的物。若用康德詞語說之，前者實踐中現象義的物，相應於有善惡相之意而說者，後者是實踐中物自身義的物，相應於明覺之感應而說者。」[10]一定要注意區分兩種不同的物：一是「意之所在為物」之「物」，這屬於經驗層上的物，以康德的表述方式，可以叫做「現象義的物」；二是「明覺之感應為物」之「物」，這屬於超越層上的物，以康德表述方式，可以叫做「物自身義的物」。這裡已經講得非常直截了當了：與明覺感應相對的那個對象，是超越層的物，是物自身意義的物。

　　牟宗三一方面將康德圓善中的幸福所涉及的存在稱為物自身的存在，另一方面又將無限智心創生的對象稱為物自身的存在，並將由存有論為基礎產生的幸福稱為「物自身層之自然」，這種說法有很大的危害性，不僅使讀者很難明白這裡的真實含義，而且根據我的判斷，或許牟宗三自己也是一個受害者。牟宗三宣稱通過他的努力，康德圓善問題已經得到了「圓滿而真實的解決」，很可能就是由此而來的。牟宗三對《圓善論》做出如此評價，其致思過程可能有這樣一個邏輯關係：康德圓善的幸福屬於物自身，但康德設定

---

[10]　牟宗三：《圓善論》，《牟宗三先生全集》，第 22 卷，頁 309-310。

上帝只是情識的需要，不能落實，所以無法真正保證這種屬於物自身的幸福；儒家的無限智心真實無虛，完全可以保證這種幸福的落實。更為重要的是，這種幸福是在圓教中通過智的直覺實現的，所以不再是現相，而是物自身。既然康德沒有能夠證成這種幸福，我牟宗三證成了，那麼，我當然可以認定康德的圓善難題已經得到了「圓滿而真實的解決」。但牟宗三可能沒有想到，這裡有一個重要的概念滑轉。康德圓善的幸福屬於「物理的自然」，屬於「氣」，從寬泛的意義上也可以講是屬於物自身的（嚴格講來，康德並不在這個意義上使用這個概念），而他以無限智心證成的只是道德幸福，是歷史上人們常說的孔顏樂處[11]，這兩者並不相同。更為重要的是，這種由無限智心證成的道德幸福根本不能稱為「物自身義的物」或「物自身層之自然」。牟宗三一方面沒有將康德圓善的幸福與自己所證成的幸福的區別開來，另一方面又將自己證成的幸福稱為「物自身義的物」、「物自身層之自然」，同康德屬於「物理自然」的、物自身意義幸福混同起來，從而認定他已經解決了康德意義的圓善問題，最終造成了理論上的失誤。

　　牟宗三對《圓善論》的這種不正確評價有很大的負面作用，為讀者理解其思想帶來很多困難。在人們的一般理解中，道德幸福是很常見的事情，遠不像牟宗三說的那樣複雜。比如，一個人見到一個道德的場景，內心一定會有一種聲音告訴他應該怎麼做。他按照這個指令去做了，滿足了自身的道德要求，就會感受到愉悅和滿足，這種愉悅和滿足就是道德的幸福。當然，在一些場景中，按照內心指令去做並不容易，因為這很可能意味著做出犧牲，這種犧牲在常人看來是一種苦，一種罪，但因為是成德所必需的，是自己對自己的要求，一旦這樣做了，內心得到的愉悅和滿足會更大，由此所成就的道德幸福的價值也更高。但是，牟宗三不是這樣，他以無限智心創生存有來講道德幸福，強調無限智心有其絕對的普遍性，一定要涵蓋乾坤而後已，在這個過程中，一方面可以使原本沒有意義的宇宙萬物染有道德的價值和意義，另一方面也可以轉變人們對成德過程中付出的犧牲的看法，物隨心轉，

---

[11]　參見拙文〈詭譎的即與孔顏樂處〉，《中山大學學報》2009 年第 2 期。

「物邊順心即是福」[12]。牟宗三這樣一套說法直接干擾了人們對於道德幸福的理解，儒家歷史上孜孜以求的孔顏樂處也變得高入雲端，難以琢磨了。

更為麻煩的是，牟宗三以自己對智的直覺的看法為根據，強調道德之心創生存有是通過智的直覺進行的，是一種無限智心，無限智心不受時空和範疇的影響，其對象不再是現相，而是物自身，與此相應，在存有論視域下生成的幸福也有了特殊歸屬，屬於「物自身義的物」，屬於「物自身層之自然」。這更容易把人們弄糊塗了。按照人們的通常理解，物自身不僅指那種與現相相對的對象的自在性狀，同時也指為質料提供源泉的那個對象，即一般所說的自然之物。可牟宗三這裡偏偏說，在無限智心面前，明覺感應之下的那個物就是物自身意義的物，與之相應的福也具有了物自身的意義。人們難免要納悶了，為什麼無限智心能夠創生物自身的存在？為什麼明覺感應下的幸福屬於「物自身層之自然」？難道牟宗三是在主張無限智心可以直接創生在康德那裡上帝才能創生的屬於自然王國的幸福，以解決圓善問題嗎？

由此可知，雖然牟宗三為解決康德意義的圓善問題付出了極大的努力，但由於思想的疏忽，連續有三個失誤，造成了思想的混亂：首先，沒有看到道德幸福主要是道德要求得到滿足後內心的一種愉悅，而不是道德之心創生存有過程中的一種賦予，直接順著自己存有論的思路，將圓善問題套在無執存有論的框架之中，完全以存有論來說道德幸福，由此而成第一亂[13]。其次，直接由道德之無相說存有之無相，將明覺之感應的對象稱為物自身，立四無為圓教，不知這種對象其實只是一種特殊的現相，在康德學理系統中嚴格說來不能稱為物自身，更不能將由存有論而達成的幸福說成是「物自身義的物」、「物自身層之自然」，由此而成第二亂[14]。未能對自己的研究成果有一個準確的定位，直接明瞭地表示他的努力只是為此提供了一種新的思路，而不是在解決康德意義的圓善問題，康德意義的圓善問題只有在宗教背景下才會提出並得到解決，儒家以其人文性質不可能真正解決這類問題，反

---

[12]　牟宗三：《圓善論》，《牟宗三先生全集》，第 22 卷，頁 316。

[13]　參見拙文〈「賦予說」還是「滿足說」〉，《河北學刊》2011 年第 1 期。

[14]　參見拙文〈四無與圓善〉，《復旦學報》2009 年第 2 期。

而斷言自己的努力已經「圓滿而真實」地解決了康德意義的圓善問題，為讀者的理解帶來了極大的困難，由此而成第三亂。

　　牟宗三在完成《心體與性體》、《智的直覺與中國哲學》、《現象與物自身》的寫作，基本上完成自己存有論思想的建構之後，很快便開始了《圓善論》的寫作，並將存有論的原理推廣運用到圓善問題的研究之中。可能是這個過程過於急促，來不及對存有論進行反省，致使存有論內在的缺陷對圓善論產生了極大的負面影響。牟宗三不僅對這一切沒有察覺，反而自信地認為，經過他的努力「始得到圓善問題之圓滿而真實的解決」。但上面的分析已經證明，這裡的「圓滿」並不圓滿，這裡的「真實」並不真實，牟宗三不僅沒有能夠真正解決康德意義的圓善難題，而且還造成了新的理論上的混亂。由於這裡的環節複雜，盤根錯節，儘管很早就有人對牟宗三是否真的解決了康德意義的圓善問題提出過疑問[15]，近年來也不斷有人重提這一話題[16]，但人們很難真正看透其中的奧妙，清晰掌握牟宗三圓善論的真實思想，更別說道破其論述過程中的破綻了。更加遺憾的是，一些人往往認為，牟宗三是現代新儒家最重要的代表之一，是大人物，大人物一般是不會有錯的。有錯的只能是自己，是自己悟性太低，理解不了如此高深的思想，沒有勇氣檢討牟宗三學理是否可能真的存在不足，只是出於善良願望拼命往好處去想，人云亦云。可想來想去總是想不通，最後只好作罷，仰天一聲長歎，放在一邊不再搭理。《圓善論》出版後的命運大致如此。

（發表於《哲學研究》2010 年第 10 期）

---

[15]　參見李瑞全《當代新儒學之哲學開拓》（臺北：文律出版社，1993 年），頁 263；顏炳罡：《整合與重鑄──當代大儒牟宗三先生思想研究》（臺北：臺灣學生書局，1995 年），頁 355。

[16]　參見張俊〈牟宗三對康德圓善的超越與局限〉，《孔子研究》2008 年第 4 期。

從德福關係看儒家的人文特質

一、圓善問題的提出及前人思路的不可行

在西方哲學史上，德福關係問題自古有之。伊壁鳩魯學派和斯多葛學派對此都提出了自己的主張，但因為對於相關概念的理解不同，並未能達成一致意見。近代以來，康德對這一問題進行了新的探討，使其重新成為一個重要話題，引起了人們的廣泛關注。

依據康德的道德學說，實踐理性的目標是追求道德，追求善。道德有兩種情況：一是以對象本身為決定原則的道德，二是以法則為決定原則的道德。凡是以對象為決定原則，不管是以苦樂為原則，還是以存有論的圓滿為原則，或是以神的意志為原則，都不是真正的道德，只是他律道德。只有以法則為決定原則，才是真正的道德，即自律道德。康德是在西方哲學史上第一個正式提倡自律道德的人，完成了倫理學範圍的哥白尼式的革命，做出了大貢獻。但康德認為，僅僅如此還不夠，還必須在此基礎上讓道德配享幸福，最終達到最高的善。人不能缺少道德，同樣也不能缺少幸福。道德不可缺少，是因為只有道德才是人的真正目的，才能代表人的價值。幸福不可缺少，是因為如果有德之人總得不到幸福，那麼這種道德對人而言也難以接受。因此，必須想辦法把道德和幸福結合起來，兩個方面都照顧好。無條件的純善極善配享幸福，才是道德的最高目的，才為圓滿。如此一來，如何將純德之善與幸福聯繫起來以達至圓滿，就成了康德思考的一個重要問題。正是在這個意義上，牟宗三將康德最高的善譯為圓善，取整全而圓滿之義。

為了解決圓善問題，康德首先設定了靈魂不朽，其中一個重要理由是，人是有限的，不可能馬上與道德法則完全符合。「所以至善在實踐上只有以

靈魂不朽為前提才有可能，因而靈魂不朽當其與道德律不可分割地結合著時，就是純粹實踐理性的一個懸設（我把這理解為一種理論上的、但本身未經證明的命題，只要它不可分割地與某種無條件地先天有效的實踐法則聯繫著）。」[1]這就是說，現實中的人雖然是有理性的，但同時也有感性，不可能在生命的某一個瞬間達到與道德法則的完全一致。為此有理由做一種設定，想像現實中的人可以在無限的進程中，不斷向這個方向發展，最終達到這種一致。

為了保證圓善成為可能，康德還設定了上帝存在，以上帝作為一種保證，使有德之人必然有福。「基督教的德性論通過把有理性的存在者在其中全心全意地獻身於德性法則的世界描述為一個上帝之國，而補足了這一（至善的第二個不可缺少的組成部分的）缺陷，在這個國度裡，自然和德性通過一個使這種派生的至善成為可能的神聖的創造者，而進入到了對兩者中的任何一個本身單獨來說都是陌生的和諧之中。」[2]在康德看來，幸福與自然秩序有關係，與道德律則無直接關係，所以道德律本身並不預示任何幸福的實現。這種情況是一種缺憾，因為如果一個人有了德卻得不到幸福，總不是一件圓滿的事情。因此，在基督教的傳統中，設定上帝存在，保證努力成德的人能夠得到應有的幸福，使道德與幸福處在一種和諧的狀態之中，就成了一個理所當然的選擇。

由此出發，康德的道德哲學便延伸到了宗教領域。「以這種方式，道德律就通過至善作為純粹實踐理性的客體和終極目的的概念而引向了宗教，亦即引向對一切義務作為上帝的命令的知識，這種命令不是強令，亦即不是一個陌生意志的任意的、單獨來看本來是偶然的指令，而是每一個自由意志的自身獨立的根本法則，但這些法則卻必須被看作最高存在者的命令，因為我們只有從一個道德上完善的（神聖的和善意的）、同時也是全能的意志那裡，才能希望至善，因而只有通過與這個意志協調一致才能希望達到至善，

---

[1] 康德：《實踐理性批判》，鄧曉芒譯，楊祖陶校（北京：人民出版社，2003 年），頁 167-168。

[2] 同上註，頁 176。

而道德律就使得把至善設立為我們努力的對象成了我們的義務。」[3]通過設立上帝的方式，借助圓善概念，道德律便引向了宗教，引向了上帝的命令。當然，這只是每一個自由意志的自身獨立的根本法則，而不是強迫性的命令，儘管這些法則同時必須被看作最高存在者的命令。這就是說，只有道德與幸福達到協調一致，圓善才能成為可能，也只有上帝才有這樣能力，從而保證道德與幸福達到協調一致。因此，設定上帝存在在康德哲學系統中是不可缺少的一環。

　　牟宗三在完成《智的直覺與中國哲學》、《現象與物自身》的寫作後，將視線轉移到圓善問題上來，撰成《圓善論》一書。在這部著作中，牟宗三對康德圓善思想進行了系統的梳理，同時也對其設定靈魂不朽與上帝存在以保證圓善的做法提出了尖銳的批評。他認為，康德設定靈魂不朽，是因為現世的人不可能完全與道德法則相符合，但中國儒釋道三家並不這樣看。按照牟宗三的理解，中國儒釋道三家與康德在這方面有兩個重要的不同：其一，中國儒釋道三家自有一套講法，不設定靈魂不滅同樣可以成德成善；其二，康德認為只有在無限進程中才能達到意志與道德完全適合，這實際上等於說，現世的人永遠也不能達到這種適合。但儒釋道三家並不這樣認為，在他們看來，現世的人完全有能力達到這種適合，因為他們都承認人可以有智的直覺。在智的直覺之下，人瞬間即可以體悟道德法則，當下即全，當下一致，根本不需要勞神費力講什麼生命的無限延長。[4]

　　至於設定上帝存在的辦法，牟宗三就更無法接受了：

　　　　我們決不能以知解理性所虛構的人格神的上帝之概念來充當圓善可能之根據。在實踐理性上，為實踐之目的，使圓善為可理解，需要這樣的人格神而信仰之，這信仰，這需要，亦是情識決定，非理性決定（康德雖說這信仰是純粹理性的信仰，因為純粹理性──即知解使用

---

[3]　同上注，頁 176-177。

[4]　參見牟宗三《圓善論》，《牟宗三先生全集》，第 22 卷，頁 211。

> 與實踐使用兩面的純粹理性是「最高睿智體之存在之許可」所由以出
> 現之唯一源泉。但這說法並不足以使這信仰為理性決定，因為其出現
> 為虛構故，因而在實踐理性上需要之，信仰之，這需要這信仰亦仍為
> 情識決定，非理性決定）。情識地需要並信仰這樣一個人格神之存在
> 並不能說明自然與道德品質相諧和；以之為這諧和之根據，說他含有
> 這諧和之原則，這並不能使人坦然明白。[5]

康德自己講過，上帝只是一個理想，我們沒有權利假定其現實的可能性。既
然如此，我們自然可以懷疑，設定這樣一個存在對於達成圓善究竟有什麼實
際作用。從實踐理性角度看，人們基於情識的要求，需要有一種信仰，這是
可以理解的，但我們不能因此把圓善所以可能的根據完全寄託在上帝身上。
據說康德本來要去掉人格神的上帝，只是因為考慮到僕人的不安，最後才又
把上帝肯定了下來。由此牟宗三認定，康德確立上帝存在，保留這個信仰，
完全出於情識的原因，而非理性的決定。有人需要保留上帝作為個人的信
仰，這自然無可非議，但這種力量真的能夠幫助圓善的實現嗎？這裡顯然有
諸多不順暢的地方，所以牟宗三最後才斷言「這並不能使人坦然明白」。

　　牟宗三看到康德解決圓善問題思路不可行之後，試圖以中國智慧解決這
一問題，由此建構了他自己的圓善思想。牟宗三的思路分為兩步來走。頭一
步是詭譎的即。牟宗三認為，佛家和道家同樣有其圓善思想，但其機理十分
特殊，與康德不同，因為無論是佛家的無明與法性，煩惱與涅槃，還是道家
的有與無，跡與本，都不是截然分離，而是相互結合的。法性不能離開無
明，涅槃不能離開煩惱，無不能離開有，本不能離開跡。更為重要的是，在
這種相互結合的過程中，通過一種詭譎（辯證）的轉化，無明可以變成法
性，煩惱可以變成涅槃，有可以變為無，跡可以變為本。這層意思儒家也
有。儒家講道德幸福，必須結合成就道德的實踐，不能憑空而說。成就道德
在很多情況下要付出代價，做出犧牲，這種代價和犧牲在一般人眼光中只是

5　同上注，頁 247-248。

苦只是罪，但經過辯證的轉化，也可以成為成就道德的幸福。第二步是縱貫縱講。在牟宗三看來，佛道兩家雖然也有圓善思想，但其義理不及儒家，因為儒家有一「敬以直內，義以方外」的道德宗骨，這一道德宗骨就是孔子的仁，孟子的本心。無論是孔子的仁還是孟子的本心，都是道德的本體，這種道德本體有強烈的創生性，可以創生道德的存有。在創生道德存有過程中，道德之心可以將自己的價值和意義賦予宇宙萬物，同時也影響到對於成就道德過程中那些付出和犧牲的看法，使那些付出和犧牲隨心而轉，轉化為內心的滿足和愉悅，成為道德幸福。這樣一來，既有德，又有福，德福一致，圓善由此而成。

近年來，我對《圓善論》進行了較為系統的研究。根據我的理解，牟宗三以詭譎的即和縱貫縱講來解決康德圓善難題雖然付出了艱苦的努力，做出了極大的貢獻，但其思路不無討論的餘地。康德提出圓善問題是看到如果有德之人努力成德卻得不到幸福的話，那麼這種道德便會顯得不夠圓滿，所以才設定上帝來保證有德之人必有福。康德在這個意義上講的幸福是指人的自然願望與其全部目的相一致，即我們通常所說的物質幸福。[6]確定這一點對於正確評判牟宗三圓善思想至為關鍵，它可以使我們明白，即使按照牟宗三所說，承認詭譎的即和縱貫縱講的作用，特別是承認道德之心創生存有的同時可以改變人們對於成就道德過程中的一些事物的看法，出現物隨心轉，物邊順心的情況，但這種存有論視域下的幸福只是道德幸福。雖然這種道德幸福具有極高的價值和意義，但它並不是物質性的，只能停留在精神領域，不可能跨越邊界，到達物質領域。從這個角度我們可以清楚看出，牟宗三解決

---

[6] 要正確評價牟宗三的圓善思想，首先要確定與康德圓善相關的幸福的具體性質。我把康德的這種幸福視為一種「物質幸福」。此處所說「物質幸福」中的「物質」特指與精神、思想相對的那個領域。這方面康德有明確的論述：「幸福是現世中一個有理性的存在者的這種狀態，對他來說在他的一生中一切都按照願望和意志在發生，因而是基於自然與他的全部目的、同樣也與他的意志的本質性的規定根據與相一致之上的。」康德：《實踐理性批判》，鄧曉芒譯，楊祖陶校，頁 171。牟宗三也認為，康德的這種幸福是屬於「物理自然」或「物理的自然」。牟宗三：《圓善論》，《牟宗三先生全集》，第 22 卷，頁 235。

圓善問題的思路與康德提出圓善問題的初衷有著原則性的差異。康德圓善思想所要保證的是物質幸福，牟宗三通過努力所能達到的只是道德幸福，物質幸福屬於物質領域，道德幸福屬於精神領域，兩者之間有著本質的區別。儘管牟宗三對自己的學說非常自信，認為圓善問題經過他的努力已經得到「圓滿而真實的解決」，他自己「不期然而竟達至消融康德之境使之百尺竿頭再進一步」的境地，[7]但讀者只要不帶偏見，可以清楚看到，牟宗三無論如何都不能保證有德之人必然可以得到物質幸福。[8]牟宗三關於《圓善論》的自我評價是有待商榷的。

二、儒家對於德福關係問題的獨特思路

既然康德解決圓善問題的思路不可行，牟宗三以儒家智慧為基礎解決圓善問題的辦法也無法達到目的，那麼我們應該如何看待儒家對於德福關係的看法呢？在我看來，與康德相比，儒家在德福關係問題上表現出一種完全不同的姿態，走著完全不同的路線。只有對這種特殊的姿態和路線有清楚的瞭解，才能對儒家相關思想有一個準確的把握。

1、並不關注康德意義的圓善問題。一般來說，任何一種道德學說，都會遇到道德和幸福的關係問題。儒家也不例外。孔子關於顏淵簞食瓢飲的感

---

[7]　牟宗三：《圓善論》，《牟宗三先生全集》，第 22 卷，序言，頁 15。

[8]　注意到康德所說的幸福與牟宗三所說的幸福具有不同的性質，並不是一個新發現。作為牟宗三的入門弟子，李瑞全一方面積極宣傳其師的學說，另一方面也很早就提到了圓善的主觀性與客觀性的問題，認為「縱使在圓聖之體現中，似仍不可必保天下人皆可有最高的福報」。李瑞全：《當代新儒學之哲學開拓》（臺北：文津出版社，1993年），頁 264。顏炳罡是大陸最早研究牟宗三思想的學者之一，對《圓善論》予以了極高的評價，但也不得不承認「牟先生對德福問題的解決只是境界形態的解決，但他對現實解決，社會解決的途徑開發不夠」。顏炳罡：《整合與重鑄──當代大儒牟宗三先生思想研究》（臺北：臺灣學生書局，1995年），頁 333-334。另外，景海峰也有類似的看法，參見其專著《新儒學與二十世紀中國思想》（鄭州：中州古籍出版社，2005年）。

歎最能說明問題（詳見下文）。其實這方面的材料還有不少。「子張學干祿。子曰：『多聞闕疑，慎言其餘，則寡尤；多見闕殆，慎行其餘，則寡悔。言寡尤，行寡悔，祿在其中矣。』」（《論語・為政》）孔子講的「學干祿」，雖然不是直接的德行，但與德行也有一定關係，不能簡單理解為一般的知識學習。如果言語的錯誤少，行動的懊悔少，干祿也就在其中了。從寬泛的意義上說，這其實已涉及了人的努力（其中包括道德善行）能否得到幸福的問題。另一章的意義更直接一些。「子曰：『人之生也直，罔之生也幸而免。』」（《論語・雍也》）關於頭一個「生」字，《四書集注》引程子曰：「生理本直。」但多數人仍將兩個「生」字同解，意即生存、生活。不管取何種含義，後半句的含義都是確定的，意即不正直的人也能生存，但那只能靠僥倖避免禍害罷了。不正直難免禍害，反過來也包含正直應當可以免除禍害的意思。這些材料都說明，儒學作為一門獨立的學說，與其他任何道德學說一樣，同樣會遇到道德與幸福的關係問題。

　　但必須看到，儒家對這類問題的思考方式與康德有很大的不同。康德看到，如果一個理性存有者有了道德卻不能得到幸福的話，總不是圓滿的，所以在批評伊壁鳩魯和斯多葛學說的基礎上正式提出圓善問題，設定上帝存在以保證按照道德精確地配享幸福——我將此稱為康德意義的圓善問題。奇怪的是，作為儒家的創始人，孔子並沒有這樣思考問題，沒有在勸導人們成德行善的時候，以一種超越的力量保證其必有福，將圓善作為一個問題正式擺在人們面前。前面所列《論語》的幾則材料充分說明，雖然孔子也會遇到德福關係問題，但他想問題的方式與康德有很大區別。《易傳・文言傳》雖有「積善之家，必有餘慶」之說，但這裡的「必」字只是一種期望，不宜理解為「必然」。孟子的思想也應該這樣理解。「古之人修其天爵，而人爵從之。」（《孟子・告子上》）孟子劃分天爵和人爵意在強調，人爵由天子封賜而得，並不是最高的，比人爵更高貴的是仁義忠信。在理想的狀態下，修其天爵而人爵從之，但當時世風不好，德性不純，人們才紛紛「修其天爵以要人爵」。所以，孟子這一說法同樣只是一種期許，一種理想，不能將其與康德提出圓善問題的動機同等看待。對於康德那種設定一種力量保證德福圓

滿的思想，儒家並沒有鄭重地考慮過。

儒家並不關心康德意義的圓善問題，保證有德之人必有福，不打這個包票，是因為它看得很清楚，道德與幸福不是一碼事，一個在內，一個在外，分屬不同的領域，不能混在一起。這方面孟子講得最清楚：「求則得之，捨則失之，是求有益於得也，求在我者也。求之有道，得之有命，是求無益於得也，求在外者也。」（《孟子・盡心上》）道德的根據在每個人的內心，你好好去求，就能得到，你去放棄，就會丟掉，因為這是「求在我者」。人爵一類的幸福，你好好去求，但能不能得到，要由命來決定，這種求對於得沒有必然的幫助，因為這是「求在外者」。儘管我們可以而且應該去求人爵一類的幸福，但既然這種幸福是「求在外者」，不是我們本人能決定的，我們本人也根本決定不了，那麼再去想像通過一種什麼力量保證德與福一定可以達到一致，就完全沒有必要了。儒家在這個問題上的想法非常客觀，非常平實。

2、坦然承認有德之人未必有福。儒家不僅不像康德那樣保證有德之人必有福，而且公開承認有德之人未必有福，德福不一是一種常態。在儒家系統中，德福不一主要有兩種情景，一是聖人不能遇世，二是有德之人亦會窮居。德福不一首先表現為能否遇世。孔子儘管有「五十而知天命」的說法，但他對於自己能否遇世的看法卻相當的客觀，感歎說：

> 道之將行也與，命也；道之將廢也與，命也。公伯寮其如命何？
> （《論語・憲問》）

孔子一度對於自己的歷史使命非常自信，堅信像道之興廢這樣的大事，非由公伯寮所能改變。但他同時也認為，個中很多東西不是他個人所能決定的，所以才有「道不行，乘桴浮於海」（《論語・公冶長》）的感歎。

孔子之後，弟子對其師未能遇世的解釋，延續了這種基本的思維方式。郭店竹簡中的一些材料透露出了有價值的信息。《唐虞之道》有這樣一段：

> 古者堯生於天子而有天下，聖以遇命，仁以逢時，未嘗遇□□並於大時，神明□從，天地佑之，縱仁、聖可與，時弗可及嘻。（第 14-15 簡）

堯之所以成為天子，是因為他趕上了命和時，即「聖以遇命，仁以逢時」，否則，即使如堯這樣的仁聖，也不一定能夠成為天子。

這一思想在《窮達以時》中表述得更為系統：

> 有天有人，天人有分。察天人之分，而知所行矣。有其人，無其世，雖賢弗行矣。苟有其世，何難之有哉？（第 1-2 簡）

> 遇不遇，天也。（第 11 簡）

這裡從天與人的分別講起，認為天與人有不同的職分，掌握了這一點才能知道如何行動。一個人再賢能，如果沒有適當的時世，也不能有所作為。反之，如果碰上了好時機，就比較容易成功。大舜、皋陶、呂望、孫叔敖等歷史名人之所以由窮到達，是因為他們分別遇到了堯、武丁、周文王、齊桓公、楚莊王。孫叔敖和伍子胥前後有不同的遭遇，不是因為他們「德加」或「智衰」，而是因為時世有了變化。然而，能否遇到好的時機，不決定於人，而決定於天。因此，正確的處世態度應該是，無論是窮是達，都應該把精力放在內在德行的修養上，不能因為外在時遇的不順而忽略了修養內在的德行。

德福不一還表現在窮居問題上。「窮居」二字出自《孟子》：

> 君子所性，雖大行不加焉，雖窮居不損焉，分定故也。（《孟子·盡心上》）

在孟子看來，君子之性，即使其理想通行天下也不增加，即使其窮困而居也

不減少，這些完全是由所欲、所樂、所性三個層面劃分決定的。[9]此章雖然重在強調如何養性，但孟子也看到了，有德之人的實際生活不一定順利，甚至還可能生活得很差，這就叫「窮居」。

其實這種情況在孔子那裡就有了：

> 伯牛有疾，子問之，自牖執其手，曰：亡之，命矣夫！斯人也而有斯疾也！斯人也而有斯疾也！（《論語‧雍也》）

孔子的弟子伯牛不幸染有惡疾，孔子前往看望，發出無可奈何的歎息，感歎這樣的人也會遭遇這種情況。這就說明，即使有德的人，也會罹患重病，也會短命夭折。當然，這方面最好的例子還是顏淵。顏淵德性很高，深得孔子讚賞，但他的德性並沒有給他帶來生活的方便和發達，反而是「一簞食，一瓢飲，在陋巷」（《論語‧雍也》）。孔子雖然肯定了顏淵的作為，予以高度評價，但在這種肯定中也可以看到孔子對於德福不一的情況只能坦然承認，正面直對。[10]

3、將德福不一的情況歸於命。儒家一方面承認有德之人未必有福，另一方面也想辦法對這種情況予以自己的說明，這種說明的核心就是命。命是儒家傳統思想中的一個重要概念。許慎《說文解字》：「命，使也，從口令。」[11]這是說，命為指使，指令。段玉裁解釋說：「令者，發號也，君事也。非君而口使也，是亦令也。故曰：命者，天之令也。」[12]這是進一步由

9　我對「分定故也」的理解與學界一般的看法有異。詳見拙著《孟子性善論研究》（再修訂版，上海：上海人民出版社，2016年），頁48-49。

10　社會上有「善有善報，惡有惡報」的說法，這明顯是受到佛教因果報應理論影響而形成的。不可否認，作為大眾文化，這種思想在歷史上發揮著重要的作用，但原始儒家則沒有這樣明確的觀念。對此應從兩個方面來看，其一，應當承認，儒學的發展是一個過程，其間一定會受到其他文化的影響，其二，必須將這種影響與原始儒家的思想區別開來，弄清原始儒家考慮問題的獨特立場，以明確儒學的人文特質。

11　許慎：《說文解字》卷二。

12　段玉裁：《說文解字注》（上海：上海書店出版社，1992年），頁57。

君之令、天之令說命。清人阮元撰有《性命古訓》，對「性命」二字進行了具體的考證，並由此探討儒家道德的最初來源。他的研究在當時影響很大，其方法「足為後人治思想史者所儀型」，但其結論卻「多不能成立」[13]，留下了不少缺憾。

傅斯年在前人的基礎上收集了大量甲骨文、金文以及先秦典籍的材料，做了深入細緻的探討，著有《性命古訓辨證》。他認為，「令之一字自古有之，不知其朔。命之一字，作始於西周中葉，盛用於西周晚期，與令字僅為一文之異形。」[14]這就是說，甲骨文中已有了「令」字，其義與金文相同，而無「命」字。「命」字始於西周中期，盛行於西周晚期，與「令」字只是一文之異形。傅斯年對「令」字如何過渡到「命」字有詳細的說明。按照傅斯年的研究，「令」字在殷商及周初的文字中，像一個人跽於屋宇之下，後來人跽之形的部分漸漸省略，「令」字所像之形也就不可辨識。大約到了西周中期，「令」字旁邊又加上口字作為偏旁，最初口字在行列之外，後來與「令」字融為一體，這就是今天見到的「命」字。「令」字與「命」字原本讀音並無截然不同，後來則有完全不同的讀音，原因不得而知。

既然「命」脫胎於「令」字，是一個孳乳字，由誰而令就成了一個不得不重視的問題。傅斯年對西周金文中「令」字進行了廣泛徵引比較，最後得出結論說，「令字之用，不出王令、天令之二端，間有所令出自長上不專指君王者，然此固王令之一類也。曰『顯令』，曰『丕顯休令』，曰『天子魯休令』，皆王令也。曰『文武受令』，曰『大令』，則天令也」[15]。在西周人的生活中，帶有主宰、發號意味的「令」佔據了人生的大部分內容，而發令的主體無非來自兩個方面，或者是「王令」或者是「天令」。有發「令」者，自然有受「令」者，以與發「令」者相對。發令者為使動，如「天令」、「王令」，強調由一種力量頒佈一種指令，受令者為受動，強調受動

---

[13] 傅斯年：《性命古訓辨證‧引語》（桂林：廣西師範大學出版社，2006 年），頁 1。

[14] 同上注，頁 3。

[15] 同上注，頁 18。

者被動地接受這種來自王或天的指令。[16]

　　孔子不常論命，但就其所論而言，不出以上使動與受動兩個基本路向。在孔子所論之命中，使動之命為天賦之義，如「五十而知天命」（《論語・為政》）之「命」。受動之命為命運之義，如「亡之，命矣夫」（《論語・雍也》）之「命」。天賦之義的「命」表現為上天賦予個人以使命或德性，命運之義的「命」表現為個人實際生活中無法抗拒的力量。但孔子關於命的論述用詞並不嚴格，因此如何區分使動之命和受動之命，就成了一個問題。學者紛紛為此做出自己的努力。徐復觀認為，「《論語》中單言一個『命』字的，皆指運命而言」。[17]傅佩榮同意這種看法，指出，「大體說來，『命』字可以指命運或使命。這兩種意義可以稍加區分：單舉『命』字，指命運；合『天命』而言，則常指天賦之使命」。[18]

　　從受動的意義上看，究竟什麼是命呢？孟子有段話說得比較簡明：

　　　　莫之為而為者，天也；莫之致而至者，命也。（《孟子・萬章上》）

此段話是由弟子的提問引出的。弟子問，是不是禹把天下傳給了兒子，而沒有傳給賢人。孟子不同意這種說法，認為堯把天下傳給舜，舜把天下傳給禹，一是因為堯的兒子和舜的兒子都不好，二是因為舜幫助堯，禹幫助舜的時間比較長，對百姓施以恩澤的時間也就比較長，所以百姓才不擁戴堯的兒子，而擁戴舜，不擁戴舜的兒子，而擁戴禹。禹也沒有傳位給自己的兒子啟，而是傳位給賢人益，但是一來啟和堯舜的兒子不同，很賢明，能夠認真繼承禹的傳統，二來益幫助禹的時間太短，對百姓施與恩澤的機會太少，所以百姓才擁戴啟而沒有擁戴益，造成傳子不傳賢的情況。孟子強調，舜禹益之間相距時間的長短，以及其兒子品德的好壞，都是天意，不是人力所能做

16　參見丁為祥〈命與天命：儒家天人關係的雙重視角〉，《中國哲學史》2007 年第 4 期。

17　徐復觀：《中國人性論史・先秦卷》（臺北：臺灣商務印書館，1984 年），頁 74。

18　傅佩榮：《儒道天論發微》（臺北：臺灣學生書局，1985 年），頁 83。

得到的。「莫之為而為者，天也；莫之致而至者，命也」這一說法告訴人們，沒有人叫做的卻做到了，這叫做天；沒有人給予的卻得到了，這叫做命。從這裡可以看得很清楚，命特指「非人之所能為」，也就是不由人的主觀努力所能決定的情況。

這裡需要特別強調一下，儒家承認命並沒有太強的消極色彩，恰恰相反，表現出一種相當積極豁達的態度。這種積極豁達的態度就叫做「修身以俟」。孟子說：

> 盡其心者，知其性也。知其性，則知天矣。存其心，養其性，所以事天也。夭壽不貳，修身以俟之，所以立命也。（《孟子·盡心上》）

窮極自己的本心，就會知道本心具有仁義禮智之端，也就會知道自己本性固善；知道了自己本性固善，也就知道了天道是怎麼回事，知道了這一切都是天道自然之理。將仁義禮智之端存於心中，就是滋養自己的誠善之性，也就是侍奉而不違逆於天道之本然。不管短命或長壽，心中都不動搖，修養好自己的身心，做自己應該做的，等待命運的到來；無論遇到什麼情況，都不三心二意，而是努力修養己身等待命運的到來：這就是君子對待命的正確態度。

在《孟子》那裡，與「修身以俟」相近的說法叫「行法」、「俟命」：

> 堯舜，性者也；湯武，反之也。動容周旋中禮者，盛德之至也。哭死而哀，非為生者也。經德不回，非以干祿也。言語必信，非以正行也。君子行法，以俟命而已矣。（《孟子·盡心下》）

堯舜行仁德是出於本性，湯武次一點，是經過修身回復本性然後力行，但他們動作容貌無不合於禮，是美德中極高的。哭死者而悲哀，不是做給活人看；由道德而行，不致違禮，不是為了求取官職；言語一定有信，不是為了讓人知道我的行為端正。君子所當做的，只是「行法」即依法度行事，至於

結果如何，只能「俟命」而已。這就是說，君子只管做好自己該做的，至於結果，就只能等待命運的安排了。能得到理想的結果，那當然好，如果得不到，也沒有關係，將其歸之於命而已。這裡沒有什麼消極的意味。

4、孔顏樂處：另一種意義的福報。儘管儒家從不擔保有德之人必然能夠得到物質幸福，甚至認為德福不一是一種常有的現象，人們對此只能修身以俟，正面相對，但這並不意味著人們成德行善就全是苦，恰恰相反，儒家從孔子創立之始就已經認識到，成德行善本身就是一種樂，而這種樂就是孔顏樂處之「樂」。

儒家認為，人們成德行善必須是純粹的，必須是「由仁義行」，不能是「行仁義」。套用康德的術語，儒家非常重視道德的純粹性，強調必須為道德而道德，不能在裡面摻雜任何其他因素。因為堅持道德的純粹性，所以要完成這種道德常常需要做出犧牲，付出代價，吃很多的苦，受很多的罪，甚至要搭上個人的性命。但這種犧牲是在成德過程中付出的，是按照自己良心善性要求而行，所以可以轉化為一種道德之樂。這種道德之樂就是道德幸福。這方面最有名的例子就是孔子和孟子對於顏淵的讚揚了：

> 子曰：「賢哉，回也！一簞食，一瓢飲，在陋巷，人不堪其憂，回也不改其樂。賢哉，回也！」（《論語·雍也》）

> 顏子當亂世，居於陋巷，一簞食，一瓢飲，人不堪其憂，顏子不改其樂。（《孟子·離婁下》）

孔子和孟子都表彰顏淵，讚賞簞食瓢飲居陋巷，人不堪其憂，其卻「不改其樂」。這裡的「樂」字大有講究。顏淵所樂何事，從此成為儒家熱議的一個重要話題。顏淵所樂自然不是簞食瓢飲陋巷，簞食瓢飲陋巷本身是苦不是樂。顏淵所樂在於他的道德追求，簞食瓢飲陋巷不僅不能影響他的道德追求，降低其價值，反而因為其中的磨難大大增加了其內心愉悅和滿足的程度。濂溪教二程兄弟體驗孔顏樂處，就是讓他們明白這個道理。由此可以看

出，世間既有物質的幸福，也有道德的幸福，前者是因物質需要得到滿足所致，後者是由道德要求得到滿足所生。儒家雖然不反對物質幸福，認為這種幸福也是人生所必須具有的，但更看重道德幸福，一旦能夠得到道德幸福，即使在物質生活方面不甚滿意，也無所謂，同樣可以「不改其樂」。因為這種幸福是道德之心要求得到滿足之後的結果，對於成就道德而言，也是一種好的回報，從某種角度看，「此亦可說是福報」[19]。

　　對於因孔顏樂處而成的道德幸福需要特別當心。應該清楚看到，這種幸福與康德圓善思想所要求的那種幸福並不是一回事。康德並不反對理性存在者對於道德法則有一種「敬重」，出於這種「敬重」而遵從道德法則，理性存在者可以得到一種「智性的滿足」。但他明確將這種滿足排除在幸福的範圍之外，直接講過，這種滿足「不能稱之為幸福」[20]。因此，即使我們證明了孔顏樂處確實可以為成德之人帶來道德幸福，使生活充滿價值和意義，但仍然無法保證其一定能夠得到物質幸福，在物質生活方面達到完滿，也不宜宣稱，以此便解決了康德意義的圓善問題。康德圓善的幸福是物質性的，儒家孔顏樂處的幸福是精神性的，這兩者之間的界限必須清晰劃定開來。儘管因孔顏樂處而成的精神性的幸福有極高的價值，但它不可能代替物質幸福，不可能保證成德之人物質生活的完美，從而滿足康德提出圓善思想時的那個要求，這是我們必須確定的理論前提。如果不能明確區分這兩者的不同，很容易造成理論的混淆。牟宗三以詭譎的即和縱貫縱講建構儒家義理的圓善，解決康德提出的圓善難題，在理論上造成了一定程度的混亂，這是一個重要原因。[21]

---

[19] 牟宗三：《圓善論》，《牟宗三先生全集》，第 22 卷，頁 316。

[20] 康德：《實踐理性批判》，鄧曉芒譯，楊祖陶校，頁 161、163。

[21] 依我個人的看法，牟宗三《圓善論》中的思想混亂是比較嚴重的，這主要表現在概念是否滑轉，進路是否有偏，表述是否易生誤解，判教是否合理，自我評價是否準確等方面。因此，雖然都是基於儒家立場，但對於儒家關於德福問題的一些重要看法，比如，如何解釋由詭譎的即而成的幸福，能否以存有論解說道德幸福，能否將道德幸福稱為「物自身層的自然」，能否斷言康德圓善問題已得到「圓滿而真實的解決」等等，我與牟宗三有著很大的不同。因為這不是本文的重點，此處不便詳論，有興趣者請參閱我近期發表的相關論文。

三、儒家相關思想的人文性質及其理論意義

　　儒家與康德在德福關係問題上表現出完全不同的態度，遵循著完全不同的路線，從根本上說，是由不同的文化背景決定的。

　　康德之所以揭出圓善問題，為解決這個問題設定靈魂不朽和上帝存在，與其所處的基督教背景有直接關係。在啟蒙運動之後，理性精神得到了極大的高揚，但是基督教並沒有完全退出思想的舞臺。這種情況對康德道德哲學有很大影響。在理論理性批判中，康德將上帝、自由、靈魂不朽規定為本體，只能思想，不能證明，從而將上帝逐出了人類認識的範圍，做出了非凡的貢獻。在實踐理性批判中，康德一方面看到了道德自律的意義，提倡道德必須是純粹的，必須是為道德而道德，不能考慮任何其他利得的目的，否則就是不純粹，就是非道德，另一方面又不得不考慮到基督教背景下現實生活中人們的心靈感受和需要，因為如果有德之人始終不能得到幸福，對其整個人生來講，總是不圓滿的。問題提了出來，就必須解決，而要解決這一問題，限於當時的條件，康德只能選擇設定上帝存在的方式。從這個角度不難看出，康德在實踐理性中將上帝作為信仰保留了下來，其實是一種無奈之舉。於是，康德道德哲學就出現了一種矛盾的狀況：在講道德法則的時候，不需要上帝，在講道德與幸福的關係的時候，又不得不保留一個上帝。離開基督教的背景，康德的圓善思想是無法理解的。

　　儒家並不關注康德意義的圓善問題，甚至公開承認有德未必有福，德福不一是一種常態，背後顯現的是一種人文精神。[22] 儒家產生的背景非常獨

---

[22] 「人文」一詞最早出現在《易經》賁卦的象辭：「剛柔交錯，天文也。文明以止，人文也。觀乎天文以察時變；觀乎人文以化成天下。」由此可知，在中國文化中，人文是與天文相對的一個概念，即一般所說的人文化成，泛指人類社會的各種文化現象。近代以來人們使用這個概念，大多又增加了一個西方思想的背景，專指 humanism 的譯文。歐洲文藝復興時代一些知識分子大膽超越和反對中世紀歐洲宗教傳統，把希臘羅馬的古典文化作為一種依歸，用這種辦法來回歸世俗的人文傳統，這種情況就叫做 humanism。雖然來源不同，意義有別，但二者也有一個共同點，即都與天或神相對。本文正是在這個意義上使用這個概念的，專指與宗教（此處特別指基督教）相對

特。周滅商後，周代統治者面臨的最大困難，是如何證明這種政治變化的合法性，向人們說明小邦周何以能夠克掉大國殷。周人為此尋找到的解決方案，便是「皇天無親，惟德是輔」的觀念。周人的天是一個有意志的人格神，時刻監視著人世間的情況。因為商王無德，皇天收回了賦殷之命，因為周人祖先有德，皇天改立周王為其長子，賦予其治理天下的權力。周人的這種做法有效地解決了其政權的合法性問題，在周初取得了良好的效果。但隨著時間的發展，其內在的矛盾也逐漸暴露了出來。這是因為，周人政權的合法性並不真的來自上天的賦予，天也不能真的對於人間的行為予以獎勵或處罰。西周政治走向衰落之後，統治者無德無能，但並沒有得到那個能夠賞善罰惡、充滿道德色彩的上天的懲處。這種情況必然引發人們思考一個嚴肅的問題：周人祖先所創造的以道德為中心內容的上天還管不管用？正是在這種情況下，爆發了怨天、疑天的巨大思潮。在這種思潮的衝擊下，周人先前以德論天的做法不再靈驗，走向了衰落。怨天、疑天思潮的歷史作用不可小視，直接標誌著原始倫理宗教的瓦解。孔子創立儒家學派，就是在這種背景下進行的。在原始倫理宗教走向瓦解的大背景下，以孔子之平實的性格，不可能再主動回到先前的宗教傳統，將儒家變成一種宗教。[23]這樣一來，儒家便走上了人文的道路，儘管在其發展過程中必然也會在超越層面上提出問題，有自己超越層面的追求，因而發揮著類似宗教的作用，但並沒有像基督教或其他宗教那樣將立論的根基置於神之上。

因為儒家不屬於宗教而是人文，所以它只能以人文的方式處理所面臨的事物，德福關係就是其中一個重要的方面。處理德福關係問題，從大類上分，無非有宗教的方式和人文的方式。以宗教方式處理德福一致，一般來說

的文化觀點和現象。需要補充說明的是，儘管我強調儒學屬於人文，但並不反對儒家有自己的超越追求，其學說有一個超越的層面。一種理論學說有沒有一個超越的層面與是否將自己的學說以神為基礎，具有明確的宗教性質，是兩個不同的問題，不應混淆。

[23] 詳見拙文〈從以天論德看儒家道德的宗教作用〉，《中國社會科學》2006 年第 3 期。

少不了兩個方面的內容，一是以一個人格神作保證，二是肯定來世報應的觀念。前者如基督教系統。康德設定上帝保證有德之人一定能夠精確地配享到幸福，就屬於這種情況。後者如佛教系統。因果緣起是佛教的基本教義。佛教相信，世上萬事皆由因緣而生，前世之因必有今世之果，今世之因必有來世之果，只要真心成德向佛，一定可以得到福報。儒家不是宗教，更具人文性，所以既不可能設定什麼人格神，也不可能講什麼來世回報，以保證有德之人必有福。《荀子》中有一段材料很能說明問題。孔子南適楚，厄於陳蔡之間，七日不火食，藜羹不糝，弟子皆有饑色。子路進而問之曰：「由聞之：為善者天報之以福，為不善者天報之以禍，今夫子累德積義懷美，行之日久矣，奚居之隱也？」孔子回答道：

> 「夫遇不遇者，時也；賢不肖者，材也；君子博學深謀，不遇時者多矣！由是觀之，不遇世者眾矣，何獨丘也哉！且夫芷蘭生於深林，非以無人而不芳。君子之學，非為通也，為窮而不困，憂而意不衰也，知禍福終始而心不惑也。夫賢不肖者，材也；為不為者，人也；遇不遇者，時也；死生者，命也。今有其人，不遇其時，雖賢，其能行乎？苟遇其時，何難之有！故君子博學深謀，修身端行，以俟其時。」（《荀子·宥坐》）

子路為孔子的遭遇深感不平，以「為善者天報之以福，為不善者天報以禍」為由，向孔子提問。孔子沒有順著「天報」的路子走，講上天一定能報，此時不報將來一定能報，而是以「時」和「命」作答。這一回答大有講究。在周人以「皇天無親，惟德是輔」為理論依據建立自己政權的合法性之後，天作為人格神掌管著人間的一切，賞善罰惡。這方面的材料在《尚書》中處處可見。但自從西周末年爆發了怨天、疑天的思潮之後，這種人格神的天便漸漸走向了消亡。孔子的偉大之處在於，他不僅牢牢把握住了這一思想轉折的方向，而且具體實行，不再將自己思想的重點和希望寄託於上天，只是要求自己和弟子「修身端行，以俟其時」。這則材料充分說明西周末年思想動盪對儒家

所具人文特質的影響，也說明孔子在這一過程中的巨大定位作用。本文反復強調儒學屬於人文不屬於宗教，其重要意義由此就可以看得比較清楚了。

　　雖然儒家並不保證成就道德一定會得到物質幸福，但它卻非常堅定地承認，成就道德一定可以得到道德幸福。在儒家看來，成就道德的根據並不在外面，就在自己心裡。仁義禮智我固有之，每個人都有良心善性，這就是自己成就道德的根據。道德的根據是活潑潑的，有無限的動力，遇事當下呈現，向人發佈指令，提出道德要求，迫使人們必須按它的指令去做。一旦人們這樣做了，這種道德要求就得到了滿足，內心就會有一種愉悅感和滿足感。這種愉悅感和滿足感就是道德幸福。儒家並不因為成德必須付出犧牲而成為一種苦的文化，恰恰相反，它處處洋溢著樂的氣氛，究其原因，就在成就道德本身也是一種快樂，也是一種幸福。儘管這種幸福無法保證成德之人物質生活方面的完美（這正是康德提出圓善問題的思想初衷），但卻可以保證人生活得愉快而有意義。

　　將儒家關於德福關係的這種獨特姿態與康德哲學的基督教背景放在一起進行比較，可以得出兩個基本結論：第一，康德的圓善思想和儒家對於德福關係的看法是兩種性質不同的理論。康德的圓善是物質意義的圓善，是保證有德之人必然能夠按照比例享受到物質幸福。儒家重在強調有德之人一定能夠享受到內心的滿足和快樂，這種滿足和快樂只是精神意義的，是道德幸福，而不是物質幸福。第二，以儒家孔顏樂處為代表的道德幸福不可能解決康德的圓善問題。康德的圓善所要求的幸福是物質性的，儒家雖然十分看重孔顏樂處，但孔顏樂處只是一種道德幸福，是精神性的，不是物質性的，不能跨越邊界，以此解決康德那種具有宗教背景的圓善問題。有了這樣一個基礎，《圓善論》的不足就顯現出來了。牟宗三對康德圓善思想很感興趣，十分重視，一方面認為，康德這一思想很有意義，如果成德之人沒有福報，就等於「自毀」、「自殺」[24]，對道德不利，另一方面又不滿意康德以上帝存

---

[24]　「自毀」和「自殺」是牟宗三的說法，關於這一說法詳見《圓善論》，《牟宗三先生全集》，第 22 卷，頁 194、263。

在的方式解決問題，認為上帝只是一種情識的需要，虛而不實，不可能真正保證圓善的實現。儒家與其不同，儒家系統有無限智心，無限智心是實的，不是虛的，以無限智心代上帝，通過詭譎的即和縱貫縱講，可以去康德之虛，立儒家之實，解決圓善問題。但是，必須清楚看到，康德哲學與儒家哲學的文化背景有著極大的差異。康德哲學有一定的基督教文化背景，所以康德以「認其為真」[25]的方式設定上帝，以保證德福一致，是可以理解的。與之相對的是，自孔子創立儒家之後，走的就是人文之路，沒有這樣一個明確的宗教背景，以這樣一種人文的思想系統根本無法保證有德之人一定能夠得到物質幸福。站在儒家的立場上看，康德意義的圓善問題原本就是無解的，不僅過去解決不了，將來也解決不了。對於康德所說的德福圓滿，我們只能抱有一種期許，一種希望，而不能打任何的包票。牟宗三不是這樣，儘管他清楚看到康德解決圓善問題有一個基督教的背景，也反覆強調中國文化的特質問題，但還是認為，經過他的努力，《圓善論》已經「圓滿而真實」地解決了圓善難題。這很容易出現混亂，使人們產生疑問：以人文為特質的儒家怎麼能夠解決康德在宗教背景下提出的這類圓善問題呢？其實牟宗三沒有也不可能真正解決康德意義的圓善問題，只是為解決這一問題提供了一種完全不同的思路，而這種思路本身也有其缺陷，有些問題亟待商榷。由於牟宗三有上述說法，加上其論證過程中某些表述有欠準確，使《圓善論》在一些重要環節上存在著嚴重的混亂，閱讀難度很大，甚至可以說是一部很難真正讀懂的作品。[26]

最後需要著重指出的是，近些年來常常聽到一種說法，說是與其他文化

25　關於康德以「認其為真」的方式看待「信仰的事」的情況，可參見康德《判斷力批判》，鄧曉芒譯，楊祖陶校（北京：人民出版社，2002 年），頁 330。

26　在牟宗三眾多著作中，我接觸《圓善論》是比較早的，當時的感覺是氣度宏大，義理精深，但對於核心之點即借用儒家學理如何能夠解決康德意義的圓善難題，卻始終不能了然於胸，鬱悶非常。只是在十多年後，認真研讀《智的直覺與中國哲學》、《現象與物自身》，對牟宗三的存有論進行系統探討，發現以智的直覺為中樞的無執存有論中存在的問題，再回過頭來看《圓善論》，方才明白毛病究竟出在哪裡。據我觀察，反映《圓善論》不好讀並非個別情況，有相當的普遍性。

系統相比，儒家的層面還比較低，因為儒家不是宗教，如果將儒家提昇到宗教的層面，那儒家的發展就會大大前進一步。也有一些學者認為，儒家原本就是宗教，但近代以來因為文化斷裂，儒家喪失了其宗教的地位，要補救社會的重重弊端，必須將儒家重新弘揚起來，立為全社會的宗教。對此我的看法完全不同。我一直堅持認為，儒家只是具有宗教的作用，而不是宗教。必須注意，我這樣講，並不是批評儒家不行，不夠格，需要進一步「上昇」到宗教的層面，而是強調它比一般的宗教更加微妙，更加合理。僅以德福關係而論，各種宗教雖然教義不同，但都以自己的方式保證有德必有福，從各自的教義上說，人們可以相信這一點，但從儒家的角度看，這一點如何能夠保證是很值得懷疑的。儒家一方面非常重視孔顏樂處，告訴人們只要真心成德，一定會得到精神上的愉悅，「樂莫大焉」，另一方面又從不打包票，保證只要努力成德就一定能夠得到物質幸福，只是勸導人們「修身以俟」，積極努力，奮力爭取，等待好運的到來，得到了算是運氣好，得不到也別抱怨。將這兩種不同的思維方式放在一起進行比較，哪一個更加平實，更為可信呢？從我個人的角度來看，顯然儒家的態度更為實際，更為可信，更為「陽剛」，更為「挺拔」[27]。作為儒學研究者，我們為此難道不值得有充分的理由自豪和驕傲嗎？為什麼一定要把儒家進一步「上昇」到宗教層面，東施效顰，盡棄自家之長偏取他人之短呢？

（發表於《中國社會科學》2010 年第 4 期）

27　「陽剛」、「挺拔」是牟宗三的說法，參見《圓善論》，《牟宗三先生全集》，第22 卷，頁 54。本文引用這一術語並不想證明儒學與其他宗教孰高孰低，只是想說明在德福關係問題上，儒學和其他宗教都有自己的說法，但儒學的這種說法顯得更為平實，更為合理。當然如果站在其他宗教的立場上同樣可以說，他們的說法更好，更有力量。這是一個見仁見智的問題，儘管如此，由於筆者是站在儒學角度立論的，理當表明自己的立場，這與融合各家所長，形成一個大的綜合，並不矛盾。

牟宗三早期圓成論的貢獻與缺失

　　牟宗三美學思想最早表現在 20 世紀四十年代寫作的《認識心之批判》中。該書第四卷「認識心向超越方面之邏輯構造」分為「本體論的構造」和「宇宙論的構造」兩章，後一章又闢為四節，最後一節標題即為「美學世界的宇宙論的形成」。這一節大約一萬四千多字，初步表達了其美學思想，並提出了「圓成世界」的概念。我將牟宗三這一時期的思想稱為「早期圓成論」。早期圓成論有很高的思想價值，但也隱含著一些有待討論的問題。目前學界在這方面的研究還是一個弱項，相關成果較為少見。[1]本文旨在對此進行一些梳理，以彌補這方面的不足。[2]

---

[1] 王興國在這方面走在了前列，他於 2005 年就撰寫了這方面的專文〈成於樂的圓成之境——論牟宗三的美學世界及其與康德美學的不同〉（《孔子研究》2005 年第 1 期）。近年來，唐聖在其博士論文的基礎上發表了一組文章，主要包括：〈當下呈現的自由是美的——牟宗三美學之基礎命題〉（《當代儒學研究》第 8 期，2010 年 6 月）；〈圓成之和與美的判斷——牟宗三美學之初期形態〉（《安康學院學報》2012 年第 1 期）；〈智的直覺與實踐－修證美學——依牟宗三智的直覺理論而來的美學形態〉，（《安康學院學報》2012 年第 3 期）；〈菩提心與圓融自在——牟宗三《佛性與般若》的美學向度〉（《安康學院學報》2012 年第 4 期）；〈牟宗三論智的直覺之儒家義對美學研究的啟發〉（《西北農林科技大學學報》2012 年第 4 期）。另外，這方面也有專著問世，如陳迎年的《智的直覺與審美直覺》（上海：上海人民出版社，2012 年），當然，這方面影響最大的還要算尤西林的《心體與時間——二十世紀中國美學與現代性》（北京：人民出版社，2009 年）。儘管有這些成果，但相對於整體情況而言，牟宗三美學思想研究是一個弱項，則是一個不爭的事實。

[2] 關於牟宗三早期圓成論的基本內容，筆者另撰有專文〈牟宗三早期圓成論原理要義〉（《儒學天地》2015 年第 1 期）。該文是本文的姊妹篇，敬請參看。

一、早期圓成論的意圖及其理論意義

　　牟宗三早期圓成論立意深遠，意義不可小覷。

　　康德寫作《純粹理性批判》主要涉及的是認識論問題，期望以此解決「我能夠知道什麼」的問題，寫《實踐理性批判》主要涉及的是道德問題，期望以此解決「我應當做什麼」以及「我可以希望什麼」的問題。儘管這兩個方面都有大貢獻，但這兩個部分畢竟缺乏內在的關聯。人們完全有理由提出這樣的問題：這兩個部分有沒有內在的聯繫？既然本體不可知，你是怎樣從認識出發而知道自己的道德本體的？康德在《實踐理性批判》尚未出版的時候，已經注意到了這個問題。在 1787 年的一封信中，明確提出，他正忙於鑒賞力的批判。「我在純粹（理論）理性的批判裡發現了第一種能力的先天原則，在實踐理性的批判裡發現了第三種能力的先天原則。現在，我試圖發現第二種能力的先天原則，雖然過去我曾認為，這種原則是不能發現的。對上述考察的各種能力的解釋，使我在人的心靈中發現了這個體系。讚賞這個體系，盡可能地論證這個體系，為我的餘生提供了充足的素材。這個體系把我引上了這樣一條道路，它使我認識到哲學有三個部分，每個部分都有它自己的先天原則。」[3]判斷力批判使康德有了一個重要發現：情感原來也具有先天原則，借助這種先天原則，審美判斷才能成為可能。沿著這一思路不斷探索，康德在有機體中發現了合目的性，進而發現了自然界的合目的性，從而證明只有道德的人才能成為自然的目的。經過這樣一層層的遞進，康德終於借助審美，從認知進入道德，將《純粹理性批判》與《實踐理性批判》結合了起來，形成了一個整體。學界公認，《判斷力批判》是康德非常重要的著作，隨著時間的發展，近年來越來越引起人們的重視。但這並不能表明，《判斷力批判》是談論審美的唯一方式，康德美學思想的確存在一些有待討論的問題。站在儒學立場上，深入發掘其中的合理因素，我們完全可以

---

[3]　康德：《康德書信百封》，李秋零編譯（上海：上海人民出版社，1992 年），頁111。

提出更為合理的美學思想，彌補康德相關思想的不足，而這也正是牟宗三早期圓成論的基本立意之所在。

　　牟宗三早期圓成論主要是在《認識心之批判》「美學世界的宇宙論的形成」這一小節中提出來的。這一小節始終貫穿著這樣兩條主線：第一，什麼是審美？康德以目的性原則講審美是否可行？第二，什麼是綜合？康德以判斷力溝通理論理性和實踐理性的做法是否可行？

　　在頭一條主線中，牟宗三批評了康德以目的性原則講審美的做法，對什麼是審美提出了自己的看法。他認為，本體是一個活潑潑的實體，生生不已，創造不已，一方面可以創造命題世界，一方面可以創造道德世界。命題世界和道德世界雖有不同，但都是由本體繞出去形成的一種「岔裂」或「丘壑」，本體自身則只是「如如的當然之理」。一旦自本體創造處如如地「綜觀或靜觀」以欣賞自己的創造，便可以形成圓成世界。牟宗三甚至強調，圓成世界確切地說並不是一個世界，而只是本體對於自己所創造的對象因「綜觀或靜觀」以欣賞而形成的一種境界。從這一思想出發，便有了牟宗三對美的判斷的新界定：「天心處於其自己中而如如地欣趣其所發，即謂美的判斷。」[4]這一界定最重要的內涵表現在兩個方面：首先，天心是一個創造的本體，始終處於「所發」之中；其次，天心在其「所發」的同時又能夠「欣趣其所發」。概括起來，天心一面進行創造，一面欣賞自己的創造，這就是美的判斷。

　　在後一條主線中，牟宗三提出了一個與康德綜合思想完全不同的思想。他認為，像康德那樣以判斷力綜合理論理性與實踐理性的思路矛盾很多，是行不通的，我們沒有必要跟著走，完全可以另想它法。在他看來，因為本體是創生實體，一方面創造命題世界，另一方面創造道德世界，所以就本體的創造而言，這兩個世界並非隔而不通，而是融貫為一的。這種融貫為一，就是圓成世界。換句話說，要成就圓成世界，不能將視線集中於命題世界或道德世界，而必須收歸本體自身。因為無論命題世界還是道德世界都由本體而

---

[4]　牟宗三：《認識心之批判》，《牟宗三先生全集》，第19卷，頁736。

生，其根源是一。這個「一」就是「和」，也就是圓成或圓成世界。基於這一看法，牟宗三強調，命題世界和道德世界在本體處原本即為合一，並沒有罅隙，不需要勞神費力再做什麼溝通。命題世界與道德世界之圓成之和只是「天心之貫徹」、「天心之下貫」。要想建立兩個世界的聯繫只能從「天心之貫徹」、「天心之下貫」方面說，不能像康德那樣另尋一個第三者作為媒介。簡言之，命題世界與道德世界並不需要另外溝通，在本體處原本即是為一的，這個「為一」就是圓成。

　　王興國對牟宗三早期圓成論進行過專門研究，將牟宗三相關思想概括為「儒家式的美學大綱」，內含九大要點。王興國特別強調，美的判斷不能由認識主體來講，不能從媒介地位來講。美的判斷的建立必須有實有的根基，這個根基就是道德的本體。由這個根基出發，理論理性與實踐理性必然為一，由此便可以談圓成了。更有意義的是，本體在創造過程中，同時還欣趣自己之所發。這種欣趣之所發，就是美，由此便可以達到「成於樂」的境界，體現「大樂與天地同和」的精神，實現亦莊亦美。由此說來，「這一美學大綱乃是牟宗三站在中國哲學、主要是儒學的立場上扭轉與重建康德美學的結果。實質上，正如上文所說，這是一個儒家式的美學綱要。」[5]這一判斷很好地抓住了早期圓成論重視道德本體，以道德本體講審美，以道德本體講綜合的特點，是一個重要的研究成果。

　　尤西林從美學專業的角度也對此進行了探討，將相關研究大大推進了一步。尤西林這一研究最有價值的部分，是很好地凸顯了牟宗三強調道德本體在審美中的作用這一思想特點。據尤西林分析，在牟宗三那裡實際有三類不同的美：一是作為「氣化光彩」與美術作品之品鑒的外飾形式美；二是以佛道為代表的超脫於現實之上的靜觀境界；三是真善美合一又潤澤創生萬物的「本心」（心體）之美。第一類審美是流行、顯豁、外表化的審美，藝術是其集中的代表。第二類審美以魏晉名士、晚明才子的飄逸或情趣人生為代

5　王興國：〈成於樂的圓成之境——論牟宗三的美學世界及其與康德美學的不同〉，《孔子研究》2005 年第 1 期。

表，表現的是真實生活中的人格境界或藝術化的人生方式。第三類審美可稱做倫理行為之美，它其實就是中國傳統倫理社會最深層亦更具代表性的審美形態。在這三類不同的美中，牟宗三最重視第三種。

為此，尤西林花了很大的力量回顧了牟宗三《才性與玄理》中的論述。在《才性與玄理》中，牟宗三對以《人物志》為代表的魏晉玄學的美學思想提出了批評，認為順《人物志》之品鑒才性，開出一美學境界，下轉而為風流清談之藝術境界的生活情調，遂使魏晉人多有飄逸之氣。但這種理論重視的是才性主體，以此不足以建立真正的普遍人性之尊嚴。與此不同，儒家特重人有貴於己者，強調人內在的道德根據，宋明儒順此一路講義理之性，重視道德主體，遂使人建立真正的普遍人性之尊嚴，同時亦可以不斷變化氣質，向上發展。這樣一來，魏晉玄學《人物志》與宋明儒學便成了兩極，一個重藝術性的「才性主體」，一個重道德性的「道德主體」。正是在這種對比中，儒家思想的高貴顯現了出來。「發見普遍的人性，建立人的尊嚴，在中國是儒教，在西方是基督教，講法雖不同，而同能超越現實階級的限制，使人成為精神上的平等存在。而藝術精神則不能有此成就。希臘亦是藝術精神，故柏拉圖、亞里斯多德皆承認有先天的奴隸。但希臘的藝術精神為青年的、健康的，而魏晉人的藝術精神則是中年的、病態的。」[6]該書跋中的一段論述於此講得更為鮮明：「無健康之道德意識，無客觀而積極之政治思想，則寄託其浮萍之餘生於玄理以稍放異彩於陰教，似亦勢之必然也。悲哉魏晉人之聰明，而亦美哉乎魏晉人之聰明！知識分子欲保障其生命與存在，捨以健康之道德意識與積極而客觀之政治思想，為其『理性存在』而奮鬥，蓋別無他途焉！」[7]歸結起來，按照牟宗三的判斷，以《人物志》為代表的魏晉人物的美學思想，最大的不足就是沒有道德意識，從本質上說，是一種唯美主義，境界不高。牟宗三寫作《才性與玄理》的一個重要目的，就是以儒家學理對這種唯美主義進行批判。「唯美主義之可悲與不足靠，不僅之於

---

[6]　牟宗三：《認識心之批判》，《牟宗三先生全集》，第 2 卷，頁 57。
[7]　同上注，頁 445。

魏晉亂世野蠻政治時代而言，即令全球化時尚現代，牟氏分別說之美更進一步與人格境界剝離無干，成為更加外在的扮飾而金錢商品化。與魏晉名士雖無干於現實政治而仍自恃於個體人格與日常生存方式的審美境界形態相比，商品化漂浮物（流通物）的現代審美時尚，不僅無道德人格，也無境界感。唯美主義與此種現代蛻化，竟然被視為審美的普遍化與文明進步表現（所謂「審美化」），嗚呼！」[8]牟宗三對唯美主義的批判蘊含著重要的理論意義，它告訴我們，審美與藝術不能保證理性與道德，相反，審美與藝術如果脫離理性和道德，堅持唯美主義，則勢必墮落為虛無主義與病態的自然生命。

　　受尤西林的影響，陳迎年也從這個角度進行了研究，並進一步將牟宗三美學概括為「善美學」。他說，牟宗三雖然本人並不重視美學，認為身處家國多變的時代，當務之急是以內聖以開出新外王。「但是，當牟宗三依智的直覺來解說儒學，以『即真即美即善』的中國智慧傳統來會通、消化、超越康德，最終復歸王龍溪，將道德踐履『即真即美即善』之圓善化境標舉為『四無』時，恰恰又正是審美，而不是什麼道德或知識（兩層立法），才足以堪當此圓成化境的標誌，這又使得其道德的形上學在總體上呈現出明顯的美學特徵，成為一種善美學。」[9]雖然陳迎年對牟宗三美學思想有一些不同意見，提出了嚴厲的批評，但仍然承認，「就此自覺的親和性來說，儒家所宣揚的道德必有其根基，必本於天下古今細民之情。這又成就了牟宗三哲學的另一意義，即美學表達了對道德本身進行追問的必要性，以及為道德尋求根基的可能性。」[10]

　　以此為基礎，我們就可以看出牟宗三早期圓成論的意義所在了。在牟宗

---

[8] 尤西林：《心體與時間——二十世紀中國美學與現代性》，頁 202-203。需要說明的是，尤西林這一評論是同時針對早期圓成論和後期合一論的。早期圓成論與後期合一論雖然分屬兩個時間段，但在這個基本點上並無原則不同，所以上述評論同樣適用於早期圓成論。

[9] 陳迎年：〈牟宗三的善美學〉，《文藝研究》2010 年第 5 期。

[10] 同上注。

三看來，康德那種以目的性原則談審美，以審美判斷連接理論理性與實踐理性的做法，問題很多，不可能真正達到目的，必須另擇它途。要解決康德的問題，根據儒家學理傳統，必須首先確立本體。本體是萬事萬物的總根源，不僅可以創生宇宙萬物，而且可以「欣趣」自己的創生，這就是美。從理論深處挖掘，牟宗三這一審美思想最有價值的部分是建構了一種倫理美學，以道德講審美，強調審美不能離開道德，這對於校正唯美主義、虛無主義之誤，確實不失為一劑良藥。更為重要的是，本體的創生是多方面的，即可以創生命題世界，又可以創生道德世界。但對本體而言，命題世界和道德世界都為其所創，在其根源上原本就是打並為一，貫通不隔的，完全沒有必要再像康德那樣以審美判斷來溝通理論理性和實踐理性。這樣一來，牟宗三就以儒家本體思想為根據，形成了一種與康德完全不同的綜合主張。牟宗三這一思想自提出之後便成為其相關思想的主基調，後期合一論儘管因為涉及了智的直覺的問題，大談無相問題，理解起來更為困難，但總體上是仍然是對早期圓成論的主基調的具體展開。因此，要準確把握後期合一論必須首先對早期圓成論有一個基本的瞭解。

二、「如如」：一個早期潛伏的隱患

儘管早期圓成論有很高理論價值，但也有一些地方不無討論餘地。「如如」便是其中之一。「如如」是早期圓成論中很重要的講法，這一講法主要在下面兩個意義上使用：

首先，審美判斷源於天心之「如如地觀照」。在牟宗三看來，要談審美判斷，首先需要確立天心這一真實的基礎。但光有天心還不夠，還必須保證天心可以充分發揮作用，這種發揮作用就是「如如地觀照」。「依是，其判斷也根於天心，其所判斷也即此天心之如如地觀照。此為徹裡徹外而為一的即寂即照，此即美的判斷之所呈現。」[11]天心是道德本體，不是死寂之物，

---

[11]　牟宗三：《認識心之批判》，《牟宗三先生全集》，第19卷，頁736。

一定有所發用，其發用就是賦予宇宙萬物以意義，而這種賦予宇宙萬物以意義是通過「如如地觀照」這一方式進行的。與「如如地觀照」相近的說法叫「如如地生化」。「呈現為欣趣判斷之『天心之寂照』同時亦即為貫徹潤澤而實現萬有者，此即是客觀而真實之普遍的自然目的性之實現。依是，康德為判斷而立之主觀目的性─超越原則，在吾人說統中，即廢棄矣。依是，吾人只有形上天心之如如地生化與如如地寂照。」[12]要講審美判斷首先要講一個天心。有了天心之「如如地生化」，萬物即可得到貫徹與潤澤，這才是客觀而真實的自然目的性。有了這樣的目的性，康德所立的主觀的目的性就可以棄而不用了。

　　其次，審美判斷是對天心之所發的「如如地欣趣」。天心「如如」地觀照宇宙萬物，賦予宇宙萬物以意義，這只是一個方面。僅有這一個方面，仍然無法形成審美判斷，因為人們還沒有辦法從中享受愉悅，體驗到美。因此，牟宗三強調，除了這個方面之外，天心還要對自己的所發有所欣賞。牟宗三將這種欣賞稱為「欣趣」。「天心處於其自己中而如如地欣趣其所發，即謂美的判斷。」[13]天心一方面「如如」地觀照，賦予宇宙萬物以道德意義，另一方面又欣賞自己的這種賦予，即為「欣趣」。這種欣趣以「如如」的方式進行，總稱為「如如地欣趣」。換句話說，道德本體在賦予宇宙萬物以意義的同時，也在欣賞這種賦予，在內心有一種愉悅，這個過程就叫審美。牟宗三於此還有另外一個說法，叫「如如地寂照」。「自如如地生化言，曰道德世界；自如如地寂照言，曰圓成世界。」[14]「如如地生化」是講本體賦予宇宙萬物以意義，這在前面已經講過了，這裡的「如如地寂照」則是指一種欣賞或欣趣。天心不僅可以創生道德世界，而且可以欣賞自己的這種創生，這種欣賞就叫「如如地寂照」。牟宗三反復講「成於樂」，就是此意。「萬物皆在理（當然之理）中立，皆在樂中成。」[15]宇宙萬物是否具有

---

[12]　同上注，頁 738。

[13]　同上注，頁 736。

[14]　同上注，頁 738。

[15]　同上注，頁 719。

意義，首先要看是否有理。這個理不是宇宙萬物本身具有的，而是本體賦予的，這種賦予也就是「在理中立」。然而，光有「在理中立」還不行，那樣人們還不能感受到美。所以「在理中立」的基礎上，還要講一個欣趣，這種欣趣就是「成於樂」。「成於樂」就是欣賞理所賦予宇宙萬物的意義。所以，一個是「在理中立」，一個是「在樂中成」，這兩條都不可少，總之是一個「亦莊亦美」。

　　牟宗三在這裡講的「如如」，有很深的理論內涵。依據牟宗三的一貫思想，這裡的「如如」其實就是他後來一再強調的智的直覺。「此問題之解答，全賴對於基體之本體論的建立同時亦即是超越的建立。此則全賴天心之如何呈現。……而吾人現在自本體創造處言美的世界亦只是邏輯地如此說，其全幅實現必有待於直覺的構造。」[16]這是說，要真正建成審美判斷，必須依據本體論的建立，依據天心的建立。天心本體的一個重要特徵是可以呈現，而這種呈現就是直覺，所以審美判斷要想建成，必須依賴於直覺的構造。牟宗三進而強調，在這一點上他與康德有著本質的不同。「康德對於感性、知性、理性三者之能與成果，俱已盡真實的批判之責任，惟對美的欣趣則只遊蕩於形式的可能性中而措辭，不惟未至真實的批判與直覺的構造，即形式的批判與邏輯的構造亦未能自其恰當之分位而立言。其故即在對於美的判斷之真實根據未見到。此蓋為西方人所難至者。儒者之學亦正於此而有其所獨闢之天地，而所關亦甚大。」[17]牟宗三認為，康德哲學在感性、知性和理性的建構方面卓有成效，已盡到批判之責，只是對於美的判斷的論述未能到位，在外面遊蕩，重要原因就是康德「未至真實的批判與直覺的構造」。當然，這個責任也不能完全歸於康德本人，而是受西方哲學傳統限制所致。儒學在這方面恰有所長，有非常精闢的思想。透過這些論述，我們可以清晰感受到，牟宗三在這裡講的其實就是智的直覺的問題，只是當時這個問題尚未引起他的充分注意（直到完成《心體與性體》寫作之後，智的直覺的問題

16　同上注，頁 732。
17　同上注，頁 733。

才引起牟宗三的真正重視），沒有明確使用智的直覺這個概念而已。

但是，牟宗三此時如此講「如如」已經隱含了一定的風險。「如」字在佛教中有真如、如實之義，指一切法的真實狀況、本來面目。牟宗三引進這一說法意在強調，道德本體賦予宇宙萬物以意義，並非通過時空範疇這些形式，而是直接進行的。這一思想包含著重要意義。道德本體有強烈的創生性，可以創生宇宙萬物之存有，而這種創生確實不需要借助認識領域中的時空和範疇，這與康德認識必須經由時空和範疇才能進行全然不同。但問題的複雜性在於，通過這種「如如」觀照之後的那個對象的性質是什麼，則大有講究。具體來說，它是一種現相呢，還是物自身？這個問題牟宗三早期圓成論尚沒有涉及，只是在寫作《心體與性體》之後才正式關注，並通過寫作《智的直覺與中國哲學》、《現象與物自身》進行了專門的研究。在此過程中，牟宗三反復借用《大般若經》「實相一相，所謂無相，即是如相」的說法，將這種道德本體通過「如如」觀照所創生的那個對象稱為物之「如相」、「實相」，並強調這種物之「如相」、「實相」就是康德所認為人類根本無法達到的物自身。我的看法與其有很大不同。我堅持主張，道德本體創生存有的確不需要借助時空範疇等形式，但其對象仍然不是物自身，只不過是一種特殊的現相罷了。[18]牟宗三未能將這些環節區分清楚，在理論上有重大過失。這一過失儘管主要表現在其後期思想之中，但在其早期思想中已埋下了種子。因此，要尋找牟宗三後期思想失誤的原因，應該從其早期思想入手。也就是說，牟宗三存有論的一些重大失誤，在其早期思想中就埋下了伏筆，留下的禍根。而這個伏筆、這個禍根，根據我的理解，很可能就是早期圓成論中講的這個「如如」。

---

[18] 這個問題事關重大，我在〈覺他的思維方式不是智的直覺〉（《哲學研究》2013 年第 1 期），〈康德意義的智的直覺與牟宗三理解的智的直覺〉（《文史哲》2013 年第 3 期），〈智的直覺抑或意向性的直接性——對牟宗三覺他學說的重新定位〉（《復旦學報》2013 年第 6 期），以及〈智的直覺與善相——牟宗三的道德存有論及其對西方哲學的貢獻〉（《中國社會科學》2014 年第 3 期）中有詳細分析，敬請參閱。

三、「天心」：關於虛實之爭的疑問

　　早期圓成論另一個需要討論的問題是「虛實」。以合目的性談審美是康德美學思想的重要特徵，而康德在這個意義上講的目的性不是自然本身具有的，而是為了便於人們對於自然的認識形成一個系統而不得不設定的。牟宗三認為，如此說來，康德講的目的性就是虛的，不是實的，無法承擔溝通理論理性與實踐理性之責。康德判斷力批判矛盾重重，講來講去講不圓滿，原因即在於此。要把這個問題講通，必須放棄這一思路，從康德講目的性的思路中轉換出來，從認識心中超拔出來，把問題落在一個真實的根據上。這個真實的根據就是道德之心。在儒家學理中，這種道德之心又叫「形上的心」、「形上天心」，簡稱「天心」。只有從「天心」處想辦法，自「天心」之圓成處立論，才能把審美問題說圓。「我必須揭開這個虛幕而直透天心。夫如此而後能建立自然之真實目的性，而後能實現美的判斷之具體的真實性。我決不以美的判斷為媒介。康德實欲以美的判斷彰著自由概念中之目的於自然中，此即其所謂媒介或溝通。但美的判斷既不能真實實現，則所謂彰著亦落空。且問題又不在只是如此溝通而已，且須使自由概念中所函之實踐目的性頓時即普而為萬有之基體，即目的論判斷所估量者。」[19] 在這一論述中，牟宗三直截了當地指明，他的任務就是「揭開這個虛幕而直透天心」。將整個審美判斷建立在「天心」這樣一個基礎之上，不再像康德那樣建立在一個形式的目的性之上，這是牟宗三早期圓成論的一個重要特點。

　　對於牟宗三的這一思想需要細加辨析。康德寫作《判斷力批判》的一個重要意圖，是希望將前兩大批判有機聯繫起來。在前兩大批判中，康德將哲學分為理論哲學和實踐哲學兩個部分。理論哲學研究的是知性概念如何為自然立法，由此形成「我能夠知道什麼」的問題。實踐哲學研究的是理性如何為自身立法，由此形成「我應當做什麼」以及「我可以希望什麼」的問題。這兩個部分雖然都有很深的意義，在哲學史上有著傑出的貢獻，但也有彼此

---

[19] 牟宗三：《認識心之批判》，《牟宗三先生全集》，第 19 卷，頁 732。

分離，互不相干的明顯缺陷。為了將這兩個部分結合起來，康德又撰寫了
《判斷力批判》。在這一批判中，康德區分了兩種不同的判斷力：一是規定
性的判斷力，這是一種用已有的純粹知性概念去統攝感性直覺以形成知識的
判斷力；一是反思性的判斷力，這是一種把特殊納入到普遍之下，為已有的
特殊尋找普遍原理的判斷力。規定性的判斷力指向外部世界，旨在獲取客觀
性的知識；反思性的判斷力則指向內部世界，通過對象表象在主觀中引起主
觀認識能力的自由協調活動而產生愉悅的情感。在這一思路中，目的性原則
發揮著重要作用。在康德的時代，牛頓機械物理學佔據著主要市場。在其思
想影響下，一切都被還原為機械運動關係，上帝也被趕出了自然界。康德承
認因果關係的重要性，但同時又認為，客觀物質的因果關係無比複雜，我們
如果僅僅按照因果關係來觀察問題，是完全不夠的。為了彌補這種不足，必
須想辦法用目的論對它們加以解釋，以彌補機械論在解釋上的無能為力。一
旦用目的論把客觀事情看成有目的的，一些問題就可以得到較好的解釋了。
正因為如此，在康德的思想中，目的性原則不是客觀事物本身所具有的，而
只是我們人類在看待複雜現象時的一種權宜之計，是我們人類為了自身認識
的便利而人為增加上去的。康德美學思想的一個基本精神，就是堅持審美的
主觀性原則。從這個意義上說，牟宗三批評康德目的性原則是虛的，不是實
的，很好地點出了康德美學思想的特點。

　　以儒學思想為基礎，牟宗三不同意康德這種以目的性原則講審美的方
式，希望將這種虛的原則變為實的原則，而他所說的這個實的原則就是道德
目的。「道德目的自是決定的，但它在吾人主體方面具有扭轉超昇之作用，
假若此目的能頓時即普而為萬有之基，它的決定性即是它的貫注性、生成
性，因而可以利貞萬物之性命。」[20]意思是說，如果不順著康德的思路走，
不以目的性原則講審美，而是換一個角度，從儒家的思想傳統出發，以道德
目的講審美，情況就不一樣了。道德目的源自道德之心，道德之心真實不
虛，有強大的貫注性和生成性，遍普萬物而為萬物之基，利貞萬物而為萬物

20　同上注，頁724。

之性命，宇宙萬物由此便有了道德的意義。以此來談審美才是真實的，才談得成。牟宗三這一思想蘊含著很深的意義，值得高度重視。儘管牟宗三此時沒有明確使用存有論的說法（這一說法的明確使用是從《智的直覺與中國哲學》開始的），但上述講法所要說明的實際上就是其後所著力建構的道德存有論。以道德存有論講審美，是牟宗三早期圓成論的主基調。道德之心不是死物，有強大的創生性，可以創生宇宙萬物，使宇宙萬物染有道德的色彩，具有道德的意義。不僅如此，在這種創生的同時，道德之心還可以「如如地欣趣其所發」，欣賞自己的創生，而這種欣賞就是審美。由於道德之心本身是實實在在的，所以以道德之心為基礎講審美，這種審美的根據就是實的，不像康德的目的性原則那樣，純粹出自人為設定，虛而不實。

　　我的問題是由「天心」這個概念引出來的。「天心」是牟宗三以道德之心講審美的一個重要概念。他特別強調，康德以目的性講審美，全在虛虛相關所成的一套虛幕之中，不能完全透露而實現之。感性之能及其成果是實的，知性之能及其成果是實的，理性之能及其成果亦是實的。這些都沒有問題。問題在於，康德對於那個超感觸的宇宙萬有之基體沒有深切的把握。「他既以本體為中心，為何把不住？（正因天心未透故。）若不以本體為中心，他何以能窺測那個基體定是目的性的？他既由本體為中心而窺測其定為目的性，他何以不能全幅把握之？以本體為中心是也。以主體為中心而不能瑩徹於天心，此其所以不能把握之之故也。」[21]在牟宗三看來，康德審美判斷之所以存在缺陷，根本原因即在未能把握「天心」的意義，不能「以主體為中心而瑩徹於天心」。要克服康德思想的不足，從康德思想的困境中走出來，就必須牢牢把握住「天心」這個概念。

　　問題在於，什麼是「天心」？難道世界上真存在一個「天心」，而這個「天心」又是宇宙萬物的終極根據，不僅可以創生道德之善性，而且可以創生道德之存有嗎？在這個問題上，我與牟宗三的看法有很大的區別。我們知道，「天心」的說法出自《易傳》，原文為「復見天心」。從字面上看，

21　同上注，頁 731-732。

「天心」即是上天之心。《易傳》如此講,與儒家道德形上學的傳統有密切關係。一種理論學說要達到完整,必須為其確立終極的根據,否則其理論根基就不牢固。儒家思想的這個終極根據就是上天。儒家將上天作為自己的形上根據,源於先前天論思想的特殊背景。春秋戰國之際,隨著怨天疑天思潮的興起,西周初年政治統治者「以德論天」的做法不再靈驗了,但天的思想作為一種傳統並沒有完全退出歷史的舞臺,仍然以其他的方式發揮著作用。當人們對於一些問題無法給予確切回答的時候,紛紛以天作為其最後的根據。儒家將天作為道德的終極根據就是這樣來的。儒家為了替仁和良心尋找一個終極根據,不得不上下求索,最後沿用傳統的思維習慣,將這個根據上歸到天上。這種情況就是我所說的「借天為說」。借天為說有著重要的理論意義。一旦將道德的終極根據置於天上,人們的形上要求便得到了滿足,這個問題就有了最終的歸宿,不能再問下去了。這就是說,儒家以天作為仁和良心的形上根據雖然只是一種借用,但其意義不可低估。[22]通過這種梳理,我們可以清楚看出,儒家在這個意義上講天儘管有重要意義,但究其實只是沿用思想傳統的一種借用,上天不可能真有一個心,冥冥之中發揮著作用,將仁和良心賦予人,作為整個道德世界的終極根據。從這個意義上說,儒家在這個意義上講的天也是虛的,不是實的。這個問題其實牟宗三在一定程度上已經意識到了。比如,在《心體與性體》中,他一方面將天界定為「形而上的創生實體」,另一方面又講,這種意義上講的天只是一種「虛說」[23]。但是,既然是「實體」,又如何是「虛說」,既然是「虛說」又如何是「實體」呢?這顯然有矛盾。遺憾的是,牟宗三未能正視這個矛盾,始終將天作為一個「實體」來看待。

　　這個矛盾在早期圓成論中已經存在了。前面講過,道德存有論是牟宗三早期圓成論的理論基礎。依據牟宗三所說,道德之心在創生存有的過程中同時亦欣賞自己的創生,這就是審美。問題在於,道德存有的創生主體究竟是

22　參見拙著《孟子性善論研究》(再修訂版,上海:上海人民出版社,2016 年),頁 191-200。

23　牟宗三:《心體與性體》,第二冊,《牟宗三先生全集》,第 6 卷,頁 26、455。

什麼？牟宗三講是「天心」。但前面已經證明了，天並不是一個「形而上的創生實體」，儒家在這個意義上講天只是一種「借用」，只是一種「虛說」。這樣就出現了一個嚴峻的問題：牟宗三批評康德講的目的性虛而不實，而他著力建構的「天心」概念，其實也只是一個虛，不是一個實。這個問題確實十分棘手。要解決這個問題，在我看來，必須處理好道德之心與道德之心的形上根據的關係。儘管在儒學傳統中，道德之心有一個形上的根據，這就是天，但儒家在這個意義上講的天只是一種借用。天不可以真正給人以仁和良心，同樣不可能直接參與創生道德存有的具體過程。真正能夠實現創生道德存有並在這種創生中欣賞到美的，只是道德之心。因為儒家有強大的天的思想傳統，道德之心在完成創生存有的任務之後，不自覺地將自己的這個偉大創造歸給了上天，以為天才是創生道德存有的主體，宇宙萬物在自然演化過程中原本就具有道德意義似的。將這裡的環節梳理清楚，是準確把握儒家審美思想的前提。換言之，要將審美思想講圓通，必須承認，其主體只是道德之心，而不是什麼「天心」。牟宗三未能對這個思想環節進行深入分析，直接以「天心」論存有、論審美，造成了其思想的不足。在後期合一論中，牟宗三一般不再使用「天心」這個概念，而是講「天垂象」。[24]這兩個說法雖然表面不同，但並無實質的差別，都是將天實體化。這種略顯陳舊的思維方式不僅使早期圓成論的表述有欠準確，易生誤解，而且對其後期思想也有重大影響。這是不得不引起充分注意的。

（發表於《探索與爭鳴》2014 年第 3 期）

---

[24] 關於這個問題，請參閱我的專文〈「天心」與「天垂象」——牟宗三合一論兩個重要概念商榷〉（《儒學天地》2015 年第 1 期）。

牟宗三後期合一論的兩個理論貢獻

　　牟宗三美學思想有早期後期之分。20 世紀四十年代寫作的《認識心之批判》中「美學世界之宇宙論的形成」一節，體現的是其早期美學思想，我稱為「早期圓成論」。1991 年，在完成《判斷力批判》的翻譯工作後撰寫的長文〈商榷：以合目的性之原則為審美判斷力之超越的原則之疑竇與商榷〉（以下簡稱〈商榷〉），則是其後期美學思想的代表，我稱為「後期合一論」。在當前處於熱潮的牟宗三研究當中，牟宗三美學思想研究是一個冷門，乃至有「幾乎是空白」[1]之說。為了彌補這一缺陷，本文專對牟宗三後期合一論的理論貢獻進行一些整理。

一

　　牟宗三後期合一論的頭一個理論貢獻是對審美進行了新的界定，提出了一種與康德完全不同的審美思想。在這方面，〈商榷〉第九節第一小節「先聲」尤其值得關注。這一小節主要是三點聲明，名曰「聲明三義」，直接表明了牟宗三相關思想的基本原則。

　　關於第一義，牟宗三這樣寫道：「美與美感只對人類，即『既有動物性又有理性性』的人類，而言，不對『只有動物性而無理性性』的存有而言，亦不對『只有理性性而無動物性』的存有，即純睿智的存有，而言。」[2]牟

---

[1]　尤西林：〈「分別說」之美與「合一說」之美──牟宗三的倫理生存美學〉（《文藝研究》2007 年第 11 期）。該文主要內容後來收入氏著《心體與時間──二十世紀中國美學與現代性》（北京：人民出版社，2009 年）之中。

[2]　牟宗三：《康德《判斷力批判》》，《牟宗三先生全集》，第 16 卷，頁 67。

宗三此處引用康德的話，以說明美只對人類有意義。動物沒有理性，談不上審美。相反，神則屬於「純睿智的存有」，同樣談不上審美。人就不同了，既有「動物性」又有「理性性」，所以才有美感，才可以談審美。

再看第二義。「康德依一般判斷之質、量、關係，與程態而言審美判斷之四相，這只是權用之為竅門以明審美判斷之本性。這種權用只是『虛用』，並非『實用』。……惟康德之分析，只於審美判斷之『質』相合此『虛用』之義，吾名之曰『內合的表示』。但到說審美判斷之量相、關係相，與程態相時，卻不自覺地漸漸轉成『實用』，即漸漸轉成有待於概念，雖不是決定的概念，卻也是遙控的概念。吾名曰『外離的表示』。」「是則於表示審美判斷之其他三相時，康德是依違於虛實之間而遊移不定，故有種種穿鑿歧出強探不自然之相出現，而此則胥由於其以合目的性原則為審美判斷之超越的原則而然也。」[3]這主要是批評康德美學思想落於外離。康德以質、量、關係、模態四契機講鑒賞判斷，在講質這一契機時確實只是虛用，符合內合原則，但講其他三個契機時，卻不自覺改成了實用，成了外離。康德思想之所以有這種轉換皆因其一定要其將審美建立在合目的性原則之上。

第三義最為重要。牟宗三指出：「不視『審美判斷力』之判斷力為由作為『認知機能』看的一般『判斷力』而轉來。審美固亦是一種判斷，但這判斷，通常名之曰『品鑒』或『賞鑒』，此即遠離一般認知意義之判斷力矣。故此品鑒或賞鑒是屬於『欣趣』（taste）或『品味』的，而不屬於認知的；即使它亦有『知』意，這也是品知，而非基於感性而有待於概念的認知；即使這『品知』即是直感，這直感也是品味之直感，而非知識中感性之直感。故審美判斷力之『品味』，吾人直接名之曰『審美力』，不再名之曰判斷力。對此審美力，若自其『品知』而言，吾人名之曰『妙慧』；若自其『直感』而言，吾人名之曰『妙感』。依此，審美判斷即是妙感妙慧之品鑒；若名之曰『反省反照的判斷』（自其非決定性的認知判斷而言），此名固可，但也只是妙感妙慧之品鑒之反照，故康德所云的『反照』，吾亦直接意解為

3　同上注，頁68。

『無向』，反照判斷即是『無向』判斷，此則即是康德所說的『靜觀默會』」[4]按照牟宗三的理解，在康德那裡，審美判斷力是由認知機能轉過來的，這種講法不行。審美判斷當然也有知的意思，但這種知只是一種品知，不是依於概念的認知。審美判斷力只是一種「品鑒」或「賞鑒」，是一種「欣趣」或「品味」。審美判斷的「品知」從性質上說是一種「妙慧」、「妙感」，而「妙慧」、「妙感」均屬於「直感」。這種直感，即是康德所說的「靜觀默會」。牟宗三將這種由妙感妙慧之品鑒所成的判斷稱為「反照的判斷」，不再稱為「反思的判斷」，而這種「反照的判斷」即是一種「無向判斷」。

「聲明三義」內容精練，地位顯目，高度概括了牟宗三關於審美判斷的一些新的理念。這些新的理念至少包括如下五個方面的內容。

其一，人類原則。牟宗三認為，美與美感只是對人類而言，不對純粹動物和純粹神性而言。因為人類既有動物性又有理性，而動物與神性都只有其一，而無其二。牟宗三如此強調，從表面看，是凸顯人、神、動物的差別。因為對於神而言，不需要談美，對動物而言，也談不上審美，只有人類既有神性，又有動物性，可以談審美；往深處看，其實是在強調智的直覺的重要性。康德不承認人有智的直覺，所以費了很大力氣講綜合，仍然講不好。如果依據中國哲學的傳統承認人可以有智的直覺，那麼就可以換一個路向，不再受康德思路的局限了。

其二，非目的性原則。康德講審美一定要掛在目的性原則之上，在牟宗三看來，這種做法完全沒有必要。康德曾明確規定，審美判斷不依待於任何概念。這一點在講質的契機時確實做到了。但在講量、關係、模態時卻又離不開概念，把原先的「虛用」轉換成了「實用」，由「內合」變成了「外離」，背離了先前的基本精神。康德之所以出現這一問題，根本性的原因是將合目的性原則作為審美判斷的先驗原則，將審美判斷套在合目的性原則的框架之中。牟宗三認為，依據儒學傳統，講審美完全沒有必要走這個路子。

---

[4]　同上注，頁69。

於是不以目的性原則講審美遂成為牟宗三美學思想的一個重要標誌。

其三，無向原則。如上所說，在牟宗三看來，「反照判斷即是『無向』判斷」。什麼是「無向」？「『無向』云者無任何利害關心，不依待於任何概念之謂也。」[5]「無向」有兩個基本的含義。其一指無任何利害關心，因為一旦有利害關心就一定會有偏傾，這種偏傾即是定向。其二指無概念，因為任何概念都有一定的指向，有了這種定向，必然受其影響。因此，審美必須是無向的。牟宗三認為，康德講第一契機，即以這種「非此非彼」的方法進行，既要「非」掉利害關心，又要「非」掉任何概念。但在講後三個契機時卻背離了這種精神，十分可惜。

其四，妙慧妙感原則。審美判斷不僅「無向」，而且是一種妙慧妙感。審美判斷之所以是妙慧妙感，是因為審美判斷的思維方式較為特殊。它既不是邏輯的，也不是道德的，只是一種「別才」，即所謂「詩有別才，非關學問」的「別才」。這種「別才」當然不是完全亂來，不是粗野暴亂，不是癲癇愚昧，其中也有理性，也有智慧。不過它屬於一種特殊的智慧，這種特殊的智慧就是妙慧妙感。審美無法離開妙慧妙感，妙慧妙感就是一種直感直覺。牟宗三經常將妙慧妙感與直感直覺放在一起講，正說明了這個道理。

其五，欣趣原則。牟宗三認為，審美判斷既然不決定於利害關心和任何概念，那麼它就只是人類所特有的對於對象的一種品味、品鑒和欣賞。無論是品味、品鑒還是欣賞都可以說是一種欣趣，這也就是上引「聲明三義」中第三義中說的：「故此品鑒或賞鑒是屬於『欣趣』（taste）或『品味』的」。欣趣的最大特點，是能夠產生愉悅。在牟宗三看來，審美本身即是一種愉悅：「分別說的美由人之妙慧之直感那『在認知與道德以外而與認知與道德無關』的氣化之光彩而凸起。這一凸起遂顯美之為美相以及『愉悅於美』之愉悅相。」[6]由此可知，所謂欣趣即是說審美是對一個對象因為欣賞而產生的內心的愉悅。

5　同上注，頁 69。

6　同上注，頁 78。

在「聲明三義」之後，經過對康德鑒賞判斷四個契機、純粹審美判斷的演繹以及審美判斷辯證問題的重新表述，在〈商榷〉一文的最後部分，牟宗三對何為審美給出了一個十分簡潔的說法：「於『美』方面之垂象，則是氣化底子中人類這一『既有動物性又有理性性』的存有經由其特有的妙慧而與那氣化之多餘的光彩相遇而成的『審美之品味』。」[7]這一段表述字數不多，但牟宗三關於審美新界定的幾項原則都講到了：「既有動物性又有理性性」即為人類原則；「多餘」即為無向原則；「特有的妙慧」即為妙慧妙感原則；「審美之品味」即為欣趣原則。所有這些都與目的性無關，而這也就是非目的性原則。由此可見，人類原則、非目的性原則、無向原則、妙慧妙感原則、欣趣原則，這五個方面可以說涵蓋了牟宗三關於審美判斷新界定最基本的內容。掌握住這些內容，以這些內容為指引，牟宗三很多表面看來十分晦澀的表達也就不那麼難理解了。

牟宗三對審美判斷的這一新的界定，有著重要的價值。在《判斷力批判》中，康德以無目的的合目的性為核心對審美判斷有一整套說法。牟宗三沒有完全接受康德的說法，而是在其基礎上對審美判斷予以了新的說明。牟宗三的這種新說明與康德有著明顯的不同。首先，不再以認知講審美。牟宗三強調，他與康德一個很大的不同之處即在於，康德以認知講審美，而他「不視『審美判斷力』之判斷力為由作為『認知機能』看的一般『判斷力』而轉來」[8]。由於不把審美與認知捆綁在一起，也就有效免除了康德糾纏於認知機能所造成的種種不順適。另外，不再以目的性講審美。牟宗三對康德第三批判最大的不滿之一，就是康德以目的性講審美。既然審美判斷不是一種知識機能，其判斷作用只是欣趣而不是知識，那麼就不能作為知識的附屬物。「說合目的性原則是它的超越原則[9]，這根本不切合，且亦失意指。以

---

[7] 同上注，頁87。

[8] 同上注，頁69。

[9] 牟宗三將 a priori 譯為「先驗」，transcendent 譯為「超絕」，transcendental 譯為「超越」（與此相關的原則即為「超越原則」）。〈商榷〉第一節「確立反省判斷之超越原則之進路」，第二節「反省判斷以合目的性原則為其超越的原則」，都是這樣表述

此之故，若把審美判斷亦視作反照判斷力之表現（判斷力仍視作知識機能），則顯得甚為穿鑿而迂曲」[10]。牟宗三反復強調，康德以目的性講審美並無太多道理，顯得穿鑿而迂曲。審美判斷只是一種品鑒，一種欣趣，並不屬於知識能力，完全沒有必要將目的性原則規定為審美的先驗原則。最後，不再講美昰善的象徵。「美是善的象徵」是康德美學思想中的一個重要環節，在整個思想中佔據關鍵位置。由於牟宗三對審美的新界定走的完全是另外一條路子，所以沒有接受康德的這種講法。在他看來，美只是氣化之多餘的光彩，無關於理性，所以不能通過合目的性之原則硬說「美是善之象徵」，而只能說「分別說的美是合一說的美之象徵，分別說的真是合一說的真之象徵，分別說的善是合一說的善之象徵」[11]。牟宗三這樣講，是因為在他看來，所謂合一即是合一於本體，真善美三個方面儘管有其獨立的意義，但都是本體的反映。善是本體的象徵，真是本體的象徵，美同樣是本體的象徵。既然一切都是本體的象徵，再單獨分開講「美是道德的象徵」也就沒有意義了。

二

　　牟宗三後期合一論的另一個理論貢獻是提出了一個新的綜合主張。康德寫作《判斷力批判》的一個重要任務，是以判斷力作為媒介，把理論理性和實踐理性綜合起來。對此牟宗三看得很清楚，明確指出：「依康德，反照判斷力之『自然之合目的性』這一超越原則便可提供一媒介概念把自然概念與自由概念勾連起來通而為一整體，使『從純粹知解的〔知性之立法〕轉到純粹實踐的〔理性之立法〕』為可能，並使『從依照自然之概念而有的合法則性轉到依照自由之概念而有的終極目的』為可能。因為通過這媒介概念，我

的。本文討論這個問題沿著牟宗三的思路進行，但不採用牟宗三的譯法，而是按照學界較為通行的做法，將 transcendental 譯為「先驗」。

[10]　牟宗三：《康德《判斷力批判》》，《牟宗三先生全集》，第 16 卷，頁 27。

[11]　同上注，頁 87。

們認識了那『只能在自然中且在與自然之法則相諧和中被實現』的那終極目
的之可能性。」[12]康德先是對理論理性進行了批判，接著又對實踐理性進行
了批判，然後由自然的合目的性原則提供一種媒介，將兩個不同的方面聯繫
起來。這種自然的合目的性原則，就是一種媒介。這種媒介的作用就是將自
然與自由連接成一個整體。

　　牟宗三並不認可康德這種媒介式的綜合，嚴厲批評道：「康德即因判斷
力有此媒介作用，遂如此看重反照判斷力而把審美判斷與目的論的判斷皆歸
於其下。但是說到以『自然之合目的性』為此反照判斷力之超越的原則時，
此超越原則之媒介作用在『目的論的判斷』方面甚為顯豁而切合，而在審美
判斷方面則甚不顯豁，亦不切合。」[13]牟宗三之所以對康德媒介式的綜合提
出批評，根據還在合目的性原則。康德看到判斷力有媒介作用，便將審美判
斷與目的論判斷統統歸於其門下。在他的這種做法中，講目的論的部分還較
為通順，還能夠切合於媒介的作用，但講審美判斷的部分則問題多多，既不
顯豁，又不切合。「若就反照判斷力之表現為審美判斷而言，這很不足以作
為自然概念與自由概念間的媒介，那就是說，它擔當不了這個責任。」「以
反照判斷力作媒介來溝通兩界，這想法太迂曲而不順適，太生硬而不自然。
一言以蔽之，曰『鑿』而已矣。」[14]這就是說，康德以反思判斷力作為媒
介，以溝通理論理性和實踐理性的想法看起來十分高深，其實迂曲生硬，極
不自然。這種不自然如果用一個字來表示，那就是「鑿」。所以，審美判斷
作為反思判斷力的一種，無法承擔作為自然與自由概念之間的媒介，擔當不
了這個重要責任。一言以蔽之，以目的論講審美進而完成綜合這個路子很難
走得通。

　　在對康德進行批評的基礎上，牟宗三希望依據中國哲學的智慧，建構一
種新的合一的方式。「此所謂合一不是康德所說的『以美學判斷溝通自由與
自然之兩界合而為一諧和統一之完整系統』之合一，乃是於同一事也而即真

12　同上注，頁 30。
13　同上注，頁 30。
14　同上注，頁 31。

即美即善之合一。此一『合一』之妙境非西哲智慧所能及。」[15]有兩種不同的合一，一是康德式的合一，一是牟宗三式的合一。康德式的合一，是以美學判斷溝通自然與自由兩界。牟宗三式的合一，是指「同一事也而即真即美即善之合一」。牟宗三對自己的合一說非常自信，認為他的合一可以解決康德理論中的不足，為西方哲學智慧所不及。

要使這種不同的合一成為可能，必須首先確立一個基本綱維。「真、美、善三者雖各有其獨立性，然而導致『即真即美即善』之合一之境者仍在善方面之道德的心，即實踐理性之心。此即表示說道德實踐的心仍是主導者，是建體立極之綱維者。因為道德實踐的心是生命之奮鬥之原則，主觀地說是『精進不已』（純亦不已）之原則，客觀而絕對地說是『於穆不已』之原則，因此其極境必是『提得起放得下』者。」[16]真美善是三個不同的領域，各有獨立的意義，由此形成分別說。然而在另外一種情況下，同一事物可以是即真即美即善的。這種「即真即美即善」就是一種新的合一，一種完全不同於康德媒介式綜合的合一。這種新的合一的基礎和主導是道德之心，這是「建體立極之綱維者」。要建構新的合一說，必須首先將這一綱維確立起來。用牟宗三特有的表示方式，這叫做「提得起」。「提得起」簡單說就是將道德之心作為一個基本綱維確立起來。但是，要使新的合一成為可能，光有「提得起」還不夠。「蓋人之生命之振拔挺立其原初之根源惟在道德心之有『應當』之提得起也。此一『提得起』之『應當』亦合乎康德之『以實踐理性居優位』之主張，惟康德系統中未達此『合一』之境，以其不認人可有『純智的直覺』（玄智、般若智、良知明覺之性智），故吾人之亦永不能接觸到『物之在其自己』之『實相』也。（此事，依康德，惟上帝能之。）」[17]牟宗三在這裡強調，除了有「提得起」之外，還要做到「放得下」。所謂「放得下」就是放下道德之相，做到大無大相。牟宗三認為，康德強調實踐理性優於理論理性，這雖然十分重要，但還缺少一環，尚達不到

---

[15]　同上注，頁 80。

[16]　同上注，頁 80-81。

[17]　同上注，頁 81。

「放得下」的境界。這是因為，康德不承認人可以有智的直覺，不認為人可以達到物之在其自己之「實相」。相反，儒家始終承認人有智的直覺，可以達到物之在其自己之「實相」，從而做到「放得下」，實現這種新的合一。

　　在新的合一之下，美與善，美與真不再相互分隔，而是彼此相即，融為一體，做到了「即真即美即善」。「即真即美即善」可從兩層分觀。先看「即善即美」。「人需要『大』，既大已，而又能化除此『大』，而歸於平平，吉凶與民同患，『以其情應萬事而無情』，不特耀自己，望之儼然，即之也溫，和藹可親，此非『冰解凍釋，純亦不已』者不能也。到此境便是無相原則之體現。此為第三關，即『無相』關（佛家所謂無相禪）。到此無相關時，人便顯得輕鬆自在，一輕鬆自在一切皆輕鬆自在。此即『聖心』即函有妙慧心，函有無相之原則，故聖人必曰『游於藝』。在『游於藝』中即函有妙慧別才之自由翱翔與無向中之直感排蕩，而一是皆歸於實理之平平，而實理亦無相，此即『灑脫之美』之境也。故聖心之無相即是美，此即『即善即美』也。」[18]牟宗三認為，要達到「即善即美」當過三關。一是「克己復禮」關，也就是首先要挺立「大體」，以克服或主導小體。二是「有光輝」關，即將自己的大體充實而顯其偉大與光輝。三是「無相」關。這一關最重要。有了偉大與光輝自然好，但由此難免有一種「道德相」、「偉大相」，形成一種緊張、一種敵對。所以還必須想辦法把這種「道德相」和「偉大相」化掉，做到大而無大相。這種大而無大相，就叫「無相」，也就是「無相」關。牟宗三認為，達到「無相」關，人便顯得輕鬆自在。一輕鬆自在一切皆輕鬆自在，直至達到「游於藝」而止，任妙慧別才自由翱翔，實理平鋪，直到無相，真正進至「灑脫之美」之境。因此，一旦做到了聖心無相，達至「無相」關，同時也就實現了美，一種「灑脫之美」，而這就是「即善即美」。

　　再看「即善即真」。「聖心之無相不但無此善相，道德相，即連『現象之定相』，即『現象存在』之真相，亦無掉。蓋現象之存在由於對人之感性

---

18 同上注，頁82。

而現，而為人之知性所決定。但聖心無相是知體明覺之神感神應，此神是『圓而神』之神，已超化了人之感觸的直覺與辨解的知性。因此，在此神感神應中，物是無物之物（王龍溪云：無物之物其用神）。無物之物是無『物』相之物，既無『物』相，自亦無『對象』相。無物相，亦無對象相，即是物之如相，此即康德所謂『物之在其自己』也，故聖心無相中之物是『物之在其自己』（物如）之物之存在，而非現象之物之存在，此即是『真』之意義也。故聖心無相是『即善即美』，同時亦是『即善即真』……」[19]牟宗三認為，如果做到了聖心無相，不僅沒有了善相、道德相，更為重要的是，甚至連「現象之定相」也沒有了，被化掉了。現相是相對於感性和知性而現的，人們之所以有「現象之定相」，是因為人總要受到感性和知性的限制。然而，聖心無相並不受此限制。聖心無相是知體明覺之神感神應，在這種神感神應之下，物是無物之物，物無物相。這種無物相之物，就是物之如相，也就是康德所說的「物之在其自己」，或「物自身」。聖心無相達到「物之在其自己」，這當然就是真，因而可以說「即善即真」。

　　牟宗三進而詳細分析了即真即美以及即善即真之所以可能的理論根據。「現象知識之『真』相被化除，即顯『物如』之如相之『真』相。道德相之『善』相被化除即顯冰解凍釋之『純亦不已』之至善相。妙慧別才中審美之『美』相被化除，則一切自然之美（氣化之光彩）皆融化於物之如相中而一無剩欠。分別說中的美（氣化之光彩）對知識與道德而言為多餘，然而在合一說中，則無所謂多餘。既無所謂多餘，則亦無所謂『剩』。既無剩，自亦無『欠』。無欠即一無欠缺，即示一切皆非分解地溶化於如相中而一是皆如，無一可廢。」[20]在「無相」關中，現相知識之「真」相被化除了，顯現為如相之真相。道德之「善」相被化除了，顯現為冰解凍釋之「純亦不已」之至善相。審美之「美」相也被化除了，一切自然之美統統溶化於物之如相

---

[19] 同上注，頁82。

[20] 同上注，頁83。

中而一無剩欠。一切都溶化在如相之中而一是皆如，一切皆非分解地溶化而為一，這種為一就是合一。「此是化境中的心意知物，亦即是『即真即美即善』之境也，此亦可用莊子之語調而謂之曰：『俄而真美善矣，而未知真美善之果孰為真孰為美孰為善也』。」[21]總之，一旦確立了道德之心的綱維，經由「放得下」的轉進，達到了「無相」，一物同時即真即美即善，再無真美善的分別，當然也就沒有必要像康德那樣以美作為媒介來溝通理論理性和實踐理性。牟宗三提倡新的合一論，最重要的根據就在這裡。

通過上面的分析，兩種不同的綜合方式已經鮮明地擺在我們面前了。首先是康德式的綜合，我們可以按照學界一般的做法稱之為「媒介式綜合」。康德首先寫了《純粹理性批判》，為理論理性建立了法則，然後又寫了《實踐理性批判》，為實踐理性建立了法則。雖然《純粹理性批判》證明了自然概念和自由概念可以無矛盾地共處於一個主體之中，但這兩個部分畢竟沒有形成有機的聯繫。人們很可能會問，這兩個批判究竟是什麼關係，你說實踐理性高於理論理性，但又說人們無法認識本體，那麼這個本體究竟有何意義？康德明確意識到這個問題必須解決，認為「自由概念應當使通過它的規律所提出的目的在感官世界中成為現實」[22]。如果根本沒有這種可能，那麼受自然法則制約的人永遠也無從意識到自己的自由和道德法則，對本體世界的設想就是毫無根據的。為了彌補這一缺陷，康德又寫了《判斷力批判》，希望以反思判斷力建立一個橋樑，將理論理性和實踐理性連接起來。正如康德所說，這個判斷力並不形成一個「特殊的部分」，只是介於理論和實踐之間，「在必要時隨機附加於雙方中的任何一方」[23]。因為它是諸認識能力的自由而合目的的運用，所以一方面出自於人的認識能力，與人的認知相關，另一方面又指向人的自由和道德，與人的實踐相關。這樣就克服了前兩個批判留下的遺憾。

---

[21] 同上注，頁 83。

[22] 康德：《判斷力批判》，鄧曉芒譯，楊祖陶校（北京：人民出版社，2002 年），頁 10。

[23] 同上注，頁 2。

　　再就是牟宗三式的合一，可以簡稱為「相即式合一」。在牟宗三看來，康德這種做法儘管也可以實現一種綜合，但因為環節過多，人們理解和接受有很大困難。根據儒家的思想傳統，完全沒有必要這樣講。要將理論理性與實踐理性溝通起來，必須以道德之心立論。道德之心一旦確立之後，經歷「克己復禮」關以及「有光輝」關，顯出偉大之相，這就是所謂的「提得起」。但光有這一步遠遠不夠，因為一旦道德有了偉大之相，便會顯出敵對相、緊張相，所以還必須把這種偉大之相化除掉，做到大無大相。這就是所謂的「放得下」。在牟宗三看來，「放得下」就是無相，而達到這種無相的思維方式，就是康德所不承認的人可以具有的智的直覺。因為儒家承認人有智的直覺，所以可以達到無相。一旦達到了無相，不僅道德沒有道德之相，審美也可以一任妙慧別才之自由翱翔，歸於實理之平平，達到「灑脫之美」，美無美相，這就是「即善即美」。更有意義的是，一旦達到這種境界，在認識的範圍內也就達到了物之在其自己之如相，不再受現相的制約，從而實現了「即善即真」。既然道德之心可以達到「即善即美」、「即善即真」，真善美也就一體平鋪，彼此相即，消融為一，成為一個整體了。在這種情況下，康德那種希望另立一個判斷力來溝通自然與自由兩界的努力，自然也就全無必要了。

三

　　總而言之，牟宗三〈商榷〉一文在兩個方面做出了重大努力，值得關注。一是闡發了一種新的審美思想。康德從無目的的合目的性來講審美，儘管自成體系，但內部有諸多不順適之處，很難為人們真正理解和接受。與此不同，牟宗三直接從欣趣原則進入，強調審美並非那麼複雜，只是一種與利害關心和概念範疇均無關聯的欣趣原則，是人對一個對象的品鑒和欣賞。二是提出了一個新的綜合主張。康德寫作《判斷力批判》，目的是以此來溝通前兩大批判，使其成為一個有機整體。但由於第三批判中有一些問題需要討論，這個目的能否達到，學界一直多有不同意見。牟宗三看到康德學理中的

這個不足，站在中國哲學的立場上，以儒家思想智慧為依託，提出了一種以無相原則為基礎的新的合一方式，這就是「相即式合一」。相即式合一的提出標誌著一種完全不同於康德的綜合方式的產生。儘管其內部也存在一些有待討論的問題，甚至可以說有嚴重的理論失誤[24]，但這種努力以及其中包含的理論意義，是不可否認和低估的。

（發表於《現代哲學》2013 年第 4 期）

---

[24] 以無相原則為基礎建構一種新式的合一，是牟宗三後期合一論的核心。我對此持嚴厲的批評態度，請參閱拙文〈無相的疑惑──關於牟宗三以「放得下」論無相建構相即式合一的一種討論〉，《中國哲學史》2013 年第 3 期。

如何看待康德審美思想是一種「外離」？
——牟宗三對《判斷力批判》理解之商榷

1992 年，牟宗三在完成《判斷力批判》的翻譯工作後，又撰寫了長文〈商榷：以合目的性之原則為審美判斷力之超越的原則之疑竇與商榷〉（以下簡稱〈商榷〉），置於卷首，在闡述自己美學思想的同時，對康德提出了嚴厲批評。這一批評的一個核心點，是認為康德以目的論講審美屬於「外離」的做法，有違於原先「內合」的路線。儘管學界對牟宗三美學思想已有一些研究，但對牟宗三關於康德《判斷力批判》的理解則較少涉及。根據我的研究，牟宗三對康德《判斷力批判》的理解存在一些有欠準確之處。本文僅就此提出一些個人的看法，就教於學術方家。

一

批評康德審美思想由內合變為外離，這是〈商榷〉一文的主基調。牟宗三相關論述主要圍繞如下三個問題而展開。

其一是關於鑑賞判斷四契機的問題。〈商榷〉第九節第一小節中「聲明三義」的第二義集中表達了這個意思。康德論判斷一般將其放在質、量、關係、模態四個契機之下，處理鑑賞判斷也是如此。根據牟宗三的理解，康德在講鑑賞判斷四契機的時候強調審美判斷是不依待於任何概念的。這一特點在講質的問題時，表現得最為清楚。因為鑑賞判斷完全遠離利害關心，只是內心的一種欣趣和愉悅。牟宗三把這種情況稱為「內合」或「內合的表示」。但在說鑑賞判斷之量相、關係相與模態相時，卻不自覺漸漸轉成有待

於概念，雖不是決定的概念，卻也是遙控的概念。牟宗三將這種情況稱為
「外離」或「外離的表示」。隨即牟宗三對內合和外離進行了界定：「『外
離』云者，對審美判斷而言，『外開地離而遠之』之謂也。『內合』者則
『內切地合而近之』之謂也。」[1]由此可知，所謂「內合」即是「內切地合
而近之」，也就是只內在地合於鑒賞判斷自己，不受外部因素影響的意思。
所謂「外離」就是「外開地離而遠之」，也就是離開鑒賞判斷自己，跑到外
面繞圈子，受制於外部因素影響的意思。牟宗三發現，康德在講第一契機時
貫徹的是內合的原則，而在講其他三個契機的時候，沒有把這個原則堅持到
底，不自覺地由內合變成了外離。

　　其二是關於純粹審美判斷的演繹的問題。牟宗三看到，在康德那裡，審
美判斷只是對一個特定對象愉悅或不愉悅的判斷，既不屬於認知判斷，也不
屬於道德判斷。但康德又強調，審美判斷一定有普遍性與必然性，而這種普
遍性和必然性來自何方必須有所證明，純粹審美判斷的演繹就是解決這個問
題的。牟宗三認為，康德在這一演繹過程中存在一個問題：當我們說明審美
判斷之特殊性時，我們使用的是「非此非彼」的方法。這種方法即為「內
合」的方法。「這很好，很能顯審美判斷之特性。但是當康德以合目的性原
則為審美判斷之超越的原則，並環繞此超越的原則以自由表現（遊戲）中的
想像力與知性之諧和一致之心靈狀態以及『共感』來說明審美判斷之量相、
關係相與程態相，並進而依據此超越的原則來證成審美判斷之普遍性與必然
性為合法時，他是出乎其位地用『外離』之方法的。」[2]在康德那裡，審美
判斷既無關於利害關心，又無關於任何概念。牟宗三將其叫做「非此非彼」
的方法，而這種「非此非彼」的方法就是「內合」的方法。牟宗三強調，這
種內合的方法很好，能夠彰顯審美判斷的特性，因為它只是為了審美自己而
不是為了其他。但康德為了解決審美判斷的普遍性與必然性問題，不得不圍
繞合目的性原則講出一大套道理來。這實際上已經是外離而不是內合了，違

1　牟宗三：《康德《判斷力批判》》，《牟宗三先生全集》，第16卷，頁68。
2　同上注，頁52。

背了最初的原則。

　　其三是關於審美判斷的辯證問題。牟宗三認為，康德最初講審美是不基於概念的，可到了解決二律背反問題的時候，卻又說審美判斷雖不基於概念，但可以基於一個非規定性的概念，基於一個超感觸者的理念。這與之前關於審美判斷的基本規定自相矛盾。「這便是對於審美判斷之外離式的表示，即『外開地離而遠之』之表示。」[3]牟宗三進而分析了康德變內合為外離的原因，認為這裡的關鍵一環是其講審美一定要掛靠到一個合目的性原則之上：「這外離式的表示胥關鍵於其所說的合目的性之原則。由此主觀的形式的合目的性之原則，審美判斷必遠離地掛搭於『超感觸者』之理念上。此超感觸者之理念當即是所預設的『一超絕的知性（神智）之設計』之理念。這個理念對審美判斷而言，不是一個『內合』的概念，即不是一個『內切地合而近之以便決定而證明之』的概念；它但只是一個『外開地離而遠之，只是言之成理地不決定地推而明之而非持之有故地決定地證明之』的概念。」[4]這就是說，康德有如此失誤，緣由全在合目的性之原則。審美判斷基於主觀的形式的合目的性原則，這是康德判斷力批判最為重要的思想。但與此同時，康德又將這種目的性原則掛到「超感觸者」的理念之上，預設一個「超絕的知性（神智）」的理念。於是，康德原本設定的內合的路線就不能再堅持了，只好走上外離的路線，以神智和上帝來講審美。

二

　　上面的引述充分說明，牟宗三批評康德由內合變為外離，核心是不滿意康德將審美與目的論捆綁在一起，以目的論講審美。那麼，牟宗三的這種批評是否有道理，或者說，我們應該如何看待牟宗三的這種批評呢？要解決這個問題，首先應當理解康德《判斷力批判》中審美判斷力批判與目的論判斷

3　同上注，頁 66。

4　同上注，頁 66。

力批判這兩個部分的內在關聯。根據我的理解，牟宗三之所以在這方面有所失誤，主要是對這個問題的理解所欠準確。

如所周知，康德哲學體系原本只有兩個部分，即關於人類認識能力的批判和人類實踐能力的批判。這兩個部分是分別在《純粹理性批判》和《實踐理性批判》中完成的。康德在《純粹理性批判》中曾把自己的任務歸納為三個方面，這就是：「我能夠知道什麼？」「我應當做什麼？」「我可以希望什麼？」「我能夠知道什麼」的問題是理論的，「我應當做什麼」的問題是實踐的，「我可以希望什麼」的問題與實踐和理論兩個方面都有聯繫，可以說是宗教的。但是在寫完《實踐理性批判》之後不久，在該書尚未正式出版之前，康德又有了一個新的重要發現，注意到人類情感同樣具有先天的原則，與此相關的內容就是判斷力批判。這樣一來，康德哲學就由原先理論哲學與實踐哲學兩個部分，變更成了理論哲學、目的論、實踐哲學三個部分，而這三個部分分別形成了理論理性批判、判斷力批判和實踐理性批判。[5]

判斷力並不是一個新問題，康德在《純粹理性批判》中就討論過這個問題。在那裡，所謂的判斷力是用已有的純粹知性概念去統攝感性直觀從而形成知識的一種能力，所涉及的是在認識論意義上如何將人類諸認識能力聯結

---

[5] 近些年來，國內關於《判斷力批判》的研究有了長足的進展，而在這方面鄧曉芒無疑最值得關注。鄧曉芒的碩士論文就是關於康德第三批判的，並著有《冥河的擺渡者——康德的《判斷力批判》》（昆明：雲南人民出版社，1997 年）。後又與楊祖陶合作，共同翻譯了康德的三大批判。在《判斷力批判》譯本後面還附有長文〈論康德《判斷力批判》的先驗人類學建構〉，系統闡述了其對第三批判的理解。該文略有修改後收在《康德哲學諸問題》（北京：生活・讀書・新知三聯書店，2006 年）之中。近年來又出版了由講稿整理而成的《康德哲學講演錄》（桂林：廣西師範大學出版社，2005 年）、《康德《判斷力批判》釋義》（北京：生活・讀書・新知三聯書店，2008 年）。在這些研究中，鄧曉芒不僅堅決反對將審美判斷力與目的論判斷力截然分割的觀點，而且反對以自然美作為這兩個不同部分銜接點的看法，主張「這個銜接點不是自然美，而是藝術」（鄧曉芒：《康德哲學諸問題》，頁 168）。另外，尤西林《心體與時間——二十世紀中國美學與現代性》（北京：人民出版社，2009 年）也談到牟宗三關於康德思想詮釋中存在的一些缺陷，其中尤以智的直覺問題最為典型。這些成果對我有很大幫助，在此謹致謝忱。

起來以形成知識，從而達到對經驗事物的先驗把握的問題。但在《判斷力批判》中，康德的思想有了很大的改變，提出了一種新的判斷力。這種判斷力不再是用已有的普遍範疇規定特殊事物的能力，而是為已有的特殊事物尋找普遍性原理的能力。這種特殊的判斷力特別指向內心世界，為的是通過對象表象在主觀中引起諸認識能力的自由協調活動而產生愉快的情感，與第一批判中所講的判斷力指向外部世界從而獲得客觀知識完全不同。因為第一種判斷力是以概念和範疇對客觀對象進行規定，所以稱為「規定的判斷力」，而這種新的判斷力僅以認識能力的自由而合目的性的運用為轉移，所以叫做「反思性的判斷力」。因為反思性判斷力只涉及人的思維，不涉及客觀質料，所以在康德的學理中，這種判斷力屬於主觀形式的原理。

需要注意的是，康德以此為基礎還提出了另外一種反思判斷力，這就是客觀質料意義上的反思判斷力。人類的知性要求把一切經驗對象都統攝在一個完整的系統之中，但是自然界經驗事實異常複雜，充滿著偶然性和豐富性，無法完全被概念統攝。為了將其統一起來，只能求助於理性，讓理性發揮調節性的作用。反思性判斷力剛好可以被理性作為統一人類知識的工具，調節性地運用於客觀質料上。當然，這種運用不是為了產生愉快的情感，而是把特殊統一於被當作客觀原理的目的性原理之下，從而指導自然科學的研究。這種目的性原理認為自然界的一切偶然經驗事實都是為了趨向某個目的，並由此被安排在一個由低級到高級的系統之中的。當然這並不是說自然界的客觀性質原本即是如此，而只是出自認識能力的要求而不得不有的一個假定，是一種權宜之計。所以它仍然是一種反思性的判斷力。

康德進行判斷力批判，一個重要目的是把前兩大批判聯繫為一個整體。在康德那裡，反思性判斷力有兩個特徵，首先是諸認識能力的自由運用，其次是這種認識能力的合乎目的的運用。因為同時具有這兩方面的特徵，反思判斷力一方面出自人的認識能力，與人的理論理性相關，另一方面又指向人的自由和道德，與人的實踐相關。康德如此安排，是要借助這一特點把理論理性與實踐理性連接起來。在《純粹理性批判》中，康德成功地證明了自然概念和自由概念是兩種不同的概念，一個屬於現相，一個屬於本體，兩者可

以無矛盾地共存於一個主體之中。但此時這兩個方面還沒有形成一個有機整體，留下了嚴重的理論缺憾。如果康德不能提供一種管道讓人們意識到自己是本體的存在，那麼受自然法則制約的人永遠也無從意識到自己的自由及道德法則，對本體世界的設想就是毫無根據的。因此，必須有一個橋樑，讓自然人切身感受到某種特殊的情感，「促進了內心對道德情感的感受性」[6]，從而完成由自然向道德的過渡。反思性的判斷力所擔負的就是這個使命。

在《判斷力批判》中，主觀形式的反思性判斷力和客觀質料的反思性判斷力分別在「審美判斷力批判」和「目的論判斷力批判」兩部分展開。但這兩個部分究竟是什麼關係，始終是一個謎。一些學者往往只將第三批判視為一部美學著作，不瞭解康德為什麼非要把審美判斷力批判和目的論判斷力批判聯繫在一起。但是隨著研究的深入，人們逐漸改變了這種看法，試圖把審美與目的論視為一個整體。在這方面李澤厚、韓水法、勞承萬[7]都做出了自己的貢獻，其中鄧曉芒的成就最值得關注。鄧曉芒認為，第三批判中審美判斷力批判和目的力判斷力批判是一個統一體，康德如此安排出於精心考慮，那種將目的論判斷力批判視為「大尾巴」和「衍生物」的觀點，是站不住腳的。「審美判斷力批判既然談的就是『自然形式的合目的性』，就不能說它與目的論『沒有多大關係』，也談不上什麼『讓位』、『縮小』或『貫穿』的問題。審美判斷力批判就是康德目的論的一個部分，當然不是其全部，也不是主體部分，但卻是為目的論概念運用（而不是這概念本身）奠定先天原則之基礎的部分。」[8]這即是說，康德的審美判斷力與目的論有著密切的內在聯繫。審美判斷力作為一種「主觀合目的性」或「自然的形式的合目的性」，其本身就是目的論的一種，或者說是目的論的一個組成部分。審美判斷力的重要性在於，它為目的論概念的運用奠定了先天原則，從而成為目的

6　康德：《判斷力批判》，鄧曉芒譯，楊祖陶校，頁 32。

7　詳見李澤厚：《批判哲學的批判》（修訂本，北京：人民出版社，1984 年），頁 370-371、394；韓水法：《康德傳》（石家莊：河北人民出版社，1997 年），頁 210 以下；勞承萬：《康德美學論》（北京：中國社會科學出版社，2001 年），頁 96。

8　鄧曉芒：《康德哲學諸問題》，頁 166。

論的一個重要理論基礎。《判斷力批判》中審美判斷力與目的論判斷力並非互不相關，而是一個整體的兩個不可或缺的組成部分。

研讀康德第三批判的讀者可能都有這樣的體會，要瞭解審美判斷力與目的論的關聯，應當首先從整體上把握《判斷力批判》的內在邏輯結構。康德雖然把《判斷力批判》分為審美判斷力批判與目的論判斷力批判兩個不同部分，但他明顯將前者作為了後者的基礎。在審美判斷力分析論中，康德對鑒賞的四個契機進行了分析。鑒賞的第一契機是美感的性質問題。康德認為，美感與快適和善所帶來的愉悅不同，因為快適和善的愉悅都具有利害關係，唯有對美的鑒賞的愉悅是無利害的和自由的。鑒賞第二契機是美感的普遍性問題。美感並不像口味那樣完全是個人的，它帶有普遍傳達的要求，而這種普遍性又不基於概念，只是一種「主觀的普遍性」。有趣的是，鑒賞判斷雖然是主觀的普遍性，但同時又採取了一種好像是一個「客觀判斷」的形式，要求人們普遍承認。在鑒賞第三契機中，康德指出，鑒賞判斷著眼之處，只是一個對象對於主體的「無目的而合目的性的形式」，只是讓諸認識能力好像趨向於一個目的那樣處於協調的遊戲活動中，而不在乎對象本身。因此，這種「無目的的合目的性」只是主觀的，是主觀觀察對象的一種形式。也就是說，審美判斷「好像」有一種客觀的形式，但這種客觀的形式並不是真正的客觀性，而只是主觀的，不過是人對自己情感的社會普遍性的確信和對一般人類情感認同的形式而已。凡是符合這一要求的即為「自由美」，反之則為「依存美」。第四契機討論的是這種主觀合目的形式之所以可能的先天必然性條件，這就是「共通感」。這種先天的必然條件之所以重要，是因為這個問題不解決，就沒有辦法要求人與人之間在情感方面有一種普遍的傳達。由於鑒賞並不是認知，不能將解決問題的希望寄託在概念上，康德為其尋找到了另外一種先天條件，這就是共通感。共通感是自由的美感之所以能夠普遍傳達的先天條件。通過這種分析，康德告訴我們這樣一個基本道理：審美是一種愉悅，這種愉悅完全是自由的，而這種自由中又包含著一類本性中某種共同的、普遍的東西。這種共同的、普遍的東西就是審美判斷的先天原則。

　　康德進而將上述思想，運用到對藝術的分析之中，並將藝術美與自然美連接起來。康德討論藝術的重點並不在所謂「一般的藝術」，而在「美的藝術」。美的藝術本身沒有目的，但又有合目的性，而這種合目的性使普遍的傳達成為可能。藝術之美最重要的特點就是「無目的的合目的性」。藝術本身沒有目的，但又合目的性。藝術的這一特點與自然之美有著很大的一致性。因為美的藝術雖然不是自然本身，而是人工製品，但由於它製作精巧，混然天成，不留痕跡，又顯得像是自然本身的作品。「自然是美的，如果它看上去同時像是藝術；而藝術只有當我們意識到它是藝術而在我們看來它卻又像是自然時，才能被稱為美的。」[9]自然只有像是藝術的時候才是美的，而藝術也只有像自然的時候才是美的。因為藝術之美和自然之美有這種共性，所以人們有理由以此來觀察自然本身，將美的藝術中的這種「無目的的合目的性」特點置於自然本身之中，將自然也看作是一種「無目的的合目的性」。康德認為，人們在對自然美的評判中並不考慮完善性，但是因為對藝術美的評判要求考慮到完善性，而自然美與藝術美又有相似性，所以在評判自然美的時候，也不得不將完善性考慮在內了。這個轉變有著十分重要的意義，因為我們在評判自然的時候，也必須加上目的論的因素，而在這之前人們並不需要這樣做，這樣也就從審美過渡到了自然客觀目的性。

　　在由審美過渡到自然目的性的過程中，康德又將這種自然目的性分為外在的和內在的兩種。「這可能以兩種方式發生：要麼我們把這個結果直接看作藝術品，要麼只是看作別的可能的自然存在者的藝術的材料，因而，要麼看作目的，要麼看作其他原因的合目的的運用的手段。後面這種合目的性（對於人類而言）就叫作有用性，或者（對任何其他被造物而言）也叫作促成作用，只是相對的合目的性；而前一種合目的性則是自然存在物的內部的合目的性。」[10]康德認為有兩種目的性，一種是「相對的合目的性」，又叫「外在的合目的性」。它只是把一個自然物看作另一個自然物的手段，這種

9　康德：《判斷力批判》，鄧曉芒譯，楊祖陶校，頁150。

10　同上注，頁217。

目的性只是一種有用性。這種做法必然陷入無窮追溯的過程之中，無法得到一個最終目的，並不是真正的目的性。另一種目的性是以自身為目的，並把所有一切自然物看作自己的手段，所以又叫「內在的合目的性」。這才是真正的自然目的性。康德主要在內在合目的性的意義上談自然目的性。康德在雜多的自然事物中發現，有機體正是他所要尋找的那種「內在的合目的性」。有機體的各個部分之間不僅是互相依賴，而且互為目的和手段。它並不以外在的東西為目的，只把那些當作維持自己生存和延續的手段。有機體是如此複雜，單憑機械作用無法理解。因此我們完全有理由想像其中存在著某種目的，儘管這種想像只是一種反思性判斷，而不是規定性判斷。這樣一來，整個無機自然界也就可以作為產生有機體的手段，而被聯結在一個自然物本身為目的的大系統之中了。

　　引入有機體的概念對於說明自然目的性固然有所說明，但其作用還比較有限。因為如果僅僅是這樣，整個自然仍然是一大堆有機體雜亂無章、相互衝突的活動的世界，仍然無法將自然理解為一個有序的整體。這與人的知性要把自然界統一於一個原理之下的要求不相符合。但是，康德同時又指明，人們一旦承認了有機體的內在目的原理，那麼也就必須把整個自然界也看作一個「自組織的有機體」，即一個合乎目的地按等級次序組織起來的巨大系統。這樣，康德就把目的論原理中的「外在目的性」歸屬於「內在目的性」之下，說明只有內在目的性才是自然目的論的真正根據，「它不僅是一個目的，而且也是一個終極目的」[11]。這個終極目的只能是人類，「因為他是地球上惟一能夠給自己造成一個目的的概念、並能從一大堆合乎目的地形成起來的東西中通過自己的理性造成一個目的的系統的存在者」[12]。可是，如果僅僅把人看作自然界的一部分，即一種動物，這個「終極的」自然目的仍然缺少根據。因為大自然對於作為動物的人類並不特別優待，如果沒有理性，人這種動物也會被大自然毫不留情地消滅掉。由此康德認為，這就迫使我們必須

---

[11]　同上注，頁 283。

[12]　同上注，頁 284。

到人的「理性運用的一個主觀條件」中，去尋找終極目的之根據。

　　為了確定這個終極目的的根據，康德把人的理性原理分為兩種，首先是人的「幸福」的理念。人把它當作一個可望不可及的終極目的，但這個目的並不能把自然界和人類社會的一切不幸都統一在一個目的的系統中。於是「只剩下形式上的主觀條件，即這種適應性的主觀條件：一般來說能為自己建立目的並（在他規定目的時不依賴於自然）適合著他的一般自由目的的準則而把自然用作手段」，而這也就是「文化」。「只有文化才可以是我們有理由考慮到人類而歸之於自然的最後目的」[13]。這樣一來，康德就從自然領域轉入到人類文化領域。但並不是所有文化都足以成為自然的最後目的的。康德認為，在文化中，勞動不過是「熟巧」，它雖然是「對促進一般目的的適應性的最重要的主觀條件；但卻還不足以促進在規定和選擇其目的時的意志」[14]，無法把意志從欲望的專制和獸性的衝動中解放出來，反而要以人類不平等為自身發展的前提。藝術和科學就不同了，雖然它們也可以導致虛榮和奢侈，卻能對人更為低級的獸性起到抑制作用，使人的意向得到鍛煉，變得更為文明，這就為我們感到自身隱藏著一種更高的目的而作了準備。這樣，對自然最終目的的追尋就引導我們到達了「作為本體看的人」[15]。一切自然物在演變中趨向於人的文化，而人的文化又在一個漫長的歷史過程中趨向於道德的或理性的人，這樣就完成了由自然界向道德世界的過渡，完成由現相的人向作為本體的人的過渡。

　　但是，一個道德的人仍然會面對自然界和社會生活的種種不道德因而不合目的的事。為了能夠把整個現實的世界仍然看作是從屬於以道德為制高點的一個更大的目的系統，我們就必須設想靈魂不朽和上帝存在。於是在康德那裡又有了一個從「自然神學」向「倫理神學」的過渡。對於傳統的自然神學，康德像在《純粹理性批判》中一樣，再次進行了批判的考察。他認為，自然神學以自然目的論為自己論證的依據，但實際上自然目的論不管推進多

---

[13]　同上注，頁 289。

[14]　同上注，頁 289。

[15]　同上注，頁 293。

麼遠，都永遠不能為神學提供經驗的證明。因為自然目的論的根基只能是內在目的論，其「終極目的」除了主觀上必要的反思性規定外沒有任何其他規定；但自然神學仍不失為一種必要的嘗試，它激發我們去追求一個最高原因和目的，而在這種追求中人們就會發現，「真正說來一個基於完全不同的理性運用（實踐的運用）之上的最高存在者的理念先天地在我們裡面奠定著根基，它驅動著我們把一個自然目的論關於自然中諸目的的原始根據的有缺陷的表象補充為一個神的概念」[16]。自然神學除了作為倫理神學的準備或入門之外，沒有別的用處。

由上可知，《判斷力批判》中審美判斷力與目的論的關係十分微妙，那種認為二者之間沒有內在關聯，甚至認為目的論完全是多餘的看法，完全要不得。正如鄧曉芒所說：「康德的審美判斷力和目的論判斷力的關係就在於，它們是目的論的兩個不同的層次，前者為目的論在人的情感能力中找到了它唯一可能的主觀先天原則，後者則立足於這一原則的觀點對自然界的客觀事物進行一種反思的評判，從而澄清了目的論判斷力的條件、範圍、性質和作用。可見在這種關係中，審美判斷力處於更深刻的層次，而目的論判斷力則更廣泛、更全面地展示了理論哲學和實踐哲學通過目的論所形成的過渡關係，甚至反過來把審美判斷力（自然美）也包括在它的論證範圍內了。」[17]遺憾的是，在〈商榷〉一文中，我們看不到牟宗三對《判斷力批判》這一內在邏輯關係的把握。與此相反，看到的多是疑惑和不解。為了說明問題，下面舉幾個例子。

三

第一個例子是關於目的本身的。這個問題可以這樣表達：在康德學理系統中，對於審美而言，講目的是不是外離？

---

[16] 同上注，頁 297。

[17] 鄧曉芒：《康德哲學諸問題》，頁 171。

　　牟宗三在〈商榷〉中直言，他不明白康德為什麼一定要把審美與合目的性原則放在一起。在他看來，審美只是如如之欣趣，與目的論並無直接關聯，並舉「這枝花是美的」這一判斷作出說明。「試看『這枝花是美的』這一美學判斷。在這一『自然之美』之對象中，有什麼『合目的性』存於其中呢？這一審美判斷表象什麼『合目的性』呢？人人見美的花皆有一愉快之感，這愉快之感與康德所說的『合目的性』有什麼關係呢？我百思不得其解！我不知合目的性原則在這裡究竟如何瞭解其切義。我每看到康德於美學判斷處說合目的性原則時輒感困惑，我找不到它的切義究竟在那裡。我甚至懷疑它在這裡根本沒有切義。」[18]「這枝花是美的」是一個審美判斷，但在這個判斷中，「合目的性」起什麼作用呢？人人見到美的花都會感到愉悅，這種愉悅即是如如之欣趣。但這種愉悅與「合目的性」有什麼關係呢？牟宗三承認，他於此處「百思不得其解」，實在不明白這裡的道理究竟何在，甚至懷疑根本沒有道理，「沒有切義」。

　　牟宗三又舉文學作品中的例子來講這個道理。比如，「西風、古道、瘦馬。小橋、流水、人家。斷腸人在天涯。」「天蒼蒼，野茫茫，風吹草低見牛羊。」「四圍山色中，一鞭殘照裡。遍人間煩惱填胸臆，量這般大的小車兒如何載得起！」「朝飛暮捲，雲霞翠軒；雨絲風片，煙波畫船。錦屏人忒看得這韶光賤。」這些文學作品中的精彩描述是我們非常熟悉的美的景象，但這些景象與合目的性有什麼關係？牟宗三表示不理解，質疑道：「凡此，於文學是最美的文學作品（詩詞）；於風光是最美的風光，康德所謂『美的景色』（beautiful view，花是美的對象 beautiful object）。『合目的性』原則如何進入這些『美的表象』呢？如康德所論的『合目的性』原則，以及借賴此原則所說的『自然的特殊化之法則』，如果這原則或這法則進入這些美的對象或美的風光中，則這些美的對象或風光早就不美了。所以我們很難就這些美的對象或景色說『合目的性』之原則。」[19]人們看到這種場景，讀到

18　牟宗三：《康德《判斷力批判》》，《牟宗三先生全集》，第 16 卷，頁 15。

19　同上注，頁 15-16。

這樣的描寫，內心就會感到喜歡，有愉悅感，認為它們是美的，但一般並不把這些景象與合目的性聯繫在一起。如果像康德那樣在裡面非要講一個合目的性，論證這些美的景象背後的目的性是什麼，不僅感受不到美的愉悅，就連這些美的對象或風光也早就變得不美了。「我們很難就這些美的對象或景象說『合目的性』之原則」，這裡的用詞是很激烈的。

　　牟宗三上述批評的中心是他不明白「這枝花是美的」這一審美判斷與合目的性是什麼關係，懷疑這裡根本就沒有關係，認為康德把美與合目的性聯繫在一起，完全是多餘的。這種多餘就是「外離」。然而，如果我們把這個問題嚴格置於康德第三批判的邏輯結構之中，則明顯不能這樣說。在康德學理中，審美的一個重要特徵是「無目的的合目的性」。「無目的」是說審美必須完全是自由的，不受利害關心的影響，更不源於外力的強制。但它又必須「合目的性」。這種「合目的性」並非審美對象自身所具有，只是人們為了思想的方便人為地加於其上的，是一種權宜的辦法。這就是康德所說的：「所以，這就需要某種在對自然的評判中使人注意到自然對我們知性的合目的性的東西，即需要一種把自然的不同性質的規律盡可能地納入到更高的、雖然仍然是經驗性的規律之下的研究，以便在做到這點時對自然與我們認識能力的這種只被我們看作偶然的相一致感到愉快。」[20]值得一提的是，這種「合目的性」的一個重要因素是事物的完善性。「由於一個事物中的多樣性與該事物的內在規定的協調一致作為目的就是該事物的完善性，所以在對藝術美的評判中同時也必須把事物的完善性考慮在內，而這是對自然美（作為它本身）的評判所完全不予問津的。」[21]一個對象一旦與這種完善性協調一致，也就達到了「合目的性」，人們會感到一種愉悅，這種愉悅就是美。康德繼續指出：「在這種場合下，例如即使有人說：『這是一個美女』，我們所想到的實際上也無非是：大自然在她的形象中美麗地表現了女人身體結構中的那些目的；因為我們還必須越過這單純的形式而望見一個概念，以便對

---

[20]　康德：《判斷力批判》，鄧曉芒譯，楊祖陶校，頁 22-23。

[21]　同上注，頁 156。

象借這種方式通過一個邏輯上被決定了的感性〔審美〕判斷得到設想。」[22] 在康德看來，一方面，我們不知道大自然本身是不是有目的，另一方面我們卻可以為它設想一個目的，以彌補機械論原理觀察大自然帶來的不足。既然設想大自然有一個目的，那麼這個目的一定是向完善性發展的，否則我們設定這個目的就沒有任何意義了。一旦設想大自然是向完善性發展的，那麼凡是與完善性相符合，就是「合目的性」的。一旦一個對象與這種「合目的性」相協調，人們就會感到愉悅，感到美。「這是一個美女」的例子非常具體地表達這一思想。康德認為，當我們說「這是一個美女」的時候，我們想到的無非是她符合了我們所設想的大自然的某種目的，是在她的形象中表現了女人身體結構中的那些目的。也就是說，女人作為一種自然的產物，其本身是否有目的我們並不知道，但我們可以設想有這樣一個目的，這種目的的一個重要內容就是其自身的完善性。一個女人達到了這種完善性，也就與目的性相協調了，這就是她的「合目的性」。一個女人達到了這種「合目的性」，人們也就感到了美，稱其是一個美女。

從上面的例子可以看出，康德講審美一定要講目的，不講目的就無法談審美。「這是一個美女」的例證很好地表達了這一思想：一個女人之所以為美是因為她的形象符合了我們賦予女人身體結構中的那些目的。如果不講目的，那麼我們將以什麼標準來說一個女人是不是美呢？牟宗三並不這樣看，他通過「這枝花是美的」來表達其對康德思想的懷疑。儘管「這枝花是美的」與「這是一個美女」具體表述略有差異，但並沒有原則的區別。依據康德對「這是一個美女」的分析，我們同樣可以說，我們認定「這枝花是美的」是因為我們賦予了花這一對象以目的性。一旦「這枝花」與這種目的性相符合，我們就會感到它是美的。反之亦然。

---

[22]　同上注，頁 156。

四

　　第二個例子是關於道德的。這個問題可以這樣表達：在康德學理系統中，對於審美而言，講道德是不是外離？

　　康德講審美始終和道德聯繫在一起，以至於有「美是德性－善的象徵」[23]的著名判斷。由於牟宗三不滿意康德將審美與合目的性聯繫在一起，對這一說法也提出了批評：「如是，若就反照判斷力之表現為審美判斷而言，這很不足以作為自然概念與自由概念間的媒介，那就是說，它擔當不了這個責任。說『美』是善的象徵，這也只是這麼一說而已，並無嚴格的一定性。」[24]康德將判斷力作為自然與自由概念之間的媒介，牟宗三對此持懷疑態度，認為它擔當不了這個重要的責任。儘管康德「美是德性－善的象徵」的說法非常吸引人，但牟宗三認為，這並沒有嚴格的一定性，只是說說罷了。在牟宗三看來，康德以反思判斷力溝通兩界的想法過於迂曲生硬而不自然。

　　另一處再次談到這個問題：「說目的論的判斷中所反照之世界依靠於一最高的理性，這是可以的，然而於審美判斷中所反照之世界卻不必這樣為之說一切合的合目的性之原則以便把它迂曲地遙依於一最高的理性上。康德之所以這樣強說背反以及迂曲不順地把美的世界遙依於一最高的理性上，乃正是為的想說『美是善之象徵』。這樣硬說是不行的。美與真與善各有其獨立的意義，當然亦可有其相干性，但不是直接地相干，此中還有更多的層次分際之曲折，硬說是不行的，此則非康德之洞見所能及。」[25]牟宗三強調，康德總是把審美與神意聯繫在一起，以神意來說其合目的性，意在說明美是道德的象徵。但這樣硬說是不行的。「美是德性－善的象徵」這樣的說法，表面聽上去很是動人，其實矛盾很多，是「未臻通透圓熟之境」。這種「未臻通透圓熟之境」即是一種外離。

　　牟宗三對康德「美是德性－善的象徵」這一說法的批評，同樣需要加以

---

[23]　同上注，頁 201。

[24]　牟宗三：《康德《判斷力批判》》，《牟宗三先生全集》，第 16 卷，頁 31。

[25]　同上注，頁 75。

討論。康德寫作《判斷力批判》，將審美與道德聯繫在一起，有著精心的考慮。康德第一批判解決的是理論理性的問題，第二批判解決的是實踐理性的問題，這兩步工作取得了巨大成就，但也形成了兩個批判過於對立的問題。因此，在理論理性和實踐理性之間必須有一個中介環節。康德把這個中介的重任放在審美判斷力之上。他認為，隨著人類歷史的發展，審美能力也得到了提高，通過這種審美能力，人們可以猜測到自身的道德，認識到自己是道德的存在。這就是康德所說的：「認識能力的協調一致包含著這種愉快的根據，在這些認識能力的活動中的自發性使上述自然合目的性概念適合於成為使自然概念的諸領地和自由概念在它們的後果中聯結起來的中介，因為這種聯結同時也促進了內心對道德情感的感受性。」[26]這段論述非常明確地表達了康德的這一思路。這就是說，通過審美人們可以感受到自身的道德，意識到自己並非只是一個現相的存在，同時也是一個本體的存在，一個道德的存在，這樣也就可以將理論理性和實踐理性聯繫起來了。康德相關思想主要就是基於這樣一個設想而提出來的。「於是我說：美是德性－善的象徵；並且也只有在這種考慮中（在一種對每個人都很自然的且每個人都作為義務向別人要求著的關係中），美才伴隨著對每個別人都來贊同的要求而使人喜歡，這時內心同時意識到自己的某種高貴化和對感官印象的愉快的單純感受性的超昇，並對別人也按照他們的判斷力的類似準則來估量其價值。」[27]從這一表述可以看出，在康德學理中，美不是道德，但它可以暗示人的道德，通過審美人們可以想到自己是一個道德的存在，本體的存在。所有這些重要的思想都包括在「美是德性－善的象徵」這一重要論斷之中。

但在牟宗三的論述中，全然看不到康德的這一深邃用心，看到的只是他對康德的簡單批評。牟宗三當然完全有理由不順著康德的思路通過審美來感受道德，因為在儒家學理系統中，人有智的直覺，通過這種直覺完全可以感受到自己的良心善性，但並不能因此而看不到康德的這種說法的理論意義，

26　康德：《判斷力批判》，鄧曉芒譯，楊祖陶校，頁32。

27　同上注，頁201。

這種說法至少在康德的體系中是一種解決問題的辦法，儘管這種辦法的有效性可以商榷。遺憾的是，在牟宗三對康德的上述批評中，我們很難看到他對這一問題的深入把握，很難看到他對康德這一思路的揭示。這種情況使我們有權利思考這樣一個問題：牟宗三在多大程度上把握了康德「美是德性－善的象徵」這個重要判斷在《判斷力批判》中的地位和作用呢？

五

第三個例子是關於上帝的。這個問題可以這樣來表達：在康德學理系統中，對於審美而言，講上帝是否外離？

牟宗三批評康德外離，一個重要原因是不滿意康德講審美時一定要講一個上帝，認為這其實是以上帝來證明目的論的合理性。比如，在引述《判斷力批判》導言第 IV 部分第四自然段的一段話之後，牟宗三這樣寫道：「以『合目的性原則』為反省判斷力之一超越的原則即表示反省判斷力要透視到『神智』以為繁多的自然形態之根據。此一原則之確立是由繁多的自然形態以及其特殊的經驗法則之反省默察而悟入，故其切義似乎於反省判斷力之表現而為『目的論的判斷』方面更為顯明，也就是說，於『上帝存在之自然神學的證明』方面最為顯明。」[28]在牟宗三看來，康德講合目的性的先驗原則，一個重要特點是將其聯繫在神智之上，以神智作為繁多的自然形態的根據，這其實是將反思判斷力透視到「上帝存在之自然神學的證明」之上了。

接下來不遠，牟宗三又說：「由此第 V 節中之申說，康德即進而至第 VI 節，正式標題為『快樂之情與自然的合目的性之概念之相聯合』。由 V 節中所說的『當我們遇見經驗法則下的系統性的統一時，我們也會很欣慰而高興』，讀者當知依據『合目的性之原則』來反省自然，覺得自然是如此之美好，如此之有條有理而可讚歎，心中自然可感到一種快樂。但這種快樂之情正是『上帝存在之物理神學的證明』之所宣示者，因此，那合目的性之原

28　牟宗三：《康德《判斷力批判》》，《牟宗三先生全集》，第 16 卷，頁 9。

則正切合於『上帝存在之物理神學的證明』，亦切合於『目的論的判斷』，而在這原則下所觀的自然正是牧師傳道之所讚美者，而這所讚美的世界之美好不必是『審美判斷』所品題之『美』，而快樂之情亦不必是審美判斷中之『愉悅』。這正是《第三批判》關於審美判斷之超越原則之最大的疑竇。」[29]康德在《判斷力批判》導言第 V 節指出，如果我們遇見經驗法則下的系統性的統一時，自然會感到欣慰和高興。牟宗三於此解釋說，當人們依據「合目的性之原則」來反思自然，覺得自然是如此之美好，心中自然會感到一種快樂，「但這種快樂之情正是『上帝存在之物理神學的證明』之所宣示者」。這就說明，在牟宗三看來，康德在目的論中講上帝，一個重要出發點，是以上帝來證明「自然是如此之美好，如此之有條理而可讚歎」，而這恰恰是「上帝存在之物理神學的證明」。

在梳理《判斷力批判》導言第 VII 部分和第 VIII 部分時，牟宗三又說：「從『因此』說到這裡，這其中豈無滑轉乎？豈不說得太快乎？除非那『美學的表象』太廣泛而籠統，如牧師傳道家（原文如此——引者注）說這世界有條有理，處處『絲絲入扣』，若非有一上帝在那裡作設計，焉能如此之美麗與巧妙！但這並非普通所說的審美品味中的『美學的表象』。審美判斷表示『美學的表象』，但牧師傳道並非想作美學的表象，他只想證明上帝的存在。因此，康德這句歸結語中所謂『合目的性』是切合於『目的論的判斷』或『上帝存在之物理神學之證明』的，並不切合於『審美判斷』。」[30]在《判斷力批判》導言第 VII 部分，康德有這樣一段論述：「因此，我們只由於對象之表象直接地被伴偶以愉快之情之故，我們始把『合目的的』這個形容詞應用於對象上；而此被伴偶以愉快之情的表象自身即是合目的性之一『美學的表象』。唯一的問題是這樣一種『合目的性之表象』究竟是否存在？」[31]牟宗三認為，康德把合目的性與愉快之情聯繫在一塊，這是可以

---

29 同上注，頁 12-13。

30 同上注，頁 4-15。

31 同上注，頁 14。鄧曉芒、楊祖陶將此段譯為：「而這樣一來，對象就只是由於它的表象直接與愉快的情感相結合而被稱之為合目的的；而這表象本身就是合目的性的審

的，但說愉快之情就是合目的性這一美學的表象則不可。康德如此說，明顯是將審美與上帝存在之物理神學的證明聯繫在了一起，恰如牧師以自然之美說明上帝之偉大。但這只適宜證明上帝的存在，而不能證明審美判斷。

　　此類的說法還有不少，為節約篇幅不再引證。這些說法儘管側重點不同，但均不離一個中心思想：康德講上帝是為了證明目的論的合理性。這種理解是否正確很值得商榷。如所周知，康德在談審美的時候對自然神學明確持反對態度。《判斷力批判》第 85 節「自然神學」對此有清晰的論述。這一節一開始，康德就對自然神學進行了明確的界定：「自然神學是理性要從自然目的（它們只能經驗性地被認識）中推論出自然的至上原因及其屬性的嘗試。」[32]意即那種將自然目的上歸到某個至上原因的理論就是自然神學。在康德看來，自然神學是靠不住的，自然神學無論有多大的發展，其學說怎樣的完善，也無法向我們展示有關創造的一個終極目的的任何東西。正因為如此，在這一節的最後，康德得出結論說，「不論自然目的論可能有怎樣的擴展，我們按照上述原理都完全可以說：我們依照我們認識能力的性狀和原則，在自然的已為我們所認識的合目的性安排中，我們只可能把自然設想為一個它所服從的知性的產物。但是這個知性是否借這個自然整體及其產生本來還會有一個終極意圖（那樣的話這個終極意圖就不會處於感性世界的自然界中了），這是理論的自然研究永遠不能向我們揭示出來的」[33]。這就是說，自然目的只能是人類知性的產物，是人類知性賦予給自然的，而不是由某個至上神所確定的，那種希望以至上神來說明自然目的的觀點永遠也得不到證明。

　　與自然神學不同，康德主張的是倫理學神學（道德神學）。在康德看來，只有人才能成為自然的終極目的。如果沒有人，沒有理性的存在者，整個大自然就只能是一片荒漠，不會有任何意義，也談不上任何終極目的。但

　　美表象。——問題只是在於，一般說來是否有這麼一種合目的性表象。」康德：《判斷力批判》，鄧曉芒譯，楊祖陶校，頁 25。

[32]　同上注，頁 294。

[33]　同上注，頁 300。

是，人之所以成為自然的終極目的，並不是由於他的情感能力和對幸福的追求，也不是由於他的理性認知能力，而是由於他的高級欲望能力，即他的自由意志。康德為此明確指出：「人惟一能夠給予他自己的那種價值，並且是在他所做的事中，在他不是作為自然的成員、而是以自己的欲求能力的自由怎樣及根據什麼原則來行動中的那種價值，也就是善良意志，才是人的存有惟一能藉以具有某種絕對價值、而世界的存有能據以擁有某種終極目的的欲求能力。」[34]意思是說，只有道德的存在才能成為自然的終極目的。康德一方面強調道德的重要，另一方面也看到了道德的不易。儘管人是一個道德存在，但道德生活並不是輕而易舉的，一定會遇到困難，一定要付出犧牲。而他本身的力量又還沒有達到那樣的強大，以至於還需要有一個至上神來提供精神的保障，為其增強力量。「這樣，現在就有了實踐理性的一個純粹的道德根據來把這個原因假定下來（因為這是可能無矛盾地發生的），再沒有別的根據了，但這卻使我們免得冒把那種努力在其效果上看作完全是無價值的、因而任其鬆懈下去的危險。」[35]設定上帝存在一個最大的好處，是可以讓行為者堅定信念，不使自己因為各種困難而鬆懈下來。這是設定上帝存在的唯一的理由，除此再沒有其他理由了。這樣一來，康德就堅持了他的道德神學，而排斥了傳統的自然神學。用康德的話說就是：「以這樣一種方式，道德的目的論就補充了自然的目的論的不足並首次建立了一種神學，因為如果自然目的論不是暗中從道德目的論借貸，而是要貫徹到底的話，它自己單獨所能建立的無非是一種不能形成任何確定的概念的鬼神學。」[36]

　　釐清這個關係對理解康德何以講上帝有重要幫助。它告訴我們，康德贊成的是道德神學，而不是自然神學。康德堅持主張，只有人才能成為自然的目的。但一個意識到道德的人，仍然會面對自然界和社會生活中的種種不道德因而不合目的的事，比如災難和痛苦，欺騙和強暴，不幸和不公。為了使人增加道德的力量，能夠把整個現實世界仍然看作從屬於以道德為制高點的

---

[34]　同上注，頁 302。

[35]　同上注，頁 305-306。

[36]　同上注，頁 303。

一個更大的目的系統，我們需要設想靈魂不朽和上帝存在，以保障進行最後的審判，使人世間的道德與幸福的對立終歸有希望相配合與和諧，達到圓善。「這樣，我們就必須假定一個道德的世界原因（一個創生者），以便按照道德律來對我們預設一個終極目的，並且只要後者是必要的，則（在同樣程度上並出於同一根據）前者也就是必然要假定的：因而這就會是一個上帝。」[37]這裡說得很清楚，康德是為了保證人們努力成德最終能夠配享到幸福才設定上帝存在的，否則「他一旦有可能相信沒有什麼上帝，馬上就會以為自己擺脫了一切道德責任，那麼，他心中的內在的道德意向就必定仍然只會是一團糟」[38]。這就是康德的「對上帝存在的道德證明」。應該說，牟宗三並非完全不瞭解康德這方面的思想。比如，1990 年 9 月到 1991 年 1 月，牟宗三在香港新亞研究所講授「康德美學：第三批判」，凡十六講。後盧雪崑對錄音進行了整理，以〈康德第三批判講演錄〉為名，在《鵝湖》月刊連載。其中牟宗三這樣道：「最後證明上帝存在不能靠自然目的。要從自然目的進一步想到道德目的，高一層，道德目的從哪裡來呢？從我們的自由意志（free will）而發。證明上帝存在最後靠道德目的，那個目的是什麼目的呢？那是自由意志的一個必然對象（necessay object）──圓善（highest good;summum bonum）。這種證明就叫做道德的證明（moral proof）。從道德的證明建立道德神學（moral theology）。這是大體的脈絡。這就是在西方基督教傳統下講的目的論（teleology），就是為的想建立道德的神學。」[39]在這段材料中，牟宗三區分了自然神學和道德神學，指明康德講目的並不是以自然來證明上帝的存在，而是以人來作為自然的目的。康德的真正意圖是從自然目的進一步想到道德目的，然後以上帝保障圓善，從而建立道德神學。但奇怪的是，在〈商榷〉一文中，我們卻很難看到牟宗三對康德這一思想的具體闡述，與之相反，看到的多是對康德進行自然神學的批評。「於『上帝存在之自然神學的證明』方面最為顯明」，「那合目的性之原則正切

---

[37] 同上注，頁 310。

[38] 同上注，頁 311。

[39] 牟宗三：〈康德第三批判講演錄（十六）〉，《鵝湖》第二十七卷第六期。

合於『上帝存在之物理神學的證明』」，康德講目的性「是切合於『目的論的判斷』或『上帝存在之物理神學之證明』的，並不切合於『審美判斷』」，「更亦切合於『上帝存在之物理神學的證明』」，這樣的論述屢屢出現，足以說明這個問題的嚴重程度。

上述問題之所以出現，固然與《判斷力批判》難以理解有內在關聯。學界公認，第三批判是康德最難理解的著作。人們往往不能明白為什麼康德在講審美時一定要講一個目的論，因而只是關注審美判斷力批判，而不太關注目的論判斷力批判。但這並不是唯一的原因，除此之外，牟宗三並不重視《判斷力批判》中目的論判斷部分，也是一個重要原因。我們知道，第三批判由審美判斷力批判和目的論判斷力批判組成。牟宗三對康德第三批判的研究，精力全都放在審美判斷力部分了，對目的論判斷部分並不重視。〈商榷〉一文講的全是審美判斷力的內容，很少涉及目的論判斷力部分，可以作為這種看法的證明。在這方面還可以列舉一份材料作為旁證。牟宗三〈康德第三批判講演錄〉共有十六講，前十五講都是講審美部分。在第十五講末尾，牟宗三對後面講課的安排有一個說明：「下學期講目的論判斷。講目的論判斷就是為的完成道德的形而上學，照西方講，就是完成道德神學。《判斷力之批判》分兩部分，一部分講美學，下一部分講目的論判斷。講美學那部分就是這個學期講的。我給你們一個智慧的方向，假若你們能瞭解，可以寫出大文章，可以開發你很多思考。因為我的思考用完了，我的力量用沒有了。」[40]但從講演錄來看，下面僅僅還有一個第十六講，似乎並沒有一個「下學期」。而關於目的論判斷的講述只在第十六講中進行，而且這種講述也只是草草帶過，幾句話就說完了。牟宗三對康德《判斷力批判》研究的重點有所偏失，由此可見一斑。這種情況影響重大，使牟宗三未能透徹把握康德第三批判審美判斷力和目的論判斷力的內在關聯，雖然在講課時也可以那麼一說，但在真正能代表其美學思想的〈商榷〉一文中，卻沒有或很少有這方面的具體論述。不客氣地說，牟宗三批評康德講目的性是「外離」，仍然

---

[40] 牟宗三：〈康德第三批判講演錄（十五）〉，《鵝湖》第二十七卷，第五期。

是學界不明白審美判斷力和目的論判斷力的內在關聯，只將康德第三批判視為美學著作這一做法的變形產物，所不同的僅僅是他進一步將其批評為「外離」而已。對這種情況我們必須有清醒的認識。

　　這裡有一個問題必須再次加以強調。我們當然完全可以依據中國哲學的傳統講審美，不需要像康德那樣亦步亦趨地講什麼目的性，但我們在這樣做之前，至少應該瞭解康德講目的性原則的基本思路。如果我們清晰把握了康德講目的性的基本思路，然後指出這種講法不合適，沒有必要，那自然可以，而且也應該。但如果對康德講目的性的基本思路把握不透，貿然批評康德講目的性不正確，其結論未必一定為錯，但整個論述過程則一定缺乏說服力，難以令人信服。換言之，站在儒家學理立場上，我們可以批評康德以目的論講審美是「外離」，因為儒家講審美並不需要講什麼目的性，但在康德學理中則不能這樣說，因為康德如此講是自成系統的。牟宗三在上世紀八十年代以一己之力，翻譯了《判斷力批判》，撰寫〈商榷〉長文，做出極大的努力，其學術氣魄與膽識令人敬佩。但難以否認的是，受到當時客觀條件，特別是康德研究總體水準以及資料引進方面的限制，牟宗三相關的研究也不可避免地存在著一定的缺陷，特別是對第三批判中審美判斷力與目的論判斷力內在關係的把握不夠到位，從而直接導致其對康德的某些批評有失準確。對此我們理當持歷史的眼光，取同情理解的態度，不能苛責於前人，但這並不等於不能去發現和指出問題，展開討論，提出批評。我上面著力指出牟宗三對康德第三批判理解中存在缺陷，就是本著這樣一個指導思想進行的。

（發表於《陝西師範大學學報》2014 年第 2 期）

無相的疑惑

——關於牟宗三以「放得下」論無相建構相即式合一的一種討論

　　〈商榷：以合目的性之原則為審美判斷力之超越的原則之疑竇與商榷〉（以下簡稱〈商榷〉），是牟宗三 1992 年完成《判斷力批判》的翻譯工作後撰寫的一篇長文。該文附在《康德《判斷力批判》》全書之首，以表明對康德第三批判的態度。在這篇文章中，牟宗三一方面對康德以判斷力溝通自然與自由兩界的做法提出批評，另一方面又著重以「放得下」為基礎論證無相，進而建構自己的即真即善即美的「相即式合一」理論。這顯然是一個非常重要的觀點，但學界對此很少涉及。為了彌補這一不足，近些年來我對此進行了專題研究，得出這樣一個結論：牟宗三以「放得下」論無相，進而建構相即式合一的理論存在著嚴重的缺陷，很難經得起深入推敲。以下試論其詳。

一

　　牟宗三「相即式合一」有著自己鮮明的理論基礎。這個基礎，就是無相，又叫無相原則。要瞭解無相，首先需要明白什麼是有相。牟宗三承認，分別說中的審美品鑒是有相的：「分別說的『美』是生命之『閒適原則』，是生命之灑脫自在。人在灑脫自在中，生命始得生息，始得輕鬆自由而無任何畏懼，始得自由之翱翔與無向之排蕩。但此是妙慧靜觀之閒適，必顯一

『住』相。」[1]美是生命的灑脫自在。在這種灑脫自在中，無任何功利，無任何畏懼，任憑生命之自由翱翔，與利害和概念全無關聯。牟宗三由此將美規定為生命的「閒適原則」。美雖然是生命之閒適，但這種生命之閒適原則也會顯出一種相，即所謂「必顯一『住』相」。這就是說，美一定是有其相的。這種有一「住」相的美，可以稱為「有相之美」。

牟宗三強調，有相之美僅限於分別說，尚無法擔當合一的大任。要實現合一，必須進一步完成由有相之美到無相之美的轉進：「但既是『無向』，此一無向即函一『無相』之原則而越乎其自己，此一越乎其自己之原則雖內合地就『無向』而顯一美相，此為無相原則之內用，然而同時亦越乎此『無向』而外離地可化掉此美相並可化掉一切相，此為無相原則之外用。」[2]這段論述中有兩個特殊的概念值得關注。一個是「無相原則之內用」。這是指無相原則通過妙慧直感而顯一美相，因為它是內合性運用，故為「內用」。另一個概念是「無相原則之外用」。這是指無相原則不僅內用顯一美相，而且要超脫自己，化掉這些美相，成為無相之美。經由這種「無相原則之外用」，一切相都被化掉了，從而真正達到了無相，成就了更高層次的美。

這種更高層次的美，在牟宗三就叫做「無相之美」或「無相的美」：「上帝之形式即上帝之容。上帝那裡有容？要說上帝之容必須在非分別說之無相中而說那『即真即善』的美，直就此美而說其容，此容即是莊子所說的『天地之美，神明之容』。非藝術之有相之美而可為上帝之容也。依莊子，藝術是技，必『技也而進於道矣』，始可進至無美相之美。至此無相之美，則雖妙慧心而亦道心，雖道心而亦妙慧心，至此方可云『天地之美，神明之容』。」[3]牟宗三非常重視莊子「天地之美，神明之容」的說法，認為這是美的最高境界。在這個最高境界之中，一切皆歸於無相，不僅真沒有了真相，善沒有了善相，就是美亦沒有了美相，這即為「無相之美」。這種沒有

1　牟宗三：《康德《判斷力批判》》，《牟宗三先生全集》，第 16 卷，頁 79-80。
2　同上註，頁 78。
3　同上註，頁 84。

美相的美就相當於莊子所說的「天地之美，神明之容」。要達到這種沒有美相的美，必須由妙慧心進至道心。只有道心才能保證美而沒有美相。

　　牟宗三認為，根據儒家思想傳統，人完全有能力達到無相，實現「相即式合一」。牟宗三之所以這樣看的一個重要根據，就是「放得下」。牟宗三首次提到「放得下」這一說法，是在〈商榷〉第九節第七小節「真美善之分別說」之中，原文是這樣的：

> 那越乎此無向的外用是表示妙慧之靜觀之「提得起放得下」，並表示：於此提得起放得下之中，此妙慧靜觀離開其自己而復將無相之原則反身應用於其自己乃至應用於其他一切而皆通化之使之皆歸於無相。但此一提得起放得下之通化作用並非顯有「住」相的妙慧靜觀之自身之所能有，因為它若能有或必然地函有，則不能顯「美」相，如是，便喪失了分別說的美之獨立的意義。[4]

「提得起放得下」是一個統一的說法，這一說法又可分為兩層含義。一是「提得起」，意思是將生命提昇起來，確立道德之大體。美是相對於生命之灑脫自在而言的，是生命的閒適原則。人在灑脫自在中，不受知性和理性的限制，可以得到生命之生息，輕鬆而自在。這種輕鬆自在本身便顯出一住相，有自身的價值。然而，「若一住住到底，而無『提得起』者以警之，則它很可以頹墮而至於放縱恣肆」[5]。這就是說，這種住相必須有另一種力量將其「提得起」，否則很容易陷於放縱恣肆，如講美和講藝術人的常犯的錯誤一樣。二是「放得下」，意思是將道德的身段放下來。有了「提得起」，人的道德生命有了提昇，這自然是好事。但由此也容易帶來問題，使人有道德之相，高高在上，對外難免有所張力，有所緊張。所以在經由「提得起」後，還必須「放得下」。在這方面，上引之段中「於此提得起放得下之中，

4　同上注，頁79。
5　同上注，頁80。

此妙慧靜觀離開其自己而復將無相之原則反身應用於其自己乃至應用於其他一切而皆通化之使之皆歸於無相」一句特別值得琢磨。它告訴讀者，經過「放得下」，妙慧靜觀不再停留在自己的階段，而是進一步將無相原則用於自己以及其他一切，使其統統歸於無相。換句話說，經過這樣一番「放得下」的工作之後，有相之美就將無相原則復歸應用於自身，使一切自身及其他一切完全歸於無相原則之下。由此可知，雖然「提得起放得下」是合在一起說的，但其含義有別：「提得起」重在建構道德本體，「放得下」重在凸顯無相原則。「提得起」的含義比較清楚，沒有問題，問題出在「放得下」。

　　牟宗三進一步以「化境」來論無相。他將儒家不同的理境分為三層，即所謂三關。首先是「克己復禮」關。儒家講道德，最重要的是要挺立「大體」，以克服或主導小體，將大體挺立起來，人便有了支撐，牟宗三將此稱為第一關。第二是「有光輝」關。光挺立大體還不行，大體還要達到一定的境界。牟宗三引孟子「充實而有光輝之謂大」的說法來闡釋這個道理，認為這個「大」就是崇高偉大之大。有了崇高偉大，便能夠顯現於外而「有光輝」。需要注意的是，有所光輝自然是好的，但因此也難免有一種「道德相」、「偉大相」，在社會中形成一種緊張、一種敵對。因此，光有第二關還不行，還要有第三關，這就是「無相」關。牟宗三寫道：

> 顯「偉大」相即顯出道德之「道德相」。顯道德相即顯緊張相，勝利相，敵對相，令不若己者起恐懼心，忌憚心，厭憎心，甚至起譏笑心，奚落心，而日趨於放縱恣肆而不以為恥，此如蘇東坡之於程伊川，小人之視道學為偽學。此皆由於道德相（偉大相）未化除之故也。故孟子必說「大而化之之謂聖」。聖境即化境。此至不易。人需要「大」，既大已，而又能化除此「大」，而歸於平平，吉凶與民同患，「以其情應萬事而無情」，不特耀自己，望之儼然，即之也溫，和藹可親，此非「冰解凍釋，純亦不已」者不能也。到此境便是無相

原則之體現。此為第三關，即「無相」關（佛家所謂無相禪）。[6]

牟宗三強調人需要大，但如果已經達到了大，還需要進一步把這個大相化掉，大而沒有大相，達至無相的境界。牟宗三認為，做到了大而無大相，人便顯得輕鬆自在，一輕鬆自在一切皆輕鬆自在，這便是「灑脫之美」之境。也就是說，人需要「大」，也應該「大」，但光有「大」還不行，還要把這種「大」化掉，做到大無大相，一切歸於平平，而這也就是「化境」。「到此境便是無相原則之體現」，這一句集中表現了牟宗三的思想主旨：人只有到達化境才是最高的境界，而一旦達到化境也就做到了無相。

　　牟宗三進而借助王龍溪的四無來解釋化境。王龍溪的四無即是「無心之心其藏密，無意之意其應圓，無知之知其體寂，無物之物其用神」。牟宗三認為，四無其實是講「體用顯微只是一機，心意知物只是一事」。其中，心與意是體是微，知與物是用是顯，說到底只是一機，只是一顯。既然如此，那麼再講分別就沒有了意義。此時的心意知物，全然一體打通，「即真即美即善」。在此合一之化境當中，不僅道德的善相被化掉，認知的真相被化掉，就是獨立的美相也被化掉了。知識之真相被化除，便顯出物如之如相，如相即是真相。道德之善相被化除，便顯出冰解凍釋純亦不已之至善（非德福關係意義之圓善）之相。審美之美相被化除，便顯出一切自然之美皆融化於物之如相之中而毫無剩欠。什麼是剩欠？「分別說中的美（氣化之光彩）對知識與道德而言為多餘，然而在合一說中，則無所謂多餘。既無所謂多餘，則亦無所謂『剩』。既無剩，自亦無『欠』。無欠即一無欠缺，即示一切皆非分解地溶化於如相中而一是皆如，無一可廢。」[7]由此可知，「剩欠」即指「多餘」。在化境之中的美不再有任何剩欠，任何多餘，完全歸於無相。總之，進至了四無，就達到了化境，也就做到了無相。牟宗三重視龍溪，歸根到底是看重了四無，而看重四無，歸根到底又是為了以四無證明無相。

6　同上注，頁81-82。

7　同上注，頁83。

　　以上是牟宗三以「放得下」論無相的基本路數。牟宗三就是以此來說無相，並進而建構「相即式合一」的。毫不誇張地說，這是〈商榷〉一文的核心。這一核心大致是這樣一個意思：審美是一種妙慧直感，這種妙慧直感會給對象帶來一種相，這就是所謂的美相。但妙慧直感是由道德之心貫穿下來的，道德之心要發揮作用，必須首先得到確立，這叫「提得起」。「提得起」固然重要，但也有弊端，因為一旦確立了道德之心，人便顯出一種道德之相，難免受到外人的奚落與嘲諷。所以光有「提得起」還不夠，還必須有「放得下」，將道德之相統統消除，做到道德而沒有道德之善相。這種情況就叫「化境」。不僅如此，如果達到了道德而沒有道德之善相，審美就進入到一個新的境界，一切自然之美和藝術之美皆融化於物之如相中而不再顯得多餘，審美之美相也被化除。更有意義的是，此時認知之現相同樣被化除了，歸於物如，沒有了任何相，達到了認知之無相。既有了道德無相，又有了審美之無相和認知之無相，這三種無相由此便彼此相融，成為一體，形成一種新式的合一，即所謂「相即式合一」。有了這種合一，真善美自然一體打通，不再需要像康德那樣勞神費力講什麼媒介式的綜合了。

二

　　既然〈商榷〉一文的核心是以「放得下」證明無相以建構「相即式合一」，那麼全部視線自然就集中在這樣一個焦點之上了：「放得下」能否證明無相進而達至「相即式合一」？經歷反復考量，我得出了否定的結論。我認為，牟宗三以「放得下」證明無相儘管煞費苦心，但他的論證過程存在著一定的缺陷，無法達到預期目的。我之所以下這樣的斷語，是因為我發現，所謂「無相」其實有著多種不同的含義，而牟宗三未能將其清晰區分開來，在邏輯上過於粗略，不夠嚴格。

　　無相包含的第一種含義是道德之無相。上面引證過，牟宗三在講儒家不同理境即所謂三關的時候曾談到，人要成就道德，需要經歷「克己復禮」關和「有光輝」關，這自然是好的，也很必要，但僅僅如此還不夠。因為一旦

有了光輝，就難免有一種道德相，對外顯出緊張相，甚至會有敵對相。因此，一定不能停留在道德相之上，而必須將其化除，達到「化境」，消除一切道德之相。這種情況我稱為「道德而無道德之相」。所謂「道德而無道德之相」，說白了，就是道德達到很高境界後，恰如孔子之「七十從心所欲不愈矩」，一切任憑自然，沒有主觀故意，卻已完成了善行，成就了道德，對外全然看不出一點道德樣子的意思。佛家所謂「無相禪」、「無法愛」即是此意。這層意思的無相應該肯定，沒有問題。

　　無相的第二種含義是審美而沒有審美之相。牟宗三講的「灑脫之美」應主要從這個意義上來理解：「到此無相關時，人便顯得輕鬆自在，一輕鬆自在一切皆輕鬆自在。此即『聖心』即函有妙慧心，函有無相之原則，故聖人必曰『游於藝』。在『游於藝』中即函有妙慧別才之自由翱翔與無向中之直感排蕩，而一是皆歸於實理之平平，而實理亦無相，此即『灑脫之美』之境也。故聖心之無相即是美……」[8]人達到「無相」關之後，一切皆是自然，皆是平平，皆是輕鬆自在，同時也達到了「游於藝」的境界。在「游於藝」之境界中，妙慧別才自由翱翔，完全歸於實理之平平，由此形成一種「灑脫之美」。「聖心之無相即是美」這一句非常要緊，它告訴讀者，聖人一旦達到了無相之境，即會在自然而然之中完成審美，不再需要任何的主觀故意，而這也就是審美的最高境界。我把這種含義的無相概括為「審美而無審美之相」。「審美而無審美之相」簡單說就是無心審美而在自然而然之間即完成了審美，無審美的故意不自覺之中就享受到了美的意思。這層意思也沒有問題，完全可以接受。

　　除此之外，無相還有第三種含義，這個含義較為複雜，為此先來看牟宗三這樣一段論述：

　　　　若在非分別說中，則妙慧被吸納於道心，而光彩亦被溶化而歸於「平地」，此時只成一「即真即美即善」之境地：真是「物如」之存在，

8　同上注，頁82。

> 善是「天理」之平鋪，美是「天地之美，神明之容」，美無美相。因
> 為本是多餘之光彩而單為人類之妙慧所遭遇（因此而形成藝術審美之
> 獨立領域），是故在人之全部精神生活之實踐過程中，這光彩可被溶
> 化而歸於平地，而妙慧亦可被消融而歸於無聲無臭。因為美本是一
> 「閒適之原則」，其本身顯一靜觀之住相，它本不是一建體立極之主
> 導之原則，是故它是必要的，又可被消融。[9]

牟宗三認為，在非分別說中，妙慧被吸納於道心，光彩被溶化於「平地」，
這樣便達到了「即真即美即善」的境界。在這種「即真即美即善」的境界之
中，真即是物如，即是物自身，善即是天理，即是純亦不已，美即是「天地
之美，神明之容」，美無美相。在這裡特別值得關注的是美。因為美原本即
無關於知性與理性，只是人類之妙慧所發形成的光彩，在人的全部精神生活
中，這種光彩完全可以溶化而歸於「平地」，消融而歸於無聲無臭。所謂溶
化而歸於「平地」，消融而歸於無聲無臭，就是說可以消除其「住相」，而
達到一種無相之美。上引這一段中最後一句「美本是一『閒適之原則』，其
本身顯一靜觀之住相，它本不是一建體立極之主導之原則，是故它是必要
的，又可被消融」，所要表達的正是這一思想。這一說法意在表達這樣一個
意思：美之「住相」可以被消融，這種消融之後的美再無美相。這種被消融
後沒有美相的美，我稱為「審美而美無美相」。

　　這樣一來，我們就將無相區分出了三種不同的含義，即「道德而無道德
之相」，「審美而無審美之相」與「審美而美無美相」。有了這種劃分，牟
宗三某些論述中的具體所指就可以分辨得比較清楚了。比如下面三段述所指
即有不同：

> 因為道德實踐的心是生命之奮鬥之原則，主觀地說是「精進不已」
> （純亦不已）之原則，客觀而絕對地說是「於穆不已」之原則，因此

9　同上注，頁86-87。

其極境必是「提得起放得下」者。「堯舜性之」是此境，「大而化之之謂聖」亦是此境。「天地之常以其心普遍萬物而無心，聖人之常以其情應萬事而無情」，亦是此境。道家玄智、佛家般若智皆含有此境。禪家「即心是佛，無心為道」亦函此境。此龍樹中觀之所以必講「空空」，而天台家十法成乘必殿之以「無法愛」也。[10]

依莊子，藝術是技，必「技也而進於道矣」，始可進至無美相之美。至此無相之美，則雖妙慧心而亦道心，雖道心而亦妙慧心，至此方可云「天地之美，神明之容。」蓋在此無相之境中，審美之品鑒力與創造藝術之天才力固皆溶化於至善之流行與如相之真中而轉成合道心之妙慧心，含藏妙慧心之道心，而一是皆無相，而無論自然之美或藝術之美亦皆轉成「天地之美，神明之容」而亦歸於無相也。[11]

夫既無任何利害關心，又不依於任何概念，則即如此而觀之，審美只是一四無旁依的妙慧靜觀之「如」相，如相無向即是實相。此一實相本身即已函蘊著「不諍」（如《大智度論》說般若為不諍法）。夫既「不諍」，焉有依待於概念之「然」與「不然」之辯耶？《大般若經》云：「實相一相，所謂無相，即是如相」。此就是實相之普遍性矣。同理，審美判斷之普遍性即是此「一相」之「一」也。然則此一不依待於概念的普遍性本是一十分特別的普遍性。吾名之曰「如相」性的普遍性。[12]

頭一段明顯是指「道德而無道德之相」。道德之心非常重要，從主觀方面說，它是精進不已，從客觀方面說，它是於穆不已。不僅如此，它本身就有向「化境」發展的要求和潛能。儒家的「堯舜性之」，「大而化之之謂

---

[10] 同上注，頁 80-81。

[11] 同上注，頁 84。

[12] 同上注，頁 71。

聖」，「天地之常以其心普萬物而無心，聖人之常以其情應萬事而無情」即是此境。佛家的「即心是佛，無心為道」，「空空」，「無法愛」，同樣是此境。次一段則指「審美而無審美之相」。莊子認為，藝術是技，技必進於道而後可，而這種進於道也就是進於「天地之美，神明之容」。牟宗三在這裡借用莊子這一說法意在強調，一旦達到了最高境界，人不僅消融了道德之善相，同時也消融了審美品鑒力和創造藝術之天才力自身之相，一切歸於無相。這種無相即是無審美之相，用莊子的話說就是「天地之美，神明之容」。第三段講的是「審美而美無美相」。這一段出自牟宗三對康德鑒賞判斷第二契機的梳理。在這裡，牟宗三強調，審美判斷確實有一種普遍性，但這種普遍性不能從一般意義的來理解。審美判斷只是一四無旁依的妙慧靜觀，既無關於利害關心，又無關於任何概念，所以其所得到的便是「如相」，而「如相」也就是「實相」。因為是「實相」所以即是不諍，而這種不諍也就是普遍。這裡特別值得注意的是，牟宗三反復強調審美所得到的是「如相」、「實相」。在這個意義上講「如相」、「實相」，當然只能指第三種含義的無相，即「審美而美無美相」。

　　我將牟宗三所說的無相區分為三種不同的含義，旨在說明這樣一個道理：在這三種不同含義的無相中前兩種沒有問題，問題出在第三種無相上。這種含義的無相之所以出了問題，是因為牟宗三相關的證明在邏輯上有其疏漏之處。如果細心一點不難發現，上述三種不同含義的無相就其性質而言，可分為兩類。「道德而無道德之相」、「審美而無審美之相」為一類，主要是講人達到至高境界之後，一切均成了自然，無任何造作即可成就道德，即可完成審美。「審美而美無美相」為一類，是講在審美過程中，美完全沒有了美的樣子。儘管「道德而無道德之相」、「審美而無審美之相」這兩層含義的無相可以成立，但它們並不能作為「審美而美無美相」的根據。牟宗三恰恰在這一點上有重大的疏忽。牟宗三提倡無相原則，起始點是第一種含義的無相，即「道德而無道德之相」。道德達到「化境」之後，確實可以做到大無大相，復歸「平地」，一任自然，對外不再顯出道德的樣子。只要對實際的道德生活有所體認的人，對這一點都會承認而無所懷疑。由這一起始點

到第二種含義的無相即「審美而無審美之相」也沒有問題。人在「化境」之中，自與他人不同，一切皆是自然而然，不僅不再有任何的道德之相，就連審美也完全是任其自然的，不再有任何的主觀故意，在純粹自然沒有任何做作的情況下，就欣賞到了美，與美達到了一致。問題出在第二種含義的無相到第三種含義的無相的轉進上，即「審美而無審美之相」是如何過渡到「審美而美無美相」的。牟宗三認為，一旦達到了「化境」，不僅沒有了審美之相，而且沒有了美相，達到了無相之美。我初讀〈商榷〉一文看到「無相之美」這一說法，即感到十分吃驚，認為這是一個極為重要的表述，但也隱約感到這裡似乎有一些問題，只是一時說不清問題究竟出在哪裡。幾經反復，才發現這一說法問題之所在。審美的本質是主體對於客體進行一種賦予，施加一種影響，在這種賦予和影響中感受到美。但既然是一種賦予，一種影響，那當然就會形成一種相，這種相就是一般所說的美相。任何一種美都是一種相，審美之美本身必帶一種相，沒有相的美根本不存在。不管是沒有達到「化境」的人，還是達到「化境」的人，在審美過程中，都是用自己的主觀去影響對象，從而在對象身上看到美，享受到美。一個人無論怎樣「放得下」，怎樣達到「化境」，怎樣復歸於「平地」，都無法做到「審美而美無美相」。牟宗三以「道德而無道德之相」和「審美而無審美之相」來證明「審美而美無美相」，大講「無美相之美」、「無相之美」，存在著嚴重的邏輯混亂。

三

　　照理說，「道德而無道德之相」、「審美而無審美之相」與「審美而美無美相」是兩類不同的問題，其間的界限一般來說還是比較清楚的，但牟宗三為什麼會將這兩類不同的問題混在一起，造成如此失誤呢？僅僅局限於〈商榷〉一文很難找到答案，必須擴大視野，把這個問題與牟宗三整個儒學思想聯繫在一起，一旦如此我們就可以發現，這一失誤的總根子仍在智的直覺這個老問題上面。

　　照牟宗三自己的說法，直到寫作《心體與性體》，他還沒有充分注意到智的直覺的重要性。但根據我的觀察，牟宗三這方面的意識很早就有了。早在 20 世紀四十年代寫作《認識心之批判》時，牟宗三就有了這方面的初步探索，而這種探索也留下了一定的思想隱患。這個隱患就是「如如」。[13]牟宗三此時講「如如」，有兩層意思。其一，審美判斷源於天心之「如如地觀照」，即所謂「其判斷也根於天心，其所判斷也即此天心之如如地觀照」[14]。意思是說，天心是道德本體，必然有所發用，其所發用，就是賦予自然萬物以意義，而這種賦予是通過「如如地觀照」的方式進行的。其二，審美判斷是對天心之所發的「如如地欣趣」。「天心」賦予自然萬物以意義，這只是一個方面，除此之外，還必須對自己的賦予有所欣賞、欣趣。這就是牟宗三說的「天心處於其自己中而如如地欣趣其所發，即謂美的判斷」[15]。值得注意的是，這種欣賞和欣趣同樣是通過「如如」的方式進行的。儘管牟宗三此時尚沒有明確涉及智的直覺問題，但這裡的「如如」已經包含了這方面的思想傾向。這是因為，按其字義而言，「如如」就是真實、如實的意思。而「如如」的對象叫什麼，則大有講究。叫現相呢，還是叫物自身？由於牟宗三此時尚未正式關注智的直覺的問題，所以還沒有談到這一點，但這裡已經隱含了相當大的風險。

　　《心體與性體》之後，牟宗三開始關注智的直覺的問題，注意到了這一問題的重要，進行了系統的研究。這方面最重要的成果就是《智的直覺與中國哲學》和《現象與物自身》。這兩部作品是牟宗三整個儒學思想的重要轉折，對其後思想產生了極大的影響。此時牟宗三已經看到，康德由於只承認人的有限性，不承認人的無限性，只承認人可以有感性直覺，不承認人可以有智的直覺，所以人只能達到現相，不能達到物自身。但在中國哲學的傳統中，自始就承認人既是有限的，又是無限的，既可以有感性直覺，又可以智的直覺。因此，人完全可以不局限於現相領域，而可以直達物自身。因此，

13　參見拙文〈牟宗三早期圓成論的貢獻與缺失〉，《探索與爭鳴》2014 年第 3 期。
14　牟宗三：《康德《判斷力批判》》，《牟宗三先生全集》，第 16 卷，頁 736。
15　同上注，頁 736。

牟宗三堅持認為，我們沒有必要跟著康德走，以上帝說智的直覺，而應當將重點放在人身上來。「如果知康德所說的『物之在其自己』是對上帝而言，對其所獨有的智的直覺之創造性而言，則在自由無限心前為『物之在其自己』乃必然而不可移者」[16]。因為人完全可以有智的直覺，與智的直覺相對的便不再是現相，而是物自身了。這種意義的物自身，又叫「物如」。牟宗三明確講過，物自身「有以『物如』譯之者，此雖或可聯想到佛家之空如真如，而有誤會，但此譯實亦不錯，只要我們把這『如』字理解為實如，而非空如，它是表示一物之自在而自如」[17]。按照牟宗三這種理解，物如就是對象原本的樣子，即所謂如相，如相一相，即是實相，而這種實相也就是物自身。因此人通過智的直覺完全可以達到物自身。

值得關注的是，此時牟宗三已經注意到了王龍溪的四無：

> 「無物之物」者即是無物相之物也，亦即無「對象」相之物也。「用神」者其為用無封限無滯礙而不可測度也。物之用之神是因明覺感應之圓而神而神。明覺之感應處為物。此感應處之物既無「物」相，即無為障礙之用，它係於明覺而有順承之用，故其為用是神用無方，而亦是不顯用相之用也。明覺感應圓神自在，則物亦圓神自在也。故物不作物看，即是知體之著見也。此是將「物之在其自己」全係於無限心之無執上而說者。[18]

意思是說，龍溪四無中的「無物之物」不再是現相，而是物自身，這種物自身即是物之如相，亦即無相。檢查牟宗三相關的論述可以看出，這一時期他的思想的重點全在智的直覺上，而他認為人之所以有智的直覺，是因為人可以直接體認自己的良心本心。換句話說，牟宗三此時堅持人可以有智的直覺，根本的理由是人對良心本心可以有直接的體認，這種體認就是智的直

---

[16]　牟宗三：《現象與物自身》，《牟宗三先生全集》，第 21 卷，頁〔19〕。

[17]　牟宗三：《智的直覺與中國哲學》，《牟宗三先生全集》，第 20 卷，頁 137。

[18]　牟宗三：《現象與物自身》，《牟宗三先生全集》，第 21 卷，頁 117-118。

覺。牟宗三的這一看法蘊含著很高的理論價值，因為儒家歷來承認人對良心本心的認知是直接的，不需要通過任何形式。問題在於，牟宗三以此為根據進一步證明人的道德之心創生存有的思維方式也是康德不承認人可以具有的智的直覺，並依此強調道德之心創生的那個存有對象不再是現相，而是物自身。問題就在這裡出現了。任何存有都是一種相，不管這種存有是認知之心創生的，還是道德之心創生的，沒有相的存有不可能存在。牟宗三僅僅依據人可以對良心本心有智的直覺，便認定人可以對外部對象有智的直覺，並堅稱道德之心創生存有的思維方式就是康德所不承認人可以具有的智的直覺，其理論根據非常不嚴格。

　　不過，直到這個時候，牟宗三還沒有著重以「道德而無道德之相」來說物自身。這種看法出現在《圓善論》當中。《圓善論》非常重視「化境」問題。按理說，「化境」的說法在牟宗三那裡很早就有了，但那時牟宗三還很少以此來說無相。《圓善論》就不同了，「化境」成了其論說無相的重要根據。牟宗三建構其圓善思想的一個重要特色，是立龍溪為圓教，而他這樣做的根本理由是龍溪已由四有進到四無，即所謂「四有四無方圓備，圓教有待龍溪揚」[19]。四有與四無的最大不同在於，四有是分別說，有自體相，心有心相，意有意相，知有知相，物有物相。這當然也有意義，但因為局限在跡中，境界還不太高。四無就不同了，達到了無的境界，遠遠高於四有。牟宗三在解釋「無心之心則藏密」中的「無」時這樣說道：

> 此「無」亦如「無有作好無有作惡」之無，亦如程明道《定性書》所謂「天地之常以其心普萬物而無心，聖人之常以其情順萬事而無情」語中之無。「以其心」是表示存有層上肯定有心，「普萬物而無心」是說其普遍於萬物而為其體不是有意造作如此也，意即是以「無心」之方式而普也。「聖人之常以其情順萬事而無情」亦同此解。「以其情」是有情，「而無情」是無意於情。「無有作好，無有作惡」亦同

---

[19]　牟宗三：《圓善論》，《牟宗三先生全集》，第22卷，頁325。

此解。如惡是有的，然不要有意造作地去好，亦不要有意造作地去惡。此亦如禪家所謂「即心是佛，無心為道」也。[20]

「無心之心」之「無」不是說沒有這個心，只是說以「無心」的方式來表現，即不是有心或有意在表現，恰如明道所說「天地之常以其心普萬物而無心，聖人之常以其情順萬事而無情」。此語中「以其心」是說確實有這樣一個心存在，「普萬物而無心」是說這個心普萬物而為其體是「無心」而為，而不是有意造作。「聖人之常以其情順萬事而無情」也是這個意思。此處的「以其情」是必須有這個情，「而無情」是無意於情的意思。在牟宗三看來，這種「無」其實就是一種「化」。「『大而化之』（把大化掉無大相）之化境是儒家語。此『化』字最好，一切圓實皆化境也。不至於化，便不能圓，不能實，不能一切平平，無為無作。故『化』字是圓之所以為圓之最高亦是最後之判準。凡冰解凍釋皆化也，是融化之化。」[21]「大而化之之謂聖，聖而不可知之之謂神」，原是孟子的說法，另有所指。牟宗三對此做了自己的解釋，認為孟子這樣說是要把大相化掉，做到大無大相。

重要性在於，牟宗三強調，一旦達到了「化境」，其所對應的對象就不再是現相，而是物自身了：

> 在渾化之境中，仍然有物。但此物是無物之物，物無物相。王陽明亦說「明覺之感應為物」，此物即是無物之物。無物相者是說此物既無為良知所知之對象相，亦無善惡意中之正不正相。「意之所在為物」，此物是經驗層上的物；「明覺之感應為物」則是超越層上的物。若用康德詞語說之，前者實踐中現象義的物，相應於有善惡相之意而說者，後者是實踐中物自身義的物，相應於明覺之感應而說者。[22]

---

[20]　同上注，頁 308。

[21]　同上注，頁 275。

[22]　同上注，頁 309-310。

這一論述非常重要。牟宗三認為，在渾化境界中的物再無物相，這種物無物相之物，就是「無物之物」，也就是物自身義的物。他特別強調要注意區分兩種不同的物，即「意之所在為物」的「物」和「明覺之感應為物」的「物」。前者是經驗層上的物，後者是超越層上的物。借用康德的術語，這兩種不同之物可以這樣來表達：「意之所在為物」的「物」是實踐中現相義的物，是相應於有善惡相的意而說的；「明覺之感應為物」的「物」為實踐中「物自身義的物」，是相應於明覺之感應而說的。牟宗三這一論述非常要緊，它告訴讀者這樣一個道理：在他看來，四無所涉及的物不再是現相之物，而是物自身之物了。這是牟宗三為什麼不以陽明之四有而以龍溪之四無為圓教的根本原因。我反復講過，牟宗三這種講法有嚴重的問題。四無之「無」只是道德之無相，也就是陽明所說的「無心俱是實，有心俱是幻」。體現良知不能人為造作，應以「無心」的方式進行。能夠做到這一點，就可以得到良知，這就是「實」。否則扭曲成意，人為造作，那是很難真正得到良知的，而這就是「幻」。這種道德之無相絕對不能用來證明存有之無相，因為這原本就是兩個不同的問題，屬於兩個不同的範疇。[23]

　　令人遺憾的是，在完成《圓善論》寫作之後不久，牟宗三又開始了康德《判斷力批判》的翻譯工作，並撰寫了〈商榷〉長文。在這個過程中，他並沒有注意到《圓善論》中存在的問題，而是直接將其成果運用到〈商榷〉一文之中。不僅如此，〈商榷〉還增加了「放得下」這個新說法，進一步以道德之無相說明「無相之美」或「無美相之美」。前面講過，「無相之美」可以有兩種不同含義，一是「審美而無審美之相」，一是「審美而美無美相」。前者是說，在道德的至高境界中，一切皆歸於平平，全無做作之意，在自然而然之中即體驗到了美。這一層意思沒有錯。後者是說，一旦達到道德的至高境界，不僅可以在自然而然中體驗到美，而且這種美也全然沒有了美相，「一切自然之美（氣化之光彩）皆融化於物之如相中而一無剩欠」[24]，美相

---

[23] 我在〈四無與圓善——評牟宗三立四無為回教解決圓善問題〉（《復旦學報》2010年第2期）一文中，對牟宗三立龍溪四無為圓教的做法提出過嚴屬批評，敬請參閱。

[24] 牟宗三：《康德《判斷力批判》》，《牟宗三先生全集》，第16卷，頁83。

完全被消融了。問題在於，既然審美是將主觀的內容賦予到外部對象之上，從而使人們在外部對象上看到一種美，這樣美本身就是一種相，世界上哪裡會有一種沒有美相的美呢？牟宗三將《圓善論》中的存有論思想運用到〈商榷〉之中，原本是為了批評康德美學思想的不足，闡發其「相即式合一」的思想，但由於《圓善論》本身存在理論缺陷，將其引用到合一論來之後，這種缺陷就進一步發酵擴大了。以「道德而無道德之相」證明「審美而無審美之相」，進而證明「審美而美無美相」就是這一缺陷的集中表現。

　　上面的分析充分說明，牟宗三〈商榷〉一文中以「放得下」來說「審美而美無美相」並非突然，而是其相關思想發展的直接結果。牟宗三堅持認為，儒學與康德最大的不同，即在於智的直覺之有無。康德不承認人可以有智的直覺，不能達到物自身。儒學承認人可以有這種能力，完全可以達到物自身。但是，牟宗三沒有意識到，這裡有兩個不同的問題。其一，人可以對良心本心有智的直覺，並不代表道德之心創生存有的思維方式即是康德意義的智的直覺，更不能因此將道德之心創生存有的那個對象叫做物自身；其二，人可以做到「道德而無道德之相」，也可以做到「審美而無審美之相」，但並不能以此來證明「審美而美無美相」。自然萬物本身沒有美，美是人將自身的標準賦予其上的結果，任何美都必然有自己的相，美本身就是一種相。「無美相之美」、「無相之美」（取「審美而美無美相」之義）這一說法，本身就是一個矛盾，在世界上根本就不可能存在，怎麼能夠以此作為審美判斷的先驗原則，進而建構「相即式合一」呢？

（發表於《中國哲學史》2013 年第 3 期）

牟宗三儒學思想的貢獻[1]

——從「十力學派」角度出發的一個考察

近代以來，受到西方文化的衝擊，歷史上學脈相承的良好傳統幾近中絕。但由熊十力到牟宗三的「十力學派」[2]，卻師生相接，薪火不斷，殊為難得。牟宗三繼承熊十力的衣缽，為儒學思想的發展做出了傑出的貢獻，這是沒有人能夠否認的。但牟宗三儒學思想的貢獻具體表現在哪些方面，如何加以概括和表述，學界則有不同說法。我想，與其事無巨細地一點一點地排列，不如將眼光放寬一些，著重從熊十力與牟宗三的學脈關係著眼，看看牟宗三在哪些方面繼承和發展了熊十力的思想，或許可以看得更清楚一些。本文就來談談對這個問題的看法。

一

牟宗三受教於熊十力時間很久，收益良多，其中有兩件事最值得一提。

一是聽熊十力「獅子吼」。據牟宗三回憶，1932 年冬，他當時 23 歲，在北大哲學系讀三年級。有人向他推薦熊十力的《新唯識論》，他一個晚上就讀完了，感受到一股清新俊逸之氣，對「黃岡熊十力」產生了濃厚的興

---

[1]　本文發表時取名為〈從「十力學派」的視角看牟宗三儒學思想的貢獻〉，此次收入改為現名。

[2]　我歷來重視由熊十力到牟宗三一系學術思想的發展，但「十力學派」這一概念則是我的學生曾海龍在其博士論文《本體的困惑──熊十力哲學思想研究》（復旦大學博士論文，2011 年）中首次提出來的。這個提法概括性很強，很能代表我要表達的意思，特加以引用並致謝意。

趣。有一次北大哲學系諸位老師在中央公園今雨軒舉辦吃茶會,他在一邊旁聽。猛然間聽到熊十力把桌子一拍叫了起來:「當今之世,講晚周諸子,只有我熊某能講,其餘都是混扯。」在座老師只是呵呵一笑,他卻耳目一振,感悟很深。當時一般名流教授隨風氣,趨時勢,恭維青年,笑面相迎。熊十力卻特立獨行,個色鮮明,全然不是那副模樣,反照出那些名流教授之卑陋庸俗。牟宗三因此感歎「始見了一個真人,始嗅到了學問與生命的意味。反觀平日心思所存只是些浮薄雜亂矜誇邀譽之知解,全說不上是學問。真性情、真生命,都還沒有透出來,只是在昏沉的習氣中滾。我當時好像直從熊先生的獅子吼裡得到了一個當頭棒喝,使我的眼睛心思在浮泛的向外追逐中迴光返照,照到了自己的『現實』之何所是,停滯在何層面」[3]。正是熊十力這一聲「獅子吼」深深打動了牟宗三,使其體會到學問與生命的意味,認定熊十力確是不凡,隨後常常拜訪討教,下決心追隨其學。

再就是聽熊十力「講呈現」。牟宗三在北大讀書時,馮友蘭與熊十力都在校任教,但二人對良知的看法截然不同。馮友蘭認為良知是假設,熊十力極力反對。據牟宗三回憶說:「是以三十年前,當吾在北大時,一日熊先生與馮友蘭氏談,馮氏謂王陽明所講的良知是一個假設,熊先生聽之,即大為驚訝說:『良知是呈現,你怎麼說是假設!』吾當時在旁靜聽,知馮氏之語的根據是康德。(馮氏終生不解康德,亦只是這樣學著說而已。至對於良知,則更茫然。)而聞熊先生言,則大為震動,耳目一新。吾當時雖不甚了了,然『良知是呈現』之義,則總牢記心中,從未忘也。今乃知其必然。」[4]這件事對牟宗三影響很大,事後這樣寫道:「良知是真實,是呈現,這在當時,是從所未聞的。這霹靂一聲,直是振聾發聵,把人的覺悟提昇到宋明儒者的層次。」「由熊先生的霹靂一聲,直復活了中國的學脈。」[5]

牟宗三公開承認,在他一生之中受熊十力的影響最大。在〈熊十力先生追念會講話〉中,他這樣講道:「假定沒有抗戰這大事出現在中華民族身

3　牟宗三:《五十自述》,《牟宗三先生全集》,第 32 卷,頁 76-77。
4　牟宗三:《心體與性體》,第一冊,《牟宗三先生全集》,第 5 卷,頁 184。
5　牟宗三:《五十自述》,《牟宗三先生全集》,第 32 卷,頁 78。

上，又假定我沒有遇見熊先生，我究竟是不是現在這個我，是很難說的，恐怕我在北大畢業出來後，也和其他人一樣，很自然的便跑到中央研究院的系統裡去了。由於有抗戰這大事，那是民族的生死鬥爭；但這還只是客觀的因素，光是這個並不夠，還是要碰見熊先生，我才是現在這個我。」[6]這就是說，沒有熊十力便不會有後來的牟宗三。驗之於史實，這種講法實不為過。在這方面吳森的評論較有代表性：「從牟氏自述學思的經過，影響他一生為學及思想最大的是熊十力先生。從熊先生的學術和人格裡他才體會到生命和價值的意義。沒有熊先生的啟發，牟氏可能一輩子治邏輯及認識論而不會折返儒家的道路。……這種走曲折險阻而成功的路，在現代中國的思想界，似乎未有第二個例子。」[7]由於熊十力的影響，牟宗三從西方哲學復歸於中國哲學，接續上了儒學傳統。

在我看來，牟宗三從熊十力那裡繼承下來最為重要的東西，應該說是秉持道德的傳統，是堅守道德的理想主義。近代以來，在西方實證主義的影響下，人們批評儒學所強調的作為良心本心的道德本體沒有辦法真正證明，其價值必須予以重估。由此一來，道德本體失去了應有的位置，佛老大行其道，存在主義甚為流行。人人都可以談佛老，談存在主義，就是沒有人願意談道德，敢於談道德。牟宗三沒有受這種風氣的影響，逆行其道，始終高舉道德理想主義的大旗，叮囑人們不要忘記了道德的意義。《從陸象山到劉蕺山》中有這樣一段論述，很能說明問題：「世人多怕理學家。若非怕面對過惡，而又怕道德法則之拘束吾人之放縱，則理學家又何怕之有？世人又多喜談佛老，又喜妄談禪，又喜言存在主義，又喜戲論《易經》，而卻厭談《論》《孟》，厭理學，此其故蓋可深思矣，蓋亦無真正之道德意識而已。其喜言此等等蓋只馳騁其理智興趣與滿足其浪漫情調。即於人生之負面亦然。若無真正之道德意識，雖多炫染之，有何益哉？」[8]牟宗三對當時的社

6　牟宗三：《時代與感受》，《牟宗三先生全集》，第23卷，頁281。

7　吳森：〈論治哲學的門戶和方法〉，氏著《比較哲學與文化》（一）（臺北：東大圖書有限公司，1978年），頁189。

8　牟宗三：《從陸象山到劉蕺山》，《牟宗三先生全集》，第8卷，頁436。

會現狀提出了尖銳的批評。人們多喜歡談佛學，談老莊，談存在主義，唯獨怕談理學，其源頭就在於沒有道德意識，或道德意識薄弱。如此談來談去，只能使人生逐級下降，於人生又有何益？將牟宗三這一論述與當時輕議道德的各種言論進行比較，高下立判。牟宗三著作之所以能夠打動人心，吸引讀者，道理也在這裡。在接觸現代新儒家著作的過程中，一開始我並沒有特別的偏好，各門各家都讀，但讀來讀去，最讓我心儀的還是牟宗三。為什麼會這樣？想來想去，有一原因是跑不了的，這就是讀牟宗三的著作可以有一種心靈的感動，生命的溝通，精神的超昇，一句話，牟宗三的書裡面有一個道德的真人。如果有人問我，你研究牟宗三最大的體會是什麼？我會毫不猶豫地說，是牟宗三讓我懂得了道德的理想主義，懂得了道德對於一個健全人格之不可或缺，懂得了無論在任何情況下都必須堅守道德的重要性，這些是其他學派的思想家很難明白告訴我的。據我觀察，與我有類似體會的人，在大陸學術圈中，大有人在。否則，就沒有辦法解釋牟宗三研究為什麼能夠如此大行其道了。

　　秉持道德傳統，堅守道德的理想主義，不僅表現在個人成德方面，更體現在如何看待科學民主，處理好科學民主與道德的關係方面。自西方文化大舉入侵以來，中國文化面臨的最大問題，就是如何面對這些挑戰。對此大致有兩種不同的態度：激進主義者主張全盤西化，保守主義者主張維護傳統。激進主義者大半有過國外求學的經驗。他們崇拜西方的文化，不相信自己的文化，認為只有把中國原有的東西統統扔掉，一切向西方學習，中國才有希望。馬克思主義者原則上也可以歸入其列，只不過其情況較為特殊而已，因為他們的西方不是一般的西方，而是特殊的西方。保守主義者則大多對中國文化有深厚的瞭解。他們在將自己所瞭解的中國文化與傳入的西方文化進行比對之後，強烈感受到，中國文化有自己的特殊性，這種特殊性決定了中國文化與西方文化有原則性的不同。中國文化在近代雖然落後了，挨人家的打，被人家欺負，但並不是一無是處，恰恰相反，有著很高的價值，這些價值是西方有所欠缺，需要向我們學習的。這其中一項重要內容，就是中國文化特別關注道德問題，以道德為基礎，不僅將道德作為人生的命脈，同時也

視為治理國家的重要途徑。梁漱溟、熊十力對此有精闢的論述，都屬於保守
主義陣營。牟宗三作為熊十力的弟子，明顯受到了其師的影響。他一方面主
張積極學習西方的先進經驗，爭取在中國傳統基礎上開出科學民主，另一方
面又堅持必須保持中國文化重視道德的傳統，不能將自己的傳統完全視為糟
粕。這一思想特別突出表現在坎陷論方面。坎陷概念的一個基本含義是向下
發展，即所謂「下降凝聚」。人們往往在民主「該不該開」、「能不能開」
等問題上糾纏，而沒有注意到，坎陷還有另外一層意思，這就是「讓開一
步」。這種「讓開一步」大有深意，它不是一般的讓開，不是讓開身段之後
就不再管事了，還肩負著以道德對科學民主進行監督和指導的重大責任。因
此，坎陷的「讓開一步」邏輯上必然含著「攝智歸仁」。坎陷必須「攝智歸
仁」的思想告訴我們這樣一個道理：無論是科學還是民主，都不是最高層面
的東西，都必須接受道德的監督和指導。沒有道德的科學可以給社會帶來方
便，也可能使世界走向滅亡；沒有道德的民主可以一時有效，也可能成為禍
國殃民，使國家陷入重重災難的工具。現在能夠看到科學負面作用的人越來
越多了，但能夠看清民主負面作用的還不太多（這種情況近來已有好轉的跡
象）。「民主雖然不是最理想的方式，但卻是當前最合理的方式」——人們
往往習慣於這樣說，由此跟著西方近代政治思想的路線走，強調道德與政治
的分離，否則就是落後，就是跟不上形勢。但問題在於，這種「當前的」最
合理並不是「理論的」最合理。如果僅僅滿足於此，不去努力尋找其他方
法，停留在人云亦云的立場上，那「理論的」最合理就不可能真正找到，不
可能出現。與這些做法相比，牟宗三顯然要高出一籌。他堅持道德理想主義
的立場，一方面不拒絕民主，另一方面又不排斥自己的道德傳統，希望以我
們的傳統彌補西方民主政治之失。不管牟宗三的坎陷論有多少具體問題需要
探討，僅憑在西風日烈的情況下仍能高舉道德理想主義的大旗，使其不倒不
滅，希望以此提供一種既不完全同於中國傳統，又與當前西方政治現狀不完
全相同的更為合理的政治模式，就表現出一個一流哲學家必須具備的清晰頭
腦和前瞻力量，足以在中國哲學史上佔有一席之地了。

二

　　在繼承道德傳統，堅守道德的理想主義的同時，牟宗三對熊十力學術思想也多有發展。這首先表現為對於儒家心學學理有了深入的開拓。儒家心學是由孔子之仁、孟子之良心引申而來的，其思想最重要的特點，用後來的詞語表述，就是重視道德本體。熊十力的思想很好地表現了這個特點，其「吾學貴在見體」的自我評價，說的就是這個道理。牟宗三的思想也是順著這一思路而來的，並將其推向了一個高峰。大凡讀牟宗三著作的人都會感受到他對道德本體的重視。為了凸顯道德本體的重要，在《心體與性體》中，他創造了性體、心體、仁體、誠體、神體、易體、中體、敬體、直體、忠體、義體、知體、奧體、真體、覺體、寂體、密體、妙體等近二十來種說法。其所以會有這麼多不同說法，是因為道德本體具有複雜性，相對於不同角度，會有不同的表現。比如，性體是就天道而說，由天稟賦於人的那些特質和內容，就是個人之性體，其特點是具有客觀性，為「綱紀之主」。心體是就人的良心本心而說，因為良心本心內在於人，所以其特點是具有主觀性，為「主觀之主」。仁體同樣是就人的道德本心而說，心的真正內容是仁，所以仁也是體。誠體的「誠」字原本指真實無妄，用來形容生物不測的天道，天道因此也常以誠來代替，這樣誠本身也就成了體，稱為誠體。神體是說神化之神，就體而說的神即為神體，著重強調本體具有「即存有即活動」的特性。易體與神體的意義相近，也是通於寂感真幾，天行之健，創生不息之實體，此時的易也是體。中體的內涵較為複雜。「喜怒哀樂之未發謂之中」，但《中庸》此句既可指於喜怒哀樂未發之時或之前，異質地指目一個超越實體為中，又可只以平靜的實然心境自身為中。牟宗三根據一本說，取其前者而非後者，特指一超越實體為中，這就是中體。其他說法雖有細微的不同，但主旨不變。不從重視道德本體的角度，沒有辦法理解牟宗三何以會有如此眾多不同的說法。

　　牟宗三講道德本體，一個顯著特色，是強調對於道德本體的認知是一種直覺。心學的基礎是良心本心。但如何得到良心本心，良心本心的思維方式

是怎樣的，則是一個非常複雜的理論問題，並非人人都能掌握。在這方面，牟宗三聽熊十力「講呈現」是一個重要契機。呈現之所以重要，是因為牽涉到儒家心學思維方式的特殊性問題。孔子創立仁學的時候，就已經有了「為仁由己」的思想。到孟子建立性善論，更加強調能不能得到良心本心，關鍵在於能否「反求諸己」。良心本心遇事必然表現自己，人們只要眼光內收，就可以得到自己的良心本心，反之，如果眼光向外，或只關注邏輯問題、知識問題，就不容易得到。歷史上，象山所謂「讀孟子自得之」，陽明感歎「吾性自足」，都與這個問題有關。牟宗三受熊十力教誨，懂得了這個道理，接續上了這個血脈。從此之後，「良知是真實，是當下呈現」這樣的話頭，才得以在學界廣為流傳，使後人知道良知不是假設，而是真實，可以呈現。我自己就是一個受益者。二十多年前，我剛看到「當下呈現」這則材料時，非常好奇，因為這個問題以前從來沒有想過，完全打破了舊有的思想範式。但究竟什麼是當下呈現，並沒有真的理解，也說不清楚。只是在過了好長一段時間，通過生命體驗，真的感受到自己體內的那個活潑有力的良心本心之後，才懂得了其中的道理。我一再講，我明白儒學的道理，踏進儒家的門檻，實始於聽牟宗三講當下呈現。牟宗三在這方面有恩於我，是斷斷不可否認的。牟宗三講呈現，不僅接續上了儒家心學的血脈，更將這個問題上昇到一個新的理論高度。在他看來，因為良知是呈現，對於良心的體認靠語言沒有辦法講清楚，靠邏輯也無法證明，所以是一種直覺。這種直覺不是感性的，而是康德所說的智的直覺。以此為基礎，牟宗三進一步將儒家思想與康德哲學進行了比較，認為康德只承認人的有限性，不承認人的無限性，境界還不夠高。儒家不僅承認人是有限的，同時也承認人具有無限性，走出了與康德不同的道路，體現了儒家特有的智慧。經過牟宗三的努力，儒家心學思維方式的特點，已上昇到現今哲學的最高層面，重新引起人們的關注。牟宗三在這方面做出的巨大貢獻，尚無他人可以比肩。

良知當下呈現，人可以對道德本體有智的直覺，不光是思維方式的問題，更涉及道德理論是否有興發力、活動性的問題。良知當下呈現不是說空話，同時還會發佈標準，頒佈命令，告訴行為者什麼是對，什麼是錯，對的

就當行，錯的就當止，給人巨大的力量。牟宗三創立「即存有即活動」與「只存有不活動」這對概念，判朱子為旁出，就是為了表達這個思想。牟宗三這種做法從表面看只是一個如何判教的問題，實際意義則要大出許多。因為它向我們提出了這樣一個問題：一種道德學說如何才能使自己有活動性？換用康德的表達方式，理性如何才能使其本身成為實踐的？一種道德理論如果本身沒有活動力，就不可能保證行為者自覺去實踐；如果一種道德理論不能保證行為者自覺去實踐，那麼這種理論也就成為了「死理」，失去了自身的價值。往深處看，牟宗三提出的這個問題，與休謨倫理難題還好有一比。在西方哲學史上休謨也曾提出過類似的問題。面對當時何者為道德根據的激烈爭論，休謨主張，道德並非決定於理性，因為理性「完全沒有主動力」，道德的根據只能是情感。由此他提出了著名的休謨倫理難題，即「是」與「應該」的矛盾問題。在他看來，事實判斷和道德判斷是兩類完全不同的判斷。事實判斷的係詞為「是」與「不是」，道德判斷的係詞為「應該」與「不應該」。這樣一來，「是」如何過渡到「應該」的問題，就需要認真研究。從我接觸到的材料看，牟宗三並沒有明確提到休謨倫理難題，但他提出的理論是否有活動性的話題，卻與休謨的倫理難題具有驚人的相似之處。正是在這個意義上，我將牟宗三關於道德理論是否具有活動性的問題視為休謨倫理難題的中國版。休謨難題自提出之後，不斷有人試圖加以解決，但總的看結果並不令人滿意。牟宗三在研究儒家心性之學的過程中，實際上也為此提供了自己解決問題的方案，其間所蘊含的意義當然就不容低估了。

　　牟宗三儘管非常重視心學關於道德本體的思想，但對於心學可能產生的問題，也有很強的警覺。心學的最大特點是簡約，強調遇事向內自省，反躬而求。這種學理有很強的意義，因為遇事一旦反求諸己，得到良心本心的命令並循之去做，就可以成就道德。但心學的這種思維方式也容易走向反面。良心本心內在於己，把握起來說容易也容易，說艱難也艱難。良心本心遇事必然當下呈現，想遏制也遏制不住，只要不受利欲的引誘，自然可以達成善行，這是其容易的一面。但良心本心的呈現是一種直覺，能否把握全在個人體悟，而這種體悟並不可言說。如果體悟不到，不懂裝懂，也容易出問題。

即使能夠體悟，如果說得太高太玄，遠離生活日用，同樣容易走偏方向。明代中後期，心學的這些缺點充分暴露了出來：有所悟者常將其所悟張揚誇耀，把良心本心說得玄而又玄，「超潔者蕩之以玄虛」，由此構成心學一大弊端；無所悟者迫於心學日盛的精神壓力，不得不附庸風雅，暗地裡販賣私家勾當，「猖狂者參之以情識」，由此構成心學另一大弊端。蕺山迫於問題的嚴重性，自覺承擔起救治之責，一方面區分意與念，另一方面劃分心與性，希望以意的力量對念加以對治，以性宗的力量對心宗加以限制，使其不至於氾濫而無收煞。牟宗三將五峰、蕺山獨立為一系，遵循的便是蕺山這一思路。為此，他特別彰顯天道、性體的客觀意義，希望以此來保障心體的客觀性，杜絕心學走向流弊，解決歷史留下的這個大問題。不管這種做法的實際效果如何，有多少問題需要討論，僅就這種「接著」蕺山講的問題意識，本身就切入了儒家心學的軟肋，大大超出了那些單純維護心學傳統，視其流弊於不顧的人的視野。牟宗三在這方面的努力，同樣應該予以積極肯定。

　　牟宗三學術思想的貢獻，還表現為對於新唯識論有了進一步的推進。熊十力新唯識論對牟宗三的影響十分明顯。《圓善論》中的一段文字可為佐證：「故於彼兩系統中言德福一致，德實非真正道德意義之德也。在道家只是玄德，在佛家只是清淨德。此只是消極意義的德，非正物、潤物、生物之積極意義的道德創造之德。故仍非大中至正保住道德實踐之真正圓教，實只是解脫之圓教。熊先生總不滿意於佛教而與居士和尚辯，千言萬語總在昭顯此意，其所爭者總在此創生性也。然而習於佛教者，既無真正之道德意識，亦不能真切於儒聖之的意，只為佛教之圓融義所吸住而不能詳察其所以，好為通泛之言，如佛家世出世間打成一片，菩薩亦能繁興大用等等，實則此皆不相干者，徒環繞此而爭辯有何益哉？其真[9]如空性並非實體字，乃甚顯然也。」[10]要區分兩種不同的德，一是消極意義的德，一是積極意義的德。道家和佛家為消極意義的德，因為它們只講玄德、清淨德。儒家為積極意義的

---

[9]　全集本此「真」字誤為「實」，據單行本改。——引者注

[10]　牟宗三：《圓善論》，《牟宗三先生全集》，第 22 卷，頁 318。

德，因為儒家講道德的創造、道德的創生。熊十力對佛教有所不滿而不斷與人爭論，焦點即在這個創生性上。牟宗三對其師的這一思想體悟很深，反復提出這樣一個問題：道德之心除了能夠產生道德善行之外，能否對自然界的宇宙萬物施加影響，將自己的價值意義賦予其上呢？他的答案是肯定的。在他看來，道德之心具有絕對普遍性，一定要將自己的力量伸展出去，涵蓋乾坤而後已。為了清楚表達這一思想，牟宗三常以「朗照」、「潤澤」、「呈現」等語言之。道德之心有一種力量，可以賦予宇宙萬物以道德的價值與意義，將宇宙萬物包容在自己視野之下。這種賦予、這種包容，就是「朗照」，就是「潤澤」。「朗照」、「潤澤」之所以可能，是因為道德之心始終在「呈現」中。牟宗三還將這一思想與西方的存有論進行了比較。存有論原本是西方哲學中的理論，是一門關於「存有（在）之為存有（在）」（being as being）的學問。西方的存有論從動詞「是」或「在」（being）進入。Being 既指一物之所「是」，又指一物之所「在」。一物是如何存在的，有什麼具體特性，必須通過 being 來表示。如此說來，按照西方的哲學系統，凡是分析物如何存在，有什麼樣相特徵，由此講出一套道理來，以知一物之何所「是」或何所「在」，即為存有論。中國語言沒有一個與 being 相應的動詞系統，所以不從這個角度來討論問題。但中國哲學特別是儒學也有自己的存有論。要瞭解儒學的存有論必須從道德之心的特性講起。道德之心有其絕對的普遍性，有涵蓋乾坤的特性，這種涵蓋乾坤就是使宇宙萬物能生長，有存在，就是創造一種存有。這樣，牟宗三就將熊十力的新唯識論提昇到了存有論的高度，大大加強了其師這一思想的理論含量。

　　牟宗三對熊十力新唯識論的發展，更表現在他建構的兩層存有論方面。兩層存有論的思想在《現象與物自身》中已有明確表述。在牟宗三看來，康德只承認人的有限性，不承認人的無限性，但在儒家傳統中，人「雖有限而可無限」，因此可以開出兩個不同層面的存有：由有限性開出現相界的存有論，又稱「執的存有論」；由無限性開出本體界的存有論，又稱「無執的存有論」。完整的理論形態當有兩層存有論：一是相對於現相而言的現相界的存有論，一是相對於物自身而言的本體界的存有論。後來，牟宗三進一步借

鑒《大乘起信論》「一心開二門」的思想格局闡發這一思想，正式提出了兩層存有論的思想。他強調，人心有兩種功能，一是認知，與此相關的為認知之心，一是道德，與此相關的為道德之心。認知之心和道德之心雖有不同，但都可以創生存有。認知之心創生的是認知的存有，道德之心創生的是道德的存有。西方重認知，所以認知的存有十分發達。中國重道德，所以道德的存有特別有力。更為重要的是，認知之心的思維方式不屬於智的直覺，只能創生現相的存有，道德之心的思維方式是智的直覺，其所創生的便是物自身層的存有。不管是現相的存有，還是物自身的存有，都屬於存有，而這兩種存有都可以納入「一心開二門」的理論格局之下。這樣就打破了西方只有一層存有，即現相存有的局限，將存有論大大向前推進了一步。正因為如此，牟宗三晚年對兩層存有論非常看重，反復強調其來之不易與意義非凡。

　　兩層存有論對牟宗三影響很大，其後的很多研究均建立在這個基礎之上。圓善問題即是如此。德福一致或德福圓融，在康德那裡叫做「圓善」。牟宗三認為，儒學雖然未正式將此作為一個理論問題提出來，但孟子天爵人爵的論述也涉及了這個問題。既然康德正式提出了這個問題，要求將福準確地配稱於德，我們也不得不予以認真考慮，提交自己的答案。當然，牟宗三不同意康德設定上帝來保障圓善的做法。他認為，在康德那裡，上帝只是一種信念，從信仰的角度可以相信它，但沒有權利確定其現實可能性，更沒有權利將其實體化、人格化，由他來保障德福之間的一致。康德思想有諸多不順暢，難以令人信服，皆因於此。儒家傳統沒有康德意義的上帝，但通過「詭譎的即」和「縱貫縱講」這兩個步驟同樣可以解決德福一致問題，其間的道理值得深思。牟宗三將康德的圓善思想引入儒家的視野之中，促進了人們對這個問題的思考，這是非常有意義的。另外，牟宗三很早就關注康德真美善的關係問題了，在四十年代完成的《認識心之批判》中對此已有詳細的論述，並提出了自己的觀點。按照牟宗三的理解，本體是一個創生的實體，既可以創造命題世界，又可以創造道德世界。就本體而言，命題世界和道德世界完全融貫為一。有了這種融貫為一，就不需要如康德那樣以審美來溝通理論理性和實踐理性了。數十年後，他譯完《判斷力批判》之後撰寫〈商

權〉長文，重新對這個問題進行了說明。在他看來，在儒家思想傳統中，道德本體有「直貫」的能力，可以由實踐理性直接下貫至理論理性，將兩個不同的領域貫通起來。真美善從分別的角度看各有獨立的意義，均是由「平地」推出來的「土堆」，但從本體的角度看，則都屬於「平地」，都可以做到「無相」。通過「無相」同一事「即善即美」，同時也「即善即真」，總之是「即善即美即真」。這種彼此相即，就是一種新式的合一，即所謂「相即式合一」。

三

由上面的分析不難得知，牟宗三儒學思想的理論貢獻有著清晰可辨的邏輯關係。牟宗三儒學思想之所以有重大貢獻，首先是因為他堅守道德理想主義的立場。沒有這個立場，繼承弘揚儒學便無從談起。但光有這個立場還不行，還必須在學理上有所創新。牟宗三能夠在歷史上佔有重要地位，一是因為對儒家心學義理有深入的拓展，二是因為在存有論方面有進一步的推進。這是兩個重要的方面。沒有這兩個方面，牟宗三的儒學思想不可能挺立起來，立於學術之林，成為現代新儒學的重要代表人物。特別令人尋味的是，這些都離不開熊十力的影響：聽熊十力「獅子吼」，牟宗三懂得了人格的力量，道德的力量，從而堅持道德理想主義的立場；聽熊十力「講呈現」更為重要，牟宗三由此明白了道德本心不是死物，不僅遇事定會頒佈命令，告訴我們怎樣去做，以成就道德的善行，而且必然對宇宙萬物發生影響，將自己的價值和意義賦予其上，創生道德的存有。師承之重要，由此可見一斑。

（發表於《社會科學研究》2015 年第 2 期）

牟宗三儒學方法的終結[1]

　　作為現代新儒家第二代的重要代表人物，牟宗三對儒學思想的發展做出了重大貢獻，這是必須承認的。但同時也難以否認的是，其思想內部也存在著一些缺陷。為此這些年來我撰寫了多篇文章加以分析。本文則換一個角度，在前期研究基礎上，專門討論這些缺陷與其方法不足的內在關聯。在我看來，牟宗三儒學思想的缺陷很大程度上源於其方法的不足，這些方法從整體上看已經喪失了發展的潛力和空間，套用一句習慣性的哲學術語，可以說是已經終結了。

一

　　說到牟宗三儒學思想方法的缺陷，首先要提到他對良心本心的認識過於陳舊。牟宗三對良心本心有深切的體悟和簡潔的闡發，特別是他所記述的熊十力關於當下呈現的論述，堪稱 20 世紀儒學發展史的經典案例，對後人產生了深遠的影響。但同時也必須看到，他的思維方式仍然是傳統的。良心本心是儒家心學的立論根基，歷史上儒學家們無不強調其重要。孟子如此，象山如此，陽明如此，牟宗三也是如此。在這一點上牟宗三並沒有超越前人。檢查牟宗三相關論述，他只是強調良心本心是大根大本，非常重要，教導人們必須按照它的要求去做等等，而未能對其作出深入的理論探討，有一個學理上的交代，不明白良心本心的真正來源和真實性質。我對牟宗三儒學思想有所不滿，就是從這裡開始的。在我看來，按照古人的說法，縱然可以體會

---

[1]　本文發表時編輯部改名為〈論牟宗三儒學思想方法的缺陷〉，現恢復原樣。

良心本心作為道德本體的重要，但一些深層次的理論問題，比如良心有無時間性，有無空間性，是不是可變的等等，並沒有辦法得以解決。因此，這些年來我將這個問題的思考分為「何為良心」、「何謂良心」兩個層面進行。第一步是「何為良心」。這是指首先通過生命體驗體悟到良心的存在，明白自己也有良心，不能只將其視為文字上的符號，或理論的上的共相。第二步是「何謂良心」。這是進一步要求在理論上說明良心究竟為何物，不再滿足於只說其如何如何重要。根據我這些年的研究，人之所以有良心，有兩個必不可少的原因。第一，來自人作為一種生物的先天稟賦，這種情況我叫做「生長傾向」；第二，來自社會生活的影響和智性思維的內化，這種情況我稱為「倫理心境」[2]。「生長傾向」是「倫理心境」的基礎，沒有這個基礎「倫理心境」便沒有一個附著之地，也無法說明「倫理心境」何以會對人自然有吸引力的問題。「倫理心境」則是「生長傾向」的進一步發展，沒有這一步發展，人也不能與一般的動物相分離。「生長傾向」屬於人的自然屬性，「倫理心境」則屬於人的社會屬性。「生長傾向」是先天的，「倫理心境」則是後天的，但同時又具有先在性。從這兩個方面說明「何謂良心」成了我整個儒學研究的基石。我承認，我的這種努力還只是初步的，還有很多不夠圓滿的地方，而且我也從來不認為我的這種詮釋是唯一合理的。但可以聊以自慰的是，我的這種努力至少沒有局限於傳統的說法，而是希望努力再往前走一步，並以此解決歷史上那些傳統方法無法解決的若干重大理論問題。

　　對良心本心的認識過於陳舊，極大地限制了牟宗三對一些重要問題的解決力度。如何克服心學流弊很能說明問題。心學發展到明代末期，弊端漸漸顯露出來。猖狂者、超潔者表現雖有不同，但都背離了心學的真精神，流向弊端難以收拾。牟宗三看到了這個問題的嚴重性，努力想辦法加以解決。但他解決問題的方法仍然是傳統的。他認為，心學發展到後來走向弊端，根本

---

[2]　參見拙著《孟子性善論研究》（再修訂版，上海：上海人民出版社，2016 年），頁 75-81。

原因在於心學的根基是心體。心體是主觀的，純任這種主觀的心體發展，自然難以控制，從而走向弊端。為了防止發生這種情況，必須為心體增加客觀性。他看到，在儒家傳統中，蕺山在這方面的努力很有意義。蕺山為克服心學流弊，區分了心宗和性宗。心宗為主觀，性宗為客觀。心宗是良心本心，是「主觀之主」；性宗是天道性體，是「客觀之主」。一旦心宗出現流弊，需要請出性宗幫忙。由於性宗是客觀性原則，有此作為保障，心宗就可以不流向弊端了。牟宗三這一思想顯然是順著蕺山講的。蕺山之學在明末克服心學流弊方面確實有其貢獻，但這種辦法只能治表不能治裡。如果按照我的方法詮釋心學，就會知道良心本心主要來源於社會生活的影響和智性思維的內化，雖然歷史上總是將良心本心與上天聯繫在一起，但天道性體並不是客觀性的真正代表。在心學走向流弊的情況下，請出天道性體不可能從根本上解決問題。蕺山在明末那樣做尚可理解，亦有其功績。三百年之後，牟宗三仍然沿用這一思路來對治這個問題，其思維方式顯得過於落伍，其客觀效果如何，當然也就值得懷疑了。

　　對良心本心的認識過於陳舊，對牟宗三最大的影響尚不在這裡，而在於其儒學思想從整體上說仍然是一種兩分方法。所謂兩分方法簡單說就是將人分為感性與理性兩個部分的一種方法。西方哲學在認知領域雖然也有其他模式，但在道德領域，流行的則一般都是這種方法。在兩分的架構下，感性是導致人們走向惡的力量，理性是引導人走向善的力量；人們的任務就是運用理性的力量，制約惡，走向善。但這種方法並不完全適合於儒學。在研究孟子性善論的過程中我發現了一種新的方法，我叫做「三分方法」。所謂三分方法是將人的道德結構橫向劃分為欲性、仁性、智性三個部分的一種方法。在我看來，自孔子創立儒學開始，儒學講道德就沒有把人簡單劃分為感性、理性兩個部分，實際上堅持的是欲性、仁性、智性三分的格局。欲性指對物欲的看法，仁性指良心本心，智性指學習認知的功能。雖然在這個過程中，也有孟子與荀子、心學與理學之爭，但在孔子那裡，這三個部分完整而齊備。近代以來，由於西方哲學的傳入，兩分方法作為一種思維模式進入了人們的視野，人們開始不自覺運用這種方法看待儒學，研究儒學，視其為理之

當然，而未能對其加以反思，從而在研究中遇到了很多困難。牟宗三在儒家心性之學研究中存在的諸多缺陷，均與此有或緊或疏的關聯。

比如，牟宗三不恰當地判定伊川、朱子為旁出，就是這樣造成的。牟宗三一方面看到良心本心非常重要，另一方面在潛意識裡又受到西方感性理性兩分方法的影響，不自覺地認為，道德根據只有一個，這就是良心本心。象山、陽明重良心本心，講良心本心親切入裡，故為正宗。伊川、朱子雖然也講良心本心，但其講法有缺陷，不到位，思想的重點置於《大學》之上，以格物致知講道德，故為旁出。這種做法明顯存在不足。從孔子創立儒學的那一刻起，儒學就沒有感性理性兩分的思想方式，實際上將人的道德結構分為欲性、仁性、智性三個部分。在這三個部分中，仁性和智性都是道德的根據，相互補充，並不互相排斥，不能劃分正宗與旁出。儒學歷史上心學理學之爭儘管非常熱鬧，但都可以在孔子學理中找到根據，都有自己的合理性。象山、陽明來源於孔子的仁性，伊川、朱子來源於孔子的智性。如果說伊川、朱子不合孔子的仁性是旁出的話，那麼象山、陽明同樣不合於孔子的智性，也未必不是旁出。牟宗三沒有看到這一層，強行劃分正宗與旁出，表面看界限分明，立意超拔，其實是以心學而不是以完整的孔子思想為標準，而這樣做的基礎恰恰就是十分陳舊的兩分方法。

又如，牟宗三無法真正說明理論何以具有活動性，也屬於這種情況。牟宗三判定朱子為旁出，一個重要理由是批評朱子是道德他律。牟宗三這樣做，是因為在他看來，朱子一系不以良心本心講道德，其學理來自《大學》，是以知識講道德。凡以知識講道德即為道德他律，朱子以格物致知講道德，所以朱子為道德他律。我的研究證明，牟宗三在這個過程中有一個重要的疏忽，他真正要表達的意思是嫌朱子的道德不具有活動性，道德他律只是其為朱子誤戴的一頂帽子罷了。不僅如此，在此過程中，牟宗三也沒有能夠真正說明一種理論如何才能具有活動性，而只是說在一種道德理論中必須有「心」義，這個「心」就是孟子意義的道德本心。有了道德本心，理論就有了神義，有了興發力，有了活動性，不至於淪為死理。雖然這是非常重要的思想，但遺憾的是，牟宗三並沒有再往前走一步，未能從理論上將這個問

題真正說清楚。如果有了三分方法，這個問題就比較好說了。按照三分方法，道德結構由欲性、仁性、智性三個部分構成。欲性和智性居於兩端，仁性在其中間，負責傳遞信息，是欲性和智性之間的一個橋樑。由於有了這個中間環節，凡是智性認識為正確的，仁性便會發出力量迫使人們必須去做；凡是智性認識為不正確的，仁性便會發出力量迫使人們必須去止。一旦聽從了仁性的命令，就會得到內心的滿足，體驗到道德的快樂。儒家學說系統並不存在休謨倫理難題，最深厚的理論基礎即在於此。換言之，儒家道德學說是三分的，西方道德哲學一般是兩分的。在儒家三分系統中，欲性和智性分別大致相當於西方道德哲學中的感性和理性。儒家思想的可貴之處是從孔子開始便特別重視仁，強調仁性的重要，多了仁性這個因素。牟宗三創立的「即存有即活動」這一概念雖然非常重要，有極高的價值，但其理論意義始終隱而不彰，重要原因之一就在於其沒有能夠從這個角度看問題。

再如，牟宗三在情感問題上遇到麻煩，同樣與此有關。在將朱子判定為道德他律的過程中，牟宗三不得不處理道德情感問題。在康德看來，道德情感雖然不同於經驗情感，本身有很強的意義，但沒有普遍性。為了堅持道德的純粹性，必須將其排除在外。在這個問題上，儒學與康德有著明顯的不同。儘管儒學同樣堅持道德的純潔性，但並不反對道德情感，認為人們對於道德法則的敬重是非常自然的，正是由於這種敬重，人們才願意成就道德。更為重要的是，一旦成就了道德，必然有內心的滿足，產生內心的愉悅，這完全是理之常情。牟宗三看到了情感問題的複雜性，希望以「上下其講」的辦法加以解決。他認為，情感可以上講，也可以下講。上講可以提昇至道德高度，下講則降到幸福原則。幸福原則的情感不能要，道德高度的情感則不能不要。儘管牟宗三做出了很大的努力，但他的做法並不能從根本上解決問題。因為不管怎樣解釋，在康德那裡道德自律必須排除情感，而儒學反而對道德情感大加讚揚，二者完全不同。這種困難局面之所以出現，從根源處分析，還在兩分方法的不足。在康德那裡，只有理性才能成為道德根據，因為只有理性才具有普遍性，道德情感是具體的，不具有普遍性，所以必須排除在道德根據之外。而依據儒家的三分格局，並不這樣看問題。儒家既講仁性

又講智性。仁性是良心本心，是「倫理心境」，有豐富的情感性，所以一定
要講情感。智性是學習和認識，為了保障學習和認知的客觀性，則不能講情
感。要從根本上克服在道德情感問題上遇到的麻煩，簡單說一個「上下其
講」不足為用。這不是一個能否在道德原則中加入情感的問題，而是能否充
分認識儒家心學與康德道德哲學之區別的問題，是能否充分把握儒家道德學
說之三分格局的問題，否則這個「加法」做得再徹底，也還是不能將儒學與
康德區分開來，從根本上彰顯儒家道德學說的特性。

二

　　牟宗三儒學思想方法的缺陷，不僅表現在對於良心本心認知的陳舊，以
及由此導致的兩分方法，更表現在智的直覺問題上。牟宗三早期和中期即已
涉及智的直覺問題，但重視程度不夠，直到寫作《心體與性體》仍然是如
此。他自己講過，《心體與性體》的一個重要不足，就是未能充分重視智的
直覺的問題。為了作出彌補，他開始寫作《智的直覺與中國哲學》，正式從
康德哲學進入，大談智的直覺。在他看來，西方哲學不承認人的無限性，不
承認人可以有智的直覺，所以只能執於現相，是一種「執的存有論」；中國
哲學承認人的無限性，承認人可以有智的直覺，所以可以直達物自身，是一
種「無執的存有論」。由此出發，牟宗三還對康德物自身的概念進行了自己
的詮釋，強調物自身不是其他東西，而是智的直覺的對象；物自身不是事實
的概念，而是價值意味的概念。康德不認為人類可以有智的直覺，所以物自
身只有消極的意義，沒有積極的意義。但康德畢竟還是肯定了智的直覺，只
不過把這種能力歸給了上帝而已。與康德不同，中國哲學承認人可以有智的
直覺，智的直覺所面對的不再是現相，而是物自身。智的直覺源於自由無限
心，自由無限心與道德相關，包含著價值意義，所以物自身是一個價值意味
的概念，而不是一個事實的概念。

　　以智的直覺論物自身的存在，是牟宗三晚期思想中最為糾結、最為曲
折、最為難解的部分，以至於將其稱為「牟宗三儒學思想之謎」毫不為過。

牟宗三為什麼有這種看法？這種看法正確還是錯誤？如果正確，其合理性在哪裡？如果錯誤，其原因又在哪裡？我的研究長期困惑於此，不得解脫，痛苦不堪。後來，一則材料幫助我解開了這個謎團。這則材料出自《智的直覺與中國哲學》。牟宗三這樣寫道：「三十年前，我在西南聯大哲學系有一次講演，講建立範疇、廢除範疇。當時聽者事後竊竊私語，範疇如何能廢除呢？我當時覺得他們的解悟很差。我說此義是以中國哲學為根據的。我當時亦如通常一樣，未能注意及康德隨時提到智的直覺，與直覺的知性，我只隨康德所主張的時空以及範疇只能應用於經驗現象而不能應用於物自身（這是大家所知道的），而宣說此義。現在我細讀康德書，知道兩種知性，兩種直覺的對比之重要，即從此即可真切乎此義。此為康德所已有之義，只是他不承認人類有此直覺的知性而已。但在神智處，範疇無任何意義，範疇可廢除。假若在人處亦可有此直覺的知性、智的直覺，範疇亦可廢除。廢除範疇有何不可思議處？於以一見一般讀哲學者，甚至讀康德者，解悟與學力之差！」[3]此處的「三十年前」當指 20 世紀三十年代末。當時牟宗三在西南聯大作了一次演講，講到建立範疇，廢除範疇的問題。他的觀點並不為人們所理解，牟宗三甚為遺憾，批評聽眾理解力不行。三十年後，撰寫《智的直覺與中國哲學》時，牟宗三已經充分注意到了智的直覺問題之重要：如果沒有智的直覺，人們的認識必須借助範疇，從而受到範疇的制約，不能抵達物自身；反之，如果有了智的直覺，人們的認識就不需要借助範疇，從而不受範疇的制約，能夠抵達物自身了。

　　我之所以看重這則材料，是因為它透露出牟宗三心底有這樣一種意識：智的直覺即是不經過範疇（包括時空）的思維方式，與這種思維方式相對的對象即是物自身；如果可以證明人可以有智的直覺，那麼人的認識即可以不再止步於現相，而可以直達物自身了。這一意識對牟宗三學術生涯影響極大，其後期思想可以說都是在證明這個問題。但詭異的是，在具體證明過程中，牟宗三暗中有一個轉換。他原本要證明的是：「人有智的直覺，其認知

---

[3]　牟宗三：《智的直覺與中國哲學》，《牟宗三先生全集》，頁195。

可以直達物自身」。然而，在證明這個屬於認知性質的論題時，牟宗三利用的卻是存有論的材料。在他看來，道德之心不僅可以決定人的善行，同時也可以對宇宙萬物發生影響，可以創生道德意義的存有。道德之心創生存有並不需要借助認知意義的範疇，其思維方式就是康德不承認人可以具有的智的直覺。因為是智的直覺，所以由此創生的對象便不再是現相，而是物之在其自己。牟宗三這種以存有問題證明認知問題的思路隱藏著一個嚴肅問題：道德之心創生存有的思維方式果真是康德意義的智的直覺嗎？其創生的對象果真可以稱為物自身嗎？這裡包含兩層意思。一方面應該承認，道德之心創生存有因為不是康德所說的認識問題，確實不需要借助時空範疇這些認識形式，是直接將道德的內容附加到對象之上；另一方面，也必須清醒看到，這種不需要借助時空範疇的思維方式並不是康德所說的智的直覺，其對象並不能稱為物自身。康德意義的智的直覺是一種「本源性」的直覺，即所謂「本源的直觀（intuirus originarius）」[4]，也就是其自身可以給出質料的一種直覺。這種智的直覺人類並不具有，或許只有上帝才有，不過對此我們並不能給出證明。牟宗三對康德這個重要概念的理解與此有很大不同。他不是從「本源性」，而主要從「曲屈性」、「封限性」的角度詮釋這個概念。他認為，在康德學理中，由於人類總要受到主觀因素（主要指時空和範疇）的影響，有所「曲屈」，有所「封限」，必有其相，所以只能得到對象之現相，不能得到對象之自身。儒家哲學與此不同，承認人可以有智的直覺，其思維方式沒有「曲屈」，沒有「封限」，沒有其相，因此完全可以直達物自身，不再局限於現相。道德之心賦予宇宙萬物以價值和意義即所謂「覺他」的過程，即是這樣一種思維方式。因為這個過程不需要借助時空範疇，屬於智的直覺，所以其創生的對象不再是現相，而是物自身。這裡的問題非常嚴峻。即便我們不計較牟宗三對康德智的直覺的詮釋是否合理，「覺他」的思維方式也不能說是智的直覺。牟宗三講「覺他」，講道德存有，源自熊十力的新

---

[4] 康德：《純粹理性批判》，鄧曉芒譯，楊祖陶校（北京：人民出版社，2004 年），頁 50。

唯識論，主旨是說，道德之心可以創生道德意義的存有。道德意義的存有按其本質而言，就是將道德之心的價值和意義賦予外部對象之上，使原本沒有任何色彩的對象具有了道德的價值和意義。既然如此，這種思維方式就已經夾帶了人類的痕跡，從特定角度說，已經有了「曲屈性」和「封限性」，怎麼能說是康德意義的智的直覺，哪怕是牟宗三詮釋之下的康德意義的智的直覺呢？其創生的對象又怎麼能稱為物自身呢？

在牟宗三上述證明中有一個重要的環節，這就是「無相」。「如相一相，所謂無相，即是實相。」在牟宗三思想系統中，「無相」又叫「如相」，均指沒有任何用相，而經由這種沒有任何用相得出的對象，即是「物如」，也就是康德所說的物之在其自己。為此牟宗三特引龍溪「四無」中「體用顯微只是一機，心意知物只是一事」之說，證明在「四無」境界下，物是「無物之物」，而這種「無物之物」即是物自身，不再是現相。在這一點上，我的看法與牟宗三大有出入。在我看來，即使按照牟宗三的詮釋，「四無」也只是就道德境界而言「無」，意即人達到了一定的高度，便會進入渾化境界。在這個境界中，大無大相，一切歸於平平，無從具體區分何為心，何為意，何為知，何為物，一切都在冥寂圓融之中，無執無滯，皆是自然，再無任何勉強造作。這種境界可以簡稱為「道德而無道德之相」。換言之，「道德而無道德之相」是說人達到一定境界後，成德過程完全歸於自然，無心為善而成善，無心為德而成德，從心所欲皆是無執，外面絲毫顯不出道德樣子的意思。「道德而無道德之相」與存有是否有相，性質完全有別，不能以此證明存有是否有相，更不能以此證明道德之心創生的是物自身的存有。牟宗三不是這樣，他以「道德而無道德之相」論「覺他」，論物自身的存有。這種做法風險極大。「覺他」按其本義即是道德之心對外部對象發生影響，不管創生的人本身境界如何，是顯道德之相，還是不顯道德之相，所創生的對象都不可能是物自身，而只能是一種特殊的現相。這種特殊的現相來自道德之心，而道德之心是關乎善的，故可稱為「善相」。牟宗三存有論歸根結底無非是想表明道德之心可以創生「善相」罷了。套用孟子句式來說就是：「牟宗三存有論無他，道德之心創生善相而已矣。」儘管這是

一個非常有價值的問題，但由於牟宗三以「道德而無道德之相」證明存有之「無相」，進而證明人的認知可以達到物自身，最終造成了嚴重的混亂。他反復強調的所謂物自身的存有、無執的存有，恰如「方的圓」、「木的鐵」一樣，本身就是一個矛盾，很難在理論上站得住腳。

牟宗三這種看法後來形成一個定式，進而上昇為一種思想方法，不斷運用到其他研究之中，失誤連連。其中最為直接的，要算是其關於兩層存有論的表述了。將熊十力的新唯識論進一步推廣為兩層存有論，是牟宗三儒學思想最為重要的貢獻之一。借鑒大乘起信論「一心開二門」的思想，牟宗三提出人有認知之心，認知之心可以創生現相的存有，同時又有道德之心，道德之心也可以創生存有。因為道德之心是無限智心，思維方式是智的直覺，其創生的便不再是現相，而是物自身的存有。這樣一來，人就可以同時創生兩種存有，一層是現相的存有，一層是物自身的存有。牟宗三這一說法向學界發出了極大的挑戰，人們長時間處於迷茫之中無法應答。一方面大家看到牟宗三這一思想得來不易，本能地感覺背後一定有大文章，必須認真對待。另一方面又實在沒有辦法理解為什麼道德之心創生的存有就是物自身意義的存有。經過上面的分析，我們已經看得很明白了：兩層存有並不是什麼現相的存有和物自身的存有，而是現相的存有和「善相」的存有。這個道理說來並不難理解。人既有認知，又有道德。認知由認知之心決定，道德由道德之心決定。這是兩個不同的層面。這兩個層面都有創生存有的能力。由認知之心創生的存有因為要受時空和範疇的影響，所以為現相的存有。由道德之心創生的存有雖然不受時空和範疇這些認識形式的影響，是道德之心直接指向對象的結果，但這種指向就本質而言，也是以道德之心影響對象，使原本沒有任何色彩的對象染有道德的色彩，所以其對象也不是什麼物自身，而是一種特殊的現相，即上文所說的「善相」。牟宗三沒有將這裡的環節梳理清楚，直接將兩層存有叫做現相的存有和物自身的存有，造成諸多困惑，自然就是難以避免的了。

其後，牟宗三又將這種方法運用到圓善論之中，引出了更大的麻煩。在他看來，康德提出的圓善問題有其理論和現實意義。但康德受其理論體系所

限，沒有能夠將這個問題解決，我們有必要以儒家智慧為基礎，解決這個問題。牟宗三相信經過《圓善論》的寫作，這個難題已經得到了「圓滿而真實的解決」。對牟宗三這種自我評價，我持強烈懷疑態度。與圓善問題相關有兩種不同的幸福，一是物質幸福，一是道德幸福。物質幸福是指在現實生活中得到實際的物質享受，滿足這方面需求而達成的幸福。康德設定上帝存在，所希望得到的就是這種幸福。道德幸福是指成就道德，滿足道德要求而達成的幸福。不管是佛家、道家，還是儒家，在成就了各自意義的道德之後，內心都會感受到一種愉悅，一種滿足。這種愉悅和滿足本身是一種快樂，也就是一種幸福。牟宗三梳理出了「詭譎的即」這個概念，希望以此來解決圓善問題，但由此所能達成的只是道德幸福，不是物質幸福。單就儒家來說，成就道德並不是一帆風順的，很可能會受到挫折，甚至付出生命的代價。但經過一種辯證的轉化，這些付出可以轉化成內心的滿足和愉悅，這種滿足和愉悅就是儒家歷史上孜孜以求的孔顏樂處。必須注意，孔顏樂處只是精神性的，不是物質性的，只是道德幸福，不是物質幸福。道德幸福當然有極高的價值，但並不能以此來解決康德意義的圓善問題。但問題在於，這裡明明是兩種不同的幸福，牟宗三只是證明了道德幸福，未能也不可能證成物質幸福，那麼他為什麼要宣稱這個問題已經解決了呢？要回答這個問題，還必須從牟宗三存有論的缺陷找原因。前面講過，牟宗三存有論的核心是說道德之心有創生性，可以對外部對象發生影響。這種情況既指自然界，又指道德界。自然界的情況前面已多有說明，不再贅述。所謂包括道德界是說，在牟宗三看來，存有論可以使人們用道德的眼光看待成就道德過程中的一切事物。成就道德本身意味著必須做出犧牲，這種犧牲在一般人的眼光中只是苦，只是罪，但經過道德之心的賦予，又可以變成內心的愉悅和滿足。這種愉悅和滿足，即是道德幸福。這種道德幸福必須經由轉化而來，而這種轉化又必須在道德的視野之下才能進行。牟宗三解決圓善問題，除「詭譎的即」之外，必須再講一個「縱貫縱講」，最根本的用意就在這裡。按照牟宗三的理解，道德之心創生存有不需要通過時空範疇這些中間環節，其形成的對象即是物自身，與之相應的道德幸福也就成了「物自身層之自然」。既然如此，

那麼當然可以宣稱圓善問題得到了「圓滿而真實的解決」。這裡的混亂極為嚴重，就算不計較牟宗三關於道德幸福產生機理的合理性，由存有論而成的幸福也只是道德幸福，屬於精神層面，不屬於「物自身層之自然」。牟宗三可以說，他的努力為解決康德的圓善難題提供了新的思路，但絕對不能斷言已經解決了康德未能解決的圓善難題。牟宗三沒有看到這裡概念的不一致，反而對自己的研究成果自視甚高。這是圓善論的最大敗筆，不僅使相關的論述極為曲折糾纏、艱深難解，而且大大降低了這部重要著作的學術價值。

合一論也是如此。牟宗三創立合一論的目的是為了將真美善有機綜合起來。他不滿意於康德先是對理論理性進行批判，後又對實踐理性進行批判，再用判斷力作為媒介將二者綜合起來的做法，批評這種做法無法真正達到目的。為了解決這個問題，牟宗三探索了一條完全不同的道路，把希望放在本體上面。在他看來，本體是一切事物的總根源，這一本體既可以創造認知，又可以創造道德，而本體為一不為二，所以理論理性與實踐理性原本即為一體。只要能夠看到本體為一不為二，那麼理論理性和實踐理性就是不分的。這是一個非常有價值的看法，我予以高度評價。然而在凸顯本體的過程中，牟宗三受其對智的直覺這一概念獨特理解的影響，特別強調本體是「無相」的。在他看來，人一旦成就了道德，就會有一種道德之相，這種道德之相即是一種「大相」。這種「大相」雖然是一種進步，但由此也會形成緊張，容易拒人千里之外，還必須再進一步，把大相化掉，做到大無大相。一旦做到大無大相，一切歸於平平，不僅沒有了道德之善相，沒有了認知之真相，就連審美也沒有了審美之相，達到了「無相之美」。因為道德、認知、審美三個領域都有「無相」，所以就可以在「無相原則」的旗幟下實現「即善即美即真」，完成「相即式合一」了。這套複雜的系統隱藏著這樣一個問題：真的存在「無相之美」嗎？我並不這樣認為。不論就道德來說，還是就認知來說，或是就感性來說，美本身就是一種相，世界上根本沒有一種無相的美。檢查牟宗三的相關論述，他之所以大談「無相之美」，其實是在以「審美而無審美之相」證明「審美而美無美相」。「審美而無審美之相」特指以一種自然心態來審美，沒有任何主觀故意，在不知不覺之間欣賞到了美。「審美

而美無美相」則是說去審美，但這種美沒有任何相。「審美而無審美之相」與前面講的「道德而無道德之相」相似，都是說到達一定境界後，一切歸為自然，沒有任何主觀故意即可以完成道德，完成審美。這本身是對的，沒有問題。問題是不能以「審美而無審美之相」證明「審美而美無美相」，進而以「無相」為原則，大談「相即式合一」。牟宗三混淆了「審美而無審美之相」與「審美而美無美相」，以前者作為後者的論據，在邏輯上有嚴重的混淆，在義理上有嚴重的失誤。

三

通過上面的分析，牟宗三儒學思想方法的缺陷已經比較清楚地擺在我們面前了。概要而言，這種缺陷包括兩個方面：一是對良心本心的理解過於陳舊，從而未能擺脫感性理性兩分的模式，總體上堅持的仍然是兩分方法；二是對康德智的直覺思想理解有失準確，認為道德之心創生存有的思維方式即是康德不承認人可以具有的智的直覺，不僅直接將其創生的對象稱為物自身，而且以此作為一種基本方法，擴展到圓善論和合一論之中。這兩個方面的問題為牟宗三帶來了極大的困擾。前者決定其不適當地判定朱子是旁出，乃至誤將道德無力說成道德他律，無法真正說明儒家道德理論何以本身具有活動性的問題。後者不僅使其存有論的表述有欠準確，直接將道德之心創生的存有界定為物自身的存有、無執的存有，而且造成了圓善論和合一論中若干問題的重大混淆。我相信，牟宗三上述思想方法已經過時了，失去了進一步發展的潛力和可能。套用習慣性的哲學術語，可以說已經「終結」了。如果現在誰還看不清這一點，再以兩分方法為標準判定正宗與旁出，以道德他律來說道德無力，或者再以對智的直覺的不正確理解為基礎，將道德之「善相」稱為物自身，並以此來解決康德意義的圓善問題，建構真美善的合一，那麼他最多只能是在牟宗三的原地踏步，甚至擴大原有的錯誤而已。

（發表於《哲學研究》2015 年第 1 期）

附　錄

一、楊澤波簡介

　　楊澤波，男，1953 年 6 月生，河北石家莊人。哲學博士，復旦大學哲學學院教授，博士生導師。國際儒學聯合會理事，中國哲學史學會理事，中華孔子研究會常務理事，中國現代哲學研究會常務理事。享受國務院專家特殊津貼。

　　早年從事孟子研究，著有《孟子性善論研究》、《孟子評傳》、《孟子與中國文化》。後專心研究牟宗三儒學思想，著有《牟宗三三系論論衡》、《貢獻與終結──牟宗三儒學思想研究》（五卷本）、《《心體與性體》解讀》、《走下神壇的牟宗三》、《焦點的澄明──牟宗三儒學思想中的幾個焦點問題》。近年來集中精力建構儒家生生倫理學，著有《儒家生生倫理學引論》、《儒學譜系論》、《中國文化之根──先秦七子對中國文化的奠基》。發表學術論文約 200 篇。

二、楊澤波新儒學研究論著目錄[1]

一、專著

1. 《牟宗三三系論論衡》，上海：復旦大學出版社，2006 年。

2. 《貢獻與終結——牟宗三儒學思想研究》（五卷本），上海：上海人民出版社，2014 年。

3. 《《心體與性體》解讀》，上海：上海人民出版社，2016 年。

4. 《走下神壇的牟宗三》，北京：中國人民大學出版社，2018 年。

5. 《焦點的澄明——牟宗三儒學思想中的幾個焦點問題》，上海：三聯書店，2019 年。

6. 《儒家生生倫理學引論》，北京：商務印書館，2020 年。

7. 《儒學譜系論》，北京：人民出版社，2022 年。

二、論文

1. 〈論牟宗三性善論研究〉，《復旦學報》1991 年第 3 期。

2. 〈孟子之樂的層級性質及其意義〉，《雲南大學學報》2002 年第 2 期。

3. 〈牟宗三「以縱攝橫，融橫於縱」綜合思想的意義與不足〉，《東岳論叢》2003 年第 3 期。

4. 〈道德代宗教：一個有意義話題的重提〉，《河北學刊》2003 年第 3 期。

5. 〈牟宗三道德自律學說的困難及其出路〉，《中國社會科學》2003 年第 4 期。★[2]

6. 〈「道德他律」還是「道德無力」〉，《哲學研究》2003 年第 6 期。★

7. 〈論「理性事實」與「隱默之知」〉，《中國哲學史》2004 年第 1 期。

8. 〈未冠以存有論名稱的存有論思想〉，《現代哲學》2004 年第 2 期。

---

[1] 本名錄收集的只是作者與現代新儒學確切說是與牟宗三研究相關的成果，與此無關的部分不在其列。

[2] 標注「★」號為收入本精選集的文章。

9. 〈理性如何保證道德成為可能〉，《道德與文明》2004 年第 2 期。

10. 〈牟宗三超越存有論駁議〉，《文史哲》2004 年第 5 期。

11. 〈《智的直覺與中國哲學》存有論思想辨析〉，《思想與文化》第 4 輯，上海：上海人民出版社，2004 年。

12. 〈先秦儒家與道德存有〉，《雲南大學學報》2004 年第 5 期。

13. 〈牟宗三超越存有論義理疏解〉，《哲學門》2004 年第 2 冊。

14. 〈《現象與物自身》存有論思想辨析〉，《復旦哲學評論》第 2 輯，上海：上海辭書出版社，2005 年。

15. 〈牟宗三形著說質疑〉，《孔子研究》2005 年第 1 期。

16. 〈從縱貫系統看牟宗三超越存有論的缺陷〉，《東岳論叢》2005 年第 1 期。

17. 〈聖人與存有〉，《南京師範大學學報》2005 年第 1 期。

18. 〈橫攝系統與超越存有〉，《學術月刊》2005 年第 2 期。

19. 〈西方學術背景下的孟子王道主義〉，《華東師範大學學報》2005 年第 4 期。

20. 〈超越存有論的困惑〉，《復旦學報》2005 年第 5 期。★

21. 〈天志明鬼思想的形上意義〉，《哲學研究》2005 年第 12 期。

22. 〈中國哲學突破中的問題意識〉，《雲南大學學報》2006 年第 1 期。

23. 〈牟宗三三系論的理論意義〉，《中華文化論壇》2006 年第 1 期。

24. 〈儒家天人合一的道德底蘊〉，《天津社會科學》2006 年第 2 期。

25. 〈牟宗三三系論的理論貢獻及其方法終結〉，《中國哲學史》2006 年第 2 期。

26. 〈從以天論德看儒家道德的宗教作用〉，《中國社會科學》2006 年第 3 期。★

27. The Religious Function of Confucian Morality as Seen From the Practice of Judging Virtuer by Heaven，《中國社會科學》（英文版）2006 年第 4 期。

28. 〈三系的疑惑〉，《貴州師範大學學報》2006 年第 4 期。

29. 〈牟宗三「自覺」思想的理論意義〉，《復旦學報》2006 年第 5 期。

30. 〈牟宗三何以認定康德的物自身不是一個事實的概念〉，《哲學研究》2007 年第 11 期。

31. 〈孔孟建構道德形上學的差異及引申的兩個問題〉，《中國哲學史》2007 年第 4 期。

32. 〈「正宗」與「旁出」標準的偏失〉，《繼往開來論儒學論文集》，杭州：浙江古籍出版社，2008 年。★

33. 〈再論儒學何以具有宗教作用〉，《文史哲》2008 年第 4 期。

34. 〈康德的物自身不是一個事實的概念嗎？〉，《雲南大學學報》2008 年第 3 期。

35. 〈關於儒學與宗教關係的再思考〉，香港浸會大學宗教及哲學系主編：《當代儒學與精神性》，桂林：廣西師範大學出版社，2009 年。

36. 〈《牟宗三先生全集》編校評估〉，《浙東學術》第 1 輯，杭州：浙江大學出版社，2009 年 7 月。

37. 〈性體的局限與意義〉，《儒學天地》2008 年第 4 期。

38. 〈「康德與孟子」還是「康德與朱子」〉，《陝西師範大學學報》2009 年第 2 期。

39. 〈天：儒學超越性的寄託〉，《中國社會科學報》2010 年 3 月 16 日。

40. 〈四無與圓善〉，《復旦學報》2010 年第 2 期。★

41. 〈詭譎的即與孔顏樂處〉，《中山大學學報》2010 第 2 期。★

42. 〈論人性中的自然生長傾向〉，《中國哲學史》2010 年第 2 期。

43. 〈從德福關係看儒家的人文特質〉，《中國社會科學》2010 年第 4 期。★

44. 〈牟宗三解決康德的圓善問題了嗎？〉，《哲學研究》2010 年第 10 期。★

45. 〈「賦予說」還是「滿足說」〉，《河北學刊》2011 年第 1 期。★

46. 〈牟宗三圓善論思想的意義與缺陷〉，《雲南大學學報》2011 年第 1 期。

47. 〈坎陷概念起於何時〉，《華南師範大學學報》2011 年第 2 期。

48. 〈我們應該如何研究《圓善論》〉，《現代哲學》2011 年第 2 期。

49. 〈坎陷概念的三個基本要素〉，《華東師範大學學報》2011 年第 5 期。

50. 〈坎陷如何開出科學〉，《陝西師範大學學報》2012 年第 2 期。★

51. 〈三分方法視域下的坎陷概念〉，《復旦學報》2012 年第 3 期。★

52. 〈坎陷與民主〉，《中國哲學史》2012 年第 3 期。

53. 〈儒家思維方式何以偏重智的直覺〉，《新東方》2012 年第 3 期。

54. 〈內聖外王之辨及其當代價值〉，《河北學刊》2012 年第 4 期。★

55. 〈牟宗三縱貫縱講的存有論內涵〉，《華東師範大學學報》2012 年第 5 期。

56. 〈「覺他」的思維方式不是智的直覺〉，《哲學研究》2013 年第 1 期。

57. 〈牟宗三坎陷論的意義與缺陷〉，《社會科學研究》2013 年第 1 期。

58. 〈牟宗三存有論的理論意義與方法缺陷〉，《雲南大學學報》2013 年第 2 期。

59. 〈坎陷如何開出民主〉，《社會科學戰線》2013 年第 2 期。★

60. 〈康德意義的智的直覺與牟宗三理解的智的直覺〉，《文史哲》2013 年第 3 期。★

61. 〈無相的疑惑〉，《中國哲學史》2013 年第 3 期。★

62. 〈「天心」與「天垂象」〉，《船山學刊》2013 年第 3 期。

63. 〈牟宗三後期合一論的兩個理論貢獻〉，《現代哲學》2013 年第 4 期。★

64. 〈智的直覺抑或意向性的直接性〉，《復旦學報》2013 年第 5 期。★

65. 〈牟宗三早期圓成論與後期合一論之比較〉，《華東師範大學學報》2013 年第 5 期。

66. 〈智的直覺與善相〉，《中國社會科學》2013 年第 6 期。★

67. 〈從坎陷論的角度看李約瑟難題〉，《清華大學學報》2013 年第 6 期。

68. 〈坎陷開出民主不同理解九種〉，《天府新論》2014 年第 1 期。

69. 〈如何看待康德審美思想是一種「外離」？〉，《陝西師範大學學報》2014 年第 2 期。★

70. 〈牟宗三早期圓成論的貢獻與缺失〉，《探索與爭鳴》2014 年第 3 期。★

71. 〈牟宗三形著論商榷〉，《社會科學》2014 年第 7 期。★

72. 〈關於牟宗三活動論的進一步思考〉，《與孔子對話》，上海：上海古籍出版社，2014 年。

73. 〈牟宗三後期合一論原理述要〉，《寧波市委黨校學報》2014 年第 6 期。

74. 〈牟宗三「覺他」思想陷入誤區原因梳理〉，《文史哲》2015 年第 1 期。★

75. 〈論牟宗三儒學思想方法的缺陷〉，《哲學研究》2015 年第 1 期。★

76. 〈從十力學派的視角看牟宗三儒學思想的貢獻〉，《社會科學研究》2015 年第 2 期。★

77. 〈牟宗三早期圓成論原理要義〉，《儒學天地》2015 年第 1 期。

78. 〈民主視野的比較〉，《紀念孔子誕辰 2665 周年國際學術研討會論文集》，北京：九洲出版社，2015 年。

79. 〈坎陷與惡〉，《海岱學刊》2015 年第 2 期。

80. 〈我寫《貢獻與終結》的心路歷程〉，《思想與文化》，上海：上海人民出版社，2016 年。★

81. 〈民主視野下的梁漱溟和牟宗三〉，《與孔子對話》，上海：上海古籍出版社，2016 年。★

後　記

　　自上世紀末，我即專心從事牟宗三儒學思想的研究，最後以出版五卷本
《貢獻與終結——牟宗三儒學思想研究》、《《心體與性體》解讀》告結，
前後經歷了十七八年之久。這些著作基本完成後，我曾將其中的若干部分闢
出來作為階段性成果陸陸續續發表，以徵求學界同仁的意見，不期然已達八
十餘篇。近來，郭齊勇、高柏園先生主編新儒學論文精選集叢書，我有幸忝
列其中，故選取其中較有代表性的二十七篇編成一冊，以符「精選」之名。
隨著研究的深入，我的想法時常發生變化，為體現思想的統一，此次收錄的
文章均做了不同程度的修改。受篇幅限制，本次收錄的只是我有關文章的一
小部分，其餘文章希望能夠以其他形式與讀者見面。最後對郭齊勇、高柏園
先生的大力幫助以及臺灣學生書局付出的努力，表達由衷的謝意。

楊澤波

2016 年 2 月於復旦大學

2022 年 3 月校定

國家圖書館出版品預行編目資料

楊澤波新儒學論文精選集

楊澤波著. – 初版. – 臺北市：臺灣學生，2022.07
面；公分. – (當代新儒學叢書)
ISBN 978-957-15-1888-6 (平裝)

1. 新儒學 2. 文集

128.07   111010402

楊澤波新儒學論文精選集

主　編　者　郭齊勇、高柏園
著　作　者　楊澤波
出　版　者　臺灣學生書局有限公司
發　行　人　楊雲龍
發　行　所　臺灣學生書局有限公司
地　　　址　臺北市和平東路一段 75 巷 11 號
劃　撥　帳　號　00024668
電　　　話　(02)23928185
傳　　　眞　(02)23928105
E‑mail　student.book@msa.hinet.net
網　　　址　www.studentbook.com.tw
登記證字號　行政院新聞局局版北市業字第玖捌壹號
定　　　價　新臺幣七○○元
出　版　日　期　二○二二年七月初版
I S B N　978‑957‑15‑1888‑6